Jenny Tinghui Zhang
FÜNF LEBEN

Roman

Aus dem amerikanischen Englisch
von Brigitte Jakobeit

Ecco

Die Originalausgabe erschien 2022 unter dem Titel
Four Treasures of the Sky bei Flatiron Books, New York.

eccoverlag.de

1. Auflage 2022
© 2022 Jenny Tinghui Zhang
© 2022 für die deutschsprachige Ausgabe
Ecco Verlag in der
Verlagsgruppe HarperCollins Deutschland GmbH, Hamburg
Einbandgestaltung von Anzinger und Rasp, München
Einbandabbildung von Andrea Torres Balaguer
Autorinnenfoto von Mary Inhea Kang
Gesetzt aus der Aldus nova Pro
von Pinkuin Satz und Datentechnik, Berlin
Druck und Bindung von CPI books GmbH, Leck
Printed in Germany
ISBN 978-3-7530-0057-2

TEIL I

*

ZHIFU, CHINA

1882

1

ALS ICH ENTFÜHRT WERDE, geschieht es nicht in einer Gasse. Es geschieht nicht mitten in der Nacht. Es geschieht nicht, als ich allein bin.

Als ich entführt werde, bin ich dreizehn, stehe mitten auf dem Fischmarkt an der Beach Road in Zhifu und beobachte eine fleischige Frau vor einem Haufen weißer Spatenfische. Sie hockt da, die Knie in den Achselhöhlen, und ordnet die Fische so, dass die größten oben liegen. Ringsum tun ein Dutzend Händler das Gleiche, ihre Fischhaufen hängen zappelnd in Netzen. Unter ihnen stehen Eimer, die das von den Fischen tropfende Wasser auffangen. Der Boden glänzt nass. Wenn die noch nicht ganz toten Fische sich in der Luft winden, schimmern sie wie silbrige Feuerwerkskörper.

Der ganze Markt riecht feucht und roh.

Jemand preist lautstark Roten Schnapper an. Frisch!, ruft er. Direkt aus dem Golf von Petschili. Eine andere Stimme übertönt die erste, lauter, schriller. Echte Haifischflossen! Stärken die sexuelle Potenz, verschönern die Haut, verbessern die Energie für euren kleinen Kaiser!

Für die Dienstboten, die im Auftrag ihrer Herrschaften zum Fischmarkt gekommen sind, klingt das wie Poesie. Sie drängen in Richtung der Haifischflossenstimme, rempeln und schubsen wegen der Aussicht auf eine Beförderung, eine Rangerhöhung, eine Begünstigung. Alles könnte von der Qualität einer Haifischflosse abhängen.

Umgeben vom Marktgeschrei beobachte ich die Fischfrau, die noch immer ihren Haufen ordnet. Ihre Ware ist auf einer Plane ausgelegt. Während sie herumhantiert, rutschen ein paar lose Fische von der Spitze des Haufens an den Rand der Plane, wo sie wehrlos und unbeaufsichtigt liegen bleiben.

Der Hunger drückt in meinem Magen. Es wäre so einfach, mir einen Fisch zu schnappen. In der Zeit, die ich bräuchte, um mich anzuschleichen, den am weitesten von ihr entfernt liegenden Fisch zu packen und davonzulaufen, wäre die Frau kaum auf den Füßen. Ich befühle die Silbermünzen in meiner Hose, bevor ich sie wieder ins Futter fallen lasse. Dieses Geld sollte ich aufheben und nicht für ein paar schlappe Fische verschwenden. Ich würde auch nur einen oder zwei nehmen, sie könnte das am nächsten Tag locker wettmachen. Im Meer gibt es jede Menge.

Doch bevor ich mich entscheide, hat die Fischfrau mich entdeckt. Sie weiß sofort, wer ich bin, sieht das Nagen in meinem Bauch, das beharrlich alles aushöhlt, womit es in Berührung kommt. Ich bin dünn wie ein Schilfrohr, das verrät mich. Sie erkennt, was sie in all den Gassenkindern sieht, die es wagen, auf dem Fischmarkt herumzuschleichen, und noch ehe ich wegsehen kann, steht sie wutschnaubend vor mir.

Was willst du?

Ihre Augen sind schmal. Sie schlägt nach mir, ihre Hände groß wie Pfannen.

Ich weiche einem, zwei Schlägen aus. Verschwinde, sofort!, schreit sie. Hinter ihr liegen die weißen Fische glänzend auf dem Haufen. Noch bleibt Zeit, mir welche zu schnappen und wegzulaufen.

Doch inzwischen ist der Rest des Markts auf uns aufmerksam geworden.

Den Bengel hab ich schon gestern gesehen, ruft jemand. Schnappt ihn, dann verpassen wir ihm eine ordentliche Tracht Prügel!

Die Fischhändler in der Nähe grölen zustimmend. Sie kommen hinter ihren Ständen hervor und bilden eine Barrikade um mich und die Frau. Ich bin zu lange geblieben, denke ich, während sie noch enger zusammenrücken. Wenn ich je nach Hause komme, werde ich Meister Wang viel zu erklären haben. Sofern er mich dann noch bei sich bleiben lässt.

Packt ihn, ruft jemand schadenfroh. Die Frau macht einen Satz vorwärts, die Hände ausgestreckt. Ihr Zahnfleisch hat die Farbe von Fäulnis. Die Gesichter der Fischhändler hinter ihr platzen fast vor Freude. Ich schließe die Augen, aufs Schlimmste gefasst.

Doch was ich erwartet habe, bleibt aus. Stattdessen spüre ich einen warmen, festen Druck auf meiner Schulter. Ich öffne die Augen. Die ausgestreckten Arme der Frau sind wie erstarrt. Den Fischhändlern stockt der Atem.

Wo warst du denn?, fragt eine Stimme. Sie kommt von oben, klingt weich wie Honig. Ich habe dich überall gesucht.

Ich blicke hoch. Ein schlanker Mann mit breiter Stirn und spitzem Kinn lächelt zu mir herunter. Er ist jung, doch aus seiner Haltung spricht das Gewicht eines Älteren. Ich kenne Geschichten von Unsterblichen, die vom Himmel herabsteigen, von Drachen, die sich in Wächter verwandeln und menschliche Gestalt annehmen. Von Wesen, die Leute wie mich beschützen.

Der Mann zwinkert mir zu.

Sie kennen diesen Bengel?, faucht die Fischfrau. Ihre Arme hängen jetzt herunter, rot und fleckig.

Bengel? Der Mann lacht. Das ist kein Bengel. Das ist mein Neffe.

Die Fischhändler ringsum stöhnen und zerstreuen sich langsam, kehren zurück zu ihren unbewachten Fischen. Heute würde es keine Aufregung geben. Roter Schnapper, Roter Schnapper, preist die erste Stimme wieder an.

Doch die Fischfrau glaubt dem Mann nicht. Das merke ich. Sie funkelt erst ihn böse an, dann mich, als würde sie nur darauf warten, dass ich den Blick abwende. Aber etwas an der Hand des Mannes auf meiner Schulter und ihre beruhigende Wärme sagen mir, dass wir hier nicht wegkommen, wenn ich nachgebe. Also starre ich die Fischfrau weiter ungerührt an.

Wenn Sie ein Problem haben, fährt der Mann fort, können Sie gern mit meinem Vater sprechen, dem werten Herrn Eng.

Und, einfach so, als hätte der Mann ein Zauberwort in die Luft entlassen, wendet die Frau ihren Blick als Erste ab. Ich blinzle ein-, zwei-, dreimal und spüre meine wunden Augenlider.

Ich bitte vielmals um Entschuldigung, Bruder Eng, sagt sie und verneigt sich. Hier ist es so dunkel, und von den Fischen ist mir ganz schwindelig. Ich werde Herrn Eng meinen besten Fisch schicken, um diesen schrecklichen Fehler wiedergutzumachen.

Wir verlassen zusammen den Markt, ich und dieser große

zwinkernde Fremde. Er lässt seine Hand auf meiner Schulter, bis wir wieder auf der Straße sind. Es ist Mittag, das Licht der Sonne taucht alles in Grün- und Goldtöne. Ein Händler geht an uns vorbei, im Schlepptau eine Sau mit schwingenden Zitzen.

Wir sind in Beach Road, dem ausländischen Geschäftszentrum von Zhifu. Über den Ziegeldächern und dem britischen Konsulat ziehen sich wogende grüne Felder zu weit entfernten Hügeln. Am Strand hinter uns das gedämpfte Rauschen des Meeres, der leichte Wind umgibt uns wie ein langer Atemzug. Die Luft hier ist salzig. Alles klebt an mir.

Ich war in diesem Viertel, weil man hier immer etwas findet. Wenn Fremde unterwegs sind, lassen sie Silberstücke, bestickte Taschentücher, Handschuhe fallen. Belanglose Dinge, mit denen Westlinge sich gerne schmücken. Meine Ausbeute heute waren zwei Silberstücke. Sie klimpern in meiner Tasche neben den vier anderen, die ich bei Meister Wang verdient habe. Heute könnte ich mich als reich bezeichnen.

Im Tageslicht mustere ich den zwinkernden Fremden. Er scheint reich zu sein, ist aber nicht wie andere reiche Leute gekleidet. Statt eines Changshan aus Seide trägt er ein weißes Hemd mit einem leuchtenden Stoffstreifen, der an seinem Hals baumelt. Sein schweres schwarzes Jackett ist offen und nicht bis zum Hals zugeknöpft, seine Hose sitzt eng. Am seltsamsten ist sein Haar – es ist nicht zu einem Zopf geflochten, sondern raspelkurz geschoren.

Was denkst du, kleiner Neffe?, fragt mein Retter, noch immer lächelnd.

Ich bin ein Mädchen, platze ich heraus. Ich kann es nicht verhindern.

Er lacht. Das Sonnenlicht bricht sich auf zwei gelben Zähnen. Ich denke an Geschichten von Männern mit gelben Zähnen und dass solche Zähne aus Goldstücken wachsen. Das wusste ich, erwidert er, aber ein Junge war in diesem Fall für uns beide hilfreicher.

Er mustert mich, seine Augen leuchten vor Neugier. Hast du Hunger? Bist du allein hier? Wo ist deine Familie?

Ich sage: Ja, ich bin am Verhungern. Ich brenne darauf, dass er mir seine Gunst erweist. Auch ich würde ihm gern ein paar Fragen stellen wie zum Beispiel: Wer sind Sie? Woher kommen Sie? Wer ist Herr Eng, und warum ist die Fischfrau plötzlich zurückgewichen, als Sie seinen Namen erwähnten?

Das erzähle ich dir alles noch, sagt er und legt mir wieder seine Hand auf die Schulter. Er schlägt Nudeln vor – ein Stück weiter an der Straße gibt es einen guten Laden.

Irgendetwas sagt mir, dass mit dieser Einladung nicht zu spaßen ist. Ich nicke und lächle ihm schüchtern zu. Das genügt als Antwort. Er führt mich weiter vom Fischmarkt weg. Wir schlendern gemeinsam die Straße entlang, vorbei am Postamt, an drei weiteren Auslandskonsulaten und einer Kirche. Die Passanten starren uns an, bevor sie sich wieder auf sich selbst besinnen, vorübergehend verblüfft von diesem merkwürdigen Vater-Sohn-Duo, einer gekleidet wie eine Figur aus dem Theater, der andere blass und ängstlich. Hinter uns schäumt das Meer.

Bei jeder Nudelküche, an der wir vorbeikommen, frage ich meinen Retter: Sind wir da? Und bei jeder Nudelküche, an der wir vorbeigehen, antwortet er: Nein, kleiner Neffe, noch nicht ganz. Wir gehen immer weiter, bis ich nicht mehr weiß, wo wir sind, und als wir nicht mehr weitergehen, begreife ich, dass wir die Nudelküche nie erreichen werden.

Es ist der erste Tag im Frühling.

2

DIES IST DIE GESCHICHTE eines magischen Steins. Es ist eine Geschichte, die mir meine Großmutter erzählte. Und es ist die Geschichte, wie ich zu meinem Namen kam.

In der Geschichte versucht die Göttin Nüwa den Himmel zu reparieren. Sie schmilzt Felsen und gießt sie in 36 501 Blöcke, verwendet aber nur 36 500 und lässt einen Steinblock zurück.

Dieser eine Steinblock kann sich bewegen, wie es ihm beliebt. Er kann zur Größe eines Tempels anwachsen oder zu einer Knoblauchknolle schrumpfen. Schließlich hat er die Fürsorge einer Göttin erfahren. Doch da er zurückgelassen wurde, lebt er von einem Tag in den nächsten, weil er sich für unwürdig hält und sich für seine Nichtsnutzigkeit schämt.

Eines Tages begegnet der Stein zufällig einem daoistischen Priester und einem buddhistischen Mönch. Sie sind so beeindruckt von seinen magischen Kräften, dass sie beschließen, ihn mit auf ihre Reisen zu nehmen. Und so gelangt der Stein in das Reich der Sterblichen.

Viel später wird ein Junge mit einem Stück magischer Jade im Mund geboren. Es heißt, dieser Junge sei die Reinkarnation des Steins.

Was noch? Der Junge verliebt sich in seine jüngere Cousine Lin Daiyu, ein kränkliches Mädchen, dessen Mutter tot ist. Doch die Familie des Jungen ist gegen die Liebe der beiden und besteht darauf, dass er eine wohlhabendere, gesündere Cousine namens Xue Baochai heiratet. Am Hochzeitstag des Jungen verkleidet die Familie Xue Baochai unter Lagen von schweren Schleiern. Sie belügen den Jungen, der glaubt, seine Braut sei Lin Daiyu.

Als Daiyu von diesem Plan erfährt, wird sie krank, legt sich ins Bett und spuckt Blut. Sie stirbt. Der ahnungslose Junge begeht die Hochzeit und wähnt sich mit seiner jungen Braut glücklich und unzertrennlich. Als er die Wahrheit erfährt, wird er verrückt.

Fast ein Jahrhundert später liest eine junge Frau unter einem Maulbeerbaum in einem Fischerdorf diese Geschichte zu Ende, legt eine Hand auf ihren Bauch und denkt: *Daiyu*.

So jedenfalls wurde mir die Geschichte erzählt.

Ich habe meinen Namen immer gehasst. Lin Daiyu war schwach. Ich schwor mir, dass ich nie so sein würde wie sie. Ich wollte nicht trübsinnig, eifersüchtig oder boshaft sein. Und ich würde nie zulassen, dass ich an einem gebrochenen Herz sterbe.

Ihr habt mich nach einer Tragödie benannt, beklagte ich mich bei meiner Großmutter.

Nein, liebe Daiyu, du wurdest nach einem Dichter benannt.

Meine Eltern waren in Zhifu geboren, in der Nähe des Meers. Ich stelle mir gern vor, wie sie zusammenkamen: Die Gezeiten schoben sie sanft aufeinander zu, bis sie sich eines Tages von Angesicht zu Angesicht gegenüberstanden. Sie folgten einem Gebot des Wassers. Nach ihrer Hochzeit

15

eröffneten sie ein Tapisseriegeschäft, das sie gemeinsam führten. Meine Mutter webte die Wandteppiche, während mein Vater sie an die Frauen von Regierungsbeamten und an andere wohlhabende Händler verkaufte. Meine Mutter legte Wert darauf, dass jedes Motiv, ob Phoenix, Kranich oder Chrysantheme, auf dem Stoff lebendig wurde. Der Phoenix stieg empor, der Kranich bog sich, die Chrysantheme blühte. Unter ihrer Hand erwachten die Bilder zum Leben. Es überraschte nicht, dass ihr Tapisseriegeschäft das beliebteste in ganz Zhifu war.

Dann zogen meine Eltern aus Gründen, die sie mir nicht nannten und die ich nicht hinterfragte, in ein kleines Fischerdorf außerhalb der Stadt. Meine Mutter hatte nicht umziehen wollen, so viel wusste ich. Zhifu füllte sich mit Ausländern und verwandelte sich von einer Küstenstadt in einen überfüllten Hafen, und sie wollte, dass das in ihrem Bauch schlafende Kind eine der westlichen Schulen besuchte, die überall in der Stadt eröffnet wurden. Sie war schwanger, konnte die Seide mit ihren geschwollenen Händen nicht mehr in den Kesi-Webstuhl einfädeln und wartete darauf, dass ich zur Welt kam. Als die Möbelpacker ihren Webstuhl samt Fäden in einen Wagen luden, drehte sie sich noch einmal zu ihrem geliebten Geschäft um.

Es war Spätsommer, als mein Vater, meine Mutter und meine Großmutter von Zhifu nach sechs Tagen in dem kleinen Fischerdorf ankamen. Ich war im Bauch meiner Mutter von einer Bohne zu einer kleinen Faust gewachsen. Im Herbst kam ich zur Welt, ein Kind vom Land. Als ich endlich herausschlüpfte, erzählte mir meine Mutter, habe sie sich vorgestellt, sie würde Salzwasser trinken, das durch ihren

Körper glitt und sich in meinem Mund sammelte, sodass ich immer den Weg zum Meer finden würde.

Offenbar hat es funktioniert. Unser Dorf lag neben einem Fluss, der ins Meer mündete. In den ersten Jahren ging ich oft am Ufer entlang, bis ich zur Meeresmündung gelangte. Ich schmiegte mich an den Rand des Wassers und zählte die Reichtümer, die es barg: Leben, Erinnerung und auch Verderben. Meine Mutter sprach schwärmerisch vom Meer, mein Vater ehrfurchtsvoll und meine Großmutter ängstlich. Ich empfand nichts von alldem. Wenn ich unter den Möwen, Mauerseglern und Seeschwalben stand, spürte ich nur mich, ein Mädchen, das nichts besaß, nichts bei sich trug und nichts zu bieten hatte. Ich stand schlicht am Anfang.

Wir wohnten in einem Haus mit drei Erkern, das nach Norden ausgerichtet war. Wir waren nicht reich, aber auch nicht arm. Mein Vater führte das Tapisseriegeschäft weiter, obwohl wir in einem Dorf lebten, wo niemand genug Geld besaß, um sich die Entwürfe meiner Mutter leisten zu können. Doch das Geschäft, so schien es, lief besser denn je. Unser Haus wurde ein Anlaufpunkt für Bürokraten, die in Regierungsangelegenheiten nach oder von Zhifu unterwegs waren, manchmal, um sich von ihrer Reise auszuruhen, dann wieder, um ein Geschenk für ihre Frauen und Konkubinen zu Hause zu kaufen. Ein Blick auf die rosa Päonien, silbernen Fasanen oder goldenen Drachen meiner Mutter – vorbehalten nur den ranghöchsten Beamten –, und sie waren hingerissen. Ich erinnere mich noch an die Stammkunden: ein dickleibiger Mann mit mehrfachem Kinn, der große Bruder, bei dem ein Bein kürzer war als das andere, der Onkel, der mir immer sein Schwert zeigen wollte.

Da waren auch andere, Männer und manchmal Frauen, die bei uns vorbeikamen und sich leise mit meinen Eltern unterhielten. Diese Besucher trugen nicht den offiziellen Hofstaat, sondern einfache schwarze Shankus; sie sahen eher aus wie Brüder und Schwestern aus der Kirche als wie Beamte. Oft gingen sie ohne Wandteppiche weg, und ich fragte mich, ob meine Eltern vielleicht für wohltätige Zwecke spendeten. Ein Gast brachte mir immer Süßigkeiten und Bonbons mit. Auf seine Besuche freute ich mich besonders, und ich war hochbeglückt, als er eines Morgens in unserem Esszimmer über Haferbrei und eingelegtem Rettich kauerte.

Die Reise zu mir nach Hause ist weit, meine Kleine, sagte er zu mir, als er mein überraschtes Gesicht sah. Deine Eltern sind sehr großzügig.

Du musst nicht mit ihr reden, fuhr ihn meine Großmutter aus der Küche an.

Er entschuldigte sich, aber als meine Großmutter nicht hinsah, reichte er mir noch etwas Süßes über den Tisch, ein Geheimnis zwischen uns.

Vielleicht lag es an dieser Begegnung, dass mich meine Großmutter mit in ihren Garten nahm, wenn Besucher da waren. In Zhifu hatten wir keinen Platz für die Gemüse und Kräuter gehabt, die sie ziehen wollte, hier aber gehörte das Land ihr. Auf dem leeren Grundstück hinter unserem Haus grub sie die Erde um und legte dicht an dicht Samen. Als ich groß genug war, um aus dem Fenster zu schauen, hatte ich schon mein Leben lang grüne Paprika und zerstoßene Minze gegessen, auch wenn ich damals die Namen noch nicht kannte.

In diesem Garten lernte ich, mich um alles Lebendige

zu kümmern. Ich fand es verwirrend, dass man etwas, was seine Fähigkeit zu leben so langsam unter Beweis stellte, lebendig nennen konnte. Ich wollte Unmittelbarkeit, eine Knospe sollte sich im Laufe eines Tages in eine reife Frucht verwandeln. Doch es gab Vieles, was meine Großmutter mir über Gartenarbeit beibringen wollte, das nicht unmittelbar mit Gartenarbeit zusammenhing, und dazu gehörte Geduld. Wir bauten haarigen Ginseng an, Rüben, die aussahen wie weiße Schlappen, und Gurken mit verschrumpelter Haut. An sonnigen Stellen pflanzten wir grüne Paprika und trockneten über Holzmasten grüne Stangenbohnen, deren lange finger-ähnliche Schoten schlaff nach der Erde griffen. Die Tomaten waren empfindlich und bedürftig, deshalb hegten wir sie oft und streichelten ihre gelb-grünen Häute, die sich mit ge-heimnisvoller Kraft um die Früchte spannten.

Die Kräuter interessierten mich eher wegen ihrer heilen-den Kräfte: Wir hatten Ma-Huang-Sträucher mit starren Zweigen und Samen, die aussahen wie kleine rote Laternen, und Huang Lian, das wir zum Färben und zur Verdauung verwendeten. Wir pflanzten Chai Hu, ein merkwürdiges Gewächs mit einem Stängel, der sich wie der Schwanz eines Drachen durch das Blatt fädelte, um Leberkrankheiten ab-zuwenden. Am heikelsten war Huang Qi, eine Pflanze mit behaarten Stängeln und gelben Blüten. Sie machte es mei-ner Großmutter besonders schwer, weil sie unseren nassen Boden nicht mochte, und die Samen mussten mit einem groben Stein zerrieben und über Nacht eingeweicht werden. Huang Qi war sehr beliebt bei den Händlern und Nach-barn, die bei meiner Großmutter kauften. Sie mahlten die getrocknete Wurzel zu Pulver und nahmen es mit Ginseng ein, um den Körper zu stärken. Ein Kraut, sagten sie, das für alles gut ist.

Aus dir wird noch eine echte Meisterin, sagte meine Mutter oft. Sie war klein und schlank, hatte einen milchfarbenen Teint, nur ihre Hände waren von zarten roten Flecken übersät. Als ich klein war, durfte ich auf ihrem Schoß sitzen und zusehen, wie sie die Seide einfädelte und mit dem Schiffchen nach unten bürstete, als würde man ein Pferd striegeln. Als ich zehn wurde, war ich endlich alt genug, um ihr bei wichtigeren Aufgaben zu helfen, etwa dem Kochen der Seide, damit sie weich wurde.

Von meiner Mutter lernte ich den geschickten Umgang mit meinen Händen. Sie zeigte mir, wie man Kartoffeln in feine Streifen schneidet und Papier zu Fächern faltet. Die Arbeit im Garten hinterließ Schwielen in meinen Handflächen, aber meine Mutter schmirgelte sie mit einem Stein, bis sie wieder für feine Arbeiten zu gebrauchen waren. Egal wie rau die Hände, sagte sie, deine Gutmütigkeit macht dich weich.

Während mir meine Mutter beibrachte, die Hände zu gebrauchen, lernte ich von meinem Vater, den Verstand zu benutzen. In stillen Momenten überraschte er mich mit Fragen, die mich beschäftigten und fast zur Verzweiflung brachten. Was ist der Unterschied zwischen einem Kind und einem Erwachsenen?, fragte er an meinem elften Geburtstag. Einmal, als ich mein Abendessen nicht aufaß, fragte er, ohne mich anzusehen: Wie viele Reiskörner braucht man, um ein Dorf sattzukriegen? Ein andermal, als ich barfuß durchs Gras rannte und weinend mit einem Dorn in der linken Ferse zurückkam, fragte er: Was ist für einen Vater am schmerzlichsten? Er folgte mir mit neugierigem, wissendem Blick, als sähe er in mir eine kleine Wurzel, die gleich aus der Erde hervorbricht und erblüht.

Das waren die schönsten Erinnerungen an meine Zeit zu Hause – von allen umsorgt und geliebt zu werden, und jedes Zeichen dieser Liebe wurde durch die Dinge weitergegeben, die sie mir beibrachten. Das Dorf konnte verschwinden und unser Haus davonfliegen, doch ich wusste, solange ich meine Mutter, meinen Vater und meine Großmutter hatte, wäre ich zu allem in der Lage – wir vier, tüchtig und stark und durch Liebe verbunden.

In den stilleren Momenten durfte ich mich wieder auf den Schoß meiner Mutter setzen, und sie flocht mir Bänder ins Haar. Am Anfang waren es nur ein oder zwei schlichte Flechten oder Zöpfe, doch als ich älter wurde, fügte sie Goldfäden, Perlen, Quasten und Blumen hinzu. Irgendwann sah ich meinen Kopf als Spiegelung der Zuneigung meiner Mutter. Je kunstvoller das Haar, desto größer ihre Liebe.

Wenn wir in Zhifu leben würden, sagte sie manchmal, während sie die Schleife auf meinem Kopf zurechtrückte, könntest du mit deinen vielen Talenten dich vor Verehrern nicht retten. So redete sie immer. Sie träumte davon, wie unser Leben aussehen würde, wenn wir geblieben wären. Sie sprach oft und voller Zärtlichkeit über Zhifu, doch für mich blieb es ein verschwommener Traum, zu dem ich keinen Zugang fand.

Wenn wir in Zhifu leben würden, hatte ich damals gedacht, wären meine Füße jetzt gebrochen und verkümmert. Ich wusste, was sie in der Stadt mit den Füßen von Mädchen machten. Eine Dame des Hauses zu sein hieß, sich für immer die Füße brechen zu lassen, einen Mann mit Geld zu heiraten, ihm Kinder zu gebären und dann alt zu werden, die Füße zu einem Klumpen aus vertrocknetem, rissigem Teig verwachsen. So sah die Zukunft nicht aus, die ich mir wünschte. Die ehrgeizigsten Familien in unserem Dorf brachen ihren Töchtern mit fünf die Füße. Es ist das beste Alter zum Füßebrechen. Mit fünf sind die Knochen noch nicht allzu verhärtet, und das Mädchen ist alt genug, den Schmerz auszuhalten. Es würde zu einer Frau mit kleinen Füßen heranwachsen, eine perfekte Ehefrau oder Konkubine für einen reichen Stadtmann. Wenn einer meiner Freundinnen die Füße frisch gebrochen worden waren, sah ich sie viele Tage nicht, und selbst wenn ich sie besuchte, konnte ich nicht bleiben, weil die Fäulnis von Haut und Knochen überwältigend war. Irgendwann verwandelte sich diese Fäulnis in eine Kartoffel, die zu einem Huf wurde, sodass meine Freundinnen beim Spielen nicht rennen, hüpfen und fliegen konnten, sondern mit ihren leblosen gebundenen Füßen im Dreck saßen und auf den Tag warteten, an dem ihre Eltern sie verkauften.

Meine Eltern banden mir nicht die Füße ab, vielleicht weil sie befürchteten, ich könnte es nicht überleben, oder weil sie nicht vorhatten, das Fischerdorf je zu verlassen. Ich war damit zufrieden, denn ich verspürte nicht den Wunsch, das Spielzeug eines Stadtmannes zu sein. Ich träumte davon, Fischerin zu werden und den Rest meiner Tage auf einem Boot zu verbringen, mit großen und stolzen Füßen. Sie wären meine einzige Möglichkeit, den Druck der Wellen auszubalancieren.

*

Dann, als ich zwölf wurde, verschwanden meine Eltern. Eine leere Küche, ihr dunkles Schlafzimmer, ein unberührtes Bett, das Büro meines Vaters unverschlossen, überall verstreute Papiere. Es war ein Morgen wie jeder andere, nur dass meine Eltern fort waren und weder an diesem Abend noch am nächsten Abend oder am Abend danach zurückkehrten.

Ich saß wartend auf unserer Haustreppe, dann in der Webstube meiner Mutter, dann lief ich im Kreis in der Küche, bis meine Füße pulsierten, dann faltete und entfaltete ich die Decke in ihrem Schlafzimmer. Meine Großmutter folgte mir und flehte mich an, etwas zu essen, zu trinken, schlafen zu gehen, auszuruhen, alles Mögliche. Du musst mir sagen, wohin sie gegangen sind, jammerte ich. Sie konnte nicht mehr tun, als mir eine Tasse Tee in die Hand zu drücken und meinen Nacken zu reiben.

Ich wartete mit gesenktem Kopf und schlief drei Nächte lang nicht.

Am Morgen des vierten Tages erschienen zwei Männer an unserer Tür, mit aufgestickten Drachen auf ihren Gewändern. Sie trampelten durch unser kleines Haus, und die Drachen bebten und zuckten, als die Männer Töpfe umdrehten und unsere Kopfkissen aufschlitzten. Sie rissen den Webstuhl meiner Mutter auseinander, obwohl sie sahen, dass nichts darin versteckt war. Ich spürte, wie die Nachbarn mit großen Augen ängstlich aus ihren Fenstern spähten.

Wir wissen, dass sie hier leben, sagte einer der Männer. Ihr kennt die Strafe, wenn man Kriminelle versteckt?

Außer uns ist hier niemand, protestierte meine Großmutter immer wieder. Mein Sohn und seine Frau sind vor Jahren gestorben. Alles ging im Feuer verloren!

Dann wandten sie sich mit gebleckten Zähnen mir zu. Der Mann, der uns verhört hatte, näherte sich mir. Ich starrte unverwandt den Drachen auf seinem Ärmel an, rot-golden mit einem schwarzen Auge, die Zunge wie eine Peitsche im Flug.

Hör zu, sagte er. Ich kenne deinen Vater. Du musst uns sagen, wo er ist.

Er klang nicht drohend, sondern ruhig und gelassen. Ich dachte an alle, die bei uns zu Hause gewesen waren. Auch sie kannten meinen Vater. Sie könnten uns sagen, wo er ist. Ich erinnerte mich an den Mann in unserem Esszimmer, der mir Süßigkeiten gab. Ihn könnten wir zuerst fragen.

Ich öffnete den Mund, um ihnen zu sagen, was ich wusste. Doch ob es mein eigenes Kalkül war oder der Wille eines Unsterblichen, es kam kein Ton heraus. Als ich Luft holen wollte, schien eine Hand meinen Hals zu umklammern und zuzudrücken. Ich schüttelte den Kopf und versuchte, die Worte zu lösen.

Nichts zu machen, sagte der andere Mann zu seinem Gefährten. Eine verrückte Alte und ein stummer Balg. Bist du sicher, dass es das richtige Haus ist?

Der erste Mann erwiderte nichts. Er starrte mich an, dann gab er dem anderen ein Zeichen. Sie machten beide kehrt und marschierten aus dem Haus. Ihre Gewänder schimmerten im Sommerlicht, und ich sah zu, wie die Drachen davonflogen.

*

Du darfst mit niemandem über deine Eltern sprechen, sagte meine Großmutter zu mir, nachdem die Männer gegangen waren. Von jetzt an müssen wir uns verhalten, als würden wir sie nie wiedersehen. So ist es besser für alle.

Aber ich wollte nicht auf sie hören. Ich war überzeugt, dass meine Eltern zurückkehren würden. Ich machte ihr Bett und strich ihre Kleider glatt. Ich band mir die komplizierteste Schleife ins Haar, eine Schleife, die meine Mutter bestimmt schön finden würde. Ich versuchte sogar, mit Kleber aus dem Arbeitszimmer meines Vaters ihren Webstuhl wieder zu flicken. Ich wäre hier, wenn sie zurückkehrten, und sie würden sich freuen, mich zu sehen. So war es an diesem Tag und an jedem Tag danach.

Als der Herbst kam und meine Eltern seit drei Monaten fort waren, dachte ich an die Frau, von der ich meinen Namen hatte. In der Geschichte stirbt Lin Daiyus Mutter, als sie noch sehr jung ist, und ihr Vater folgt ihr nicht lange danach. Ich überlegte, ob meine Eltern wegen meines Namens verschwunden waren. Ob sie verschwanden, weil es schon immer so sein sollte.

Wenn du so denkst, sagte meine Großmutter zu mir, dann wird es wahrscheinlich irgendwann wahr.

Aber es ist doch schon wahr, sagte ich. Ich hasste Lin Daiyu wie noch nie zuvor.

*

Im Frühjahr kam ein Brief mit unbekanntem Absender: Meine Eltern waren verhaftet worden.

Irgendwann, sagte meine Großmutter und verbrannte den Brief. Irgendwann kommen die Leute, die deine Eltern verhaftet haben, und holen auch dich.

25

Ich hatte keine Ahnung, was sie meinte, und meine Großmutter gab mir keine Antworten. Sie steckte mich in Jungenkleidung und gab mir eine Steppjacke. Sie schor mir den Kopf kahl. Ich sah zu, wie meine Haare in schwarzen Mondsicheln auf den Boden fielen, und bemühte mich, nicht zu weinen. Ich dachte an meine Mutter und dass ich keine Haare mehr hätte, die sie schmücken könnte, wenn sie je zurückkäme. Du musst nach Zhifu, sagte meine Großmutter, stopfte ein Stück Stoff vorne in Männerschuhe und zog sie mir an. Verschwinde in die Stadt. Du hast geschickte Hände – du wirst ehrliche Arbeit finden.

Und was macht Großmutter?, fragte ich sie.

Großmutter wird das Gleiche machen wie immer, erwiderte sie. Großmutter wird gute Kräuter züchten, um Menschen zu heilen. Mit einer verrückten alten Frau wie mir können sie nicht viel anfangen. Du bist es, um die wir uns sorgen müssen.

Nachbar Hu kam mitten in der Nacht mit seinem Wagen. Ausgerüstet mit einem Sack Kleider, mit ein paar Mantou und ein paar Münzen aus dem Geschäft meiner Eltern kletterte ich nach hinten. Meine Großmutter wollte mir mehr zustecken, aber ich schloss meine Hände zu Fäusten und hielt meine Taschen zu. Wenn die Männer in den Drachengewändern zurückkamen, würde sie das Geld brauchen.

Schreib mir keine Briefe, sagte sie und zog mir eine Mütze über meinen kahlen Kopf. Schon jetzt vermisste ich mein langes Haar und die Wärme, die es um meinen Hals hielt. Wir befanden uns noch immer am Ende eines harten Winters, und ich zitterte im Nachtwind. Briefe werden abgefangen. Lass uns miteinander sprechen, wenn es regnet.

Und wenn es dort, wo ich hingehe, nicht regnet?, fragte ich sie. Dann können wir nur noch ab und zu miteinander sprechen.

So sollte es sein, erwiderte sie. Sonst würde es mir immer wieder das Herz brechen.

Ich fragte, ob ich sie je wiedersehen würde. Ich weinte. Ich kannte ältere Freundinnen, die man weggeschickt hatte, als sie jung waren, weil die Familien alles taten, um kein weiteres Kind mehr füttern zu müssen. Nie hätte ich geglaubt, dass man auch mich einmal wegschicken würde. Doch meine Eltern waren fort, und als ich jetzt eingewickelt in meiner Steppjacke hinten auf Nachbar Hus Wagen lag, wusste ich, dass mein Leben etwas Neuem und viel Schwierigerem entgegensteuerte. Vorbei waren die Tage, an denen ich im Graben hinter unserem Dorf gespielt hatte. Nie wieder würde ich meiner Großmutter helfen, im orangefarbenen Sonnenschein Tee einzuschenken. Ich würde meine Freundinnen nie wieder sehen. Nie wieder in meinem Bett schlafen. Ohne seine Bewohner war unser Haus nichts weiter als eine Hülle. In diesem Jahr wäre ich nicht hier, wenn die erste Paprika im Garten wuchs, und auch nicht, um eine erste Kostprobe zu nehmen – bittersüß, kühl, frisch. Irgendwie führte der Gedanke an die Paprika dazu, dass mein Schluchzen in Wehklagen überging.

Meine Großmutter hielt ihre Hände über meine Augen, als könnte sie den Quell meiner Tränen wegwischen. Dann zog sie die Plane zurecht, um mich zu bedecken.

Wenn es sicher ist und du zurückkommen kannst, sagte sie, wirst du es erfahren.

In der Dunkelheit konnte ich nicht sehen, ob auch sie weinte, aber ihre Stimme klang belegt.

Ich drückte den Sack mit den Kleidern und den noch warmen Mantou an meine Brust, als der Wagen von Nachbar Hu mich wegbrachte, und versuchte mir die Gesichter meiner Eltern, meiner Großmutter und meines Heims fest einzuprägen. Die Fältchen in den Augenwinkeln meines Vaters, wenn er lächelte. Die warme Stelle unter dem Haaransatz im Nacken meiner Mutter. Das beruhigende Licht aus dem Schlafzimmer meiner Eltern, wenn ich aus einem Albtraum erwachte. Die Bilder rotierten vor mir wie Gebetsperlen, an die ich mich klammern konnte. Ich werde nichts vergessen, sagte ich mir immer wieder.

Als Nachbar Hus Wagen über einen Stein holperte, verrutschte die Plane über mir und offenbarte den sternlosen Nachthimmel. Ich hob den Kopf, um ein letztes Mal zum Haus zurückzublicken. In der Dunkelheit wirkte die Gestalt meiner Großmutter geduckt und weich. Mir kam in den Sinn, dass ich sie noch nie so weit entfernt gesehen hatte.

Sie würde Hilfe im Garten brauchen. Die Steppjacke, die ich anhatte, gehörte ihr. Ob sie genug warme Sachen für den nächsten Winter hatte? Ich hätte dafür sorgen sollen, dass jeden Tag jemand nach ihr sah. Wieder flossen mir Tränen übers Gesicht. Ich sah meine Großmutter schrumpfen, bis die Dunkelheit sie verschluckte und ich mir nur noch vorstellen konnte, dass sie es war, die dort draußen vor dem Haus stand, die wartete, beobachtete und sich nicht von der Stelle rührte, bis sie sicher sein konnte, dass wir fort waren. Ich betete, dass es bald regnen würde.

3

DIES IST DIE GESCHICHTE eines Mädchens, das Zhifu hinten auf einem Wagen erreichte.

Die Fahrt dauerte sechs Tage. Ich lag hinten auf Nachbar Hus Wagen, schlief ein und wachte wieder auf, aß Mantou aus meinem Sack und dachte unablässig nach.

Ich musste eine neue Person werden. Ich durfte nicht länger Daiyu sein, sondern jemand, den man nicht zu mir zurückverfolgen konnte. Ich würde Feng werden, ein Junge – das war sicherer. Kein Zuhause, keine Eltern, keine Vergangenheit. Keine Großmutter.

Am fünften Tag fing es an zu regnen. Eine Achse brach, der Wagen kippte um und ich mit ihm. Nachbar Hu kniete sich fluchend neben den Wagen und reparierte die kaputte Achse. Zurück unter der Plane, mit den schlammigen Kleidern auf meiner Haut, lauschte ich dem Regen, der wie Finger auf Holz trommelte, und dachte lächelnd an meine Großmutter. Deine Daiyu vermisst dich, flüsterte ich, schloss die Augen und stellte mir vor, was sie erwidern würde.

Als ich am sechsten Tag erwachte, schien mir die Sonne auf die Stirn, und ich roch das Meer. Der Geruch gab mir das Gefühl, das Fischerdorf nie verlassen zu haben, doch diese

Vertrautheit hielt nicht lange vor. Nachbar Hu entfernte die Plane und half mir aus dem Wagen. Wir waren in einer Art Gasse und ringsum das Stimmengewirr von Dialekten, die ich noch nie gehört hatte. Viel Glück, sagte er und klopfte mir halbherzig auf den Rücken. Ich sage deiner Großmutter, dass du es geschafft hast. Er bedachte mich mit einem hoffnungslosen Blick, als rechnete er damit, mich zum letzten Mal lebendig zu sehen. Ich versuchte ihm nicht zu zeigen, dass ich es sah. Stattdessen verneigte ich mich und dankte ihm für seine Umstände. Nachbar Hu ging zu seinem Wagen zurück und manövrierte ihn aus der Gasse.

Feng, ein Junge, geboren aus dem Wind, dachte ich bei mir. Gut. Fangen wir an.

*

Hallo, rief ich in die Nudelküche. Ich bin Feng und würde gern für Sie arbeiten.

Warum sollte ich dich einstellen?, sagte der Küchenchef lachend. Damit du mir im Schlaf die Kehle aufschlitzt und mein ganzes Geld klaust?

Hallo, rief ich in das Geschäft mit den Wandteppichen. Ich bin Feng und kenne mich aus mit der Arbeit am Webstuhl.

Fort mit dir!, fauchte der Ladenbesitzer. Für Abschaum wie dich ist hier kein Platz.

Nicht anders verlief es, wenn ich in Cafés, Teehäusern oder Gewürzläden nachfragte. Ich musste mich dringend waschen, brauchte frische Kleider und Schuhe, die nicht nach Matsch stanken. Zerzaust, wie ich war, unterschied ich mich nicht von den anderen Jungen, die durch die Straßen streunten, Jungen, die aussahen, als hielte sie nur der Hunger am Leben. Ich beobachtete, wie sie in Geschäfte schlichen und herauskamen, die Taschen gefüllt mit gestohlenen Sachen. Sie hätten die Stadt leergeräumt, wenn die aufmerksamen Ladenbesitzer sie nicht mit Besen verjagt hätten. Dieselben Ladenbesitzer, die mich zurückwiesen, ohne sich anzuhören, was ich zu sagen hatte.

Ich versuchte mich an alles zu erinnern, was meine Eltern mir über Zhifu erzählt hatten. Ich wusste, dass die Stadt sich langsam mit Ausländern gefüllt hatte und zu einem der größten Häfen in ganz China geworden war. Sie lag am Meer, wo Schiffe mit Baumwolle und Eisen anlegten und ausliefen mit Sojabohnenöl und Suppennudeln. Helle Schaufenster mit Waren für jede Laune und jedes Bedürfnis säumten die lauten, engen Straßen. Es gab ein Geschäft, wo man Wein, und ein anderes, wo man feine Hüte in allen Farben und aus jedem Material kaufen konnte. Nebenan war ein Laden für Heilkräuter, der nach Ingwer und Erde roch. Ich ging kurz hinein und erinnerte mich an meine Großmutter, bevor das Mädchen hinter dem Ladentisch seinen Besen holte. Über den Geschäften befand sich noch ein Stockwerk mit Wohnungen und Büros, einige mit einer kleinen Terrasse, die auf die Straße blickte. Ich hatte noch nie so viele Häuser und so wenig Himmel gesehen.

Außerdem sah ich zum ersten Mal in meinem Leben Ausländer. Meine Eltern hatten sie Wai Ren genannt. Sie drängten in die Geschäfte, groß und selbstbewusst. Ihre Haut sah aus wie wundgescheuert. Ich war davon ausgegangen, dass Haare immer schwarz waren, doch auf den Köpfen dieser Ausländer wuchs Schlamm, Sandelholz, verblichenes Leder und Stroh. Ich sah sogar einen Mann mit karottenfarbenem Haar. Ich konnte nicht aufhören, ihn anzustarren, und schaute erst weg, als er meinen Blick auffing.

Getragen vom Lärm der Stadt, wanderte ich durch diese seltsamen Straßen; Händler schrien, Musik spielte, fremde Worte glitten aus Mündern, die nicht aussahen wie meiner. Ich ging mit demselben hoffnungsvollen Gesicht in die Häuser hinein und wieder hinaus, aber überall war es dasselbe: Für deinesgleichen gibt es hier keine Arbeit.

Als die Nacht kam, kroch ich unter einen herrenlosen Obstkarren, den Bauch voller angeschlagener Äpfel und Birnen – gekauft von dem Geld, das meine Großmutter mir gegeben hatte. Es war nicht so kühl wie in den Nächten zuvor. Ich wickelte die Steppjacke eng um mich und träumte, dass die beiden Männer zu uns zurückkamen und meine Großmutter wegbrachten.

Am nächsten Tag wiederholte sich alles von vorn. Ich ging in das Geschäftsviertel, wo die Straßen von seltsam geformten Gebäuden gesäumt waren, die Fenster manchmal quadratisch, manchmal bogenförmig, manchmal wie Blumen, die von verzogenen Metallstäben umgeben waren. Ich kam an einem ausländischen Postamt aus grauem Backstein vorbei, dessen Fenster an Schuhe mit runder Spitze erinnerten. Während ich über diese Fenster grübelte, tauchte ein flachsblonder Mann auf. Er führte Selbstgespräche, und sein Schnurrbart glich einem muskulösen Ding, das sich mit seinen Lippen bewegte. Ich fragte mich kurz, ob sich die Ausländer meiner erbarmen würden. Würden sie mir Schutz, Essen, Arbeit anbieten? Doch noch während mir der Gedanke durch den Kopf ging, bemerkte mich der flachsblonde Mann und begann auf mich zuzugehen. Erschrocken über die Begierde in seinem Blick, rannte ich davon, bevor er näher kommen konnte.

Was sollte ich tun? Ich wünschte, meine Großmutter hätte mir mehr Ratschläge gegeben, bevor ich ging. Ich wünschte, meine Eltern hätten mir mehr über Zhifu erzählt oder ich hätte mich besser daran erinnert. Am meisten aber wünschte ich, dass nichts von alldem passiert wäre und wir wieder die Familie sein könnten, die wir einmal waren, als Zhifu nur eine Geschichte und die Pflege des Gartens meine einzige Sorge war.

Ob ich wütend war? Und wie. Auf meine Eltern, weil sie mich im Stich gelassen hatten. Auf meine Großmutter, weil sie mich fortgeschickt hatte und nicht mitgekommen war. Auf die beiden Männer, die unser geschätztes Haus betreten und auf den Kopf gestellt hatten. Dieses neue Leben, in dem ich ziellos durch die Straßen strich, hatte ich mir nicht erhofft. Früher hatte ich davon geträumt, das Geschäft meiner Eltern zu übernehmen und vielleicht sogar eigene schöne Entwürfe zu schaffen. Ich wollte Fische aus dem Meer fangen und sie bei den Familien meiner Freundinnen gegen Mehl, Zucker und Algen tauschen. Wir wären immer satt geworden, eine Familie, die Jahreszeiten, Kaiserreiche und sogar den Tod überdauern konnte.

Am Abend des fünften Tages war ich so viel gelaufen, dass sich meine Füße anfühlten wie mit Steinen malträtiert. Ich war benommen, mein Körper schwerelos, und in meinem Kopf flimmerte ein Nebel, der mir die Erinnerung daran nahm, welche Straßen ich schon entlanggestolpert war. Bevor ich Arbeit finde, werde ich elend verhungern, dachte ich bei mir. Ich war ein treibender Körper, ein vom Wind getragener Faden, und niemand ringsum kümmerte sich oder bemerkte es. Vielleicht war ich ja schon verschwunden, dachte ich verzweifelt. Wenn der Körper sich von innen her verzehrt, was geht dann wohl als Letztes?

Ich träumte von den prallen, schweren Teigtaschen meiner Großmutter, gefüllt mit Schweinefleisch und Schnittlauch oder Krabben und Zucchini. Ich aß sie gern frisch aus dem Topf, sodass man sich schon beim ersten Bissen an dem austretenden dampfenden Saft den Mund verbrühte. Wenn ich die Augen schloss, konnte ich sie förmlich riechen – die wohlschmeckende Hitze, die geschmeidige Konsistenz der Teigtaschenhaut und die verheißungsvolle Füllung.

Es war nicht nur meine Phantasie. Ich konnte sie wirklich riechen. Als ich die Augen öffnete, sah ich alles lebhaft vor mir. Dort, nur ein paar Schritte vor mir zur Linken, war eine Nudelküche. Ich stolperte darauf zu, blieb aber schnell stehen – der Besitzer fegte gerade, und alle Laternen im Inneren waren gelöscht. Der Laden war geschlossen.

Wenn mich der Hunger in einen Nebel getaucht hatte, dann holte der Hunger mich jetzt wieder heraus. Ich huschte die Gasse neben dem Laden entlang, bis ich auf einen schmutzigen Durchgang stieß, in dem es nach überreifen Orangen roch. Mein Magen pulsierte im Takt mit meinem Herzen.

Ich blieb stehen und wartete.

Wie vermutet, war der Ladenbesitzer mit dem Fegen fertig und kam jetzt mit einem Tablett alter Teigtaschen durch die Hintertür heraus. Er warf sie auf den Müllhaufen, ging wieder zurück und schloss die Tür hinter sich ab. Ich sah mich um. Die Dämmerung brach herein, und niemand war in dem Durchgang.

Mit wässrigem Mund rannte ich los. Die Teigtaschen lagen auf einem schmutzigen Lappen, schimmerten aber noch perlmuttfarben und platzten fast. Trotz des Geruchs von ranzigem Obst und schmutzigem Wasser war ich heißhungrig. Ich nahm sämtliche Teigtaschen und steckte sie in meine Hose. In dieser Nacht schlief ich auf den Stufen einer Kirche, und die Teigtaschen quollen vergnügt in meinem Bauch auf.

4

MEINE GROSSMUTTER HATTE RECHT – ich war geschickt mit den Händen. Es war das Geschenk meiner Mutter an mich. Als ich am Morgen erwachte, mit klarem Kopf von der neuen Fülle in meinem Bauch, zählte ich an den Händen die Dinge ab, die ich mit ihnen tun konnte.

Ich konnte Teigtaschen falten und Blütenblätter in Baozi drücken. Äpfel mit einem kleinen Messer schälen, die Enden von grünen Bohnen abbrechen, ohne zu viel Fleisch zu verlieren. Meine Hände konnten mich am Leben halten. Ich brauchte nur jemanden, der mir eine Chance gab.

Ich ging von Laden zu Laden, und immer folgte mir das Keifen der Besitzer: Verschwinde, hier will dich keiner, lass dich bloß nicht mehr blicken.

Ich bin geschickt mit den Händen, beschwor ich den siebten, achten oder war es schon der neunte Geschäftsinhaber eines Ladens für handgezogene Nudeln. Ich habe mit meiner Mutter gewebt – meine Finger sind perfekt für die Nudeln.

Du bist sehr dünn und klein, selbst für einen Straßenjungen, sagte die Besitzerin zu mir und musterte mich wie einen Schatten von oben bis unten. Du weißt, einen hungrigen Welpen wie dich nimmt keiner auf – du musst Disziplin lernen, bevor dir jemand vertraut.

Sie war freundlicher als die anderen. Sie holte keinen Besen und drohte nicht, mich zu verdreschen.

Mehr kann ich nicht für dich tun, sagte sie und zeigte auf die Tür.

Sie wollte, dass ich ging, also verneigte ich mich und drehte mich um.

Nicht so schnell, rief sie, als ich auf die Straße trat. Verstehst du nicht, was ich dir sage? Da, an der Tür. Siehst du?

Ich sah es. Anfangs hatte ich es für einen gezeichneten Baum gehalten, die Pinselstriche lang und sicher, wie Wurzeln auf einem Blatt Papier. Als ich jedoch genauer hinsah, erkannte ich, dass es kein Baum war, sondern ein chinesisches Zeichen, ein Zeichen, das ich nicht kannte. Es war nicht geschrieben wie andere Zeichen, die ich gesehen hatte – die Tusche war schwarz und kühn, jede Linie, jeder Haken und Punkt war dick, wo nötig, und dünn, wo nötig, perfekt in Schwere und Ausgewogenheit. Irgendwie machte es mich zufrieden, obwohl ich nichts über das Zeichen oder die Person wusste, die es geschaffen hatte. Die Zeichnung durchströmte mich und erfüllte mich mit Harmonie.

Es war ein Geschenk an mich, sagte die Ladenbesitzerin. Ich habe gehört, der Künstler könnte Hilfe gebrauchen.

In der Hoffnung, ihr Wohlwollen würde sich nicht erschöpfen, fragte ich sie, wo ich den Künstler finden könne.

Sie zupfte an ihrer Schürze und sah nach, ob ein Kunde in den Laden gekommen war. Niemand war da. Ich habe eine Tochter in deinem Alter, sagte sie zu mir. Darum jage ich dich nicht auf die Straße. Halte Ausschau nach einem roten Haus mit einem erdnussfarbenen Dach. Mehr sage ich dir nicht. Das Schicksal wird entscheiden, ob du ihn finden sollst.

Es war der erste Hauch von Hoffnung, den ich seit meiner Ankunft in Zhifu zuließ. Ich flog aus dem Laden mit den handgezogenen Nudeln und stieß fast mit einem Mann zusammen, der eine Kiste voller Hühner trug.

Ein rotes Haus mit einem erdnussfarbenen Dach?, fragte ich verzweifelt.

Verschwinde, bevor ich dir eine verpasse, sagte er giftig.

Wenn die Person, die ich suchte, wirklich ein Künstler war, dann wusste ich genau, an wen ich mich um Hilfe wenden konnte. Ich wich dem Fuß des Mannes aus und machte mich auf den Weg zu dem Tapisserie-Geschäft, das ich am ersten Tag aufgesucht hatte.

Der Besitzer stand da, als hätte er auf mich gewartet. Er hob eine Hand und machte Anstalten, mir den kostbaren Schatz, den ich stehlen wollte, aus den Armen zu schlagen.

Ich hab dir gesagt, keine Bettler, sagte er drohend. Die Ärmel seines Changshan flatterten, er sah aus wie ein großer Vogel.

Bitte, sagte ich keuchend. Können Sie mir sagen, wo ich ein rotes Haus mit einem erdnussfarbenen Dach finde? Ein Haus, in dem ein Kalligraphie-Künstler lebt?

Der Besitzer betrachtete mich argwöhnisch und verwirrt.

Wieso willst du das wissen? Hast du vor, einem guten Mann seine Kunst zu stehlen?

Nein, erwiderte ich. Ich musste an meine Mutter denken. Die Wandteppiche ringsum riefen sie mir klar und schmerzhaft in Erinnerung. Da saß ich, in ihrem Zimmer auf ihrem

Schoß, ich sah ihre Hände flink über den Webstuhl tanzen, ihre Fingernägel wie Perlen, ihre warme Brust an meinem Rücken, die Schwingungen ihres Summens schön wie ein Wiegenlied.

He, was ist denn los?, fragte der Besitzer verstört und riss mich aus meinen Gedanken. Warum weinst du?

Er hatte recht. Ich hatte es nicht gemerkt, aber mein Gesicht war nass, die Lippen zitterten. Die Last der vergangenen Tage erdrückte mich, presste mich in den Erdmittelpunkt. Ich wollte das alles nicht.

Entschuldigen Sie, mein Herr, sagte ich und wischte mir die Tränen mit der Hand ab. Ich kannte einmal Leute, die Wandteppiche wie die Ihren gewebt haben, nur mit Blumen, Vögeln und sogar Drachen.

Bei diesen Worten wurde der Besitzer etwas milder. Du kanntest Leute, die Wandteppiche gewebt haben, wiederholte er. Hier in Zhifu? Wie heißen sie? Kenne ich sie?

Nein, sagte ich und schüttelte den Kopf. Und Sie werden sie wahrscheinlich auch nie kennenlernen. Sie sind vor Kurzem verschwunden. Aber sie haben mir beigebracht, meine Hände zu benutzen. Deswegen bin ich hier, mein Herr. Ich suche Arbeit, aber zuerst muss ich Disziplin lernen. Ich suche eine Arbeit, bei der ich meine Hände geschickt einsetzen kann. Wissen Sie, wo das rote Haus mit dem erdnussfarbenen Dach ist? Sagen Sie es mir, dann lasse ich Sie in Ruhe, und wenn ich je zurückkomme, werde ich disziplinierter und zuverlässiger sein, ich verspreche es, mein Herr.

Es würde bald dunkel werden. Ich sah, wie der Besitzer über meine Worte nachdachte, und ich wartete auf den

Schlag, der mich aus seinem Laden vertreiben würde. Die Sekunden türmten sich zwischen uns auf.

Doch der Schlag, mit dem ich gerechnet hatte, blieb aus. Stattdessen öffnete der Besitzer den Mund.

5

ALS ICH AM NÄCHSTEN Morgen erwachte, sah ich einen Mann über mir, seinen Fuß neben mir.

Ich schreckte hoch. Der Mann spähte über seine Brille auf mich herunter, die Hände hinter dem Rücken verschränkt. Er trug einen grauen Changshan mit gestickten Pfirsichblüten auf den Ärmeln. Ich fand, er sah aus wie mein Vater.

Wieso schläfst du auf den Stufen meiner Schule?

Er klang nicht angewidert oder wütend, nur neugierig.

Entschuldigen Sie, mein Herr, erwiderte ich und rutschte beiseite. Bitte holen Sie nicht die Wachen.

Warte, sagte er und streckte eine Hand aus. Seine Finger waren schwarz verfärbt. Du hast meine Frage nicht beantwortet.

Ich erklärte ihm, ich sei Feng und auf der Suche nach Arbeit. Inzwischen ging mir die Lüge so leicht über die Lippen, als wäre es die Wahrheit. Ich bin zu Ihrer Schule gekommen, um Ihr Lehrling zu werden.

Aber ich suche keinen Lehrling, erwiderte er. Wie kommst du darauf, dass ich einen suche?

Durch eine Frau in einem Laden für handgezogene Nudeln, erwiderte ich. Sie sagte, sie könnten Hilfe gebrauchen.

Verstehe. Ich weiß nicht, wie sie darauf kommt. Na schön, Feng der auf der Suche nach Arbeit ist, es tut mir leid, dich zu enttäuschen. Ich stelle niemanden ein.

Ich blickte auf meine Kleider. Meine Hosenbeine waren staubig von den Stufen, auf denen ich geschlafen hatte. Mir kam eine Idee.

Moment, sagte ich zu ihm. Wenn Sie keinen Lehrling suchen, dann können Sie vielleicht jemanden brauchen, der Ihre Schule sauber hält. Ich bin hier, weil ich Ihre wunderschöne Kunst in der Nudelküche bewundert habe. Eine solche Schrift habe ich noch nie gesehen. Und sollte ein Ort, an dem so viel Schönheit entsteht, nicht dementsprechend aussehen?

Noch nie war ich einem Erwachsenen gegenüber so forsch gewesen. Ich biss mir auf die Lippe und wartete darauf, dass mir meine Klugheit heimgezahlt wurde.

Aber seine Hände rührten sich nicht. Stattdessen schwenkte sein Blick auf meine schmutzige Hose und dann seine Stufen. Und wieso glaubst du, dass du der Richtige für diese Aufgabe bist?

Ich dachte an meine Mutter und an meine Großmutter. Ich bin sehr geschickt mit den Händen, antwortete ich.

Dann streck deine Hände aus.

Widerstrebend gehorchte ich; es waren Mädchenhände, die Knöchel weich und gepolstert, die Schwielen von der Gartenarbeit längst verschwunden. Diese Hände haben nicht einen Tag lang harte Arbeit verrichtet. Der Mann bückte sich und drehte sie um, inspizierte meine Handflächen, kniff ins Fleisch unter dem Daumen. Er starrte so lange darauf, dass ich mich schon fragte, ob er eingeschlafen war. Doch als er sich wieder aufrichtete, war er hellwach und hatte einen zufriedenen Ausdruck im Gesicht.

Du hast nicht gelogen, sagte er. Möchtest du für mich arbeiten, Feng mit den guten Händen?

Die Sonne ging auf und färbte sein graues Haar ockerfarben. Ich fragte ihn nicht, was er in meinen Händen gesehen hatte, sondern schaute in seine Brille und sagte Ja.

Dann steh auf, sagte er. Ich gehorchte und merkte, dass ich zum ersten Mal in meinem Leben ordentlich dastand. Dein Name bedeutet Wind, sagte er. Und ich erwarte, dass du dich bewegst wie der Wind – keine Faulheit, keine Schludrigkeit. Wenn du für mich arbeitest, arbeitest du anständig.

Sein Name war Meister Wang, und das rote Haus mit dem erdnussfarbenen Dach war seine Kalligraphie-Schule.

Wir gingen zusammen hinein. Durch die abgedunkelten Fenster sickerte Licht in das Klassenzimmer und hinterließ weiße Schlitze auf dem Holzfußboden. Der Raum war in zwölf Arbeitsplätze unterteilt, jeder ausgestattet mit einem Pinsel, einem Tintenfass, wie ich annahm, mit langen Reispapierblättern und anderen Materialien, die ich nicht kannte. An den Wänden hingen Bildteppiche mit schwarzen Zeichen, die von der Decke bis zum Boden reichten. Die Zeichen wirkten heroisch und kompliziert, erstarrt im Tanz. Sie sahen aus, als wären sie von Kräften geformt worden, die größer waren als sie selbst.

Auf der anderen Seite des Raums befanden sich Meister Wangs Privaträume, abgeschirmt durch einen Paravent. Wir gingen daran vorbei, ohne anzuhalten. Das letzte Zimmer war klein und voller Gerätschaften, unbenutzter Tintenfässer und Reispapierrollen. Dort sollte ich schlafen.

Der Unterricht beginnt bei Sonnenaufgang und endet mit dem ersten Zeichen von Dunkelheit, erklärte mir Meister Wang und suchte in der Kammer nach einem Besen. Du wirst jeden Tag vor und nach dem Unterricht die Treppe draußen fegen. Was du sonst mit deiner Zeit anstellst, bleibt dir überlassen, aber ich warne dich: Was immer du tust, es wird auf meine Schule zurückfallen, egal wohin du gehst.

Schließlich fand er den Besen und gab ihn mir. Der Stiel war dick, ich konnte ihn kaum mit den Fingern umfassen. Aus Angst, Meister Wang könnte mir den Job gleich wieder wegnehmen, bemühte ich mich, es vor ihm zu verbergen. Er drehte sich um und führte mich hinten durch die Schule zu einem mit Steinen ausgelegten Hof. In jede Steinfliese war ein chinesisches Zeichen eingraviert. In der Mitte des Hofs befand sich ein Springbrunnen, in dem zwei Drachen sich um vier Töpfe schlangen. Ein kleiner Garten umgab den Brunnen. Ich dachte voller Sehnsucht an meine Großmutter und bat die Erinnerung, sie möge verschwinden. Ich musste mich konzentrieren.

Kein Stein ist unberührt, sagte Meister Wang. Wie du so scharfsinnig bemerkt hast, muss eine Kalligraphie-Schule die Schönheit widerspiegeln, die in ihren Räumen entsteht, indem auch das Äußere vorzeigbar gehalten wird.

Ich nickte und fragte nicht, warum dann draußen alles so dreckig war oder warum das erdnussfarbene Dach aussah, als wäre es eingesackt. Er betonte jedes Wort mit Endgültigkeit, und das genügte mir.

Die Sonne stand hoch am Himmel und tauchte den Hof in Licht. Der Unterricht beginnt gleich, sagte er. Du weißt, was du zu tun hast, Feng, der du gut mit den Händen bist.

Ich verneigte mich, weil ich es für richtig hielt, und ging zur Vordertreppe, den Besen in beiden Händen. Die Sonne folgte mir. Der Tag war schön, die Blumen schön, die Kalligraphie schön, die Steinfliesen schön. Aber es hätte mich nicht gestört, wenn es geregnet hätte.

*

Am nächsten Morgen tat ich, wie man mir geheißen hatte. Ich wachte vor der Sonne auf und schleppte den Besen vom Schrank zur Vorderseite der Schule. Ich fegte jede Stufe dreimal und sah zu, wie der Staub aus meinem Besen den Morgen bewölkte, was mich an meine Mutter erinnerte, wenn sie sich Mehl von den Händen klopfte. Als ich ins Haus zurückkehrte, fand ich eine Schale Haferbrei mit Szechuangemüse vor meinem Schlafquartier.

Meister Wangs Schüler waren ausnahmslos Männer. Sie gingen hintereinander in einer geraden Reihe in das Gebäude und bewegten sich mit einer Präzision, als nähmen sie sich die Zeichen, die sie malten, zum Vorbild. Aufrecht, mit ernster Miene und gehorsam knieten sie sich an ihre Arbeitsplätze, schoben die Ärmel zurück und warteten auf ihren Lehrer.

Guten Morgen, Klasse, sagte er, als er eintrat.

Guten Morgen, Meister, erwiderten sie gleichzeitig.

Wer hat heute den Sonnenaufgang gesehen?, fragte er mit fester Stimme.

Ich nicht, Meister, erwiderten sie einmütig.

Ich bitte euch, ihn euch morgen und übermorgen und an jedem weiteren Tag anzusehen, sagte Meister Wang, dann werdet ihr irgendwann verstehen, dass die Zeichen, die ihr malt, eine ganze Welt füllen können.

Die Schüler schwiegen, aber ich war verzaubert. Nicht nur von seiner Sprechweise, die mir harmonisch schien wie ein schwimmendes Seerosenblatt auf einem Teich, sondern von dem, was er sagte. Ich verstand zwar nicht, was er mit dem Satz meinte, aber mir war bewusst, wenn es einen Menschen gab, der mir Antworten auf das Leben geben konnte, dann er.

Von diesem Augenblick an nahm ich mir vor, meinen Platz in Meister Wangs Schule zu finden. Es war immer das Gleiche: Der Morgen war dem Fegen vorbehalten, und wenn die Sonne aufging und ich meine Schale mit Haferbrei und den kleinen Teller mit Gemüse gierig verschlungen hatte, hielt ich mich im Flur auf, um die Schüler eintreten zu sehen, neidisch auf ihre Sicherheit und dass sie ein Zuhause hatten, in das sie zurückkehren würden.

Tagsüber ging ich in die Stadt. Die schlichten Mahlzeiten bei Meister Wang waren knapp bemessen – das Essen schien immer zu verschwinden, bevor ich richtig satt war. Ich lechzte nach Fleisch und vermisste besonders den gedämpften Fisch, der in meiner Kindheit ein fester Bestandteil gewesen war. Ich sehnte mich nach leuchtenden Garnelen und Soßen aus Ingwer, Knoblauch und Weißdornbeeren. Bei meinen Eltern und meiner Großmutter war das Essen immer zelebriert worden, bei Meister Wang hingegen war es bloß eine Pflicht, die erledigt werden musste, bevor man zu Wichtigerem überging. Hunger ist gut, sagte er, als ich ihn das erste Mal um eine zweite Portion Reis bat. Er befähigt den Verstand eines Künstlers, sich zu konzentrieren. Danach fragte ich ihn nie wieder.

Doch genau dieser Hunger trieb mich Tag für Tag in die Stadt zurück. Ich wollte alles essen – die Brötchen und Sesamkuchen und handgezogenen Nudeln, die unverständlichen Worte der Ausländer, den fleischigen, stechenden Geruch des Meeres. Dies also war die Stadt, die meine Eltern liebten, dachte ich. Ich hätte alles Essen an den Ständen in mich hineinschlingen, mich sogar über die Stützbalken der Gebäude hermachen können und wäre immer noch nicht satt gewesen. Alles war neu. Alles war denkbar. Es war größer als der Hunger in meinem Bauch – es existierte auch in meinem Herzen, und ich wusste, eines Tages würde mich dieser Hunger einholen. Aber nicht jetzt. Noch nicht.

Nachmittags kehrte ich zur Schule zurück und prägte mir im Hof die Zeichen auf den Steinfliesen ein. Manchmal warfen die Schüler halb aufgegessene Äpfel in den Hof. Und wenn Meister Wang bei schönem Wetter die Fenster öffnete, lauschte ich dem Unterricht und ließ mich von seinem unerschütterlichen Tenor gefangen nehmen.

Aus diesen Sitzungen lernte ich, dass Schreibpinsel, Tuschestab, Papier und Reibstein die Vier Schätze des Gelehrtenzimmers genannt wurden. Ich lernte, dass der Künstler neben dem Malen der richtigen Pinselstriche in der richtigen Reihenfolge auch für die Aufrechterhaltung eines ausgewogenen Ichs verantwortlich war, um gute Kalligraphie zu schaffen.

Bei der Kalligraphie, dozierte Meister Wang, geht es nicht nur um die Methoden des Schreibens, sondern auch darum, den eigenen Charakter zu kultivieren. Dieser Glaubenssatz war für ihn Philosophie wie auch gelebte Praxis. Ihn trug der Kalligraph für den Rest des Lebens mit sich, wobei die

Tusche das Blut ersetzte und der Pinsel die Arme. Kalligraph zu sein hieß, die Prinzipien der Kalligraphie bei jeder Handlung, Reaktion und Entscheidung anzuwenden, ob auf dem Papier oder im Leben. Ein solcher Mensch könnt ihr werden, erklärte Meister Wang seinen Schülern, ein Mensch, der sich der Welt zuwendet wie einem leeren Blatt Papier.

Etwas wie Angst, Gefahr, Sorge oder Verlust gab es für ihn nicht. Nach den Prinzipien der Kalligraphie gab es immer eine Antwort – sieh dir das Zeichen an, lass dich von dem leiten, was du weißt. Im Leben war Meister Wang genauso: Behalte das gewünschte Ergebnis im Auge, und lass dich von deinem Wissen zu ihm führen. Und vor allem musst du lernen.

Was macht eine gute Handschrift aus?, fragte er die Schüler.

Eine ruhige Hand, antwortete jemand.

Geduld und ein scharfes Auge, ein anderer.

Eine gute Grundausbildung, versuchte es ein dritter.

Alles richtig, sagte Meister Wang. Doch das Wichtigste von allem habt ihr vergessen: ein guter Mensch zu sein. In der Kalligraphie müsst ihr das, was ihr schreibt, und den, für den ihr schreibt, respektieren. Doch vor allem müsst ihr euch selbst respektieren. Es ist die gewaltige Aufgabe, Einigkeit herzustellen zwischen dem Menschen, der ihr seid, und dem Menschen, der ihr sein könntet. Überlegt: Welche Art Mensch könntet ihr werden, als ihr selbst und als Künstler?

Ein ehrfurchtsvolles Schweigen schloss sich an. Die Schüler hatten genug gehört, um noch jahrelang davon zu träumen. Und ich? Ich hatte endlich eine Antwort und einen Weg, dem ich folgen konnte, einen Weg, der mir helfen würde, die

Last meines Namens und das damit einhergehende Schicksal zu überwinden. Wenn Kalligraphie der Schlüssel war, um mich von Lin Daiyu zu trennen, dann würde ich nach Meister Wangs Anweisung üben. Ich würde jemand werden, die sich nicht dem Willen des Schicksals und den Geschichten beugte, nach denen ich benannt war, sondern ein vollkommen eigenständiger Mensch mit einem Erbe, das ihm gehörte.

Und bis dahin würden meine Eltern vielleicht zu mir zurückkehren.

6

ICH BEGANN SOFORT. MIT einem langen Birkenzweig in der Hand fuhr ich die Zeichen in den Steinfliesen nach, schwang und drehte den Zweig, als könnte er etwas aus der Erde heraufbeschwören. Es war irgendwie albern, und mir war klar, wie es für Außenstehende aussehen musste: ein mädchenhaft aussehender Junge, ein jungenhaft aussehendes Mädchen, das spielte zu schreiben und sich einbildete, er oder sie sei kühn. Der Zweig fühlte sich fremd an in meiner Hand, die Bewegungen ungelenk. Nachdem der Unterricht für den Tag zu Ende war und die Schüler herauskamen, blieb mir keine Zeit mehr zu verbergen, was ich tat. Als sie mich sahen, wie ich mit meinem Zweig auf den Fliesen herumfuchtelte, fingen sie an zu lachen über den Stock, der aus meiner ungeübten Hand herunterhing. Ich ließ ihn fallen und rannte ins Haus, suchte den Besen, biss mir auf die Lippe und war wütend auf mich selbst.

Die Daiyu von vor wenigen Monaten, die noch eine Großmutter an ihrer Seite gehabt hatte und ein eigenes Bett, hätte den Traum, die Kalligraphie zu beherrschen, aufgegeben. Sich sehr um etwas zu bemühen – und dafür verspottet zu werden – hatte nie ins Selbstverständnis dieser Daiyu gehört.

Aber etwas geschah mit mir, seit dem Augenblick, als meine Großmutter mich auf dem Wagen nach Zhifu fortgeschickt hatte. Ich gierte nach dem, was die Kalligraphie mir bringen würde, und so sicher ich mir war, dass ich nie die Frau eines Stadtmannes werden würde, so sicher war ich mir auch, dass meine Zukunft mit der Kalligraphie verbunden war. Es würde nicht leicht werden. Es war so, wie Meister Wang gesagt hatte – ich musste üben.

Meine ersten Tage in Zhifu hatten mich auf diesen Augenblick vorbereitet – jeder Ladenbesitzer, der mich abgewiesen hatte, jeder angewiderte Blick, dem ich trotzig begegnete, war ein Stein, den ich als Geschenk sah, bis ich irgendwann genug Steine hätte, um eine Festung um mich herumzubauen. Sollen sie mich verspotten, dachte ich an diesem Abend. Wenigstens habe ich meine Festung. Und die ist undurchdringlich.

Als ich am nächsten Nachmittag meine Arbeit erledigt hatte, ging ich wieder in den Hof, den Birkenzweig in der Hand. Der Tag war kühler als gewöhnlich, die Fenster offen. Meister Wangs Stimme schwebte heraus, und ich ließ mich von ihr einhüllen und meine Hand durch die Luft führen.

Seht genauer hin, sagte er. Eure Kalligraphie wird viel von euch offenbaren. Mit einem Blick auf das, was ihr geschrieben habt, erkenne ich eure Gefühle und euren Geist. Ich kann eure Disziplin beurteilen und euren Stil bestimmen. Es gibt noch viel mehr Geheimnisse, die euer Geschriebenes enthüllt, und ihr werdet sie erkennen, wenn es so weit ist.

Ich saugte jedes Wort auf. Für mich war dieses Wissen kostbar, mein Vorankommen in der Welt.

Ich hatte keine geregelte Schulbildung, doch unter Meister Wangs Anleitung spürte ich, dass ich der Mensch wurde, der ich sein wollte. Dieser Mensch war stark und großzügig wie mein Vater, gutherzig und geschickt wie meine Mutter, jemand, der sich einfühlsam und klug um Dinge kümmerte wie meine Großmutter. Wenn ich ein solcher Mensch werden könnte, dachte ich, dann würde ich ihnen zumindest immer nah sein, auch wenn sie nicht mehr bei mir waren. Und nichts davon, dachte ich, hatte etwas mit Lin Daiyu oder ihrer Geschichte zu tun.

Es kam der Tag, an dem ich nicht mehr die Steinfliesen nachzeichnen musste, um zu schreiben. Stattdessen richtete ich den Blick nach oben und ließ die Zeichen vor mir erscheinen, dick und kräftig und ordentlich, genau wie die Zeichen in Meister Wangs Schule. Ich fuhr energisch mit der Hand durch die Luft, bis die Zeichen den Himmel ausfüllten. Sie forderten mich auf, nach ihnen zu greifen, sie aus nichts zu formen. Oder sie vielleicht aus mir selbst zu bilden.

*

Neben dem Fegen der Stufen weitete sich meine tägliche Arbeit auf das Reinigen des Klassenzimmers aus, nachdem die Schüler gegangen waren. Ich bewegte mich still durch den Raum, stets voller Angst, die feuchte Tusche zu stören, die noch in der Luft hing. Mit dem Besen in der Hand schlängelte ich mich zwischen den zwölf Arbeitsplätzen hindurch, fasziniert von den zurückgelassenen Zeichen der Schüler. Inzwischen kannte ich die Namen und den Verwendungszweck der Materialien: Pinsel, Papier, Beschwerer, Schreibunterlage, Tinte, Tuschestab, Reibstein, Siegel, Siegelpaste.

Ein guter Pinsel ist biegsam, sagte Meister Wang. Mit einem Strich sollte er vieles hervorbringen, sei es ein Ohr, eine Klaue oder einen Berg. Je weicher der Pinsel, desto mehr Möglichkeiten kann er schaffen und desto zahlreicher die Variationen in den Strichen.

In Meister Wangs Klassenzimmer gab es Pinsel in allen Größen. Manche waren so groß wie ein Mopp, und nach dem Eintunken in die Tintengläser, die so groß wie Eimer sein konnten, waren ihre Köpfe dick, stumpf und triefend. Andere Pinsel maßen weniger als ein Knöchel, und die Härchen verbanden sich zu einer feinen Spitze. Mir gefiel, dass es nie eine korrekte Antwort darauf gab, welchen Pinsel man benutzen sollte. Die Frage ist nicht, welcher Pinsel, erklärte Meister Wang seinen Schülern. Die Frage ist, was verlangt das Papier.

Papier, den dritten Schatz des Gelehrtenzimmers, gab es ebenfalls in vielen Variationen. Einige Papiere waren aus Stroh oder Gras hergestellt, andere aus Bambus oder gar Hanf. Meister Wang bevorzugte einschichtiges Xuan-Papier, auf dem die Tusche rasch verschwamm. Doch genau darum ging es – als ein Meister musste ein Kalligraph selbst das empfindlichste Material beherrschen.

*

Eines Abends fiel mir auf, dass ein Schüler das Zeichen für ewig 永 falsch geschrieben hatte – anstatt den Strich oben zu beginnen und nach unten zu führen, hatte er ihn von unten nach oben gezogen. So war alles rückwärts gerichtet, bodenlastig. Bevor ich mich zurückhalten konnte, kniete ich auf dem Kissen vor dem Arbeitsplatz und nahm den Pinsel, den der Schüler zurückgelassen hatte. Der Griff war aus Bambus, die Spitze aus irgendwelchen Haaren. Meister Wang hatte den Schülern mal gesagt, später, als Ältere, könnten sie sich einen Pinsel aus den Haaren eines neugeborenen Kindes machen. Das sei die größte Ehre.

Durfte ich so verwegen sein? Ich tauchte die Pinselspitze in die Vertiefung des Reibsteins, in dem sich noch ein kleiner Rest Tinte vom Unterricht befand. Dann strich ich auf dem Papier des Schülers das Zeichen durch und schrieb es neu, wobei mich das Gewicht des Pinsels überraschte. Mit einem echten Pinsel statt eines Birkenzweiges zu schreiben war anders – man musste so viel mehr beachten, etwa die Bewegung der Pinselhaare und die launische Beschaffenheit der Tusche. Jeder Fleck, jeder Fehler hinterließ eine Spur. Ich hatte mich so daran gewöhnt, einfach mein Handgelenk zu bewegen und mir vorzustellen, dass das Ergebnis perfekt war. Jetzt, mit einem echten, pulsierenden Pinsel in der Hand, sah ich ein, dass ich noch viel lernen musste. Aber ich spürte auch, dass verschiedene Teile meines Lebens Gestalt annahmen, als hätte ich gerade ein außergewöhnliches Geheimnis über mich gelüftet.

Als ich fertig war, setzte ich mich zurück und betrachtete das Zeichen. Es war bei Weitem nicht zufriedenstellend, aber dennoch beeindruckte mich, wie die frische Tusche das sie umgebende Papier ein- und ausatmete. Einmal auf Papier gebracht, so hatte Meister Wang seinen Schülern erklärt, wird chinesische Tusche jahrhundertelang halten, ohne zu verblassen. Wenn ihr von einer besonders atemberaubenden Schriftrolle fasziniert seid, und die Linien sehen aus, als könnten sie euch ausbluten lassen, dann denkt daran, jedes

Zeichen beinhaltet mehrere Geschichten, und was ihr betrachtet, liegt ganze Jahrhunderte zurück.

Begeistert fing ich an, die Zeichen zu üben, die ich von den Fliesen im Hof kannte, bis die ganze Seite voll war. Erst als die Grillen ihr orchestrales Zirpen anstimmten, fiel mir ein, dass ich meine Aufgaben noch nicht erledigt hatte.

Am nächsten Tag schwebte Meister Wangs Stimme aus dem Fenster. Wer hat das geschrieben?, fragte er den Schüler, dessen Papier ich beschrieben hatte. Der Schüler behauptete, dass die Zeichen von ihm stammten, aber Meister Wang nannte ihn einen Lügner. Du bist stolz und selbstsüchtig, Jia Zhen, sagte Meister Wang. Und das wird sich in deiner Kalligraphie immer widerspiegeln. Deshalb kannst du nicht länger mein Schüler sein.

Ich fegte draußen weiter und hielt den Atem an.

Später suchte mich der in Ungnade gefallene Schüler Jia Zhen im Hof auf. Er war nicht der Erste, der weggeschickt wurde – Meister Wang zeigte wenig Toleranz für jene, die gegen die Regeln seiner Schule verstießen, und demzufolge war die Zahl der Schüler auf nur noch sechs geschrumpft. Ohne Jia Zhen waren es jetzt fünf. Ich weiß, dass du es warst, sagte er, stieß mich zu Boden und trat mich. Niemand wird kommen, um dich zu retten. Niemand wird dich vermissen, weil du niemanden hast. Er hörte nicht auf, mich zu treten. Ich rollte mich zusammen und wusste nicht, ob mein Gesicht nass von Tränen oder Blut war.

So traf Meister Wang mich später an, als die Dunkelheit hereinbrach und das Klassenzimmer nicht gefegt war. Deine Schrift ist nicht schlecht, sagte er, während er mir half, mich aufzusetzen, aber du solltest schreiben, wie du deinem

Herzen folgst. Beobachte den Flugbogen der Kormorane am Himmel, verfolge den Weg eines Blattes, wenn es fällt, erinnere dich an die Linien, die das lose Haar einer Frau in den Wind zeichnet. Das ist Kalligraphie.

Wenn ich am Abend in das Klassenzimmer trat, fegte ich nicht mehr nur. Ich lernte auch. Nach dem Ende des Tagesunterrichts verharrte Meister Wang in seiner Lehrerpose vorne im Raum, und ich hörte zu, gebannt von dem anhaltenden Geruch nach Tusche und nassem Papier, und meine Hände folgten seinen, während er seine Finger durch die Luft führte.

Ich lernte, dass die Macht einer Kalligraphin mit dem Pinsel beginnt und dass sie mit den Entscheidungen, die sie von diesem Moment an trifft – etwa, wie nass die Tusche ist oder wie hart sie den Pinsel auf das Papier drückt oder wie schnell sich ihr Arm bewegt –, die Striche mit dem Geist ihrer endgültigen Form versieht.

Das nennt man die Absicht, sagte Meister Wang. Das nennt man die Idee. Wenn er dozierte, schaute er nicht mich, sondern etwas über mir an, als spräche er zu dem Ich, das ich eines Tages werden würde. Ringsum wehten die Wandbilder mit den Zeichen im leichten Nachtwind. Es waren Stücke, die er im Lauf der Jahre gesammelt hatte, geschrieben von den Händen seiner Lehrer und noch berühmteren Kalligraphen.

Jeder Kalligraph, jeder Künstler fängt gleich an. Er nimmt sich vor, Kunst zu schaffen. Doch diese Vorsätzlichkeit macht die Kunst eher zur Arbeit. Du musst üben, Kunst ohne ein Ziel oder einen Plan im Kopf zu schaffen und dich dabei nur auf deine Disziplin, deine Ausbildung und deinen guten Mut verlassen. Diese Stufe erreichen nur wenige Kalligraphen. Doch nur so folgst du deinem Herzen.

Er hatte keine Kinder. Über seine Familie wusste ich nichts. In dieser Hinsicht passten wir perfekt zueinander. Während er abends las und den Unterricht für den nächsten Tag vorbereitete, saß ich auf meiner Pritsche und übte in meiner Handfläche das Schreiben der Zeichen.

Wenn deine Kalligraphie sehr gut wird, sagte er mir, hast du vielleicht die Chance, für wichtige Beamte zu schreiben. Deine Arbeit wird deinen Ruf befördern, Feng, der Junge mit den guten Händen.

Mit jeder Lektion wurde ich mutiger. Ich war nicht mehr nur Feng, ein Junge ohne Vergangenheit und ohne Zukunft. Wie viele Zeichen hatte ich inzwischen gelernt – eintausend, zweitausend? Meine Großmutter hatte mich nach Zhifu geschickt, damit ich überlebte, doch nun träumte ich von Größerem. Ich wollte eine Lehrerin wie Meister Wang werden. Ich wollte der Welt zeigen, was ich schaffen konnte. Dies sind deine Finger und deine Augen, Mutter, dachte ich, während ich Tusche auf die Seite pinselte. Dies sind deine Geduld und deine Stärke, Vater. Und dies ist die Gelegenheit zu leben, die du mir geschenkt hast, Großmutter.

Dein endgültiges Ziel sollte sein, schloss Meister Wang seine Lektion, einen Zustand der Freiheit zu erreichen, in dem du und der Künstler, der du sein könntest, eins sind. Das nennen wir vereint, wenn du endlich bei dir selbst bist.

Ja, Meister Wang, sagte ich, bevor ich den Pinsel in die Tusche tauchte und von Neuem begann. Ich zweifelte nie an ihm, saugte nur seine Worte auf und ließ mich von ihnen durch die Tage tragen. Er bezahlte mich nicht für meine Arbeit, abgesehen von den Unterrichtsstunden, und ich bat nie darum. Aber manchmal, wenn mir ein Zeichen sehr gut gelungen war, steckte er mir ein Silberstück zu. Ich sparte, so viel ich konnte, und malte mir eine Zukunft aus, in der ich meine eigene Kalligraphie-Schule leiten und nur das beste Zubehör für meine Schüler kaufen würde. Die Belohnung dafür, dass ich meinem Herzen folgte, so schien es, waren die Zeichen, die ich eins nach dem anderen lernte.

Doch ich hätte wissen müssen, dass dies nicht von Dauer war.

7

WAS ICH INZWISCHEN WEISS: Ich bin vergiftet worden.

*

Ich erwache in aller Stille. Der Schlaf besetzt meine Ohren, und mein Verstand müht sich, die wache Welt zu erreichen. Ich erinnere mich nicht, jemals eingeschlafen zu sein, und auch nicht, geträumt zu haben.

Mein Körper ist schwer, ein Gewicht, wie ich es noch nie gespürt habe. Als ich in dem Fischerdorf lebte, war ich immer nur leicht und beschwingt, hüpfte vom Meer zu den Feldern und zu den Stufen vor unserem Haus. In den Straßen von Zhifu habe ich schnell zu überleben gelernt. Der Klebstoff, der jetzt auf meiner Kehle liegt, fesselt mich auch an den Ort, an dem ich liege. Ich bewege meine Augen unter den Lidern von einer Seite zur anderen, um sie zu fokussieren. Das Pulsieren in meinem Schädel setzt sich bis in die Handflächen und Fußsohlen fort.

Ich versuche mich aufzusetzen.

Als Erstes fällt mir auf: Ich liege auf einer Matte auf dem Boden. In irgendeinem Raum.

Als Zweites: In diesem Raum ist es dunkel. Ich kann die Schatten von festen Gegenständen und der Matte unter mir erkennen, aber nicht viel mehr. Im Dunkeln könnte dieser Raum unendlich groß sein. Ich taste an meinem Körper nach den anderen Dingen, die ich nicht sehen kann: Hemd, Hose, Socken, Schuhe. Nichts tut weh, nur mein Kopf. Alles scheint in Ordnung zu sein. Nur dass nichts in Ordnung ist.

Woran erinnere ich mich? Ich habe meine Arbeit erledigt und meinen täglichen Gang von Meister Wang nach Beach Road gemacht. Der Fischmarkt, die Fischfrau. Ihre fuchtelnden Arme. Der Kreis der Fischhändler, die einen Kampf sehen wollten. Der überraschende Druck auf meiner Schulter. Ein Mann in merkwürdigen Kleidern, der auf mich herabblickt. Kurzes Haar. Sonnenlicht. Zwei gelbe Zähne. Das Versprechen von Essen. Laufen. Laufen. Laufen.

Ich presse die Finger an meine Schläfen. Da ist keine Schwellung, keine wunde Stelle. Woran erinnere ich mich noch? Die Gebäude, an denen wir vorbeikamen: eine Kirche, ein paar Restaurants, eine Apotheke, ein Fleischmarkt. Der salzige Geruch des Meeres. Da war auch eine Unterhaltung, aber ich weiß nicht mehr, was gesagt wurde. Rauch und Schatten, vor jeder Erinnerung. Das Einzige, dessen ich mir sicher bin, ist das Gesicht des Mannes, die breite Stirn und das spitze Kinn. Seine gottgleiche Anziehungskraft.

Bevor ich mich an mehr erinnere, kehrt das Gift in einer Woge von schäumendem Rosa zurück, und ich falle zurück auf den Boden. Mein Blick verschwimmt.

*

Etwas schwebt über mir, als ich zum zweiten Mal erwache. Ich schnappe nach Luft, meine Brust ist wie verschnürt. Da ist der zwinkernde Mann, und er ist hier, um mich zu töten.

Wortlos greift er nach unten, packt mich am Hemd und zieht mich hoch. Einen schrecklichen Moment lang stelle ich mir vor, dass er mich in eine bodenlose Grube wirft, die es in diesem Raum mit Sicherheit gibt, doch dann berührt mein Rücken etwas Kaltes und Hartes. Ich lehne an einer Wand, bin nicht mehr als ein schlaffes Wesen.

Atme, sagt der Zwinkernde.

Ich versuche es. Zweimal ein, einmal aus. Ich schließe die Augen und denke an meine Großmutter, die meine Atemzüge zählt, ihre Hände auf meinen Knien. Zweimal ein, einmal aus, Daiyu. Noch mal.

Wo bin ich?, frage ich. Meine Stimme klingt heiser.

Er antwortet nicht. Ich höre etwas rascheln, dann ein Schnipsen. Endlich erhellt sich der Raum. Es ist nicht der Kerker, den ich mir vorgestellt hatte, sondern ein Zimmer, ganz ähnlich wie meins zu Hause. Ich sehe einen Tisch, einen Stuhl, meine Beine unter mir, die Tür. Über mir, fast an der Decke, ist ein mit Zeitung zugeklebtes quadratisches Fenster. Der Raum ist nicht klein, aber er scheint mir und dem Zwinkernden stetig näher zu rücken, seine Größe an uns anzupassen. Wir sind das Einzige, was zählt.

Der Zwinkernde kniet sich mit einer Laterne in der Hand hin. Er ist kein Unsterblicher, der vom Drachen zum Wärter zum Menschen wurde und gekommen ist, um mich zu retten. Im Laternenlicht könnte sein Gesicht Feuer sein.

Ich will nach Hause, sage ich.

Wie heißt du?, fragt er, ohne auf mich einzugehen. Seine

Stimme, die ich als sanft und freundlich in Erinnerung hatte, klingt jetzt gefährlich.

Wie heißt du?, wiederholt er.

Ich schweige.

Er schlägt mich mit dem Handrücken. Als seine Knöchel auf meine Wange treffen, klingt es wie ein Funke.

Feng, flüstere ich und zwinge mich, nicht zu weinen.

Gut. Er lächelt. Wie alt bist du, Feng?

Ich fürchte mich vor dem, was er mir antun wird, wenn ich es ihm sage.

Wir werden behaupten, dass du vierzehn bist, sagt er in mein Schweigen. Das Licht in der Laterne flackert. Feng das Waisenkind, du bist vierzehn. Und du wirst immer vierzehn sein.

Er steht auf und blickt auf mich herab.

Lassen Sie mich nach Hause gehen, sage ich. Wenn ich ihn nur genug bitte, verwandelt er sich vielleicht wieder in den freundlichen Mann, der mich auf dem Fischmarkt gerettet hat.

Doch das tut er nicht. Stattdessen legt er einen Finger auf seine Lippen und entfernt sich langsam. Mit jedem Schritt schrumpft das Licht aus der Laterne, und der Raum ringsum verschwindet allmählich. Als er die Tür erreicht, sehe ich nur noch einen schwachen gelben Punkt.

Bitte, rufe ich, nicht wissend, was danach kommt, aber wissend, dass es schlimmer sein wird. Ich will nach Hause, sage ich wieder.

Der gelbe Punkt wackelt. Feng der Waisenjunge, sagt er, es ist noch ein langer Weg, bevor wir nach Hause kommen.

8

DAS ZEICHEN FÜR SCHWARZ 黑 besteht aus Mund, Feuer und Erde. Mund sitzt auf Erde. Erdspitze halbiert Mund. Unter beiden Feuer.

Aber ein Mund ist rosa. Die Erde ist braun. Und Feuer ist hell. Als ich das Zeichen lernte, verstand ich zunächst nicht, warum diese drei Dinge schwarz ergaben.

Wenn du das nicht weißt, erklärte mir Meister Wang, wirst du das Zeichen nie so schreiben können, wie es geschrieben werden sollte.

Mit dem zwinkernden Mann verschwand auch das Licht. Und inzwischen weiß ich endlich, warum diese drei zusammen schwarz ergeben. Während ich hier in der Dunkelheit sitze, sehe ich mich in einem klaffenden Mund, nur einen Atemzug davon entfernt, ins Höllenfeuer der Erde zu stürzen. Ich male das Zeichen für schwarz, und obwohl ich es nicht sehe, habe ich es endlich so geschrieben, wie es geschrieben werden sollte.

Schwarz, oder wie die Zeit verschwindet und etwas anderes an ihre Stelle tritt. Das Alleinsein.

*

Ich versuche mich zu erinnern: Wie viel Zeit ist seit meiner Entführung verstrichen? Es war Mittag, inzwischen muss es Abend sein. Ob es derselbe Tag ist, derselbe Abend, ich weiß es nicht.

Im Dunkeln ziehe ich die Knie an die Brust und umklammere die Ellbogen. Wenn ich der Angst nachgebe, werde ich nie den Weg zurückfinden. Suche nach etwas Realem, rede ich mir zu. Halte dich daran fest und lass nicht los.

Ein rotes Haus mit einem erdnussfarbenen Dach. Der Wasserbrunnen im Hof, das Dillkraut im Garten. Die eifrigen Stimmen der Schüler, wenn sie ihre Antworten rufen. Meister Wang, der einen Vortrag hält über die zurückbleibende Leere in der Handfläche. Meister Wang, mein wahrer Retter.

Ich drücke die Augen zu und flehe inständig, er möge zu mir in diesen Raum kommen und mich hier herausholen.

Was würde er denken, wenn ich am nächsten Tag nicht auftauchte? Wäre er besorgt, oder hatte er es die ganze Zeit geahnt – dass dieser rätselhafte Junge, der von der Straße kam, vermutlich weitergezogen war, um anderswo sein Unwesen zu treiben oder vielleicht zu sterben. Spielte es eine Rolle? Der Unterricht in der Schule würde weitergehen. In der Kalligraphie wie im Leben wird nicht retuschiert, sagte Meister Wang oft. Wir müssen akzeptieren, dass das Geschehene nicht zu ändern ist.

*

Die älteren Mädchen in meinem Fischerdorf erzählten sich immer dieselbe Geschichte: Jahre bevor meine Eltern hinzogen, lebte dort ein junges Mädchen namens Bai He. Sie war die Tochter eines Schweißers, und ihre Haut erinnerte an Glas.

Wenn man Bai He bei Tageslicht sah, hatte man den Eindruck, ihre Haut saugte das Sonnenlicht auf. Nachts überstrahlte sie den Mond. Wenn sie lächelte, bündelte sich das Licht auf ihren Wangenknochen zu Nadelspitzen. Eigentlich sollte die Tochter eines Schweißers keine so schöne Haut haben, doch Bai He war eine Ausnahme. Sie war mit etwas Reinem gesegnet. Aus dem Gesicht dieses Mädchens strahlt Sternenlicht, sagten die Nachbarn.

Als Bai He zwölf wurde, suchten häufig hochrangige Männer aus der Stadt das Haus ihrer Eltern auf. Die Nachricht über dieses besondere Mädchen mit der Glashaut hatte sich weit herumgesprochen, sie wollten es mit eigenen Augen sehen. Die Mädchen im Dorf drängten sich auf Zehenspitzen draußen vor den Fenstern und sehnten sich danach, einen Blick auf die Besucher zu erhaschen. Sie kannten die Bauernjungen mit ihren dreckverschmierten Mündern, ihre eigenen Väter und deren schwielige Hände. Doch so mächtige Männer wie diese hatten sie noch nie gesehen.

Ein Städter nach dem anderen trat in Bai Hes Haus und bewegte sich mit forscher Sicherheit. Jeder Schritt war fest, jede Bewegung eine Erklärung: Ich fürchte mich vor nichts. Sie besaßen das Selbstvertrauen derer, die ein angenehmes und begütertes Leben führten.

Während dieser Besuche betrat Bai He mit einem Schleier vor dem Gesicht das Wohnzimmer. Die Männer aus der Stadt erstarrten vor Erwartung, die Knöchel weiß über den Knien. Die Haut unserer Tochter ist einzigartig, sagten ihre

Eltern in den Raum hinein. So etwas haben Sie noch nie gesehen. Eine solche Haut ist gewiss ein Geschenk von oben, von den Unsterblichen.

Einen Satz nach dem anderen ließen sie fallen, zwischen die Stadtmänner und Bai He, bis der Eindruck entstand, der Schleier würde niemals fallen. Die Nachbarmädchen draußen wimmerten vor Ungeduld, die Hände ans Fenstersims geklammert. Wer würde Bai He erwählen? Wie sah wahre Liebe aus?

Dann hörte das Gerede plötzlich auf. Bai He lüftete ihren Schleier und enthüllte ihr Glasgesicht. Von draußen starrten die Mädchen sie neidisch an. Drinnen wurde es still, während die Männer sie aufsaugten. Perlen aus dem Meer mochte man schön nennen, aber keine war so schön wie dieses Gesicht.

Allen Mädchen im Dorf war klar, dass Bai He in der Welt herumkommen würde wie keine von ihnen. Neben Bai He wirkte ihre eigene Haut stumpf und fleckig. Sie würden hausieren gehen müssen. Doch Bai He würde alles zur Verfügung stehen. Nach dem, was sie an diesem Tag gesehen hatten, nahmen sich einige Mädchen vor, nur noch weißen Reis zu essen. Andere beschlossen, Bai He ein Haar vom Kopf zu reißen. Alle waren überzeugt, es müsste eine Möglichkeit geben, den ihr innewohnenden Zauber zu stehlen.

Am nächsten Morgen erwachte das Dorf von lautem Wehklagen. Bai Hes Eltern rannten wie von Sinnen hysterisch von Tür zu Tür. Unsere Bai He ist entführt worden, riefen sie. Jemand hat sie in der Nacht geholt.

Der Rest des Dorfes schwieg. Ein Mädchen mit Glashaut verschwindet, was soll man da tun? Wenn ihr derartig viele

Männer in euer Haus lasst, handelt ihr euch natürlich Ärger ein, sagten sie.

Vielleicht war das der Preis, den sie für ihre Glashaut zahlen musste, sagten andere. Sie verschlossen ihre Türen und hängten Decken vor die Fenster, um den Kummer von Bai Hes Eltern auszusperren. Seid nicht wie Bai He, warnten sie ihre Töchter. Versucht nicht, schön zu sein. Seht ihr nicht, was euch das bringt?

Die Geschichte von Bai He sollte die Mädchen in unserem Dorf abschrecken. Das wusste ich. Trotzdem war ich froh über meine geringe Ähnlichkeit mit ihr. Mein Kopf war geformt wie ein Ei, und meine Augen sahen immer müde oder verweint aus. Mein Gesicht war oft nachdenklich. Du hast so einen Ernst, sagte meine Großmutter oft, er dringt dir aus jeder Pore.

Es war besser, ein missmutiger Junge zu sein als ein Mädchen mit Glashaut. Bai He wurde entführt, weil sie zu sehr herausstach. Mir würde das nie passieren.

Bis es mir passierte.

Wieder überkommt mich der alte Schmerz bei der Erinnerung an das Fischerdorf, das Haus mit den drei Erkern und schließlich meine Eltern. Die unheimliche Stille in ihrem leeren Schlafzimmer. Der reglose Webstuhl. Dieser große Verlust durchströmte mich jetzt, und nichts, auch nicht die Anzahl von 36501 Steinen, konnte den Abgrund überwinden, den er zurückließ. Warum seid ihr gegangen? Warum habt ihr mich nicht mitgenommen? War es so leicht, mich zurückzulassen? Die Zeichen sausen vorbei, als würden sie brennen: Täuschung, Verrat, Zurückweisung. Und schließlich Scham. Wegen dieser Wut, wegen dieses Vorwurfs. Dass ich überhaupt verzeihen muss. Was immer sie veranlasst hat zu gehen, es war nicht ihre Schuld. Daran muss ich glauben. Daran muss ich festhalten, sonst werde ich nie aus dieser Verzweiflung auftauchen.

Ich presse meinen Rücken an die kalte Wand, während die Ausläufer des Giftes zurückkehren. Schwarz, oder wie Sehnsucht ein Loch in deine Lunge brennen kann.

*

Als ich wieder aufwache, spüre ich, dass etwas in der Dunkelheit bei mir ist. Ich bin mir ganz sicher. Etwas schlurft durch den Raum, gleitet an den Wänden auf und ab, kriecht über den Lehmboden. Ich will mich aufsetzen und mich umsehen, doch mein Körper ist wie ein Brett, unbeweglich und schwer.

Du musst blinzeln, rede ich mir zu.

Und jetzt heb deine Hand.

Meine Hand rührt sich nicht.

Was immer es ist, es kommt näher. Ich spüre seinen Atem an mir hochkriechen, und ein Prickeln wandert aus den Zehen hoch zum Nabel. Jetzt ist es über mir, späht herunter, grinst über meine Wehrlosigkeit. Ich starre zurück, mein Blick schwimmt durch die Dunkelheit, die diesem Ding Macht verleiht.

Beweg dich, will ich schreien. Doch der Schrei bleibt gefangen, genau wie der Rest meines Körpers.

Ich rede mir ein, dass alles nur Einbildung ist. Die Dunkelheit hat mich verrückt gemacht. Das Gift tut sein Übriges. Aber ich weiß, was immer es sein mag, es folgt mir schon sehr lange.

Lin Daiyu?, frage ich in die Dunkelheit.

Auch wenn sie nicht antwortet – ich weiß, ich habe recht.

9

DURCH DAS MIT PAPIER verklebte Fenster dringt früh Licht in den Raum. Einen schönen Moment lang bin ich sicher, dass ich in meinem alten Zimmer bin. Meine Eltern und meine Großmutter sind schon wach. Sie warten darauf, dass ich mit ihnen zusammen frühstücke. Glück, wahres Glück. Ich strecke die Arme aus, das Hochgefühl ist zum Greifen nah. Es war alles nur ein Albtraum. Ich bin in Sicherheit. Zu Hause.

Ich öffne die Augen. Der Raum wird wieder scharf. Tisch und Stuhl sind noch da, ebenso die Matte, der Lehmboden noch so kalt und unerbittlich wie zuvor. Mein Hochgefühl schwindet. Ich bin immer noch hier, zusammen mit allem anderen.

Die Tür öffnet sich, eine Hand schiebt ein Tablett herein. Warte, rufe ich, aber noch bevor ich fortfahren kann, knallt die Tür zu. Ich krieche zu dem Tablett und sehe eine Schale mit Haferbrei, den ich in einem Rutsch verschlinge. Als ich zu meiner Matte zurückkrieche, ist mein Magen irgendwie noch leerer.

Die Tür öffnet sich, und dieselbe Hand entfernt das Tablett. Ich öffne den Mund, doch bevor ich etwas sagen kann, tritt eine Frau in den Raum.

Sie trägt einen Stock und einen Sack. Ihr Haar hat die Farbe von weißem Heu. Der Schrei erstirbt in meiner Kehle. Egal wo ich bin, sage ich mir, wenn eine alte Frau da ist, kann es nicht so schlimm sein.

Ich erwarte Freundlichkeit und Wärme von ihr, doch sie schenkt mir nichts davon. Stattdessen mustert sie mich mit ihren milchigen Augen, und ich weiß, dass ich nicht mehr wert bin als ein Hund. Sie sei hier, erklärt sie mir kalt, um mir Englisch beizubringen. Dann zeigt sie mit ihrem Stock auf den Stuhl, und ich begreife, dass ich mich setzen soll.

Sie holt ein Buch aus ihrem Sack und legt es auf den Tisch. Im Inneren befinden sich gedruckte Zeichen, die ich nicht kenne – manche eckig, andere rundlich und dick. Die Frau spricht die Zeichen vor, die, wie ich später lerne, Buchstaben genannt werden, jeder nadeldünn.

Jetzt du, sagt sie, und ihr Stock schwebt über meinem Kopf. Äi, beginne ich. Bie. Ssie. Die. Iie. Meine Stimme schwankt.

Die Frau fordert mich auf, es zu wiederholen. Ich gehorche und beobachte, wie ihr Stock sich bei jedem Buchstaben senkt. Äff. Dschie. Äitsch. Der Stock und ich haben dasselbe Tempo.

Als sie mich viele Stunden später verlässt, taucht die Nacht den Raum in Violett und Grau. Ich rolle mich zu einer Kugel zusammen, und in meinem Kopf klirren die Geräusche aneinander.

Dort, wo ich nicht hinsehen kann, ist Daiyu und beobachtet mich.

*

Was weißt du über die englische Sprache?, fragt die alte Frau.

Sie wird eine halbe Welt weit weg gesprochen, antworte ich und stelle mir Schiffe vor, Rauch und markante weiße Gesichter, mit Haaren in der Farbe von Herbstblättern.

Das englische Alphabet, sagt sie, ist begrenzt. Sechsundzwanzig Buchstaben, jeder auf seine eigene Weise erstarrt, jeder mit seinem eigenen Regelwerk. Stell sie dir als große Erwachsene vor. Setze sie in einer bestimmten Reihenfolge zusammen, um ein bestimmtes Wort zu bilden.

Das dürfte einfach sein, denke ich.

Doch die erste Hürde: der Klang. Die Buchstaben klingen nicht wie die Worte, die sie bilden, und man muss viele Kombinationen berücksichtigen. Jede Kombination klingt anders, ergibt eine andere Bedeutung. Das englische Alphabet ist begrenzt, aber die Möglichkeiten sind unbegrenzt und unlogisch.

V: Setze die beiden Schneidezähne auf die Unterlippe und blase.

Th: Steck die Zunge zwischen die Zähne und summe drum herum.

Tr: Beiß die Zähne zusammen und atme aus.

Dr: Mach dasselbe, aber seufze.

St: Zische kurz und fest.

Pl: Als würdest du ein schnaubendes Pferd imitieren.

Im Chinesischen ist jede Silbe wichtig und muss genauso betont und gewichtet werden wie die sie umgebenden Silben. Im Englischen hingegen gibt es Hierarchien für jedes Wort und alle Laute in diesem Wort. Die wichtigsten Laute werden mit Nachdruck gesprochen, die unwichtigen stecken dazwischen, reduziert und verborgen. Die Sprache folgt ihrer eigenen Musik – jeder Satz hat einen bestimmten Rhythmus, jedes Wort seinen eigenen Taktgeber. Englisch, so scheint es, ist eine Frage von Zeitgefühl und Chaos.

Ich stelle mir jedes Wort wie eine Wippe vor, unsicher, in welche Richtung sie fallen wird. Eine Seite wird immer schwerer sein als die andere. Die Frage ist, wie sich entscheiden.

Einmal am Tag legen wir eine Pause für das Mittagessen ein, immer dieselbe Mahlzeit aus Mantou und getrockneten Anchovis, beides so hart, dass man sich den Gaumen aufreißt. Außerhalb des Unterrichts existiert die Frau nicht für mich – sie wird zu Englisch, und Englisch wird zu ihr.

So geht es jeden Tag.

Wissen Sie, ob ich wieder nach Hause darf?, frage ich sie. Wissen Sie, was er mit mir vorhat? Warum muss ich Englisch lernen?

Er ist natürlich der Zwinkernde, den ich seit dem Tag meiner Entführung nicht gesehen habe. Langsam frage ich mich, ob es ihn überhaupt gibt oder ob ich alles geträumt und mich irgendwie selbst hierhergebracht habe. Vielleicht, rede ich mir in verzweifelten Momenten ein, war das schon immer mein Schicksal.

Jeden Tag tut die Frau so, als würde sie meine Fragen nicht hören. Stattdessen gibt sie Laute von sich und erklärt mir dann ihre Bedeutung. Ich lerne Wörter auswendig, beschwöre in der Dunkelheit ihre Bilder herauf. KATZE: orange und einsam. WAGEN: Nachbar Hu. WIND: Feng, ein aus dem Wind geborener Junge.

Wenn ich ganz allein bin, zeichne ich englische Buchstaben in den Boden. Daneben schreibe ich die chinesischen

Zeichen, die ihrem Klang entsprechen. Am rätselhaftesten ist mir der englische Buchstabe I. Man spricht ihn Ai. Korrespondierender Laut im Chinesischen: Liebe. Das Ai steht im Englischen für das Ich. Liebe 愛 ist im Chinesischen ein Herz, das zu vergeben ist. Das Englische I steht für Unabhängigkeit, Identität. Liebe, im Chinesischen, bedeutet: das Ich für einen anderen aufgeben. Schon komisch, dass diese beiden Laut-Zwillinge so Unterschiedliches darstellen. Eine weitere Wahrheit, die ich über das Englische und seine Erfinder lerne.

Anhand des Kommens und Gehens der Frau markiere ich jeden verstreichenden Tag und kratze einen Strich in die Wand. Ich fahre die Striche mit den Fingern nach, den Kopf an das Holz gepresst, bis sich die Striche in meine Wange eingegraben haben. Einmal meinte ich dabei ein Geräusch zu hören, als kratzte jemand auf der anderen Seite der Wand zurück, als wäre da jemand, der Zeichen macht wie ich.

*

Fünfzig Striche befinden sich an der Wand, als wir beginnen zu lesen und Sätze zu bilden.

Im Englischen sind Pluralität und Zeit wichtig. Man kann nicht über eine Handlung sprechen, ohne zu benennen, wann sie stattfand. Vergangenheit, Gegenwart oder Zukunft bestimmen ein ganzes Ereignis. Das ist das Schwierigste.

Es genügt nicht, zu sagen, dass jemand einem etwas gibt, erklärt mir die alte Frau. Du musst auch ausdrücken, wann. Alles ist in der Zeit verwurzelt. Sag *geben*. Sag *gibt*. Sag *gegeben*. Sag *gab*.

Geben. Gibt. Gegeben. Gab. Ich will sie fragen, warum.

Warum ist es im Englischen wichtig und im Chinesischen nicht? Welchen Unterschied macht die Frage der Zeit?

Das chinesische Zeichen für Zeit 時 wird durch das Zeichen für Sonne dargestellt, um die vier Jahreszeiten zu symbolisieren. Meister Wang erklärte mir, dass im alten China die Zeit nach dem Stand der Sonne am Himmel gemessen wurde. Dem Zeichen liegt das Verständnis zugrunde, dass die Zeit im Kreis verläuft – egal welchen Weg die Sonne zurücklegt, sie wird immer wieder an den gleichen Punkt zurückkehren.

Im Englischen wird Zeit mit vier Buchstaben geschrieben. Ein begrenztes Ding mit begrenzt vielen Buchstaben. Vielleicht ist das ja der Unterschied, denke ich. Für Englischsprechende ist Zeit etwas Begrenztes. Deshalb ist es so wichtig, zwischen Vergangenheit, Gegenwart und Zukunft zu unterscheiden.

Wenn ich mir das merke, kann ich das Wort Zeit bis an mein Lebensende richtig schreiben – in beiden Sprachen.

So begreife ich langsam das Englische.

*

Du bist so weit, sagt die alte Frau eines Tages zu mir.

Wofür?, frage ich sie, doch sie antwortet nicht.

Als sie am Abend geht, ertaste ich die Striche an der Wand. Zeit ist hier wichtig. Wie viel Zeit ist vergangen?

Dreihundertachtzig Striche unter meinen Fingern. Dreihundertachtzig Tage, seit ich anfing zu zählen, seit ich zum Fischmarkt ging, auf der Suche nach dem Geschmack des Meeres und der Schale mit Nudeln, die ich nie bekam. Die

Bäume müssen wieder blühen, das Gras wird wieder grün sein. Draußen brandet vermutlich das Meer. In Meister Wangs Schule sind alle Fenster geöffnet, um den Geruch von abgestandener Tusche zu lüften. Wie viele halb aufgegessene Äpfel haben die neuen Schüler wohl in den Hof geworfen? Der Drachenbrunnen, heiter vor sich hin sprudelnd.

Ein Schluchzen entfährt mir, aber ich überspiele es, es klingt hässlich und verzweifelt. Ein ganzes Jahr ist vergangen. Zeit ist wichtig, das weiß ich jetzt. Soll heißen, wie viel Zeit muss vergehen, bis man etwas vergisst?

10

AM NÄCHSTEN ABEND KOMMT der zwinkernde Mann in den Raum.

Wie geht es dir, kleiner Neffe?, fragt er und zündet eine Laterne an, die sein Gesicht in hellrotes Licht taucht. Wir wissen beide, dass dreihunderteinundachtzig Tage zwischen uns stehen.

Ich habe mir eingeredet, dass der Zwinkernde schon immer eine abstoßende Gestalt mit vielen Köpfen und einer Zunge aus Flammen war. Doch er ist derselbe große, elegante Mann, der mir auf dem Fischmarkt begegnet ist. Nur die kleine Narbe unter seinem rechten Auge ist neu. Wenn ich ihn auf der Straße sähe, überlege ich, würde ich dann wieder mit ihm gehen? Das macht mir am meisten Angst. Selbst jetzt werde ich nicht erfahren, wie wandlungsfähig er ist.

Er kommt näher, kniet vor mir nieder und hält die Laterne an mein Gesicht. Das Licht ist so grell, dass ich mich abwenden muss. Er schwenkt die Laterne auf und ab, taxiert meine Körpergröße.

Du bist klein für dein Alter, nicht ganz an mich gerichtet. Gut für enge Räume.

Er hockt sich wieder auf die Fersen. Weißt du, warum wir dir Englisch beigebracht haben, Feng der Waisenjunge?

Ich glaube, ich weiß es; ich ahne es mittlerweile. Aber ich sage nichts. Ich will mich ihm nicht mehr öffnen.

Ab jetzt, sagt der zwinkernde Mann und wechselt die Sprache, wirst du nur noch Englisch sprechen.

Die Luft zwischen uns wird eng. Ich nicke.

Wie lange warst du in Amerika?, fragt er.

Ich war noch nie in Amerika, sage ich in meiner neuen Sprache. Die Worte schlängeln sich um uns, bringen uns näher.

Doch, warst du, sagt er leise. Du warst fünf Jahre in Amerika. Und jetzt noch mal.

Ich war fünf Jahre in Amerika.

Er reicht mir ein Papier und ein Ding, das kein Kalligraphie-Pinsel ist, sondern etwas Kurzes, Dünnes mit einer scharfen Spitze am Ende. Ich halte den Stummel wie einen Pinsel, meine Hand wirkt groß und ungeschickt.

Schreib das auf, sagt er. Ich heiße Feng. Ich bin vierzehn Jahre alt. Ich habe fünf Jahre in Amerika gelebt. Meine Eltern waren Besitzer einer Nudelküche in New York. Sie sind tot. Ich kam nach San Francisco, um in einer Nudelküche zu arbeiten.

Gehorsam schreibe ich alles auf. Bei *San Francisco* gerate ich ins Stocken. Der Zwinkernde nimmt das Papier und den Stift und schreibt es für mich. Die Buchstaben auf dem Blatt sehen aus wie ein langer, schuppiger Drachen.

Lern das auswendig, sagt er. Übe es. Präge es dir ein. Genau das wirst du sagen, wenn unsere Pläne schiefgehen.

Darf ich nach Hause?, frage ich.

Er steht auf, seine Knie knacken eins nach dem anderen. Aber ja, erwidert er. Du wirst sehr bald zu Hause sein.

Ich weiß, dass Sie noch andere wie mich hier festhalten, sage ich. Es ist keine Frage, sondern eine Feststellung. Das Kratzen hinter der Wand war real, die Schreie, die ich gehört habe, wenn meine Tür geöffnet und geschlossen wurde, alles real. In der Welt, die vor meiner Tür existiert, bin ich nicht ganz so allein.

Mit undurchdringlicher Miene dreht er sich zu mir. Einen Moment lang frage ich mich, ob ich ihn endlich aus der Fassung gebracht habe. Doch dann kräuselt sich sein Mund, und er droht mir mit einem Finger, dessen langer Schatten unheimlich über die Wände tanzt.

Vielleicht. Vielleicht sind da andere. Aber vielleicht bist du auch ganz allein.

Er geht. Ich blinzle in die Dunkelheit und versuche zu begreifen, was das heißt.

*

In der Nacht träume ich. Oder ist es eine Erinnerung? Lin Daiyu kommt zu mir, endlich sehe ich sie im Licht. Sie ist klein, dünn, vogelgleich. Ich greife nach ihr. Zum ersten Mal bin ich froh, sie zu sehen. Sag mir, was ich tun soll, Schwester, bitte ich sie. Diesmal werde ich dir folgen.

Sie dreht sich um und geht von mir fort. Ihr Haar bewegt sich im Wind. Ich renne ihr schreiend hinterher. Doch was ich schreie, ist auf Englisch, und das versteht sie natürlich nicht. Ich versuche wieder ins Chinesische zu wechseln, doch die Worte verwandeln sich in meinem Mund, bevor ich sie aufhalten kann. Ich will sie fragen, wie ich diesem Gefängnis entkommen und den zwinkernden Mann hinter mir lassen kann. Ich will, dass sie mich in dieselbe Freiheit führt, die sie gefunden hat, die Freiheit, die nur im Tod existiert.

Für jeden meiner Schritte macht sie zwei, als würde sie immer schneller und ich immer langsamer. Lin Daiyu!, rufe ich mit brennenden Beinen. Willst du deine Schwester im Stich lassen?

Bei diesen Worten bleibt sie stehen, dreht sich zu mir um. Die Lin Daiyu vor mir sieht aus wie ich, aber irgendwie auch nicht. Sie hat nicht meine braunen Augen, sondern blaue. Ihre Nase sitzt tiefer im Gesicht. Ihre Lippen glatt und rosa wie bei einem Fisch. Meine Lin Daiyu öffnet den Mund, aber es kommt nichts heraus. Stattdessen läuft ihr Blut aus der Nase, aus den Augenwinkeln, aus den Ohren.

Jemand schreit. Ich merke, dieser Jemand bin ich.

Als ich aufwache, klebt mein Hemd wie ein nasser Film an meiner Brust. Mein Atem geht schwer, zerteilt die Dunkelheit.

Bist du da?, flüstere ich. Warum willst du mir nicht helfen?

Der Raum ist leer. Lin Daiyu kann mir jetzt nicht helfen, hat mir noch nie geholfen. Sie ist nie real gewesen, rede ich mir ein, aber ich bin es. Ich wünschte, wir könnten ausnahmsweise die Plätze tauschen.

11

AM NÄCHSTEN ABEND ÖFFNET sich erneut die Tür, doch diesmal schließt sie sich nicht.

Drei Männer treten ein. Gebeugt und stämmig, die Körper geformt wie kleine Felsblöcke. Der Zwinkernde folgt ihnen mit seiner Laterne.

Er befiehlt mir aufzustehen. Ich gehorche, meine Hüften knirschen in den Gelenken. Die meisten Tage verbringe ich inzwischen sitzend, und im Stehen schmerzen mir die Beine. Er reicht mir ein Päckchen, ein weiches Bündel.

Zieh das an, sagt er.

Das Licht in seiner Laterne erinnert mich an einen Vollmond, der so groß und schwer aussieht, dass er vom Himmel fallen könnte. Einen verwegenen Moment lang frage ich mich, was passieren würde, wenn ich ihm die Laterne aus der Hand schlagen und das Licht darin sich ausbreiten würde – ob ich diesen Ort und mich mit ihm in Brand setzen könnte.

Sofort, sagt der Zwinkernde. Die drei Männer hinter ihm reiben sich die Hände.

Ich tue, wie mir geheißen, und ziehe mein feuchtes Hemd aus. Als Nächstes die Hose. Es geht schnell, die Sachen flattern auf den Boden.

Als ich nackt vor ihnen stehe, blicke ich an mir hinab. Es ist lange her, dass ich mich im Licht gesehen habe. Zwei kleine Teiche aus Fleisch auf meiner Brust, jedes Ende rostbraun. Die Rippen zeichnen sich unter der Haut ab. Ein kleiner weicher Bauch hängt herunter, gerahmt von zwei spitzen Hüftknochen. Die Oberschenkel kann ich kaum sehen. Die Füße sind das einzig Große an mir, als gehörten sie zu jemand anderem. Aber sie sind genauso groß wie immer. Nur der Rest meines Körpers ist geschrumpft.

Meine Hände legen sich instinktiv auf die intimsten Stellen. Eine neue Angst breitet sich in mir aus, eine Ahnung, die mich seit dem Tag meiner Entführung gequält hat.

Der Zwinkernde lässt seinen Blick über mich schweifen. Aufpäppeln können wir dich später, sagt er. Er zeigt auf das Bündel. Jetzt der Rest, befiehlt er.

Die Kleider sind alle schwarz und zu groß für mich. Ich fühle mich darin noch verlorener als zuvor. Der Zwinkernde bedeutet mir, mich hinzuknien. Ich gehorche, presse meine spitzen Knie auf den Boden.

Einer der drei Männer tritt mit einer Schere vor. Ich zucke zusammen. Nicht bewegen, warnt er mich. Er steht hinter mir und hebt eine vom Öl schlaffe Strähne meines Haars an, das mir inzwischen bis zum Kinn reicht. Er schneidet sie mit der Schere durch. Ich höre es ratschen. Als ich nach unten blicke, liegt eine schwarze Strähne am Boden. Das Gesicht meiner Mutter blitzt vor mir auf. Ich beschwöre sie, wegzusehen.

Schnipp, schnipp, schnipp macht der Mann mit der Schere. Immer mehr Schwarz fällt auf den Boden, und bei jeder Strähne verblasst das Gesicht meiner Mutter mehr, bis ich sie nicht mehr sehe.

Als er fertig ist, geht der Mann mit der Schere zu dem Zwinkernden zurück.

Wie heißt du?, fragt er mich.

Feng, sage ich automatisch.

Woher kommst du?

Aus New York.

Wo sind deine Eltern?

Tot.

Warum bist du hier?

Um in einer Nudelküche zu arbeiten.

Gut, gut, sagt er mit einem Lächeln auf den Lippen. Und jetzt, Feng, bist du wirklich bereit.

Er nickt den drei Männern zu, die den Raum verlassen. Dann kratzt er sich am Hals und wendet sich an mich.

Warst du schon mal mit einem Mann zusammen, Neffe?

Genau das, glaube ich, hatte ich die ganze Zeit erwartet. Als der Mann mich entführte, war das sein Plan gewesen. Ich habe gesehen, wie Hunde nachts in der Straße kämpfen, habe Katzen jaulen hören, als würden sie lebendig gehäutet. Der Junge des Apfelbauern mit den grauen Augen, der mir mal hinter ein Wasserrad folgte und seine Hand auf meinen Bauch legte. Das Blut, das bei dieser Berührung aufwallte.

Ich stelle mir vor, wie der Zwinkernde auf mir schaukelt, seine tranigen Augen sich in meine bohren, die Barthaare auf seiner Lippe meine Haut wund scheuern. Sein unerwünschtes Gewicht. Nein, antworte ich und bete, dass das alles ist.

Er schmunzelt, als hätte er meine Gedanken gelesen. Ich spreche nicht von mir, Neffe. Ich spreche von weißen Männern. Kennst du dich mit weißen Männern aus, weißt du, wie sie sind?

Der Zwinkernde über mir verschwindet und wird ersetzt von dem flachsblonden Mann, den ich vor dem ausländischen Postamt in Zhifu gesehen habe. Er keucht und grunzt. Sein Bauch umschließt meinen Unterleib, ich versinke unter ihm, mein Körper gehört nicht mehr mir, wird zu seinem. Ich schüttle den Kopf, nein, nein, nein.

Du wirst es schon lernen, sagt der Zwinkernde. Er befummelt das Revers seiner Anzugjacke. Sie werden es dir beibringen. Die weißen Männer werden liebend gern Geld für dich ausgeben. Kleine wie dich mögen sie besonders gern. Ob du meine Beste wirst? Ich glaube schon. Jetzt komm her und lass dich anschauen.

Ich stehe auf und gehe langsam zu ihm. Mir will nicht aus dem Kopf, was er eben gesagt hat. Weiße Männer, kleine wie mich, Geld. Vor mir bricht alles zusammen.

Von Nahem ähnelt er einem Fuchs. Die Narbe unter seinem Auge könnte ein Grashalm sein. Ohne Vorwarnung kneift er mich in die Wange. Seine Berührung lässt alles in mir erstarren. Ich spüre, wie mein Herz protestiert, wie mein Blut aufwallt.

Wirst du dich gut benehmen?

Ich nicke und versuche mir nicht in die Wange zu beißen, die er mir zwischen die Zähne presst. Dann lässt er mich los, holt etwas aus seiner Tasche und sagt: Schließ die Augen.

Er reibt mir etwas über mein Gesicht und meinen Hals. Es riecht nach Teer. Dann dreht er mich um und reibt es auf meine Schultern.

Hände, sagt er.

Ich drehe mich um und halte ihm meine Hände hin. Er reibt mir das Zeug, das, wie ich jetzt sehe, schwarz ist, auf die

Handflächen, über die Fingernägel, zwischen die Finger. Das Ganze erinnert mich an den Winter, als meine Großmutter mir die Hände rieb, nachdem ich zu lange draußen gewesen war. Sie drehte meine Hände zwischen ihren, als wollte sie ein Feuer entfachen, bis jede Hand wieder rot und warm war.

Aber ich bin nicht zu Hause, und dieser Mann ist nicht meine Großmutter. Und auch nicht bei Meister Wang, der einmal sagte, meine Hände würden mich eines Tages berühmt machen.

Meine Hände hängen wieder schlapp herunter.

Die drei Männer kehren mit einer großen Tonne zurück, die ihnen bis zur Hüfte reicht. Wir sind so weit, Jasper, sagt einer zu dem Zwinkernden. In meiner Brust tut sich eine Höhle auf, während ich auf die Tonne starre.

Ich glaube, du weißt, was du machen musst, sagt der zwinkernde Mann namens Jasper.

Ich weiß es. Ich kann nichts anderes tun. Lieber wähle ich die Tonne, die zu irgendetwas anderem führen muss, als für immer in diesem Gefängnis zu bleiben.

Ich trete einen Schritt vor. Von Nahem ist sie viel größer, ich reiche kaum bis zu ihrem Rand. Einer der Männer kniet sich vor mich und fesselt mir mit einem Strick Hände und Füße. Als er fertig ist, richtet er sich auf, packt mich unter den Achselhöhlen und hebt mich hoch, sodass ich wie eine Stoffpuppe in der Luft baumele. Dann steckt er mich in die Tonne. Wenn ich mit angewinkelten Knien dasitze, passe ich hinein. Es riecht verbrannt, rauchig.

Jaspers Kopf erscheint oben, blickt zu mir herab und sagt: Du rührst dich nicht und gibst keinen Ton von dir.

Ein neues Geräusch, etwas wird scheppernd herbeigezerrt.

Kopf runter, sagt er. Und dann fallen eine Million Stückchen von irgendwas in die Tonne. Ich wage einen Blick – es sind kleine Kohleklumpen, spitz und geformt wie Kandiszucker. Sie füllen die Leerräume, verkeilen sich und sammeln sich um meine Füße, meine Beine, meine Taille, dann meine Arme und meine Brust, bis sie gegen meine Kehle drücken und ich mich nicht mehr rühren kann. Wenn jemand in die Tonne blicken würde, würde er nicht mich, sondern etwas verschwommen Schwarzes zwischen den Kohlen sehen.

Ich kriege kaum Luft, sage ich zu Jasper. Die Kohle klimpert, als ich spreche.

Er antwortet nicht, sondern greift herunter und schlingt mir einen Strick mit einem kleinen Jutebeutel um den Hals. Der Beutel ist schwer, riecht aber frisch und kühl, wie Minze. Meine Brust weitet sich, als hätte mir jemand in den Mund gegriffen und Luft eingehaucht.

In dem Beutel ist ein besonderer Stein, sagt Jasper. Der hilft dir zu atmen. Und an mich zu denken.

Ich atme den Minzduft des Beutels ein und hasse Jasper.

Wenn du ein Klopfen hörst, sagt er, heißt das, der Deckel wird gleich geöffnet. Lass deinen Kopf unten. Wenn du bei der Ankunft von den Behörden erwischt wirst, wiederholst du, was ich dir gesagt habe. Wenn du versuchst zu fliehen, wirst du sterben. Wenn du einen Ton von dir gibst, wirst du sterben.

Als wäre nicht das hier schon der Tod.

Zum Schluss kommt ein Stoffknebel, den Jasper mir in den Mund schiebt und mit einer Schnur festzurrt. Er zieht sich zurück, um sein Werk zu begutachten, die Finger noch immer auf meiner Wange. Bevor ich begreife, was geschieht, stößt er meinen Kopf an die Seite der Tonne. Ich schreie, aber der Knebel in meinem Mund erstickt meinen Schrei. Jasper richtet sich auf und wirkt zufrieden.

Sie warten auf dich, sagt einer der Männer von oben. Ich höre einen lauten dumpfen Schlag und sehe oben einen runden Deckel. Die Männer ächzen. Der Deckel über mir wird größer und größer, verdunkelt das Licht.

Jaspers Kopf erscheint noch einmal in der verbliebenen Lücke. Er betrachtet mich, meinen begrabenen kleinen Körper, mein geschwärztes Gesicht, in dem nur noch das Weiße meiner Augen mich von der Kohle unterscheidet.

Dies ist die Geschichte, neu geschrieben: Eines Tages entdeckt ein großer Mann ein Mädchen auf dem Fischmarkt, das vorgibt, ein Junge zu sein. Ihr ausgemergelter Körper verrät ihm, dass sie Hunger hat. Auch ihn treibt ein Hunger um, ein Hunger, den er geschickt zu verbergen weiß. Nur in seinen Augen nicht. Dieses Mal sieht ihn das Mädchen, das vorgibt, ein Junge zu sein. Als sie sich ihm im Sonnenlicht zuwendet, erkennt sie die Wahrheit und ergreift die Flucht. Der Mann bleibt mit leeren Händen zurück. Das Mädchen geht nach Hause.

Vom Boden der Tonne blicke ich jetzt in diese Augen. Kunst ist ein Beweis für den Geist, der sie geschaffen hat, sagte Meister Wang mal zu mir. Wer immer Jaspers Augen schuf, hinterließ einen Hinweis, den man nur mit zusammengekniffenen Augen erkennen konnte. Doch er war vorhanden. War immer vorhanden gewesen. An jenem Tag auf dem Fischmarkt wusste ich nur nicht, dass ich genau hinsehen musste. Er heißt Jasper und hat mich entführt. Ich will seinen Namen aussprechen, laut, damit er weiß, was ich weiß: In der Mitte seines englischen Namens verbirgt sich der chinesische Laut für Tod und Sterben.

Doch die Kohle zerquetscht mich, hält meine Stimme fest.

Wir sehen uns in Amerika, Neffe, sagt Jasper und zwinkert noch einmal.

Dann schließt sich der Deckel.

TEIL II

*

SAN FRANCISCO
1883

1

DER MANN VOR DEM Fenster tut das nicht zum ersten Mal. Sein Hut sitzt tief in der Stirn und wirft einen Schatten auf seine Nase, doch die schmale Linie seines Mundes ist noch sichtbar, und sie ist feucht. Sie besagt, dass ihm nicht fremd ist, was er gleich tun wird. Und dass er haargenau weiß, was er will und wie er es bekommt.

Der Mann hebt einen krummen Finger. Wir richten uns kerzengerade auf. Der Finger rührt in der Luft, zögert und gleitet weiter, als suchte er nach einer vergessenen Erinnerung. Als er über uns streicht, spüren wir die Hitze seiner Berührung durch die Scheibe und schaudern.

Dann hält er inne.

Eine Pause, dann die Bestätigung. Hinter der Scheibe atmen wir gleichzeitig ein. Jede glaubt, dass er auf sie zeigt.

Aber er will nicht uns. Er will Swallow, das Mädchen zu meiner Linken. Als uns das klar wird, atmen wir erleichtert auf. Nur Swallow nicht. Sie lächelt dem Mann zu und verneigt sich, doch ich spüre, wie sie erstarrt und die Gewissheit ihren ganzen Körper erfasst.

Raus, befiehlt ein Wärter von hinten.

Während wir nacheinander aus dem Vorführraum marschieren, rascheln unsere Seidenkleider bei jedem Schritt. Wir stehen im großen Raum, den inzwischen auch der Mann von draußen betreten hat. Er starrt Swallow an, als wüsste er alles über sie, alles über uns.

Ich sollte den Kopf gesenkt halten, aber ich kann nicht anders, ich muss alles beobachten. Swallow schenkt dem Mann ein scheues, schmallippiges Lächeln, ihr Körper verwandelt sich bereits in etwas, was sich fügen muss, etwas, was nicht ihr gehört. Und dann taucht wie immer von irgendwo ein glockenförmiger Schatten auf. Madam Lee. Sie wird Swallow dem Mann übergeben. Mit seinen Blicken verschlingt er ihren Körper bereits. Wie ein hungriger Hund, denke ich.

Eine gute Wahl, sagt Madam Lee. Ihre Stimme ist leise, samten. Möchten Sie einen genaueren Blick auf sie werfen?

Der Mann knurrt, dann nickt er.

Dreh dich für unseren Kunden, sagt Madam Lee. Und Swallow dreht sich, zeigt ihre Hüften, die Schultern, die schlanke Linie ihres entblößten Halses. Ihr hochgestecktes Haar schimmert wie ein Fluss in der Nacht. Ihr Make-up ist in zarten Pflaumen- und Goldtönen gehalten, ihre Lippen rot wie Wein. In ihrer lavendelblauen Seidenhose und dem mit Blumen bestickten Seidenhemd könnte sie eine Prinzessin an einem Königshof sein.

Also, sagt Madam Lee zu dem Mann, und jetzt ist ihr Tonfall hart und drängend. Nehmen Sie sie?

Der Mann leckt sich die Lippen mit seiner spitzen, blassen Zunge. Er greift in seine Jacke und holt ein Geldbündel heraus, das Madam Lee mit beiden Händen entgegennimmt. Dann greift der Mann Swallows Hand. Zwischen all den Händen wirken ihre besonders klein.

Wir stehen mit gesenkten Köpfen da, als die beiden nach oben zu den Schlafzimmern gehen.

Madam Lee wendet sich wutschnaubend uns zu. Ihr andern, sagt sie, und ihre Stimme ist wieder leise und melodisch, aber tödlich, geht zurück an euren Platz.

Und so treten wir wieder in den kleinen Besichtigungsraum mit dem Fenster zur Straße.

Ein Mädchen nach dem anderen wird ausgewählt. Eine nach der anderen dreht sich vor den Männern, und die Männer nicken, übergeben das Geld an Madam Lee und führen die Mädchen nach oben. Die Wachen stehen da und beobachten alles wie jeden Abend. Ihre Namen kenne ich nicht.

Mit jedem Mädchen und jedem Mann lasten die dumpfen Stöße und das Stöhnen immer schwerer auf der Zimmerdecke.

Gegen Ende des Abends sind nur ich und zwei andere übrig. Eine davon ist Jade, ein älteres Mädchen mit Fältchen um den Mund, weil sie sich oft auf die Lippen beißt. Sie ist schon eine Weile hier, vielleicht sogar am längsten. Heute ist der vierzehnte Tag, an dem sie keinen Kunden hatte, obwohl sie mal die Begehrteste im Bordell war. Die anderen glauben, es könne etwas mit ihrem anschwellenden Bauch zu tun haben und damit, dass sie nicht mehr jeden Monat blutet.

Ich brauche unbedingt Arbeit, jammert sie. Wo sind all die Männer abgeblieben? Die wissen nicht, was ihnen entgeht.

Das andere Mädchen, Pearl, weint in ihre Armbeuge. Ihr einziger Kunde ist nicht, wie versprochen, gekommen.

Über uns werden die Geräusche zu einer Sinfonie. Einige der Mädchen klingen leise und kehlig. Andere jaulen wie Hunde. Manchmal hört es sich fast an wie Gesang. Dazwischen das Poltern der Männer, manchmal ihre Wut und ihre Schreie und dann das Stoßen, das brutale Stoßen, das nicht mehr aufzuhören scheint.

Bei meiner Ankunft hasste ich den Lärm. Inzwischen muss ich mir Mühe geben, ihn überhaupt noch zu hören.

Ta ma de, faucht Jade, wenn ich nicht bald einen Kunden habe, werde ich rausgeworfen. Sie wendet sich zu Pearl, deren Schluchzen noch lauter wird. Warum heulst du, Mädchen? Du hast wenigstens einen mit einer dicken Brieftasche.

Und dann kommen die Männer nacheinander wieder die Treppe herunter. Sie rücken ihre Kleidung zurecht, streichen sich die Haare glatt, setzen ihre Hüte auf. Ihr Anblick ist schwer erträglich, das Unersättliche in ihren Gesichtern, ihre Haltung, als wären sie im Kampf gewesen und hätten gesiegt. Sie kehren ins Tageslicht zurück, wo sie sich in der Sonne verstecken können.

Es ist gut, oft zu kommen, sagt Madam Lee zu jedem Einzelnen und verzieht dabei die Lippen zu einem künstlichen Lächeln. Ich sitze mit mürrischem Gesicht in der Ecke, und als einer der Männer mich zu lange ansieht, drehe ich den Kopf zur Seite.

Später, als die Sonne über der Bucht aufgeht, bittet mich Madam Lee in ihr Büro, wo sie hinter einem großen Schreibtisch aus dunklem Holz thront. Das Büro ist klein und wirkt noch kleiner durch die beiden Männer, die an der Tür Wache stehen, und durch Madam Lees Anwesenheit. Sie ist dicker als die Frauen, die ich in Zhifu gesehen habe, doch an ihr ist nichts rundlich und weich, sie wirkt nur bedrohlich.

Wie glaubst du, war das Geschäft letzte Nacht?, fragt sie mit einer Zigarette zwischen zwei beringten Fingern.

Gut, Madam Lee, antworte ich. Ein Mädchen wurde mal ausgepeitscht, weil sie sie nicht Madam nannte. Am nächsten Tag waren Blut und Eiter durch ihr Hemd zu sehen.

Setz dich, sagt sie zu mir. Setz dich und rede mit mir.

Hier droht Gefahr, ob ich mich setze oder weglaufe. Ich setze mich.

Madam Lee nimmt einen langen Zug von ihrer Zigarette. Ein leises dünnes Knistern, die Spitze leuchtet orange auf, bevor sie zu schwarz erlischt. Ich stelle mir die Luft um Madam Lee giftig vor, ihre Nähe tödlich genug, um Pflanzen zu zersetzen und Blumen zu zerstören.

Als du zu mir gekommen bist, sagt sie, warst du sehr dünn. Ich konnte dich mit zwei Fingern hochheben. Jetzt sieh dich an. Ein gesundes Mädchen mit Apfelwangen und einer rosa Zunge.

Dank Madam Lees Freundlichkeit esse und schlafe ich gut, sage ich trocken.

Ja, erwidert sie. Ja, das stimmt.

Eine Pause folgt, sie zieht wieder an ihrer Zigarette. Der Rauch zwischen uns kräuselt sich.

In dieser Stadt findet man nicht leicht ein billiges Zimmer, sagt sie. Und wir haben hier ein ganzes Haus für uns – nun, ich bezweifle, dass du dir vorstellen kannst, wie viel das kostet. Aber dank der großzügigen Unterstützung der Hip Yee Tong dürfen wir hier komfortabel und friedlich leben. Was meinst du, Peony? Bist du gerne hier?

Ja, lüge ich.

Die Tong ernährt uns. Sie kleidet uns. Sie beschützt uns. Ja, sie beschützt dich, Peony. Ich beschütze dich.

Danke, Madam Lee, sage ich und verneige mich.

Was für ein höfliches Mädchen, sagt sie. Und dann knallt sie ohne Vorwarnung die Zigarette auf den Tisch, dass der Rest unter ihren Fingern zu einem Aschehaufen zerbröselt. Von Nahem ist die Haut ihrer Hände dünn vom Alter und runzelig wie die hauchdünne Schicht auf heißer Milch. Die Hände verraten sie; und wenn sie noch so viel Puder aufträgt, wir würden immer wissen, dass sie genau wie jeder andere sterblich ist.

Wenn ein Mädchen kein Geld verdient, sagt sie, ist das gerecht? Wenn sie nichts als Gegenleistung für die Freundlichkeit der Tong tut, dann nützt sie nur ihren Vorteil aus, oder? Was meinst du, Peony? Du, die du hier schon seit einem Monat so gut lebst.

Ich weiß, was sie von mir hören will, aber ich habe Angst, es auszusprechen.

Ab heute hast du ausgelernt, sagt sie und zieht ihre Fingernägel über die Tischfläche. Morgen wirst du deinen ersten Kunden bedienen. Mein süßes kleines Mädchen, das so gut Englisch spricht. Allein mit deinen traurigen Augen wirst du uns ein Vermögen bringen.

Wieder eine Pause. Ich hasse es, wenn sie solche Dinge sagt – wenn meine so unscheinbaren Augen, die nur mir gehören, durch sie plötzlich vulgär und verdorben werden. Aber ich sage nur: Ja, Madam Lee.

Sie weiß, wie ich mich fühle. Kostet es sogar aus. Denn wir wissen beide, was passiert, wenn ich mich nicht füge: Es gibt Schuppen, sogenannte Krippen, wo Mädchen wie Vieh gehalten werden. Ihre einzigen Kunden sind Matrosen, Teenager und Trunkenbolde. Ich weiß, dass die Körper dieser Mädchen verbraucht, kaputt und krank sind, und die meisten werden in ein Hospital gebracht, das natürlich kein Hospital ist, sondern ein düsterer, fensterloser Raum in den finsteren Seitengassen von Chinatown. Die Tür ist verriegelt. Drinnen: eine Lampe, eine Tasse Wasser, eine Schale gekochter Reis. Der Tod wartet nicht lange auf diese Mädchen.

Jemand wie du würde nicht einen Tag in den Krippen durchstehen, sagt Madam Lee, als könnte sie meine Gedanken hören. Hier ernähre ich dich. Ich gebe dir schöne saubere Kleider. Richte dich schön her. Du hast ein Bett. Wie viele chinesische Mädchen können das von sich behaupten? Wir sind nicht wie diese elenden Löcher in der Bartlett Alley. Wir sind das feinste Bordell in der ganzen Stadt. Bei mir hast du es am besten. Sieh dich um. Besser als hier wird es nicht.

Sie haben recht, Madam Lee, sage ich. Ich werde hart arbeiten, um Sie für Ihre Freundlichkeit zu entschädigen.

Ich wusste, du bist ein braves Mädchen, sagt sie und streckt die Hand aus, um mich zu tätscheln. Ihre Augen funkeln vor Vergnügen. Ihre offene Hand auf meinem Kopf ist wie ein Krake, der seine Tentakeln ausfährt und seinen Körper zusammenzieht, um mich zu ersticken.

Morgen, haucht sie, arbeiten wir dich ein.

Sie lässt mich los. Ich stehe auf und spüre, dass meine grüne Satinhose nass ist. Sie beobachtet, wie ich zur Tür gehe und mich abmühe, sie zu öffnen. Bevor ich draußen bin, ruft sie mir hinterher: Eines noch. Ab heute Abend hast du Jades Zimmer.

Aber wo soll Jade dann schlafen?, frage ich. Das Bordell hat zwei Stockwerke, und die meisten von uns sind im ersten, wo wir uns ein Zimmer zum Schlafen und zwei weitere zur Unterhaltung der Kunden teilen. Das zweite Stockwerk mit seinen Privaträumen ist den besten Mädchen vorbehalten wie Swallow, Iris und Jade, bevor deren Bauch anfing zu wachsen. Nur die Mädchen mit den teuersten Kunden dürfen ein eigenes Zimmer bewohnen. Und ich hatte noch keinen einzigen.

Madam Lee antwortet nicht. Die Wärter verstehen das als Zeichen, dass sie mit mir fertig ist, und schieben mich zur Tür hinaus. Ich gehe nach unten in unser Schlafquartier zurück und packe meine wenigen Sachen zusammen – Arbeitskleider, Make-up, Schleifen und Haarnadeln. Jades Zimmer ist eines der größeren am Ende des Flurs im zweiten Stock. Als ich es erreiche, klopfe ich an, weil ich damit rechne, dass sie da ist.

Hat Madam Lee es dir nicht gesagt?, fragt Iris. Ihr rundes Gesicht späht aus dem Zimmer nebenan. In der Nacht haben sie Jade abgeholt.

Oh, sage ich. Nein, sie hat nichts gesagt.

Mit dem Ding, das in ihr wächst, kann sie hier sowieso nicht arbeiten, sagt Iris. Welcher Mann will schon eine verbrauchte Hure?

Sie grinst hämisch und verschwindet in ihrem Zimmer. Ich folge ihrem Beispiel. Doch dies ist nicht mein Zimmer, es gehört Jade. Jade, die ich noch vor wenigen Stunden gesehen habe, jetzt auf dem Weg zu den Krippen, wo sie Kunden für fünfundzwanzig Cent nimmt, fünfzig, wenn sie Glück hat. Ich überlege, was wohl mit dem Baby passieren wird. Frauen in den Krippen halten nicht länger als zwei Jahre durch, erzählte mir jemand, als ich im Barracoon ankam. Entweder du stirbst an einer Krankheit oder durch einen Mann. Worauf ich fragte: Und wo liegt der Unterschied?

Ich zünde die Laterne an. Jades Zimmer ist ordentlich, die Wände in einem dunklen Scharlachrot gestrichen. Ein vergittertes Fenster geht auf die graue Straße. Es riecht noch nach ihr, ein Hauch von Zitrusfrüchten schwebt in der Luft. Sie war so lange hier, länger als wir alle.

Sie kann nicht älter als zwanzig, einundzwanzig sein. Hatte sie nicht eine Familie in China erwähnt? Ich erinnere mich nicht. Allmählich vergesse ich, welche Geschichte zu welchem Mädchen gehört. Wir sind ein anonymer Clan von Körpern und Geschichten, und vielleicht gehen wir alle denselben Weg. Spielt das eine Rolle? Es ist nur eine Frage der Zeit, bis man uns mitten in der Nacht holt und durch ein jüngeres, hübscheres Mädchen ersetzt.

Einen ganzen Monat hatte ich nichts zu befürchten, blieb unberührt. Bei meiner Ankunft nahm ich mir vor, mich so klein wie möglich zu machen. Wenn ein Mann mich anschaute, verzog ich mein Gesicht zu einer hässlichen Fratze. Es war nicht schwer, meine Gefühle auf mein Äußeres zu übertragen. Aber es war dumm zu glauben, ich hätte die Wahl. Ich wurde aus einem bestimmten Grund gekauft, und jetzt muss ich dieses Versprechen einlösen.

Im selben Moment muss ich an Bai He denken, das Mädchen mit der Glashaut aus den Geschichten in meinem Dorf. Früher dachte ich, dass ihre Haut die Bürde war, die sie tragen musste. Doch jetzt, während ich hier sitze und weiß, dass morgen um diese Zeit meine Mädchenzeit abläuft, dämmert mir eine Wahrheit: Nicht Bai Hes Haut war die Bürde. Ihre Bürde war ihr Dasein als Mädchen. Und wenn es eine solche Bürde gibt, dann entkommt ihr niemand, auch ich nicht.

2

DIES IST DIE GESCHICHTE von einer Kohlentonne, die über den Ozean schwamm.

Die Reise nach San Francisco dauerte drei Wochen, sagte man mir. Von dem Raum in Zhifu wurde ich, eingezwängt in die Tonne, hinten auf einen Wagen gepackt, und als die Fahrt zu Ende war, hörte ich Meeresbrandung.

Überall Stimmen, nicht unähnlich dem Getöse auf dem Fischmarkt. Sie gehörten Kaufleuten, doch diesmal waren es hauptsächlich fremde Stimmen.

Stellen Sie das dort drüben hin, sagte jemand in meiner Nähe. Und die beiden kommen aufs Schiff. Wie heißen Sie?

Jetzt ertönte Jaspers Stimme. Schiffsladung nach San Francisco. Eigentum von Herrn Eng und seinem Anwesen, zur Übergabe an die Hip Yee Tong.

Ja, Sir, sagte die andere Stimme plötzlich verängstigt. Wir wissen um Ihre besondere Lieferung.

Ich wurde hochgehoben, und die Kohlenstücke prasselten an meinem Hals entlang. Sie trugen mich wieder weg, aber das Rauschen des Meeres und die gehetzten Stimmen in den dazugehörigen Sprachen sagten mir, es würde schwierig werden, von dieser nächsten Reiseetappe zurückzukehren.

Wenn ich gewusst hätte, was ich inzwischen weiß, dann hätte ich geweint. Doch ich sah nur die Wand der Tonne. Mehr ließ Jasper mich nicht sehen. Das Letzte, was ich zu hören meinte, war eine Stimme – vielleicht seine –, und sie sang Auf Wiedersehen.

*

Später, als der Deckel zur Seite glitt, stellte ich mir vor, ich würde hinausspringen. Aber wenn ich mich nur aufrichten wollte, presste die Kohle meine Beine nach unten. Ich war kurz davor, selbst ein Stück Kohle zu werden.

Einer von Jaspers Männern blickte zu mir herab. Denk gar nicht erst dran, um Hilfe zu rufen, sagte er, senkte die Hand und löste die Schnur vor meinem Mund. Wenn doch, stirbst du.

Ich nickte. Um den Knebel loszuwerden, hätte ich alles getan.

Iss, sagte er. In der anderen Hand hielt er ein Mantou, so groß wie eine zerknüllte Socke, die Haut grau und schlaff. Ich starrte das Ding an und stürzte mich darauf.

Als ich fertig war – was nicht sehr lange dauerte –, kam die Hand des Mannes wieder nach unten, diesmal mit einer Feldflasche. Wieder wollte ich mich draufstürzen, doch er schob mich zurück.

Ich mach das, sagte er.

Ich nickte und legte den Kopf weiter zurück, gierig nach einer inneren Kühlung. Er setzte den Flaschenrand an meinen geöffneten Mund. Ich wünschte mir, dass alles Wasser der Welt in meinen Körper gelangte. Doch es war vorbei, bevor ich das Mantou hinunterspülen konnte. Der Mann nahm die Feldflasche fort und schraubte den Verschluss zu. Dann steckte er mir wieder den Knebel in den Mund und sicherte ihn mit der Schnur.

Ich komme alle zwei Tage, sagte er. Vielleicht auch drei. Sei still.

Und dann schloss er den Deckel.

Wie soll ich mein Dasein in diesem dunklen kleinen Raum beschreiben? Ich war verrenkt, die Knie am Kinn, der Rücken eingerollt wie ein Affenschwanz. Nach einiger Zeit wurde der Schmerz in meinen gebeugten Gliedern so unerträglich, dass ich überlegte, ob ich mit der geballten Kraft in meinen Beinen die Tonne durchtreten könnte. Doch das war nur ein Wunsch. Nach dem ersten Tag war der Schmerz kaum noch zu spüren und wurde zu einem Murmeln. Wenn ich schlief, und das tat ich die ganze Zeit, lag mein Kopf auf den Knien, und das Meer schaukelte mich zu einem fernen Ufer, das nicht unbedingt Schlaf, sondern ein fiebriger Zustand zwischen Träumen und Wachsein war.

Und dann sah ich Dinge. Die Erinnerungen fielen mir leicht, doch ich konnte nicht mehr unterscheiden, was real war und was nicht. Vor mir verschwamm alles, ein fernes Lied voller Erinnerung und Wünsche.

Ich sah meine Eltern, bevor sie abgeholt wurden, das knappe Lächeln meines Vaters und das ergrauende Haar auf seinem Kinn. Ich sah die Hände meiner Mutter bei der Arbeit am Webstuhl aufblitzen wie Vögel. Und ich sah meine Großmutter, die Arme voller Gartenfrüchte, ihr von der Sonne gebräuntes Gesicht. War seit meiner Abreise aus Zhifu wohl Regen gefallen? Wenn ich im Meer war, dachte ich, triebe ich auf Regen. Und so sprach ich mit meiner Großmutter und erzählte ihr, wie sehr sie mir fehle und was mir alles widerfahren war, seit ich sie zum letzten Mal gesehen hatte – nur das Schlimmste ließ ich aus, denn sie sollte sich keine Sorgen machen. Die Tränen flossen in heißen Strömen, und ich fing sie in meinem Mund auf und stellte sie mir als gepökeltes Schweinefleisch oder geräucherten Fisch vor.

Ich sah auch Meister Wang und die Kalligraphie-Schule, roch die scharfe Tusche auf den langen Papierrollen. Die Fenster im Klassenzimmer waren geöffnet, und draußen im Hof trockneten weitere Rollen. Ich bemühte mich, alle Zeichen zu lesen, doch sie waren nichts weiter als Spinnen auf Schnee.

Wen ich allerdings nicht sah, war Lin Daiyu. Ich wusste, warum. In der Geschichte verlässt Daiyu China nicht – sie stirbt dort. Während das Schiff mich immer weiter von zu Hause wegbrachte, fragte ich mich, ob sie und ich endgültig getrennt worden waren. Die jüngere Daiyu wäre entzückt gewesen und hätte triumphiert – endlich waren wir uns los, unsere Geschichten verliefen getrennt. Doch jetzt, da Lin Daiyu nicht mehr hier war, hatte die ältere Daiyu Angst.

Genau das hatte ich die ganze Zeit gewollt, oder? Genau das hieß es: zum ersten Mal in meinem Leben allein zu sein.

*

Am dritten Tag wurde der Deckel wieder beiseitegeschoben, und der Mann erschien wie versprochen mit einem Mantou und der Wasserflasche.

Willst du aufstehen?, fragte er, als ich fertig war.

Ich nickte. Er griff in die Tonne, packte meinen Arm und zog. Ich spürte, wie ich aufgerichtet wurde, und ein scharfer, stechender Schmerz schoss mir durch die Kniekehlen und ließ mich fast umknicken. Ich hatte meine Beine lange Zeit nicht mehr ausgestreckt, und jetzt wurden sie gegen ihren Willen gedehnt, jede Bewegung eine Vergewaltigung der Knochen, unbenutzten Muskeln und untätigen Sehnen. Ich biss mir auf die Lippe, um nicht aufzuschreien, und ließ stattdessen den Tränen freien Lauf. Bis ich wieder stand. Bis ich wieder sehen konnte.

Der Mann ließ mich los. Ich umklammerte den Rand der Tonne, stützte mein ganzes Gewicht auf die Hände.

Die ächzenden Wände und die Dunkelheit sagten mir, dass wir uns in einer unteren Ebene befanden, einem Stauraum, wie es aussah. In meiner beschränkten Sicht erkannte ich andere Kisten, Behälter und Tonnen wie meine. Einige waren aufeinandergestapelt, andere standen allein und einsam da. Ich fragte mich, in wie vielen tatsächlich Vorräte, tatsächlich Nahrungsmittel, tatsächlich Gewürze waren und wie viele Mädchen wie mich enthielten. Waren sie alle Mädchen von Jasper? Oder gehörten sie anderen üblen Männern?

Das reicht, sagte der Mann. Runter mit dir, und hör auf, dich umzusehen.

Bitte kommen Sie morgen wieder, bat ich ihn, bevor er mir den Knebel in den Mund steckte. Ich konnte mir nicht vorstellen, drei weitere Tage ohne Essen oder Wasser oder Stehen zu verbringen. Meine Hose war dreckig und roch von den wenigen Malen, als ich mich erleichtert hatte, weil mir nichts anderes übrig blieb.

Er sagte nichts. Ich knautschte mich zurück in die Tonne

und in den ekelhaften Gestank, der mir von meinem eigenen Kot entgegenschlug.

Sei still, sagte der Mann. Dann machte er den Deckel zu.

So ging es weiter. Der Mann kam meistens nachts, wenn das Schiff ruhig war, gab mir mein Essen und ließ mich ein paar Minuten aufrecht stehen. Einmal hob er mich sogar aus der Tonne und ließ mich auf der Stelle hüpfen. Ich tat es und hatte das Gefühl, als hätte ich zwei Beine, die nicht mir gehörten. Meine Knochen waren steif und taten weh. Ich hatte lange Phasen, in denen ich nichts ausschied, so geschwächt war mein Körper von dem bisschen Mantou und Wasser. Nichts zu verdauen, nichts auszuscheiden. Der Jutebeutel um meinen Hals bohrte mir ein Loch in den Brustknochen, und sein kühler Minzduft war das Einzige, was zwischen mir und dem Ersticken stand.

Dann das Delirium. Am Anfang war es fieberhaft, als würde sich mein Verstand von sich selbst verabschieden. Meine Ohren glühten, hinter meinen Augen tobte ein Sturm. Alles fühlte sich heiß an. Ich weiß noch, dass ich dachte: So also ist es zu sterben.

Dann Glückseligkeit. Ich löste mich von mir, schwebte über allem. Ich sah das Meer, das Schiff, ja sogar mich selbst von oben, wie ich dakauerte, erschöpft, dünn, über den Knien zusammengesackt. Aber es war gut. Sogar schön. Die Person in der Tonne war eine andere. Ich war beschützt, ich war wild, ich war in allem. Ich vergaß den Hunger und den Schmerz. Ich war nur pures Überschäumen.

Dann erinnerte ich mich – klarer als an jeden anderen Moment in meinem Leben – an einen Tag, als mein Vater Kirschen mit nach Hause brachte, weil meine Mutter sie so gerne aß. Ich machte mir nichts aus Kirschen – entweder waren sie zu süß oder zu sauer, und die Kerne machten das Ganze noch mühseliger. Außerdem mochte ich nicht, wie das rote Fruchtfleisch meine Finger und Mundwinkel verfärbte.

Aber meine Mutter liebte sie. Sie hätte alles getan, um welche zu bekommen. Als mein Vater an jenem Tag die Kirschen mit nach Hause brachte, war sie so aufgeregt, wie ich sie noch nie erlebt hatte. Sie sprang von ihrem Webstuhl auf, klatschte in die Hände und hüpfte vor Freude. Das Lächeln auf ihrem Gesicht war strahlend wie manchmal der Mond.

Mein Vater schüttete die Kirschen in eine Schüssel, um die wir uns versammelten, und jeder nahm sich eine Kirsche, die noch am Stiel hing. Ich sah zu, wie meine Mutter ihre pralle, rundliche Kirsche in den Händen rollte, als würde sie damit beten. Dann steckte sie die Kirsche in den Mund, hielt den Stiel fest, und dann war da nur noch – ein Stiel.

Du hast den Kern verschluckt, sagte ich verwirrt. Ich hatte immer Albträume, dass mir etwas im Hals stecken blieb.

Sie lächelte über mein Entsetzen. Manchmal stelle ich mir vor, sagte sie, wenn ich Dinge schlucke, die ich liebe, dann wachsen sie in mir.

Werd bloß nicht wie deine Mutter, warnte mich mein Vater, aber auch er lächelte.

Auch später mochte ich keine Kirschen, aber ich mochte die Erinnerung an meine Mutter und meinen Vater und meine Großmutter, die Kirschen lieber mochten als weiße Pfirsiche, aber weniger als Äpfel. Und mich. Wir waren zusammen und erlebten etwas, was nur einen von uns überglücklich machte, doch daran teilzuhaben machte uns alle glücklich. Wenn ich dir beim Essen zusehe, füllt sich mein

Magen, sagte meine Mutter oft zu mir. Ich wusste, was sie damit meinte. Als ich mich schließlich aus dieser Erinnerung löste, fühlte ich mich von ihr gesättigt.

Dann wieder dachte ich an Lin Daiyu und wünschte sie herbei. Wenn sie mich hier herausholen würde, könnten wir über der Welt schweben, unsere Körper dünn wie Papier und leicht wie der letzte Tag des Winters. Ich wollte mich in ihren Mund ergießen und jahrelang in ihrem Körper schlafen. Damit sie mich in sich wachsen lässt. Ich glaube, in meiner höchsten Verwirrung wollte ich sie lieben.

Aber Lin Daiyu kam nicht.

Das Zeichen für Freude 樂 besteht aus Silberfäden über einem Baum. Wie Musik in einem Wald, eine Melodie, die flüchtig die Baumwipfel streift. Das Zeichen sieht aus, wie Freude sich anfühlt, erklärte mir Meister Wang. Als befändest du dich über allem, als würdest du gleich Feuer fangen.

Bei dem Gedanken daran musste ich lächeln. Und als der Mann den Deckel zum letzten Mal abnahm, sah er mich vermutlich so: die Augen geschlossen, tränenüberströmtes Gesicht, mein Körper von Kohlestaub überzogen und anstelle meines Mundes eine Schöpfkelle.

In dem Moment muss er sich vor mir gefürchtet haben.

*

Eines Tages hörte das Schiff auf, sich zu bewegen.

Inzwischen wusste ich nicht mehr, dass ich einen Körper hatte. Aber ich wusste, dass ich hüten musste, was ich noch besaß. Ich konzentrierte mich wieder auf mich und wartete.

Knallen, dann Gelächter. Durcheinanderschreiende Männer betraten den Lagerraum, und ihre Lautstärke erfüllte mich zum ersten Mal seit Wochen wieder mit Angst. Ich hörte das Geräusch schwerer Kisten und Schachteln, die umgestellt und weggetragen wurden. Ich hörte einen Mann zu einem anderen sagen, die da solle er ruhig stehen lassen, er kümmere sich selbst darum.

Die ist besonders, sagte er.

Hier drin stinkt's, sagte der andere Mann.

Ich wurde hochgehoben und wieder weggetragen – aber diesmal nicht nur im Traum. Und in diesem Moment musste ich wieder auf dem Boden gelandet sein. Ich flog nicht. Ich befand mich in einer Tonne, die mit Kohle und meinem eigenen Urin gefüllt war, und in meinem Magen war nichts, in meinem Kopf war nichts, in meinem Herzen war nichts. Es war nicht der glorreiche Anfang, den ich spürte, wenn ich am Meer stand, sondern eine Leere, die keine Chance hatte, gefüllt zu werden. Sie brachten mich vom Schiff, und als die Sonne die Tonne traf, war es, als ginge das ganze Ding in Flammen auf.

Einen Moment lang bildete ich mir ein, wieder in Zhifu zu sein. Das auf- und abschwellende Kreischen der Möwen täuschte mich. Dann die schäumende Brandung des Meeres und das Ächzen des Docks, wenn es schwankte. Die Luft war kühl.

Hier rüber, hier rüber!, schrie jemand auf Englisch. Ich wurde in die Richtung dieser neuen Stimme getragen.

Ist sie das?, fragte die Stimme.

Wer immer mich trug, knurrte zustimmend.

Gut, sagte die Stimme. Stell sie da ab.

Ein Wortwechsel folgte. Ein Pferd wieherte. Ich spürte, wie

ich abgesetzt wurde, und dann endlich hielt alles inne. Nach der wochenlangen Fahrt über das Meer stand ich still.

Jasper hofft, dass die ehrenwerten Mitglieder der Hip Yee Tong mit der Lieferung zufrieden sein werden, sagte eine Stimme. Und dann meinte ich wieder, es zu hören: Jemand sang Auf Wiedersehen.

Eine Peitsche knallte. Wir setzten uns erneut in Bewegung, doch der Geruch des Meeres wurde mit jeder Sekunde schwächer. Die Kohlen in der Tonne rüttelten sich um mich zurecht.

Ich war in Amerika.

*

Was kann ich noch sagen? Soll ich erzählen, dass man mich an der St. Louis Alley in Chinatown in eine Zwangsunterkunft brachte, die sie Barracoon nannten? Es roch dort nach Urin und Fäkalien und sauren Melonenschalen. Soll ich erzählen, wie sie den Deckel von der Tonne rissen, wie die Sonne mich blendete, wie sie mich an den Armen herauszerrten? Da meine Beine versagten, banden sie mich an einen Pfahl, und der Strick grub sich in die Senke zwischen Rippen und Hüftknochen.

Soll ich erzählen, wie sie mir die Kleider auszogen, meine schmutzigen stinkenden Kleider, und den Jutebeutel um meinen Hals abschnitten? Soll ich erzählen, wie sie mich mit kaltem Wasser begossen und ich froh war, überhaupt etwas zu spüren? Oder soll ich von dem Barracoon erzählen und dass sie mich dort hineinwarfen, zu anderen Mädchen, alle nackt, zitternd und nass?

Nein, ich werde von der Frau erzählen, die in das Gebäude trat. Wir saßen alle eingepfercht in der Mitte auf dem Boden. Es war feucht und kühl. Um die fünfzig Mädchen. Unser Wimmern hallte an den kahlen Wänden wider, während wir uns bis auf die Knochen entblößt auf den Tod gefasst machten. Es gab uns in der Mitte, und dann gab es sie: die Männer, die uns umringten und anstarrten. Ich dachte an den Fischmarkt in Zhifu, daran, wie die Fische in Haufen dalagen, während ich und viele andere um die Händler schlichen und hungrig auf die Fische starrten, in Gedanken daran, wie sie wohl schmeckten, wie lange das Entschuppen dauern würde, ob das Fleisch gut wäre, ob die Fischaugen in unserem Mund platzten, wie buttrig das Hirn schmecken würde, wie weich die Gräten wären, weich genug, um zwischen unseren Zähnen herausgezogen zu werden und in einem feuchten Haufen auf dem Tisch zu landen. Daran fühlte ich mich erinnert. Wie ein Fisch zu sein.

Die Frau fiel mir auf, weil sie die einzige in der Gruppe von Männern war, die in das Gebäude traten. Ihr Gesicht war schön, ihr Mund groß und gebieterisch, die Augen schmal und schwarz umrandet. Die Frau fiel mir auf wegen ihrer Kleidung. Sie trug ein weißes, mit einem silbernen Phönix besticktes Kleid, und ich dachte mir, diese Frau muss wirklich skrupellos sein, wenn sie freiwillig die Farbe des Todes wählt. Und sie fiel mir auf, weil die Männer vor ihr zurückwichen, vor ihrer bloßen Existenz; sie schritt zwischen ihnen hindurch wie Wind, der durch aufgehängte Laken streicht.

Einige Männer zeigten hier und da auf ein Mädchen, worauf einer der Händler vorwärtseilte und das Mädchen zu dem schleppte, der es ausgewählt hatte. Geduckt und weinend wurde es seinem neuen Besitzer übergeben, und der Händler bekam dafür ein Bündel Papier. Es war Geld, wie ich später erfuhr. Wir wurden nacheinander verkauft, einige in Gruppen, ich aber dachte nur daran, was mit denen passieren würde, die am Ende des Tages übrigblieben. Wohin würde man uns bringen?

Die Frau hatte nicht ein einziges Mal auf ein Mädchen gezeigt. Sie stand vorn und ließ ihren Blick über jeden der Mädchenkörper schweifen. Ihre Miene verriet nichts, ihre Arme waren verschränkt. Etwas an dieser Frau war anders. Es war nicht ihre Haltung, die der einer Kaiserin glich, sondern die Art, wie sie die Männer ringsum, von denen sie aus den Augenwinkeln beobachtet wurde, gar nicht zu bemerken schien. Die Männer hassten die Frau, aber nur, weil sie Angst vor ihr hatten.

Und dann hob sie die Hand und nickte.

Du, sagte einer der Händler und ging zu dem Mädchen neben mir. Sie riss sich von ihm los und weinte. Er packte ihr Handgelenk – sie fiel zu Boden – und zerrte sie zu der Frau, die dann mit den Fingern schnippte. Von hinten erschienen zwei Männer. Sie nahmen das Mädchen, das jetzt wimmerte, und verschwanden mit ihm in der Menge.

Mir wurde heiß. Ich blickte auf. Die Augen der Frau waren ungerührt auf mich gerichtet. Sie hatte etwas Unmenschliches an sich. Der Händler, der nicht von ihrer Seite gewichen war, stellte sich auf die Zehenspitzen und flüsterte ihr etwas zu. Sie ließ mich nicht aus den Augen. Und dann hob sie die Hand und nickte.

Fast augenblicklich stand der Händler vor mir, seine Hände an meinem Arm. Du, sagte er und zog mich bereits zu der Frau. Ich spürte, wie ich mich fügte. Wenn ich versuchen würde wegzulaufen, würden die Beine unter mir nachgeben.

Ich stand so aufrecht, wie ich konnte, vor der Frau. Ich wollte nicht weinen.

Sie musterte mich, angefangen bei den Füßen, meine Beine aufwärts, Hüfte, Brüste und schließlich mein Gesicht. Du bist die, die Englisch spricht?, fragte sie. Ihre tiefe, dröhnende Stimme besaß eine entwaffnende Kraft.

Na los, sagte der Händler und schüttelte meinen Arm. Antworte ihr!

Ja.

Sehr kultiviert, sagte der Händler stolz. Mehr als jedes Mädchen hier. Hat bei den Besten in China gelernt. Sie wird Ihre weißen Kunden bestimmt zufriedenstellen.

Schon möglich, sagte die Frau. Aber sie ist sehr dünn. Meine Mädchen müssen Fleisch auf den Knochen haben. Soll ich meine Vorräte aufbrauchen und sie aufpäppeln, bis sie mir was bringt? Das scheint mir kein fairer Handel zu sein, bei dem Preis, den Sie verlangen.

Ach, Madam, jammerte der Händler, ihr Preis steht.

Dann nehme ich nur die eine, sagte die Frau und wandte sich ab.

Nein, sagte er. Warten Sie. Ich mache Ihnen ein Angebot.

Die Frau hielt inne.

Zweitausend statt zweitausendvierhundert, sagte der Händler. Weiter kann ich nicht runtergehen, sonst wird mein Chef ärgerlich.

Die Frau lächelte. Was meinst du?, fragte sie an mich gewandt. Ist das ein fairer Preis für dich?

Ich starrte sie an. Wir wussten beide, dass ich keine Ahnung hatte, was dieser Betrag hieß.

Dann also zweitausend, sagte sie und schnippte mit den Fingern. Die beiden Männer, die ich zuvor gesehen hatte, tauchten plötzlich auf und packten mich an den Schultern.

Moment!, rief ich, an niemanden gerichtet.

Die beiden Männer zerrten mich vor die Tür, zu einer Kutsche mit einem Buggy. Sie zogen mich an und luden mich auf den Buggy, wo das erste Mädchen zusammengekauert dasaß. Wir sprachen nicht miteinander. Wir hätten sonst bestätigt, dass dies alles wirklich geschah.

Die Kutsche quietschte unter dem Gewicht der Frau, die dem Fahrer Anweisungen gab. Dann setzten wir uns in Bewegung und entfernten uns von dem Gebäude.

Die Straßen waren schief, und wir rutschten hin und her, während wir Hügel um Hügel hinauf- und hinunterfuhren. Um uns herum hing ein beunruhigender Nebel, der die Kutsche vor uns verschluckte. Bei jedem Hügel dachte ich, wenn wir noch ein bisschen höher führen, könnten wir die Wolken erreichen. Dann würde ich davonfliegen.

Als die Kutsche in eine weitere Straße einbog, rief ich mir keuchend in Erinnerung, dass ich nicht mehr in Zhifu war. Die Häuser hier sahen aus wie in China – die gleichen roten Laternen hingen an den Läden, die gleichen roten, mit goldenen Zeichen bemalten Fahnen schmückten die Häuser. Ringsum eine Mischung aus Chinesisch und Englisch. Die Sprecher wechselten so mühelos zwischen den Sprachen wie ein Stein, der übers Wasser hüpft. Ein Mann saß auf einem Hocker und knackte Sonnenblumenkerne. Jemand spielte auf einer Flöte, aber ich konnte nicht ausmachen, woher die

Musik kam. Ich roch sogar das üppige Aroma von knusprigen Su Bing. Wir waren in Amerika, aber wie konnte es sein, dass dieses Amerika China so ähnlich war?

Schließlich hielten wir inmitten einer belebten Straße vor einem braun-goldenen Gebäude. Die Kutschentüren öffneten sich, die Frau stieg aus und stand vor uns. Das andere Mädchen schniefte mit gesenktem Blick. Ich starrte die Frau an, forderte sie trotzig heraus, den ersten Schritt zu tun.

Nun, sagte sie, ich habe euch beiden einen Gefallen getan. Seid ihr nicht dankbar?

Wir schwiegen beide. Die Madam hat euch was gefragt, blaffte einer der Männer. Antwortet gefälligst!

Ich sah sie fest an, die Madam. In einer anderen Welt mochte sie vielleicht Kaiser gefangen nehmen. In dieser Welt aber, im langsam sich ausbreitenden Tageslicht, überzog ihr Grinsen das ganze Gesicht und zerknautschte all ihre anderen Züge. Für mich sah sie grotesk aus.

Sie werden es lernen, sagte sie.

Die Männer zogen uns aus dem Buggy. Ich stolperte die Stufen hinunter und krabbelte weiter, um nicht zu fallen, meine Beine noch weich vom Nichtgebrauch. Dann blickte ich an dem Gebäude hoch, vor dem wir gehalten hatten. Im Inneren brannten keine Lichter – auf einen Passanten würde es verlassen wirken. Draußen hing ein Schild mit der Aufschrift WASH'ING AND IRON'ING, und tatsächlich roch es hier nach etwas Seifigem und Irdenem. Auf beiden Seiten befanden sich offenbar Unterkünfte.

Gehen wir, sagte die Frau. Sie drehte sich zum Gebäude und marschierte hinein.

Komm mit, sagte ich zu dem Mädchen und nahm es an die

Hand. Sie war klebrig von Rotz und Tränen. Dann atmete ich ein und spürte, wie leicht sich meine Brust ohne den Jutebeutel öffnete. Das machte mir ein wenig Mut. Das Mädchen schreckte wimmernd zurück, doch ich zog es mit mir durch die Eingangstür.

Das war unser neues Zuhause. Jemand würde uns unsere Zimmer zeigen.

3

NIEMAND VON UNS WEISS, wie Madam Lee zu Madam Lee wurde, aber es gibt Gerüchte, und eines davon besagt, dass sie früher keineswegs eine Madam war. Sie war eine wie wir.

Umwerfend schön, sagte Jade.

Die Mätresse eines mächtigen Kapitäns, fügte Iris hinzu.

Sie verlangte eine Unze Gold dafür, dass Männer sie anschauen durften!, schloss Swan.

Irgendwann machten diese Gerüchte Madam Lee zu einer der höchstbezahlten Prostituierten in San Francisco. Mit dem verdienten Geld eröffnete sie ihr eigenes Bordell und arbeitete mit der Hip Yee Tong zusammen, um Mädchen zu importieren. Und sosehr wir Madam Lee fürchteten, noch mehr Angst hatten wir vor den Tongs. Wir wussten, sie kontrollierten Chinatown, führten die Restaurants, die Opiumhöhlen, die Spielhäuser, die Bordelle und die Wäschereien und die als Wäschereien getarnten Bordelle. Ich sehe die Tong zwar nicht, aber ich spüre sie genauso, wie ich Jaspers Präsenz über mir spüre – eine unsichtbare Hand um meinen Hals, ein kalter Arm auf meinem Rücken. Manchmal hören wir ihre Stimmen unten auf der Straße und dann die lauten

Schüsse, die den Himmel zerreißen. Erst letzte Woche überfiel eine der Tongs ein Restaurant und erschoss die Gäste einer rivalisierenden Tong, die sich drinnen befanden.

Tagsüber verwandelt sich Madam Lees Bordell. Und auch wir verwandeln uns von Frauen mit geschminkten Gesichtern zu Mädchen, die Kleider waschen. Einige haben schon vorher als Wäscherinnen gearbeitet, während andere so wie ich die Arbeit erst lernen müssen.

Mir war schon früh klar, dass Madam Lees Bordell eigentlich nicht existierte, zumindest nicht legal. Es ist bloß eine Wäscherei, und nur über eine Wäscherei dürfen wir sprechen. Viele Jahre vor meiner Ankunft hatte die Stadt San Francisco versucht, strikter gegen Bordelle vorzugehen, allerdings, erzählte mir Swan, war das nur zum Schein. In Wirklichkeit arbeiteten viele innerhalb der Regierung und der Gesetzesvollstreckung mit den Tongs bis auf die Knochen zusammen und sorgten für reibungslose Geschäfte. Einige kassierten sogar zehn Dollar für jedes verkaufte Mädchen.

Nicht nur wir machen uns unsichtbar, jeder in dieser Stadt tut es. Die Männer, die uns am Abend besuchen, werden zu Dämonen, ihre Schatten groß wie Höhlen. Tagsüber sind sie Kaufleute, Gelehrte, Geschäftsmänner. Allmählich wird mir klar, dass jeder Mensch zwei Gesichter hat: das Gesicht, das er der Welt zeigt, und das innere Gesicht, das alle Geheimnisse bewahrt.

Ich weiß noch nicht, welches meine Gesichter sind oder welches das äußere und welches das innere ist.

Wenn die Polizei vorbeischaut, was äußerst selten vorkommt, sehen sie nur eine beengte Wäscherei mit sechzehn Mädchen, die umherhetzen, das Haar zum Knoten gebunden, Schweiß auf den geröteten Gesichtern. Da Madam Lee das ganze Haus gehört, kann sie die Lüge leicht aufrechterhalten. Im Erdgeschoss befinden sich die Eingangshalle und das Wartezimmer. Sie dienen tagsüber als Tarnung für die Wäscherei. Drei Mädchen sind notwendig, um den Raum zu verwandeln: Sie rollen die opulenten Wandteppiche und Läufer weg, dann verstecken sie die Vasen und Jadesteine in Schränken. Anschließend packen sie Kleidung und Bettwäsche in den Raum. Und das i-Tüpfelchen: Sie schieben ein großes Regal vor die Treppe, die zu unseren Zimmern führt. Wenn jemand hereinkommt, sieht er nur ein düsteres, aber ordentliches Unternehmen, mit Notwendigkeit und Effizienz betrieben. Wir sind angehalten, das Ganze als überzeugende Schau zu inszenieren. Einmal nämlich kam ein Inspektor vorbei, sah sich den Laden an und bemerkte beim Weggehen, Wäsche werde ja nicht mehr oft von Hand erledigt. Vielleicht bringe er künftig seine Wäsche zu uns. Was er dann auch tat.

Madam Lee lehnt es ab, sich auf die Dampfmaschinen zu verlassen, in die Wäschereibetriebe zunehmend investieren; sie besteht darauf, dass die Wäsche von Hand gewaschen wird. Wir waschen und bügeln im Hinterzimmer, neben Kesseln mit kochendem Wasser. Die Bügeleisen sind schwer und müssen immer wieder über heißen Kohlen erhitzt werden, wenn die Temperatur nachlässt – aber sie dürfen auch nicht zu heiß sein, damit die Wäsche nicht versengt wird. Ich finde, Wäsche zu reinigen ist in vielerlei Hinsicht ermüdender und anstrengender als die Arbeit, die wir nachts verrichten. Vielleicht liegt das daran, dass ich nachts bisher noch nicht richtig eingesetzt wurde.

Du bist *sha*, sagt Swan zu mir, als ich ihr das erkläre. Sie ist die Älteste und hat keine Probleme damit, diesen Titel auszunutzen, indem sie uns wie dumme kleine Schwestern behandelt. Im Bordell darf keine von uns ihre Muttersprache benutzen, aber Swan flirtet gern mit dieser Regel und wechselt zwischen Chinesisch und Englisch, wenn Madam Lee nicht in der Nähe ist. Sie tut das, glaube ich, um zu beweisen, dass sie noch etwas hat, das ihr gehört. So denkst du jetzt, fährt sie fort. Wenn du erst mal Kunden hast, wirst du deine Meinung ändern.

In der Wäscherei tragen wir kein Make-up, wir sind sauber geschrubbt, unsere Stirn glänzt. Seht so schlicht aus wie möglich, schärft Madam Lee uns ein. Tagsüber sind wir noch Kinder. Viele Mädchen rasieren ihre Augenbrauen, damit sie die Bögen abends selbst zeichnen können. Einige haben gebundene Füße.

Swallow ist natürlich und frisch, und ohne Make-up hat sie drei Sommersprossen auf einer Wange. Pearl, das weinende Mädchen, mit dem ich ankam, sieht mit ihrer glänzenden Pfirsichnase jünger aus, als sie ist. Swan, die nachts so scharf und schneidend sein kann, sieht ohne das Reispulver auf ihrer Haut verquollen und glatt aus, als wäre sie gerade aus einem Nickerchen erwacht. Da sie gut Wäsche falten kann, arbeitet sie bei den Faltmädchen. Pearl arbeitet bei den Wäscherinnen. Swallow und ich bei den Mädchen, die bügeln. Die Bügelmädchen erkennt man an ihren roten Händen und Unterarmen. Immer wund, bis auf die Knochen zerschrammt. Abends schmirgeln wir die Schwielen ab und pudern uns die Finger weiß. Meine Hände sind inzwischen größer, können mehr tragen als früher. Sie haben sich verändert seit der Zeit, als ich meiner Mutter half oder im Garten arbeitete oder einen Kalligraphie-Pinsel hielt. Aber es sind noch gute Hände, rede ich mir ein. Es sind meine Hände.

Im Wäscheraum vergessen die Mädchen, was sie abends erwartet. Sie tratschen und reißen Witze, und wenn die Arbeit hart ist, stoßen sie theatralische Seufzer aus. Sie erinnern mich an ältere Schwestern, die ich nie haben werde. Und trotz des brühend heißen Waschwassers und des anstrengenden Bückens den ganzen Tag, könnte ich sagen, dass mir die Arbeit gefällt. Weil ich so die Mädchen kennenlerne.

Swan ist schon drei Jahre in Amerika, mit siebzehn wurde sie in Peking entführt. Vorher war ich in einer Theatertruppe, erzählt sie uns. Ich bin geboren, um berühmt zu sein. Und sie ist berühmt, zumindest im Bordell. Die Kunden mögen ihre scharfe Zunge. Sie gibt ihnen das Gefühl, sie seien ungezogene Jungs. Von allen Mädchen hier weiß Swan am meisten über das Treiben im Bordell – wer kommt, wer geht, wer bleibt. Sie spielt ihr Wissen gegen uns aus, als machte sie das zu was Besonderem, dabei haben wir sie alle schon im Schlaf schreien gehört. Sie hat Angst wie wir alle.

Iris, meine neue Nachbarin, ist eine Waise. Sie erinnert sich nicht, wie sie ins Bordell kam, nur dass sie eines Tages in Kaiping auf der Straße war, und am nächsten nahm eine Frau – Madam Lee? – ihre Hand und führte sie zu einem großen Gebäude, das nach Honig roch. Sie ist albern und schrill, klatscht gern, und ich glaube, ihr gefällt es tatsächlich hier. Vor Kurzem erzählte sie uns, wie ungefähr fünfzig Männer zweier rivalisierender Tongs in einer Seitengasse am Waverly Place um ein chinesisches Sklavenmädchen kämpften. Sie erzählte uns das, als wünschte sie sich, sie wäre dieses Sklavenmädchen.

Pearl ist die Jüngste, ebenfalls gekidnappt von einem Handlanger der Tongs. Sie vermisst ihre Geschwister in Guangzhou sehr. Manchmal höre ich sie weinen, wenn sie glaubt, wir anderen könnten sie nicht hören. Pearl möchte Tänzerin werden und ist überzeugt, dass sie es schafft. Ihr einziger Kunde verspricht ihr ständig, seine Beziehung zu einer Tanzkompanie werde sich auszahlen. Also wartet Pearl und nimmt ihn Woche für Woche mit auf ihr Zimmer.

Wir alle werden angeführt von einer Person, die wir für unseren Retter hielten, nur um herauszufinden, dass wir uns geirrt haben und dass dieser Irrtum uns teuer zu stehen kommt. Wenn ich die Geschichten höre, wird mir klar, dass dort draußen Hunderte von Jaspers warten, um kleine Mädchen für die Tongs zu fangen. Jede von uns war etwas Besonderes. Keine von uns war etwas Besonderes.

Swallow ist ein Rätsel. Knochenweiß und schweigsam – nicht ruhig, sondern schweigsam –, sie hat keine Geschichte und keine Zukunft, über die sie spricht. Von uns allen hat sie die meisten Kunden, und vielleicht ist ihr Schweigen der Grund dafür. Sie hat etwas an sich, was immer wieder neu geschrieben werden kann.

Während meiner ersten Tage im Bordell wollte ich sie kennenlernen. Sie war ein Wesen, aus dem ich nicht schlau wurde, ihr Gesicht wechselte zwischen Tag und Nacht – manchmal war sie nur ein Mädchen, dann wieder eine gertenschlanke Frau. Ob sie jünger oder älter war als ich, ob sie freiwillig oder gezwungenermaßen hier war, wusste ich nicht. Wenn ich den Finger ausstreckte und ihr Zeichen schreiben wollte, kam nur eine geschlossene Faust heraus.

Angeblich kam sie aus freien Stücken hierher, tuschelten

einige Mädchen. Marschierte einfach herein und fragte, ob sie die Madam des Bordells sprechen könne. Welches Mädchen würde das tun?

Die anderen behaupteten, Swallow sei selbstsüchtig, wolle alle Kunden für sich. Immer scharf auf mehr, keiften sie. Sie stelle sich stets in die Nähe von Madam Lee, nehme die schönsten Kleider und den schönsten Schmuck, um die am besten zahlenden Kunden anzuziehen.

Anfangs glaubte ich das auch, bis ich sah, wie sie sich für Pearl einsetzte. An unserem vierten Tag im Bordell wurde Pearl von einem Kunden ausgewählt, gebaut wie ein Schrank. Eigentlich hätte sie affektiert lächeln sollen, wie man es ihr beigebracht hatte. Stattdessen fiel sie zu Boden und jammerte. Er wäre ihr Erster gewesen, und er sah aus, als könnte er sie brechen. Ich merkte, wie die anderen Mädchen vor ihr zurückwichen, als würde auch ihre eigene Begehrenswürdigkeit Schaden nehmen, wenn sie Pearl zu nahe wären.

Nur Swallow war nach vorne getreten. Ich werde mich um Sie kümmern, sagte sie durch die Glasscheibe zu dem Mann. Solange Sie es nicht unserer Madam sagen.

Den Wärtern, die draußen vor dem Besichtigungsraum auf uns warteten, erzählte sie etwas Ähnliches.

Der Kunde war nicht allzu verärgert über den Tausch. Er kam herein und tat so, als hätte er ohnehin nur Swallow gewollt. Madam Lee erfuhr nichts davon, und Pearl schwieg weiter – mit rotem Gesicht, aber still.

Am nächsten Tag erschien Swallow nicht bei der Arbeit. Die anderen Mädchen wuschen, falteten und bügelten mit der Zunge zwischen den Zähnen. Es war ein reicher Kunde gewesen, das wussten sie aufgrund seiner glänzenden Schuhe. Egoistisches Miststück, schimpfte Jade, als sie Swallows leeren Arbeitsplatz sah. Liegt die ganze Nacht auf dem Rücken, schläft sich aus und wird fett. Ist dir klar, dass sie dir deinen Kunden geklaut hat, Pearly-Maus?

Ich beendete meine Arbeit früh. Doch ich kehrte nicht in unser Schlafquartier zurück, sondern ging weiter in den zweiten Stock zu Swallows Tür. Ich wollte sehen, ob Jade recht hatte, ob sie auf ihrem Bett lag, während wir anderen uns die Finger im heißen Wasser verbrannten. Ihre Tür war angelehnt. Ich ging langsamer, ließ die Zeit sich vor mir ausdehnen.

Sie lag nicht auf dem Bett, sondern saß an ihrem Schminktisch, vor ihr ausgebreitet diverse Puder, Stifte und Rouge, Vorbereitungen für die Abendarbeit. Ihr Spiegelbild sah sehr müde aus, dunkle Ringe unter den Augen.

Es war schwer, sie zu beobachten, und noch schwerer, wegzusehen. Während ich an der Tür kauerte und kurz davor war einzutreten, sah ich, warum sie das Lieblingsmädchen der Kunden war. Selbst mit einem müden, halb geschminkten Gesicht war sie umwerfend. Es lag nicht nur an ihrem kleinen Kinn oder den zarten Lippen, ihrer geschmeidigen Gestalt, ihrem hinreißenden Lächeln. Es lag an ihrer ganzen Wesensart – dieses sorgfältig gehütete Geheimnis, diese Undurchschaubarkeit, selbst wenn sie allein war. Jede Bewegung warf eine neue Frage auf, die nach einer Antwort verlangte. Ich sah ein Mädchen, das eine Frau war und sich selbst in- und auswendig kannte. Darin lag ihre Macht. Das war der Grund für ihr Schweigen – das gar kein Schweigen war, sondern die schlichte Zufriedenheit mit ihrem Leben.

Und die Kunden? Die Männer? Sie wollten diese Macht

zerstören. Deshalb wählten sie Swallow immer wieder aus. Konnte ich ihnen das verübeln? Sie hatte etwas in sich, das ein hungriges Dorf für immer ernähren konnte, wenn sie nur mit ihm teilen würde. Wenn Swallow dazu bewegt werden konnte, mit ihm zu teilen.

Sie stippte die Hand in den weißen Puder und offenbarte die andere Seite ihres Gesichts. Ich unterdrückte einen Aufschrei. Eine Seite ihres Gesichts war perfekt geschminkt, weiß und makellos, aber die nackte Seite war von braunen, violetten und blauen Flecken übersät.

Im selben Moment wusste ich Bescheid: Sie hatte Pearls Kunden nicht übernommen, weil sie nach seiner Gunst gierte. Sondern weil sie besser als jede von uns erkannte, was er war: ein Rohling und Säufer.

Danach war das Geheimnis um Swallow für mich kein Geheimnis mehr. Ich musste nur genau hinsehen. Die Mädchen sagten, sie stünde immer in der Nähe von Madam Lee, um die anderen zu verdrängen. Ich wusste es besser. Sie stellte sich in die Nähe von Madam Lee, weil sie dann uns andere vom Zorn der Madam abschirmen konnte, etwa wenn die Madam heißes Wasser auf ein Mädchen kippte, weil es zu leise sprach. Die Mädchen sagten, Swallow sei eitel und hungere ständig, damit ihr Gesicht hübscher aussah. Ich wusste es besser. Das Essen, das sie nicht zu sich nahm, wanderte in unsere Teller. Und wenn die Mädchen sagten, Swallow sei arrogant und aufgeblasen und würde uns alle hassen, wusste ich es am besten. Sich um andere zu sorgen hieß, dass man selbst weich wurde, und an einem Ort wie diesem durfte man nicht weich sein. Und so musste Swallow hart und unnahbar bleiben – für uns alle, besonders aber für sich.

Stille, ernste, sinnliche Swallow. Als ich ihre Beweggründe schließlich verstand, wusste ich auch, wie man ihren Namen schrieb: 燕 Ein dunkelroter Vogel mit einem Schnabel, der aussieht wie Zangen. Weit ausgebreitete Flügel. Ein aufgefächerter Schwanz. Manche würden sagen, das Zeichen sei nur eine Zeichnung eines Vogels, doch ich wusste, dass sich dahinter eine andere Wahrheit verbarg: Wenn man das Zeichen für Swallows Namen schrieb, durfte man das darunter schwelende Feuer nicht vergessen. Sie würde nie zulassen, dass man sie verbrannte. Stattdessen wäre sie das Feuer.

Ich nahm sie als die, die sie war, und dachte mir: So ein Mensch möchte ich sein.

*

Ich stehe am selben Bügeltisch wie Swallow, aber meine Gedanken sind nicht bei der Wäsche. Sie sind bei der Unterhaltung mit Madam Lee am Abend zuvor. Von den anderen Mädchen weiß ich zur Genüge, was passiert, wenn ein Mann mit einer Frau allein ist, den Schmerz, den sie aushalten muss, das Blut, das eine Spur hinterlässt. Ich habe noch nicht einmal jemanden geküsst.

Denkst du an heute Abend?

Ich blicke auf und sehe, dass Swallow mit mir gesprochen hat. Am liebsten würde ich jemandem, allen zurufen – Swallow hat gesprochen, Swallow hat gesprochen! Aber ich verkneife es mir. Dieser Moment sollte zwischen uns bleiben. Es ist wie ein Geschenk, das nur für mich bestimmt ist.

Woher weißt du das?, frage ich, voller Angst, dass sie davonfliegt, wenn ich zu viel oder das Falsche sage.

Ich hatte so eine Ahnung, als sie dich in ihr Büro rief, erwidert sie. Ich stelle mir vor, wie Swallow wach im Bett liegt, nachdem all die Männer ihr Zimmer verlassen haben und nur noch sie da ist, ihr Körper auf der Matte, noch lebendig und voller Erinnerungen. Wie kann ein Körper überleben? Swallow setzt das Bügeleisen auf ein Hemd. Dampf steigt zufrieden seufzend vom Tisch auf und vernebelt ihre Hände.

Ist das dein Erster?

Ich nicke. Ich hab das noch nie gemacht, gebe ich zu. Ich bereue es sofort. Meine Großmutter hat mir beigebracht, dass die Wahrheit über meine Vergangenheit, meine wahre Identität, das Einzige ist, womit ich mich schützen kann. Jede Einzelheit, die ich preisgebe, kratzt an diesem Schutz.

Sie hebt das Eisen hoch und stellt es neben dem Hemd ab. Ich beobachte, wie geschickt ihre Hände das Eisen schwingen, und bewundere die glatte Haut. Sie erinnern mich an die Hände meiner Mutter.

Hast du Angst?, fragt sie und sieht mich an. Die blauen Flecken auf ihrem Gesicht verheilen allmählich und sind inzwischen rosa. Im Tageslicht könnte sie fast schön sein.

Ja, antworte ich. Ich weiß nicht, was ich machen muss.

Sie nimmt das Hemd vom Tisch und untersucht es nach Falten. Für mich sieht es perfekt aus, ein reinweißer Stoff. Dann reicht sie es an den nächsten Tisch weiter, wo einige Mädchen am Falten sind und unsere Unterhaltung mit ihrem Tratsch übertönen.

Gib mir das nächste Hemd, sagt sie nickend. Ich greife mir eines vom Haufen und breite es auf dem Tisch aus.

Du musst nur machen, was sie von dir wollen, sagt sie und streicht das Hemd glatt. Eigentlich ist es ganz einfach.

Aber ich weiß nicht, was das heißt.

Es ist wie Theater spielen, sagt sie. Es ist nicht echt. Für sie ist es echt, aber für dich ist es nichts. So musst du das Ganze sehen. Als nichts. Das bist nicht du, du bist das nicht. Und abgesehen davon bist du immer noch du selbst.

Das versteh ich nicht.

Wenn sie es machen, fährt Swallow fort, hebt die Hände und legt eine über die andere, wird es wehtun, besonders beim ersten Mal. Du wirst das Gefühl haben, da unten zu explodieren, du wirst keuchen und schreien wollen. Aber tu's nicht. Manchmal macht es sie wütend, und manchmal wollen sie dann noch mehr. Du musst vergessen, dass es wehtut. Du musst dich an einen anderen Ort flüchten. Weißt du, wohin du gehen könntest?

Ja, antworte ich und denke an den Hof von Meister Wangs Schule, an den Garten meiner Großmutter, an die warme Umarmung meiner Mutter und den hin und her flitzenden Webstuhl.

Gut, sagt sie und nimmt das Eisen wieder zur Hand. Dann geh dorthin und warte. Dein Körper wird wissen, was er zu tun hat. Aber auf deinen Verstand kommt es an. Du hast noch nicht geblutet, oder?

Ich schüttle den Kopf. Gut, sagt sie. Zumindest eine Sorge weniger.

An welchen Ort begibst du dich?, frage ich. Vielleicht gehe ich zu weit, aber ich will nicht aufhören.

Sie stellt das Eisen beiseite und fährt mit den Fingern über das frisch gebügelte Hemd, streicht die Falten glatt. Ich gehe schlafen, sagt sie und sieht mir in die Augen.

*

Eine Stunde bleibt uns zwischen der Wäscherei und dem Bordell. In dieser Zeit schrubbt jedes Mädchen den Kochdampfgeruch des Tages von seinem Körper. Jedes Mädchen, das Glück hat und nicht als zu dick gilt, bekommt eine Schale Reis. Jedes Mädchen trägt die auf dem Bett für es bereitgelegten Sachen – manchmal eine Seidenbluse mit Hose, manchmal ein Satinkleid. Was immer Madam Lee als passend für den Kunden befindet, der an diesem Tag kommt. Und jedes Mädchen sitzt vor seinem Spiegel und holt die Schminksachen heraus, die man ihm gegeben hat – Töpfchen mit Rouge für Wangen und Lippen, Reispuder fürs Gesicht, schwarze Farbe für Brauen und Augen. Einige Mädchen legen Rouge auf die Oberlippe und setzen einen kirschroten Punkt in die Mitte der Unterlippe. Die weißen Männer mögen das, sagen sie, weil wir so noch chinesischer aussehen.

Die älteren Mädchen frisieren sich selbst. Jüngere, unerfahrene wie ich warten, bis wir an der Reihe sind, während die Friseuse ihre Runde dreht. Manchmal, wenn sie mir mit den Händen durchs Haar fährt, schließe ich die Augen und stelle mir die Hände von jemandem vor, der mich sehr liebt und mir die Kopfhaut weich massiert.

Heute Abend muss ich eine pfirsichfarbene langärmelige Bluse mit weißen Knöpfen und einem gefütterten Kragen tragen, dazu einen passenden Rock. Ich hasse die Kleider, die Madam Lee uns tragen lässt; sie entsprechen ihrem Geschmack und werden von einer alten Frau ein Stück weiter in der Straße genäht. In China würde man über unsere Kleidung lachen und sie als kitschige Imitationen erkennen. Hier sind die weißen Männer verrückt danach.

Als ich geschminkt und angezogen in den Spiegel blicke, sehe ich ein Mädchen mit schwarz umrandeten Augen und weinroten Lidern, die Brauen ein Baldachin über den Augen. Sein Gesicht ist weiß wie Porzellan, die Lippen glänzen blutrot. Nachdem ich zwei Jahre so getan habe, als wäre ich Feng, ein aus dem Wind geborener Junge, schockiert mich mein Anblick. Als ich mich bewege, frage ich mich, ob wirklich ich es bin, die sich da bewegt.

Meine Großmutter sagte mir mal, als ich mich über meinen Namen beklagte, dass Lin Daiyu von allen als Schönheit bewundert wurde. Vermutlich hängt das mit ihrer makabren Geschichte zusammen. Hätte man sie auch für schön gehalten, wenn sie nicht für den Mann gestorben wäre, den sie liebte?

Langsam begreife ich, dass tragische Dinge als schön gelten. Vielleicht malen wir uns deswegen Abend für Abend lange Bögen auf die Brauen, die unsere Augen traurig aussehen lassen.

Ich schreibe das Zeichen für Mann 男 in meine Hand. Mann: ein Feld und ein Pflug, der Pflug ein Symbol der Macht.

Früher dachte ich, Liebe sei ganz einfach – eine Umarmung, ein zärtlicher Kuss auf die Stirn. Ich ahnte nicht, dass es etwas geben könnte, das *keine* Liebe war, etwas wie das hier. Eine Missachtung des Körpers, ein purpurroter Schwall. Wer immer der Mann ist, der in mich eindringt, wird auch derjenige sein, der mir alles nimmt. Ich könnte jetzt den Verlust meiner Mädchenzeit betrauern, doch das lasse ich nicht zu.

Den Verlust zu betrauern hieße, demjenigen Macht zu geben, der sie mir nimmt.

Mann: ohne Macht nichts weiter als ein Stück Ackerland.

Mich zu entscheiden zwischen dem heutigen Abend und der Krippe, ist keine Wahl. Ich sollte daran glauben, dass es irgendwann einen Ausweg gibt. Lin Daiyu fand ihren: Sie ließ sich sterben. Und ich? Ich bin noch nicht bereit dazu.

Heute Abend bin ich nicht Daiyu. Heute Abend darf man mich Peony nennen.

*

Als ich unten in den Hauptraum trete, warten die anderen Mädchen schon. Wir alle sind verwandelt, als stünde ein ganzer Mensch für den Unterschied zwischen Tag und Nacht. Pearl wirkt klein in ihrem Seidenkleid mit der aufgestickten Blume an der Brust. Iris wippt auf den Füßen, an ihren Handgelenken klimpern Armreife. Swan ist am stärksten von uns allen geschminkt, der Punkt auf ihrer Unterlippe bewegt sich, wenn sie sich mit der Zunge über die Zähne fährt. Swallow blickt zur Seite. Wir sprechen nicht über Jade, die fehlt, auch wenn keine von uns den Platz einnimmt, an dem sie gewöhnlich steht.

Zaghaft lächle ich Pearl zu. Sie sieht mich an, ihre runden Augen füllen sich schon jetzt mit Tränen. Sie fragt sich, ob ihr Kunde heute Abend kommen und sie vor Madam Lees Zorn retten wird. Irgendwann, schätze ich, wird sie tapfer sein müssen.

Madam Lee tritt ein. Jeden Abend spricht sie mit uns, bevor das Bordell öffnet, und erinnert uns daran, weshalb wir eigentlich hier sind. Währenddessen inspiziert sie uns und vergewissert sich, dass unsere Handgelenke so weiß sind wie unsere Gesichter, wir an den entscheidenden Stellen nicht zu viel Gewicht zugelegt haben und dass wir frisch aussehen, eine Augenweide, köstlich. Sie sei stolz auf uns, sagt sie oft.

Einigen von euch ist vielleicht aufgefallen, setzt sie an, dass heute Abend jemand fehlt. Ich möchte, dass ihr zu dem Platz seht, an dem Jade gewöhnlich steht. Jade wurde gestern Abend weggeschickt, weil sie mich bestohlen hat.

Einige Mädchen verlagern ihr Gewicht auf das andere Bein. Eine hustet in ihre Hand.

Madam Lee bemerkt es nicht, jedenfalls tut sie so. Jade hat hier geschlafen, sie hat hier gegessen, sie hat meine Reserven benutzt, aber sie hat mir kein Geld eingebracht. Fast drei Wochen lang kam sie mit leeren Händen zurück. Stellt euch das vor. Stellt euch vor, ihr gebt jemandem alles und bekommt dafür nichts zurück. Das unterscheidet sich nicht vom Stehlen.

Keine von uns sagt ein Wort. Madam Lee hat immer recht.

Wie ihr wisst, fährt Madam Lee fort, passiert das nicht zum ersten Mal. Schon viele Mädchen haben mich bestohlen, und sie haben die Strafe erhalten, die sie verdienten: Ich bin sie losgeworden. Ich erzähle euch von Jade, weil sie länger als ihr alle hier war und trotzdem die Folgen ihres Verhaltens tragen musste. Ich will nicht, dass ihr selbstgefällig werdet und glaubt, ihr seid hier sicher, nur weil ihr länger als die anderen hier seid. Ich erwarte von euch, dass ihr hart arbeitet und mir das Geld bringt, das ihr mir schuldet, weil ihr hier lebt und von meiner Freundlichkeit profitiert.

Sie holt tief Luft.

Wir betrachten unsere Füße und den Teppich mit den ineinander verschlungenen roten und bronzefarbenen Ranken. Auf meinem Bein schreibe ich das Zeichen für Jade 玉, ein Kaiser mit einem schiefen Strich in einer Ecke. Es sieht aus wie drei aneinandergereihte Jadesteine. Der Stein, der in meinem echten Namen lebt.

Habt ihr verstanden?, fragt Madam Lee. Jede von uns spürt ihren Blick auf sich. Wir nicken einmütig.

Gut, sagt sie. Und jetzt geht und seid lieb zu euren Gästen.

Bevor wir in den Raum mit dem Fenster treten, stellen wir uns in der offiziellen Reihenfolge auf – die jüngsten Mädchen vorne, die erfahreneren in der Mitte, die größten hinten. Als ich mich vorne in die Reihe stellen will, hält Madam Lee mich auf. Peony, ruft sie.

Die Mädchen sehen mich schaudernd an, während sie in den Raum marschieren. Selbst Swallow, die das schon hundertmal erlebt hat, wirft mir einen Blick zu, bevor sie verschwindet. Als alle gegangen und nur wir beide übrig sind, kommt Madam Lee mit ihren von Ringen eingeschnürten Fingern auf mich zu.

Ich habe ein interessantes Angebot für dich, sagt sie. Setz dich.

Ich gehorche und achte darauf, dass mein Rock nicht zerknittert. Madam Lee bleibt stehen und mustert mich von oben bis unten.

Heute Abend kommt ein besonderer Kunde, sagt sie. Es ist der Sohn eines Mannes, der sich gegenüber der Hip Yee Tong als sehr großzügig erwiesen hat. Die Tong hat angeordnet, dass ich ihm zum Zeichen ihrer Dankbarkeit ein Mädchen umsonst gebe.

Dieser Kunde, fährt sie fort, hat etwas sehr Spezielles verlangt, etwas, was nur du vorweisen kannst. Bist du nicht neugierig, was das ist?

Swans Stimme dringt an mein Ohr. Einmal wollte ein Kunde, dass ich mich auf seine Brust setze und mein Frühstück ausspucke. Ist das zu fassen? Als ich es tat, hat er vor Vergnügen laut geweint!

Inzwischen weiß jeder, dass ich die besten Mädchen habe, sagt Madam Lee in mein Schweigen, ihre Hand auf meinem Oberschenkel. Aber unser neuer Kunde ist sehr besonders. Er will nur ein Mädchen, das bisher noch nicht mit einem weißen Mann zusammen war.

Sie drückt fester zu, ihre Ringe bohren sich in mein Fleisch.

Verstehst du, warum du perfekt bist?, sagt Madam Lee. Alle meine Mädchen haben mit vielen, vielen Männern geschlafen. Nur du nicht, Peony. Du bist noch unschuldig. Heute Abend wirst du das perfekte Geschenk für unseren besonderen Kunden sein.

Sie nimmt ihre Hand von meinem Oberschenkel, streichelt meine Wange, dann reibt sie die Finger aneinander, rollt das Reispuder zwischen ihnen. Du solltest dich glücklich schätzen, sagt sie. Die Tong wird sehr zufrieden sein.

Ich tue, was sie von mir erwartet, und nicke lächelnd, die Ellbogen fest an meinen Körper gepresst. Ich werde ihn gut behandeln, sage ich und überlege, wo Jade jetzt sein mag. Ich werde nicht zulassen, dass ich so ende wie sie.

Braves Mädchen, sagt Madam Lee und streckt die Hand aus, um meine Wange erneut zu streicheln. Ich presse die Hände zusammen, bis meine Fingernägel fast das Fleisch durchbohren, um mich nicht angewidert abzuwenden. Unser

Kunde ist schon unterwegs, sagt sie. Du wirst ihm den ganzen Abend gehören.

Bevor sie geht, wendet sie sich ein letztes Mal an mich. Ich bemühe mich, stark und mutig zu erscheinen, wie ich es bei Swallow gesehen habe. Und, Peony, sagt sie und lässt meinen Namen aus ihrem Mund tropfen, du wirst tun, was er verlangt.

Mit diesen Worten lässt sie mich wartend zurück. Ich stelle mir den Mann vor, der eine solche Forderung stellt. Wird er sanft zu mir sein oder nicht? Wird er mich schlagen wie der Mann, der Swallow geschlagen hat? Ich denke an die Flecken, die ihre eine Gesichtshälfte wie schmutziges Wasser aussehen ließen, und frage mich, wie sie sich auf meinem Gesicht machen würden.

Die Lampen sind rotschwarz verdunkelt, damit alles geheimnisvoll aussieht. Das tun sie, um die Unebenheiten in unseren Gesichtern zu verbergen, sagte Swan. In der Dunkelheit sehen selbst angeschlagene Äpfel gut aus.

Jeder Wagen, der draußen vorbeifährt, jedes Lachen und jeder Schrei lassen mich erstarren. Wie soll ich das durchstehen?, frage ich mich. Ob man dabei sterben kann? Als der Kunde schließlich eintritt, weiß ich nicht, ob ich die Kraft habe, vom Sofa aufzustehen.

Ein Flackern auf dem schweren Holzsessel mir gegenüber. Mein Blick schnellt hinüber, jeder Nerv geschärft für Veränderungen in der Atmosphäre. Ich versuche mir jedes Detail in diesem Raum einzuprägen, jede Einzelheit über mich, bevor sich alles verändert. Morgen wird dieser Raum nicht mehr derselbe sein. Ich werde nicht dieselbe sein.

Das Flackern wird stärker und dehnt sich über dem Sessel

aus. Dann ist es kein Flackern mehr, sondern eine Gestalt und eine Farbe. Ein Weiß, das immer weißer wird. Vielleicht Rauch von den brennenden Räucherstäbchen oder Schatten, die auf der Straße vorbeigehen. Es könnte ein Mädchen aus einer Geschichte sein, ein Mädchen, das man jetzt eine Frau nennen könnte. Ich schließe die Augen und versuche mich zu beruhigen. Als ich sie öffne, sehe ich Lin Daiyu vor mir.

Hallo, sagt sie. Ihre Stimme klingt irgendwie heiser, als hätte sie geweint oder länger nicht gesprochen.

Meine Schultern sinken zurück ins Sofa. Ich hatte mir eingeredet, die Reise über den Ozean hätte uns endlich getrennt, doch da ist sie, ihr Gesicht weiß wie eine Schwanenbrust, ihr silbrig-schwarzes Haar unerklärlicherweise nass. Sie sieht nicht aus wie die Lin Daiyu aus der Geschichte, sondern wie die Lin Daiyu, die mir im Traum erschienen ist: blaue Augen, eine längere Nase, diese rötlichen Lippen. Ihre Satinjacke und ihr Rock schimmern hell im Halbdunkel des Raums. Als Schal trägt sie ein Fischernetz.

Bist du geschwommen?, frage ich dümmlich. Dann erinnere ich mich, wo ich bin und was gleich passiert, stehe auf und winke ihr zu. Du solltest gehen, sage ich und wünsche mir alles andere, nur nicht das. Wenn sie hier ist, bin ich nicht so allein. Wir haben beide einen Ozean überquert, nur um hier zu stranden.

Sei doch nicht so dramatisch, sagt sie. Ich bin nur hier, weil du mich um Hilfe gebeten hast, ob es dir passt oder nicht.

Mein Blick schweift zur Uhr an der Wand. Fast neun. Der Kunde wird gleich eintreten. Aber Lin Daiyu darf nicht hier sein, wenn er kommt. Noch weiß ich nicht, ob sie nur für mich existiert oder ob auch andere sie sehen würden. Wo könnte sie sich verstecken?

Als wüsste sie die Antwort, verlässt Lin Daiyu den Sessel und kommt auf mich zu. Ein jüngeres Ich, vielleicht das Ich, das vor all dem hier existierte, will weglaufen. Aber irgendetwas – vielleicht sie? – hält mich zurück.

Jetzt steht sie vor mir, die blauen Augen halb geschlossen. Wenn man sich an dich erinnert, weil du das Gesicht der Tragödie bist, musst du dein Gesicht vermutlich immer auf den Mittelpunkt der Erde richten, denke ich. Dann legt sie ihre feuchten Hände auf mein Gesicht und öffnet meinen Mund. Wir starren uns an, sie die Geschichte, die aussieht wie ich, ich das Mädchen mit einem leeren Körper. Es gab eine Zeit, als ich sie hasste, dann eine andere, als ich schreckliche Angst vor ihr hatte, dann noch eine andere, in der ich so außer mir war vor Freude, dass ich in sie hätte verliebt sein können. Jetzt weiß ich nicht, was ich empfinde. Doch Lin Daiyu lässt mir keine Zeit, es herauszufinden. Sie klettert in meinen Mund, bevor ich etwas dagegen tun kann, und verschwindet.

Madam Lee stürmt aus ihrem Büro, mit hochroten Wangen. Er ist da, ruft sie. Sie schwebt zur Bordelltür, eine Hand auf der Nadel in ihrem Haar, die andere bedeutet mir aufzustehen. Bist du bereit?

Ich stehe auf und spüre, wie Lin Daiyu sich in mir ausbreitet. Was meinst du?, fragt sie an meinen Hals geschmiegt. Sind wir bereit?

4

DER MANN IST KEIN Mann, sondern ein Junge.

Ich erkenne es an seiner Haltung. Als wäre sein Körper schneller gewachsen als der Rest, und er fühlte sich darin nicht sehr wohl. Sein pflaumenfarbener Changshan hängt über den Schultern wie ein Laken über Draht. Mit trotzigem und zugleich ängstlichem Blick steht er da und wartet, dass jemand an ihm zweifelt.

Ihn hier zu sehen trifft mich wie ein Schock. Seine Augen haben die Form von winzigen Fischen, sein bräunlich schwarzes Haar erinnert mich an Holunderpilze. Sein Anblick weckt die Sehnsucht nach meiner Familie, meinem Zuhause. Er dürfte nicht viel älter sein als ich.

Der Junge ist nicht allein. Zwei Männer flankieren ihn, die Gesichter weiß und identisch. Ich denke an das Zeichen für Zwillinge 雙, an die beiden Vögel, die oben sitzen. Vögel folgen einander und ahmen sich im Flug nach, und genauso bewegen sich auch diese beiden Männer, zwei Paar links über rechts verschränkte Arme, zwei Brustkörbe, die sich mit dem gleichen heißen Atem heben und senken. Der Junge sieht aus, als wünschte er, so weit wie möglich von den beiden entfernt zu sein.

Willkommen, sagt Madam Lee und verneigt sich.

Die beiden weißen Männer erwidern ihren Gruß nicht. Ist sie das?, fragt einer. Die Lin Daiyu in mir neigt meinen Kopf nach unten, senkt blinzelnd meine Augen.

Das ist Peony, sagt Madam Lee, ihre Stimme schwer wie der Sommer. Ein Geschenk der Hip Yee Tong. Sie wird es perfekt machen.

Hast du das gehört?, sagt der andere Mann zu dem Jungen. Du kannst mit ihr machen, was du willst, Muel. Kann sie mal herkommen? Pie-oh-nie, komm her.

Madam Lee dreht sich zu mir und nickt. Ich schlurfe in die Richtung ihrer Stimmen, meine Stoffschuhe lautlos auf den dicken Teppichen.

Sie kommt auf Befehl, sagt der Erste vergnügt. Kannst du eine Drehung? Dreh dich mal für uns, schönes Mädchen.

Ich stelle mir Swallow vor, wie sie mit ihren Hüften kreist und ihr Rücken sich in eine in der Luft tanzende Schlange verwandelt. Ich bewege mich nach rechts, drehe mich, strecke die Hüften vor.

Das ist gut, sagen sie. Ja, das ist gut.

Als ich wieder vor ihnen stehe, blicke ich auf und suche die Augen meines Kunden. Er hat ein weichliches Gesicht, sein Kinn verschwindet im Hals. Auf seiner Oberlippe zähle ich drei Barthaare, die in unterschiedliche Richtungen sprießen. Er sieht mich nicht an, sondern starrt mit zitternden Lippen auf den Raum neben mir. Er hat, merke ich, genauso große Angst wie ich.

Morgen früh kommen wir zurück, Muel, sagt einer der weißen Männer und schiebt den Jungen vorwärts. Er stolpert und fällt auf mich. Ich fange ihn reflexartig auf.

Die beiden Männer lachen. Wie es aussieht, wird sie sich heute Nacht gut um dich kümmern.

Ich nehme den Jungen an die Hand – weich wie ein Bauch – und führe ihn zur Treppe.

*

Er sitzt auf meinem Bett. Ich stehe an der Tür. Im Zimmer nebenan hat Iris bereits angefangen, ihren ersten Kunden zu unterhalten. Ihr Kichern perlt durch die Wand. Der Junge und ich sehen uns nicht an.

Wieder atmet Lin Daiyu in mir. Ich sehe zu, wie meine Füße sich vorwärtsbewegen, hin zu ihm, der auf dem Bett sitzt. Lin Daiyu bläst auf meinen Hals. Ich hebe die Hand, lege sie auf seine Schulter.

Er zuckt zusammen. Was – was machst du da?, fragt er.

Ist es nicht das, was Sie möchten? Sage ich. Mein Herr, fügt Lin Daiyu hinzu.

Er drückt die Brust heraus und richtet sich auf. Versucht hart auszusehen. Woher soll ich wissen, dass du bist, was ich will?, gibt er zurück. Ich will ein Mädchen, das noch nie mit einem Weißen geschlafen hat. Ich weiß, was ihr Huren macht, wie ihr euch von ihnen schänden lasst. Ich will kein Mädchen, das sich so hat beschmutzen lassen.

Ich bin nicht beschmutzt, versichere ich ihm. Ich war noch nie mit einem Mann zusammen.

Er starrt mich an, und der harte Mann in ihm löst sich auf. Der kleine Junge spitzt wieder durch. Ich bin dein Erster?

Ja, erwidere ich. Etwas schrumpft in mir. Sie müssen mir viel beibringen, sage ich zu ihm.

Er wird zu einem Häufchen. Ich war auch noch nie mit einer Frau zusammen, sagt er.

Wir sehen uns, beide neugierig, an und überlegen, was der andere tun wird. Wenn ich weiter mit ihm rede, kann ich den Akt wahrscheinlich hinauszögern, ihn mit meinen Worten vor mir herschieben.

Warum sind Sie hier?, frage ich. Wer waren die Männer, die bei Ihnen waren?

Auch er scheint sich über die Verzögerung zu freuen. Das sind meine Brüder. Meine Halbbrüder.

Sind Ihre Eltern Chinesen?

Meine Mutter, antwortet er. Mein Vater ist weiß.

Wie kommt das?, frage ich und suche nach weißen Spuren an ihm. Unten hatte ich nur gesehen, was mir vertraut war – dunkles Haar, breite Wangenknochen, in seinen Augen die Farbe der Heimat. Jetzt entdecke ich allmählich, was ihn fremd wirken lässt – der hohe Nasenrücken, die vorstehende Stirn. Er könnte eine Mischung aus zwei Gesichtern sein.

Mein Vater hat meine Mutter in China kennengelernt, sagt er. Ich merke, dass ihm die Geschichte wichtig ist, ihn aber auch schmerzt. Zumindest lenkt sie ihn von der gegenwärtigen Situation ab. Er nahm mich mit nach Amerika, als ich noch ein Kind war. Ich habe auch eine kleine Schwester, aber sie ist noch in China. Er hat sie beide zurückgelassen.

Aber wer sind Ihre Halbbrüder?

Der Junge verzerrt das Gesicht, seine Mundwinkel verdunkeln sich. Mein Vater hatte schon eine Familie hier. Sie war nicht begeistert, als er einen kleinen Halbchinesen mitbrachte. Jetzt behaupten sie, ich sei kein Mann. Sie sagen, meine männlichen Teile seien mangelhaft und verdorben.

Ich blicke unwillkürlich an ihm hinunter.

Tut mir leid, sagt er. Er hat Tränen in den Augen. Ich rede zu viel. Wie immer.

Bist du deshalb hier?, frage ich. Um ihnen das Gegenteil zu beweisen?

Er wendet sich ab und wischt sich mit einem Ärmel über die Augen. Ja, antwortet er. Sie behaupten, ich werde erst ein Mann, wenn ich mit einem Mädchen schlafe.

Er tut mir leid. Auch ich habe gelitten, aber zumindest weiß ich, dass ich früher geliebt wurde.

Der Junge sieht mich jetzt wieder an, die Augen trocken und rot. Was kümmert dich das?, sagt er mit knurrender Stimme. Zieh dich aus!

Das Knurren ist erzwungen, unecht. Ich habe keine Angst vor ihm.

Aber ich gehorche seiner Aufforderung. Ich knöpfe mein Hemd auf, ziehe es ruhig aus, dann den Rock. Er schließt die Augen, kann nicht hinschauen. Seit meiner Ankunft im Bordell gab mir Madam Lee vier Mahlzeiten am Tag, zum Frühstück bekam ich extra viel Haferbrei und zum Abendessen zwei Portionen Fleisch. Du musst da und da ein bisschen zulegen, sagte sie oft und kniff mich in die entsprechenden Stellen. Kein Mann will neben einem kleinen Jungen liegen. Im Lauf der Zeit wurden meine Beine kräftiger, meine Arme dicker. Auch meine Brüste wuchsen und schwollen zu kleinen Hügeln an, die hilflos und neu auf meiner Brust saßen.

Als ich nackt vor ihm stehe, starrt er nur auf meine Füße. Nebenan hören wir Iris stöhnen.

Der Junge steht da und zeigt auf das Bett. Seine Miene

ist jetzt stählern, die Tränen auf seinen Wangen deutlich zu sehen.

An welchen Ort soll ich mich flüchten?, überlege ich und denke an Swallows Worte. Ich lege mich aufs Bett. Wo könnte es schön sein?

Der Junge klettert auf mich, seine Beine zwängen meine auseinander, die Arme mauern mich ein. Sein Mund riecht nach Birnen. Ich zwinge mich, einen Ort zu finden, an den ich flüchten kann.

Sein Gesicht stürzt herunter, die Nase knallt auf meine. Seine Wangenknochen schürfen über mein Gesicht. Wahrscheinlich ein Kuss. Seine Hände sind überall auf mir, aber sie sind unwillig. Unter seinen Händen fühle ich mich kochend heiß an.

Verdammt, schimpft er, und dann wandern seine Hände zu seiner Hose. Ich will nicht hinsehen. Stattdessen höre ich zu. Das Geräusch von Knopf durch Loch, dann das Abstreifen der Hose.

Ich erinnere mich an die Umarmung meiner Eltern, als ich kleiner war, wie meine Mutter sich an meinen Vater schmiegte, er ihren Kopf hob, sie auf die Stirn küsste und dann auf die Lippen. Die beiden boten einen schönen Anblick, wenn ihre Körper aneinanderlehnten und sich suchten, um sich hinzugeben, so wie Bäume langsam in die Richtung ihrer Wasserquelle wachsen. Das, dachte ich immer, ist echte Liebe.

Als die Beine des Jungen jetzt an meinen kleben, weiß ich, dass ich vor all den Jahren etwas anderes sah.

Wohin kann ich mich retten? Nicht in den Moment von damals, als ich die Umarmung meiner Eltern sah. Diese Erinnerung ist mir heilig. Nichts, in dem meine Großmutter eine Rolle spielt. Wieder kommt das Gesicht des Jungen näher, nunmehr keuchend, und noch immer fällt mir nichts ein. Denk nach, denk nach. Ich will nicht hier sein, wenn es passiert. Mir bleibt nichts anderes übrig, als die Augen fest zu schließen und zu hoffen, dass es genügt, um mich verschwinden zu lassen.

Genau darauf hat sie gewartet. Die Lin Daiyu in mir rührt sich wieder, ich spüre, wie sie meinen Körper hinuntergleitet und ihre Gliedmaßen anschwellen. Ich will es versuchen, sagt sie.

Und ich denke, ich lass dich gern noch eine Weile hierbleiben.

Etwas brennt an meiner Wange. Ich öffne die Augen. Das Gesicht des Jungen schwebt mit großen Augen über mir. Noch ein Tropfen auf meiner Stirn. Er weint.

Ich kann das nicht, sagt er und gleitet von mir, begleitet vom Ächzen des Betts. Ich kann das nicht. Ich bin kein richtiger Mann, sie haben recht.

Ich setze mich ebenfalls auf. Das stimmt nicht, sage ich zu ihm. Die Lin Daiyu in mir grinst hämisch, zieht sich aber zurück.

Wenn ich das nicht kann, werde ich nie ein Mann, sagt er und dreht sich weg.

Du musst nichts tun, beruhige ich ihn. Sag ihnen einfach, du hast es getan. Wenn sie fragen, bestätige ich es.

Er sieht mich an. Wie alt bist du, kleine Schwester?

Vierzehn, antworte ich wahrheitsgemäß.

Genau wie meine Schwester, sagt er. Hin und wieder bekomme ich ihre Briefe, in denen sie fragt, wann ich nach

Hause komme oder wann sie mich besuchen darf. Aber wahrscheinlich ist es besser, wenn sie nicht kommt, oder? Sonst landet sie an einem Ort wie diesem.

Er lacht und senkt schnell den Blick. Tut mir leid, sagt er. Du kannst dich wieder anziehen.

Du musst dich nicht entschuldigen, sage ich, stehe auf, schlüpfe in meinen Rock und knöpfe mein Hemd bis zum Hals zu. Ich denke an Jasper, daran, dass ich bei seiner Berührung hätte zurückschrecken und mich stattdessen von den Fischhändlern hätte packen lassen sollen.

Vielleicht wäre deine Schwester schlauer als ich, sage ich bei dieser Erinnerung.

*

Am nächsten Tag ist Madam Lee zufrieden mit mir. Beim Frühstück zeigt sie dem Rest der Mädchen stolz mein fleckiges Laken. Ich bete, dass niemandem auffällt, dass die Farbe meines verlorenen Blutes dieselbe ist wie das Rouge, das ich für meine Lippen verwende.

Er sagt, du hast alle seine Hoffnungen erfüllt, schnurrt sie. Ich wusste, du würdest mich nicht im Stich lassen. Peony, mein ganzer Stolz. Die Tong wird bestimmt sehr zufrieden sein.

Ja, Madam, sage ich und denke an die Tränen des Jungen auf meinem Gesicht, seine biegsamen Schenkel, seine kleine Schwester. Danke, Madam.

An diesem Tag beneiden mich die Mädchen. Als ich während der Wäscheschicht aufblicke, sind ihre Blicke auf mich gerichtet, und ihre Münder fluchen hinter rosa-weißen Händen. Ich senke den Blick und tue so, als würde ich mich auf das Hemd konzentrieren, das ich gerade bügele.

Wie ist es dir ergangen?, fragt Swallow.

Es war leichter, als ich dachte, erwidere ich.

Swallow lacht über meine schlichte Antwort und versucht es dann zu verbergen. Einige Mädchen blicken auf und werfen uns hasserfüllte Blicke zu. Unter ihnen auch Swan.

Madam Lee hat mich ihren ganzen Stolz genannt. Wie kam das bei den Mädchen an, die schon die ganze Zeit Kunden bedienen müssen? Ich lächle Swan entschuldigend zu, aber sie schaut weg und tut so, als hätte sie es nicht gesehen.

Es fühlt sich gut an, dass ich Swallow zum Lachen bringen konnte. Es fühlt sich gut an, dass wir eine kleine Gemeinsamkeit teilen. Zum ersten Mal fühlt es sich so an, als hätte ich hier vielleicht eine Freundin.

Am Abend hält Madam Lee mich wieder zurück, als die Mädchen sich nacheinander aufstellen. Der Kunde von gestern Abend kommt wieder, sagt sie, diesmal mit einem verkniffeneren Lächeln. Die Tong möchte, dass ich dich ihm wieder umsonst gebe.

Ich wünschte, sie würde das nicht vor den anderen Mädchen sagen. Eine pfeift durch die Zähne. Swallow hebt die Hand, um sie zum Schweigen zu bringen.

Als der Junge kommt, wird er wieder von seinen beiden Halbbrüdern flankiert. Es war so gut, sagen sie zu Madam Lee. Unser Junge will es noch mal machen!

Wenn ich es mir recht überlege, sagt einer und grinst mich anzüglich an, will ich es vielleicht auch mit ihr probieren. Wenn sie so gut ist, wie Muel sagt.

Wenn Sie mich nehmen, sage ich, ohne ihn anzusehen, mit wem soll dann Ihr Bruder gehen? Er will kein Mädchen, das mit einem Weißen zusammen war, haben Sie das vergessen?

Der Halbbruder tritt wütend vor und packt mich am Arm, bohrt mir seine Finger in die Knochen.

Was hast du da gesagt, chinesische Hure?

Ein Klatschen, dann ein Aufschrei. Einer unserer Wärter hat ihm ins Gesicht geschlagen. Der Halbbruder liegt auf dem Boden und hält sich die Wange.

Entschuldigen Sie, mein Herr, sagt Madam Lee, aber es tut ihr kein bisschen leid. Nur zahlende Kunden dürfen die Ware anfassen.

Der Halbbruder spuckt auf den Boden. Der andere hilft ihm auf. Fluchend schubsen sie den Jungen zu mir.

Du kriegst noch, was du verdienst, sagen sie zu mir. Glaub ja nicht, dass wir vergessen.

*

Ich habe ihnen erzählt, dass ich's getan habe, sagt der Junge, als wir in meinem Zimmer sind. Und sie meinten, wenn es so gut war, wie ich behaupte, soll ich es noch mal tun. Jetzt bin ich hier. Aber eigentlich will ich nur mit dir reden.

Er heißt Samuel, daher sein Spitzname Muel. Er ist achtzehn, dem Alter nach ein Mann. Sein Vater ist ein mächtiger Banker, der die Tong beim Umverteilen und Waschen der Profite aus ihren illegalen Aktivitäten, einschließlich dieser hier, unterstützt. Muel weiß nicht, ob er seine Mutter und Schwester je wiedersehen wird.

Darf ich fragen, sagt er vorsichtig, wer du vor deiner Zeit hier warst? Woher kommst du? Wo ist deine Familie?

Ich würde ihm gern vertrauen, aber schließlich hat das Vertrauen in einen Fremden mich hierhergebracht. Deshalb erzähle ich ihm vom Meer, vom Donnern und Trommeln des Wassers und vom Kreischen der Möwen über uns. Er saugt meine Geschichte in sich auf. Er hat noch nie Fisch von der anderen Seite der Welt gegessen. Ich erzähle ihm, dass sie wie das Herz des Ozeans schmecken, sofern er eines hat.

Wie fühlt es sich an, wenn man einen weißen Vater und eine chinesische Mutter hat?, frage ich zurück. Nach allem, was ich in diesem Bordell gesehen habe, kann ich mir keinen weißen Mann vorstellen, der eine Chinesin gut behandelt.

Ich weiß es nicht wirklich, sagt er und betrachtet seine Hände. Ich war noch so klein, als mein Vater mich hierher-brachte. Ich weiß nicht mal mehr, wie meine Mutter aussieht.

Und deine Stiefmutter?

Sie hasst mich, sagt er. Nennt mich Dreckstück, Abschaum des Orients. Für mich ist sie eine gelbhaarige Dämonin mit eisigen Augen. Ich wünschte nur, ich könnte es ihr ins Ge-sicht sagen.

Du musst sie sehr hassen.

Er nickt. Am liebsten würde ich abhauen, sagt er, und in seinen Augen leuchtet etwas Jungenhaftes auf. Hast du schon mal von Idaho gehört? Einige Chinesen wollen dorthin. Es werden Männer als Minenarbeiter gebraucht. Ich glaube, das würde ich schaffen. Ich könnte in einer Mine arbeiten und allen zeigen, dass ich ein Mann bin.

Idaho?, wiederhole ich.

Das liegt im Osten. Na ja, so ungefähr. Schon mal von Boise gehört? Angeblich leben dort viele Chinesen. Sie nennen es den wilden Westen. Ein Ort, wo du alles sein kannst.

I-da-ho. Wenn ich das auf Chinesisch ausspreche, heißt es »einen großen Affen lieben.« Der Gedanke bringt mich zum Lachen.

Klingt gut, oder?, sagt Samuel und mustert mich. Ständig brechen Gruppen dorthin auf. Ich werde mich bald einer anschließen. Es muss überall besser sein als hier.

Aber hier hast du Geld, Essen und ein Zuhause, sage ich. Wieso willst du das alles aufgeben, um in einer Mine zu arbeiten?

Du hast das auch alles, erwidert er und zeigt in den Raum. Aber willst du mir erzählen, du willst hierbleiben?

*

Nachdem Samuel weg ist, liege ich im Bett und höre Iris summen, während sie die Kämme aus ihrem Haar entfernt. Sie hat eine Reihe guter Nächte hinter sich, und Madam Lee wird sie morgen mit Sicherheit loben.

Samuels Worte gehen mir nicht aus dem Kopf. Wenn er nach Idaho geht, was wird dann aus mir? Muss ich dann mehr Kunden annehmen, die für das Geld aufkommen, das Madam Lee hätte einnehmen können, wenn ich kein Geschenk wäre? Egal. Meine Zeit hier ist begrenzt. Irgendwann bin ich für niemanden mehr begehrenswert, und wenn dieser Tag kommt, werde ich auf der Straße enden und betteln. Und dann werde ich sterben.

Lin Daiyu schläft in mir. Hin und wieder hustet sie, das spüre ich an meinen Rippen. Die Kränklichkeit, die sie durch ihre Kindheit begleitet hat, scheint sie auch hier in sich zu tragen. Ruh dich aus, sage ich zu ihr. Sie muss nicht aufwachen, um zu erfahren, dass wir beide nicht hierbleiben können.

5

SAMUEL BESUCHT MICH JEDEN Abend. Nur so kann er dem
Gespött seiner Brüder entkommen. Selbst sein Vater ist ein
bisschen stolz auf ihn, erzählt er mir. Die Mannwerdung
seines Sohnes kostet ihn nichts.

Die Hip Yee Tong ist Ihrem Vater sehr dankbar für seine
Großzügigkeit, versichert Madam Lee ihm jeden Abend, bevor sie mich übergibt. Trotzdem fällt mir auf, dass ihr Lächeln dabei immer dünner wird.

Samuels tägliche Besuche verhindern, dass sie mich an andere Kunden verkaufen kann. Ich bin das einzige Mädchen im
Bordell, das kein Geld einbringt, doch als Geschenk der Tong
genieße ich auch den größten Schutz. Die anderen Mädchen
reden nicht mehr mit mir, mit Ausnahme von Pearl und Swallow. Selbst Swan, die nicht unfreundlich zu mir war – aber
mochte sie überhaupt jemanden? –, ignoriert mich. In den
Augen der anderen habe ich mich zum Lieblingsmädchen der
Tong gemausert, ohne dafür richtig zu arbeiten.

Das kann ja wohl nicht gut sein, verkündet eines der Mädchen in der Wäscherei. Iris sagt, man hört kaum was, wenn er
da ist. Was macht sie mit ihm, schläfert sie ihn ein?

Hör nicht auf sie, sagt Swallow zu mir. Im Abgeschiedensein von den anderen sind wir uns nähergekommen. Ich glaube, sie ist in vielerlei Hinsicht die Einzige, die mich versteht. Inzwischen freue ich mich auf die Morgen, wenn wir uns gemeinsam über die Wäsche beugen und unser Flüstern einem Netz gleicht, das uns zusammenhält.

Wie hältst du das aus? Ich fange die verkniffenen Blicke einiger Mädchen auf, die Wasser aus Hosen wringen.

Ich bin hier, seit ich sechs bin, sagt sie. Ihr Kopf ist gesenkt, die Stirn faltig, während sie sich auf das heiße Eisen in ihren Händen konzentriert. Man lernt früh, die Zähne zusammenzubeißen.

Zum ersten Mal gibt Swallow etwas über ihr Leben vor dem Bordell preis. Ich bin überrascht, lasse mir aber nichts anmerken. Sechs. Allerdings erklärt das, warum sie keine Angst vor Madam Lee hat und warum Madam Lee sie im Gegenzug anders als den Rest von uns behandelt. Swallow ist nicht nur gut in ihrem Job – sie wurde dafür erzogen.

Als sich die Mädchen an diesem Abend für Madam Lees Inspektion aufstellen, meine ich es zu sehen: Zwischen Swallow und der Madam herrscht ein zartes Verständnis, das keine von uns wirklich beachtet. Ich habe das bei meiner eigenen Mutter erlebt: Sie wusste immer vor mir, was ich tun würde. Da war Zuneigung, sicher, aber auch ein uneingeschränktes Vertrauen in alles, was ich tat. Für Madam Lee ist Swallow so gut wie eine Tochter.

*

Pearl steht an Swans üblichem Platz bei der Arbeit in der Wäscherei. Ich sehe mich um – Swan ist nirgends zu sehen.

Sie hat jetzt seit fast zehn Tagen keinen Kunden gehabt, sagt Swallow, als sie meinen suchenden Blick bemerkt. Dachtest du, Madam Lee würde sie bleiben lassen, in ihrem Alter?

Ich senke den Kopf. Swan ist fort, und im Bordell wird es sein, als hätte sie nie existiert. Am Morgen wird ein neues Mädchen in ihrem Bett liegen. Erst Jade, jetzt Swan. Wer ist die nächste? Ich vielleicht, wenn Samuels garantierte Gönnerschaft mal nicht mehr vorhanden ist?

An diesem Tag ist es still im Wäscheraum. Die Mädchen sprechen leise, sie zerreißen sich nicht die Mäuler. Danach ist keiner zumute. Swans Abwesenheit ist eine weitere Mahnung an uns alle: Hier ist man nicht sicher.

*

Du könntest mit mir nach Idaho gehen, sagt Samuel, als ich ihm von Swan und den Krippen erzähle. Lass diesen Ort hinter dir. Wenn du nicht da bist, können sie dir nicht wehtun.

Ich hatte auch schon daran gedacht. Doch die Aussicht auf Idaho wird von einem stärkeren Verlangen überschattet: dem Haus mit den drei Erkern am Meer, meiner Großmutter und mir. Meine Eltern zu finden. Ich muss wieder nach Hause.

Kann ich von dort aus nach China kommen?, frage ich Samuel. Gibt es einen Hafen wie hier?

Warum?, fragt er lachend. Willst du versuchen zu fliehen?

Ich kann nicht hierbleiben.

Er sieht mich mit einem ungewohnten Ausdruck auf seinem Gesicht an. Klar, sagt er schließlich. Natürlich kommst du von dort aus nach China.

In Ordnung, sage ich, und ein leiser Hoffnungsschimmer

keimt auf. Aber ich muss mich als Mann verkleiden. Und ich brauche neue Papiere.

Darum kann ich mich kümmern, sagt er. Gib mir zwei Wochen, dann gehen wir. Es wird schön, wenn wir zusammen sind. Ich kann dich beschützen.

*

In San Francisco regnet es die ganze Zeit. Keine großen Stürme, aber noch lange nachdem der Regen aufgehört hat, hängen leichte Nebel in der Luft. Heute Abend regnet es wieder, seitdem Samuel weg ist, doch diesmal ist es ein harter, schneller Regen, der in einem drängenden Stakkato an mein Fenster peitscht.

Es regnet bis in den Vormittag und Nachmittag. Die Mädchen mögen das nicht, sagen, sie bekommen davon Kopfschmerzen und krauses Haar. An solchen Tagen sind sie gern im Haus. Ich halte den Kopf gesenkt und erledige meine Arbeit, doch mein Herz ist ausgefüllt vom Regen und meiner Großmutter.

*

Am Spätnachmittag holt mich Madam Lee von der Arbeit weg und führt mich in ihr Büro.

Der Vater deines Jungen ist glücklich, und deshalb ist auch die Tong glücklich. Ich möchte dir also danken, Peony.

Ich sollte Ihnen danken, erwidere ich.

Sie findet das komisch und lacht, aber ihre Augen bleiben hart. So ein liebes Mädchen, sagt sie in demselben süßlichen

Tonfall wie bei unserer letzten Unterhaltung. Ich weiß, was immer als Nächstes kommt, es ist nichts Gutes.

Dir ist sicher nicht entgangen, dass Swan nicht mehr bei uns ist, fährt sie fort.

Nein, antworte ich.

Ich habe sie weggeschickt, sagt sie und zieht eine Schnute. Wirklich schade. Hätte sie nur ihr großes Mundwerk unter Kontrolle gehabt.

Lag es wirklich an ihrem großen Mundwerk? Oder lag es an ihrem älter werdenden Gesicht? Ich betrachte meine Schuhe. Der wahre Grund spielt keine Rolle, nur was Madam Lee sagt.

Die Sache ist die, sagt sie und beugt sich vor, ihre Nase dicht an meinem Gesicht. Swan hinterlässt ein paar sehr reiche Kunden. Und ich frage mich, ob es wirklich gerecht ist, dass eines meiner reifsten Mädchen an einen halbchinesischen Zwerg verschwendet wird? All die Männer mit ihren dicken Brieftaschen – willst du die nicht auch mal vernaschen?

Aber ich bin ein Geschenk der Tong an nur einen Mann, erwidere ich. Wenn ich mit anderen Männern schlafe, gehöre ich nicht mehr ihm. Madam, füge ich hinzu.

Mit dieser Antwort hat sie nicht gerechnet. Ihre Züge entgleisen, und ich sehe zum ersten Mal Madam Lees wahres Gesicht, nicht die Visage, die sie aufsetzt, wenn sie mit Kunden spricht, und auch nicht die, wenn sie mit uns redet. Dieses Gesicht ist ausdruckslos, es ist nur am Geschäft, an Geld und Macht interessiert. All das macht ihr Gesicht brutal.

Du bist dümmer, als ich dachte, sagt sie. Versteh, was ich dir sage: Ich habe Männer, die für eine Nacht mit dir Schlange stehen. Bei jedem Besuch fragen sie mich, und jedes Mal muss ich sagen: Nein, mein Herr, die ist nicht zu verkaufen. Weißt du, wie viel Geld sie mir anbieten? Natürlich nicht. Denn du hast keine Ahnung, was es heißt, in meiner Position zu sein. Du wirst Folgendes tun: Wenn du nicht mit dem Jungen zusammen bist, wirst du andere Kunden bedienen. Und es ihm nicht sagen.

Und wenn die Tong es herausfindet?, frage ich.

Sie schlägt mich, und mein Kopf fliegt zur Seite. Ich glaube nicht, dass es ein Problem sein wird, sagt sie. Dann kehrt ihre Maske zurück, ebenso schnell, wie sie verschwand. Sieh dich an, liebes Mädchen. Du wirst immer hübscher, seit du deinen Ersten hattest. Deine Wangen sind rosiger, dein Haar glänzt. Kannst du es den Männern verdenken, dass sie dich wollen?

Dazu kann ich nichts mehr sagen. Ich hatte ohnehin noch nie etwas zu sagen. Es war die ganze Zeit ihr Plan – die Tong zu besänftigen und sich gleichzeitig auf meine Kosten zusätzliches Geld in die Tasche zu stecken. Ich stehe auf, um zu gehen, meine Wange brennt von der Wucht ihrer Hand.

Peony, ruft Madam Lee, bevor ich die Tür schließe, und ihre Stimme täuscht jetzt keine Liebenswürdigkeit mehr vor. Heute Abend ist es dein letztes Mal nur mit diesem Jungen. Ab morgen wirst du dich der Welt öffnen.

*

Die gelbhaarige Frau, Samuels Mutter, gab ihm zum Frühstück eingelegtes Hammelfleisch. Den ganzen Nachmittag, sagt er, habe er sich übergeben, während seine beiden Halbbrüder lachten und ihn in den Bauch boxten. Jetzt sitzt er auf meinem Bett, mit rotem Hals und glasigen Augen, und sein Atem riecht nach roher, ungegerbter Haut.

Es muss morgen sein, sage ich. Ich habe ihm kaum zugehört, sondern ständig an meine Unterhaltung mit Madam Lee gedacht. Wir müssen morgen nach Idaho aufbrechen.

Samuel hält inne und sieht mich erstaunt an. Ich erkläre ihm, dass mein Körper morgen, wenn ich noch hier bin, von der schlimmsten Sorte von Männern zerrissen wird. Seine Augen werden bei der Vorstellung ganz rot. Er denkt an seine kleine Schwester.

Gibt es eine Gruppe, der wir uns anschließen können?, frage ich.

Es gibt immer eine, erwidert er. Ich kann uns eine suchen. Das ist nicht das Schwierigste. Das Schwierigste ist, in so kurzer Zeit Ausweispapiere zu bekommen.

Ich erkläre ihm, dass das nicht die einzige Schwierigkeit ist. Madam Lee hat einen strengen Sicherheitsdienst. Die Wachen an der Eingangstür überprüfen jeden Kunden, der ein und aus geht. Niemand betritt das Bordell allein und verlässt es zu zweit.

Na schön, sagt Samuel und setzt sich. Wie sieht es tagsüber aus?

Tagsüber ist es noch schwieriger. Ich erkläre ihm, dass die Wäscherei ein streng geführter Betrieb ist – fehlt ein Mädchen, ist der Ablauf empfindlich gestört. Wenn ich nicht zur Arbeit erscheine, weiß Madam Lee sofort Bescheid.

Wir sitzen da und denken schweigend nach. Iris hat heute Abend einen neuen Kunden, einen Betrunkenen, wie es sich anhört. Wir brauchen nur einen winzigen Moment, in dem die Wachen nicht hinsehen, einen Moment, in dem ich mich durch die offene Tür zwängen kann. Ich bin klein genug. Ich kann rennen. Ich werde rennen. Ich werde rennen, so schnell ich kann, um diesem Leben zu entkommen.

Plötzlich springt Samuel vom Bett auf. Ich hab's, sagt er und tanzt im Kreis. Ich hab die Lösung.

Er erklärt mir seinen Plan. Ich bin nicht sicher, ob er gut ist, aber ich bin einverstanden. Wenn wir das durchziehen, verdanke ich dir mein Leben, sage ich.

Peony, sagt er.

Nein, denke ich. *Daiyu.*

Gut.

Fangen wir an.

6

ICH MUSS MIT DIR reden, sage ich zu Swallow.

Am nächsten Morgen sind Swallow, die anderen Mädchen und ich wieder in der Wäscherei. Im Bordell war heute Nacht viel Betrieb. Einige Mädchen schwanken im Stehen, weil sie nur ein paar Stunden Schlaf hatten, bevor die Morgenschicht begann. Sie können ihr breites Gähnen nicht verbergen. Pearl reibt sich mit der Innenseite ihrer Handgelenke die Augen. Iris trödelt heute nicht herum, sondern starrt mit leerem Blick vor sich hin. Sogar Swallow hat violette Ringe unter den Augen.

Du musst mit mir reden, wiederholt sie langsam und starrt auf das Hemd in ihren Händen. Was kann das wohl sein? Du hast hoffentlich nicht vor wegzulaufen, oder?

Ich hatte nicht erwartet, dass sie es ahnt. Aber wenn sie es geahnt hat, dann kann das nur heißen, dass sie dasselbe vorhat.

Doch, erwidere ich.

Einen Moment lang glaube ich, sie hat mich nicht gehört. Sie beugt sich über das Hemd und streicht es auf dem Tisch glatt. Eine schwarze Haarsträhne fällt vor ihr Gesicht. Sie steckt sie hinter ihr linkes Ohr.

Und wie?

Darüber wollte ich mit dir sprechen, sage ich. Aber das kann ich nur, wenn du versprichst, mit mir zu kommen.

Sie blickt zu mir hoch und lächelt. Ein trauriges, wissendes Lächeln, als hätte sie schon seit dem Tag meiner Ankunft mit dieser Frage gerechnet.

Du weißt, das kann ich nicht, Peony.

Nein, sage ich. Das weiß ich nicht. Niemand verdient es, so zu leben wie wir hier.

Ich schon, erwidert sie.

Swallow ist meine Freundin, vielleicht sogar noch etwas mehr. In den frühen Morgenstunden, als ich im Bett lag und lauschte, wie die Händler ihre Planen ausrollten und mit Schöpfkellen heiße Woks auskratzten, malte ich mir aus, wie es wäre, wenn wir zusammen weggingen. Wir würden aufeinander aufpassen und eine neue Möglichkeit finden, um zu überleben. Ich könnte ihr Kalligraphie beibringen, und wir würden damit unseren Lebensunterhalt bestreiten. Oder wir könnten eine eigene Wäscherei eröffnen. Jeder brauchte doch saubere Wäsche, egal, wo er lebte.

Doch jetzt bröckelt der Traum. Swallows ruhiges *Nein* macht mich wütend. Von einem dunklen Ort in mir steigt etwas Hässliches auf und dringt in meinen Mund.

Glaubst du, du bist für alle Zeiten jung und schön, fauche ich sie an. Mein Bügeleisen atmet dampfend aus. Ich sehe mich um und treffe Pearls Blick. Ich weiß nicht, wie lange sie uns schon beobachtet. Mit jedem Tag, der vergeht, sage ich zu Swallow, verblühst du ein wenig. Irgendwann werden dich die Männer nicht mal mehr ansehen. Was dann? Du wirst in den Krippen oder auf der Straße landen und dann sterben!

Eigentlich will ich das alles gar nicht sagen. Aber vielleicht doch. Ich weiß nur, dass sie mit mir kommen muss.

Glaubst du, Madam Lee wird dieses Bordell ewig führen?, fragt sie. Inzwischen ist das Hemd in ihren Händen glatt.

Ich überlege kurz. Über Madam Lee oder die Zukunft des Bordells hatte ich mir, ehrlich gesagt, noch nie Gedanken gemacht. In meiner Vorstellung würde es immer existieren, genau wie Madam Lee. Aber Swallows Frage macht mir bewusst, wie kurzsichtig das war. Madam Lee wird eines Tages sterben, genau wie die Mädchen, die sie auf die Straße setzt. Und was dann? Das Bordell würde weitergeführt werden müssen – dafür würden die Tong und Wohltäter und andere Betrüger sorgen. Es war der Lauf der Welt.

Ich weiß, was die Mädchen über mich sagen, fährt Swallow fort. Dass ich freiwillig hierhergekommen bin. Dass ich auf Madam Lee zugegangen bin und eine Hure werden wollte. Glaubst du das auch?

Sie sieht mich an, ihre Augen erinnern an nasse Steine.

Früher habe ich das geglaubt, sage ich.

Willst du die Wahrheit wissen?, fragt sie. Mein Vater hat mich hierhergebracht. Ich hatte drei ältere Brüder, und es gab nicht genug zu essen. Er hat mich von zu Hause bis vor Madam Lees Treppe geschleppt, mich vor ihre Füße geworfen und zu ihr gesagt, sie soll ihm geben, was sie erübrigen kann. Sie gab ihm zweihundert Dollar. Ich habe gesehen, wie er mit dem Geld in der Hand wegging, ohne sich auch nur nach mir umzudrehen.

Ich sage nichts und erinnere mich an Bai He und die Mädchen in meinem Dorf, die mit ihren Eltern in die Stadt gingen und nie wieder zurückkehrten.

Drei Brüder, sagt Swallow bitter. Drei Brüder, und dass sie satt wurden, war wichtiger als ich.

Ich bin immer noch wütend. Meine Wut lässt nicht zu, dass ich sie ansehe.

Die Tong will, dass ich in ein paar Monaten mit der Ausbildung zur Puffmutter beginne, sagt sie schließlich. Madam Lee soll ein anderes Bordell in der Stadt leiten.

Und was hast du gesagt?, frage ich, obwohl ich die Antwort kenne.

Ich war einverstanden.

Ein Schrei. Wir zucken beide zusammen. Ein Mädchen hat sich die Hand verbrannt. Es rennt zum Waschbecken und hält die Hand unter den Wasserhahn. Ich betrachte das glänzende rote Fleisch. Ich betrachte es, aber ich sehe nichts.

Du willst also, dass dieser Folterort weiter besteht?, frage ich.

Solche Orte wird es immer geben, sagt sie. Aber als Puffmutter kann ich hier viel mehr bewirken. Hier drin kann ich für die Mädchen mehr tun als draußen.

Lügnerin!

Ich bemühe mich, leise zu sprechen, aber es gelingt mir nicht besonders gut. Ich dachte immer, Swallow sei besser als wir anderen. Besser als Madam Lee, besser als die Mädchen, die sich für Kunden die Augen auskratzten. Für mich stand sie über allen. Jetzt merke ich, wie dumm es war, ihr zu vertrauen. Sie ist nur eine weitere Madam Lee, und irgendwann wird sie einen Harem von Mädchen für sich arbeiten und für sich sterben lassen. Ich rufe mir das Zeichen für ihren Namen – 燕 – in Erinnerung. Da ist das Feuer, sicher, aber ich habe es ganz falsch gedeutet. Es gibt einen Grund, warum das Feuer unter den anderen Zeichen liegt, unter dem Mund und Norden und zwanzig. Das Feuer ist da, weil es gierig ist und alles über sich verbrennen will. Es ist wie Swallow: verzehrend und destruktiv.

Du tust mir leid, sage ich.

Ja, bemitleide mich ruhig, erwidert sie und wendet sich wieder dem Hemd zu, reibt es zwischen den Fingern. Ich habe vor langer Zeit akzeptiert, dass dies mein Schicksal ist. Wenn ich mit dir durchbrennen würde, was könnte ich dann tun? Welchen Beitrag könnte ich leisten? Ich kenne kein anderes Leben als das hier, Peony. Ich weiß, das ist nicht dein richtiger Name. Swallow ist auch nicht mein richtiger Name. Aber inzwischen ist er es geworden. Es ist der Name, der mir gegeben wurde, als ich hier ankam. Für dich gab es eine Zeit vorher, und es wird eine Zeit nach all dem hier geben. Für dich ist es einfach wegzugehen. Weggehen ist eine Flucht. Für mich ist es das Gegenteil. Kannst du das verstehen?

Nein, kann ich nicht, nicht jetzt. Sie ist einfach feige, zu gefangen in ihren Umständen, um darüber hinauszusehen. Ich will ihr sagen, dass sie so viel mehr ist als dieses Bordell. Sie sollte eine Swallow sein, die sicher, glücklich und frei lebt. Doch das Mädchen vor mir ist nicht die Frau dafür. Sie glaubt nicht, dass sie die Frau dafür ist.

Ich verstehe, sage ich stattdessen. Meine Wut verraucht langsam und weicht leichtem Bedauern. Du wirst Madam Lee und den anderen nichts sagen, oder?

Das verspreche ich dir, erwidert sie. Es ist nicht dein Zuhause. Du gehörst nicht hierher. Lass dich nicht unterkriegen, Peony. Ich weiß, du kannst es schaffen.

Am liebsten würde ich jetzt weinen. In mir brodelt es wie

heißes Wasser im Kessel, bevor er pfeift. Aber ich unter-drücke die Tränen. Wenn mir heute Nacht die Flucht gelingt, wenn ich weit genug entfernt bin, um nie wieder zurück-zukehren, wenn ich vergessen kann, wer Madam Lee und ihre Mädchen und die Männer sind, dann und erst dann erlaube ich mir zu weinen.

7

NACHDEM DIE ARBEIT IN der Wäscherei erledigt ist, sitze ich in meinem Zimmer auf dem Bett und kann kaum atmen.

Der Plan. Ich muss mich an den Plan erinnern.

Es könnte so vieles schiefgehen. Und die Folgen sind real, tödlich. Madam Lee würde mich auf die Straße setzen. Oder mich sogar persönlich umbringen. Vielleicht würde sie mich an die streunenden Hunde in der Gasse hinter dem Bordell verfüttern, die Hunde, die bis spät in die Nacht jaulen und stöhnen, deren Schreie sich nicht von denen unterscheiden, die ich hinter den geschlossenen Türen ringsum höre.

Im Kopf gehe ich den Plan immer wieder durch. Die möglichen Szenarien. Wenn dies passiert, was dann? Wenn jenes passiert, was ist mein nächster Schritt? Es darf keinen Raum für Fehler geben.

Dir ist klar, hatte Samuel am Abend zuvor gesagt, dass unser Plan auch von unserem Glück abhängt, oder?

So etwas wie Glück gibt es nicht, erwiderte ich. Glück ist nur die Bereitschaft, eine Gelegenheit zu ergreifen.

Ein Satz, den ich von Meister Wang habe. Hör auf, dich auf das Glück zu konzentrieren, hatte er gesagt. Konzentriere dich darauf, wie du es für dich schmieden kannst. Du glaubst, ein Meister der Kalligraphie verlässt sich auf das Glück? Was auf dem Papier passiert, ist Übung, die auf die offene Einladung der Seite trifft.

Übung, sagte er. Übung macht dich gelassen, entfaltet deine Energie und vervollkommnet deinen Geist.

Übung, denke ich jetzt bei mir. Ich setze mich an meinen Schminktisch. Der Plan, der Plan, der Plan. Eine andere Option gibt es nicht. Er muss funktionieren. Ich gehe jede Sekunde des Plans durch, öffne jede geschlossene Tür, räume alle Regale aus. Immer und immer wieder. Vor dem braunen Holz zeichne ich ein Wildschwein unter einem Dach. Dach: ein rascher Punkt oben, dann den kräftigen horizontalen Deckel. Wildschwein: die gekrümmte vertikale Linie und die vielen kurzen Linien, die fächerförmig von ihr ausgehen. Das nennen wir zu Hause – 家.

Ich male das Zeichen mit all seinen Strichen immer wieder auf das Holz, bis auch dies zur Übung wird und ich wieder in der Kalligraphie-Schule in Zhifu bin und nicht in einem Bordell in San Francisco. Das Holz summt unter meinem Finger. Mein Arm peitscht und fegt, ein Flügel im Flug.

Wenn es immer so hätte sein können, dann wäre ich glücklich gewesen.

Meister Wang hatte recht. Übung macht mich gelassen. Wenn ich schreibe, entferne ich mich immer weiter von den Bildern des Scheiterns und der Verzweiflung und erinnere mich stattdessen bei jedem Strich, bei jeder Erhebung des Holzes, über die mein Finger streicht, an die Empfindung von Wissen. Von Gewissheit. Es ist so lange her, dass ich mir einer Sache sicher war. Welche Sicherheit und welchen Frieden könnte Gewissheit bringen? Denn danach sehne ich mich am meisten – nach sicherem Wissen. Und im Augenblick weiß ich sehr wenig, wenn überhaupt etwas.

Übung. Ja, Meister Wang, denke ich, während mein Arm sich unabhängig von meinem Körper bewegt. Bisher hatte ich nicht viel Gelegenheit dazu, aber immerhin übe ich.

*

An diesem Abend wähle ich ein schlichtes Make-up. Wenn wir fliehen, darf ich keine Aufmerksamkeit auf mich lenken. Es muss etwas sein, das ich rasch von meinem Gesicht wischen kann. Ein Tupfer Rouge auf den Lippen, heller Puder im Gesicht. Anstatt meine Augenbrauen abzudecken und neue aufzumalen, zeichne ich sie mit einem Kohlestift grob nach – das kann ich mit einem Tuch abwischen. Der Friseuse sage ich, Madam Lee möchte, dass ich mein Haar heute selbst aufstecke. Ich kämme es zurück und sichere es mit einem unechten Jadekamm. So fällt es mir nicht ins Gesicht, wenn ich schnell laufen muss.

Als ich mich im Spiegel betrachte, erkenne ich zum ersten Mal, wie sehr ich mich verändert habe. Ich bin kein kleines Mädchen mehr und noch keine Frau, sondern etwas dazwischen. Ich spüre etwas Neues in mir, einen Kampf in meinen Augen. Ich könnte einen Tiger überlisten, wenn ich müsste. Ich könnte auf dem Rücken eines Adlers fliegen und ihn vom Weg abbringen. Ich frage mich, ob Lin Daiyu von innen aus mir herausschaut oder ob das wirklich ich bin.

Vor meiner Tür lacht eines der Mädchen. Ich erschrecke, und das Kämpferische in meinen Augen verschwindet. Ich blinzle einmal, zweimal, und als ich mich wieder im Spiegel sehe, bin ich ein scheues Lamm, ein unschuldiges Kätzchen. Ich bin das, was sie von mir erwarten, so wie Swallow gesagt hat, und vielleicht wird das meine stärkste Waffe sein.

*

Als ich nach unten komme, haben sich die Mädchen schon aufgestellt. Madam Lee schreitet die Reihe ab und inspiziert jede. Swallow steht irgendwo in der Mitte, sieht mich aber nicht an.

Pearl, sagt Madam Lee und schlägt ihr mit dem Fächer aufs Bein. Haben wir etwa zu viel Schweinefleisch gefuttert?

Nein, Madam, piepst Pearl ängstlich und zieht ihr Kleid zurecht.

Madam Lee pikst Pearl in den Bauch, bis ihr Fingernagel verschwindet. Ich glaube doch, sagt sie. Du wirst mittags und abends nicht mehr essen, nur noch Frühstück. Kein Mann will mit einer schlampigen Sau schlafen, hab ich recht?

Pearls Brust hebt und senkt sich so schnell, als wollte sie die Luft in ihrem Körper loswerden. Fang nicht an zu weinen, bitte nicht, dränge ich sie in Gedanken. Madam Lees prüfender Blick wandert zur nächsten. Das Mädchen zittert, aber Madam Lee ist zufrieden. Dann kommt Cloud, ein großes Mädchen. Sie hat ein graublaues und ein schwarzbraunes Auge.

Cloud, sagt Madam Lee, und das Mädchen schrumpft sofort. Dein gestriger Kunde hat mir eine komische Geschichte erzählt. Angeblich hast du eine seiner Bitten verweigert. Weißt du, wovon ich spreche?

Das Mädchen starrt zitternd auf den Boden.

Cloud, wiederholt Madam Lee. Und dann verpasst sie ihr eine Ohrfeige, die durch den Raum hallt, ein Ton, der uns alle zerreißt. Niemand wagt sich zu rühren. Niemand außer Cloud, die ein schmerzvolles Wehklagen ausstößt und ihren Tränen freien Lauf lässt.

Erbärmliches Mädchen, schnaubt Madam Lee. Du verdienst nicht, hier zu arbeiten. Glaubst du etwa, du schmeißt den Laden? Wenn du einem Kunden nicht gehorchst, gehorchst du mir nicht.

Sie winkt. Die Wachen erscheinen. Bei ihrem Anblick fängt Cloud an zu heulen.

Bitte, Madam, ich werde mich bessern, ich tu alles, was die Männer wollen, nur lassen Sie mich bitte hierbleiben.

Doch die Wachen zerren sie schon durch den Wäschereiraum zur Hintertür. Ihre Schreie werden leiser, bis etwas knallt und es still wird.

Madam Lee geht weiter die Reihe entlang. Ich hoffe, das ist euch allen eine Lehre, sagt sie. Wenn ihr einem Kunden nicht gehorcht, gehorcht ihr mir nicht.

Die nächsten Mädchen kommen leidlich davon – eine hat ihre Augen falsch geschminkt, eine andere hat eine Frisur, mit der sie wie ein Bauerntrampel aussieht. Die beiden sind leicht zu belehren und müssen Madam Lee versprechen, sich zu bessern, bevor sie weitergeht. Das letzte Mädchen, vor dem sie stehen bleibt, ist Swallow.

Alle halten die Luft an. Swallow ist so gut wie unfehlbar – Madam Lee ist noch nie vor ihr stehen geblieben, um sie zu kritisieren. Auch Swallow wirkt erstaunt, denn sie blickt kurz auf und sieht schnell wieder nach unten.

Swallow, meine Liebe, flötet Madam Lee. Meine ehrliche,

gehorsame, fleißige Swallow. Möchtest du mir vielleicht etwas sagen?

Swallow schweigt, schüttelt den Kopf.

Hast du nicht vielleicht etwas gehört?, fragt Madam Lee. Davon, dass jemand unser schönes Haus verlassen möchte?

Ich weiß nichts, Madam, sagt Swallow. Ihre Stimme ist leise, aber fest. Wer sollte dieses schöne Haus verlassen wollen?

Madam Lee geht nicht zur nächsten. Sie bleibt bei Swallow stehen und sieht sie lächelnd an. Ich kenne das Lächeln – es ist Jaspers. Dasselbe Lächeln, mit dem er mich bedachte, bevor sich der Deckel schloss.

Doch bevor sie etwas sagen kann, wird die Tür aufgestoßen. Drei Männer platzen herein. Die Mädchen treten aus der Reihe und stürmen in sämtliche Richtungen, ihre Seidenkleider gleiten durch die Luft wie bunte Aale. Die beiden Wärter trennen sich – einer eilt zu den Mädchen, der andere springt zu Madam Lee, um sie zu beschützen.

Ich sehe schwarzes Haar aufblitzen, vermischt mit gelb. Samuel und seine zwei Halbbrüder, ineinander verkeilt wie ein Schlangenknäuel.

Haltet sie auf, kreischt Madam Lee.

Die Wärter eilen herbei, um die drei Männer zu trennen. Samuel keucht. Aus seiner Nase läuft dunkle Flüssigkeit. Ich frage mich, ob er verletzt ist, doch dann sieht er mich an und nickt. Das ist mein Zeichen. Ich schleiche von meinem Platz neben der Treppe in die Mitte des Raums. Niemand bemerkt es.

Wie können Sie es wagen?, keucht Madam Lee. Wie können Sie es wagen, sich in meinen Geschäftsräumen so zu benehmen?

Wir sind wegen des Mädchens hier, sagt einer der Halb-brüder.

Mädchen, wiederholt Madam Lee. Welches Mädchen?

Die da, sagt der andere Halbbruder und zeigt in meine Richtung.

Schweigen senkt sich über den Raum, und alle Köpfe wenden sich mir zu und starren mich an. Ich spüre Swallows Blick auf meiner Haut.

Die?, fragt Madam Lee ungläubig. Ich habe die Anordnung von meinen Chefs, dass sie Ihrem Bruder gehört, das wissen Sie. Warum suchen Sie sich keine andere, meine Herren? Ich kann Ihnen vier, fünf geben, was immer Ihren Appetit be-friedigt.

Ach ja?, sagt der erste Halbbruder und reißt sich von dem Wachmann los, der ihn festhält. Warum hat unser Kleiner dann erzählt, dass Sie das Mädchen ab heute Abend an an-dere Männer vermieten?

Madam Lee gafft sie an. Jetzt gibt es kein Zurück, denke ich. Der Plan muss wirklich funktionieren. Alles andere en-det mit ihrem Zorn und meinem Tod.

Den ganzen Tag hat er angegeben, wie gut sie im Bett sei, sagt der andere Halbbruder. Seine Stimme klingt anders als die seines Bruders – tiefer, rauer. Ähnlich einem Wolf.

Wir wollen uns selbst überzeugen, sagt der erste Halbbru-der, ob sie wirklich so gut ist, wie er behauptet. Ob es stimmt, dass sie einem Mann den Kopf verdreht.

Die anderen Mädchen reißen vor Schreck die Münder auf und starren Madam Lee an. Bisher waren die Regeln klar: Wenn ein Kunde Eigentum zerstörte oder die Madam in irgendeiner Weise nicht respektierte, wurde ihm der Zutritt für immer verboten. Und diese Männer sind von beidem nicht weit entfernt.

Madam Lee schweigt eine ganze Weile. Dann winkt sie mit der Hand, und die Wachmänner treten zurück.

Sie sind in mein Haus eingedrungen und haben die Ruhe gestört, sagt sie. Sie haben meinen Mädchen Angst gemacht. Und jetzt wollen Sie mit mir Geschäfte machen? Sie verstehen hoffentlich, dass es für Sie nicht gut aussieht, meine Herren.

Kann sein, sagt der zweite Halbbruder. Aber ich frage mich, ob Ihre Chefs glücklich wären zu erfahren, dass Sie nebenbei Ihr eigenes kleines Geschäft betreiben und die Befehle missachten. Was sollte uns davon abhalten, jetzt auf der Stelle zu ihnen zu gehen und es ihnen zu erzählen? Ich könnte mir vorstellen, dass man Sie dann auf die Straße setzt, Ihnen die Kehle aufschlitzt oder die Ringe von den Fingern schneidet. Er spuckt vor ihr auf den Boden. Madam, sagt er grinsend. Sie sollten sich glücklich schätzen.

Madam Lee überlegt. Man sieht ihr an, dass sie sich seine Worte durch den Kopf gehen lässt. Ich frage mich, ob sie darauf eingeht – ob die Vernunft über den Stolz siegt.

Na schön, sagt sie schließlich. Die Hitze im Raum löst sich auf. Von jetzt an gehört sie Ihnen, wann immer Sie wollen. Ich danke für Ihre Diskretion, meine Herren. Unser kleines Geheimnis.

Moment, Moment, sagt der erste Halbbruder. Vor dem Erwerb sollten wir die Ware begutachten.

Richtig, sagt der zweite Halbbruder und reibt sich die Hände. Diese Huren sehen alle gleich aus. Wir wollen sie aus der Nähe betrachten.

Madam Lee dreht sich zu mir. Sie muss nichts sagen, ich weiß, was zu tun ist. Ich gehe auf die beiden Halbbrüder und Samuel zu, alle Blicke im Raum treffen meinen Rücken. Bei jedem Schritt zwinge ich mich weiterzugehen. Erinnere mich daran, wie meine Füße funktionieren, wie man atmet. Der Plan. Ich muss mich an den Plan halten.

Und dann stehe ich vor ihnen.

Ich sehe ihre feuchten Lippen. Wenn ich ganz genau hinsehe, erkenne ich auch einen Hauch von Samuel darin. Sie starren mich beide gierig an.

Also, sagt der erste Halbbruder.

Aha, sagt der zweite.

Ich fange an. Die Drehung, die ich geübt habe, das geheimnisvolle Lächeln, die niedergeschlagenen Augen (heute kupferfarben und rot geschminkt), der entblößte Hals. Alles, wie ich es einstudiert habe. Ich drehe mich im Kreis und höre die beiden Halbbrüder keuchen. Ich drehe mich und fange Madam Lees Blick auf – sie ist größer denn je, ihre Wangen rosig vor Aufregung, aber sie ist zufrieden –, ich drehe mich erneut und fange Pearls Blick auf – sie ist voller Ehrfurcht, und ihr steht der Mund offen –, ich drehe mich wieder und versuche Swallows Blick aufzufangen – sie sieht nicht mich an, sondern blickt zu Boden, dann zu den Wachen, dann wieder zu Boden –, und schließlich drehe ich mich ein letztes Mal und fange Samuels Blick auf, den Blick, auf den ich die ganze Zeit gewartet habe.

Ich nicke.

Ihr – dürft – sie – nicht – haben!

Samuel erwacht zum Leben und gibt dem ersten Halbbruder mit der gesamten Kraft, die in seinem kleinen, angespannten Körper steckt, einen Stoß. Jahre der Verzweiflung und Wut und Trauer und Isolation, all das ballt sich in seinem Körper zusammen, als er sich auf ihn stürzt. Die Wucht lässt den ersten Halbbruder in die Gruppe der Mädchen fliegen, die zusammengedrängt auf der anderen Seite des Raums stehen. Er landet zwischen ihnen, reißt zwei mit sich zu Boden. Die Wachen eilen herbei, um ihnen aufzuhelfen.

Doch Samuel ist noch nicht fertig. Er rammt auch den zweiten Halbbruder, diesmal vielleicht noch stärker, voller Wut und Verzweiflung. Der zweite Halbbruder landet auf einem der Wachmänner.

Jetzt!

Das ist mein Stichwort. Samuel packt meine Hand, und ich spüre, wie ich zurückgezogen werde. Madam Lee reißt den Kopf hoch und stürzt sich mit verzerrtem Mund auf uns. Die Halbbrüder rappeln sich auf, lösen sich von den Mädchen, und die Wachen, verdattert vor Überraschung und ohne eine konkrete Anweisung von Madam Lee, kommen zu spät.

Niemandem – weder Madam Lee noch den Wachen oder den Mädchen – fiel auf, dass die Tür offen war, als Samuel mit seinen beiden Halbbrüdern hereinstürmte. Nur Samuel und ich wussten, dass sie nie geschlossen war. So haben wir es geplant. So werden wir siegen.

Ich spüre nur Samuels Hand um meine, nur ihr folge ich. Er zieht mich zur Tür hinaus – ich weiß nicht, ob meine Füße überhaupt den Boden berühren –, und dann sind wir draußen, aus dem Bordell, weg von dem Grauen, gefolgt von dem Kreischen der Mädchen und Madam Lees wütendem Gebrüll, das jeden Knochen in der Stadt zersplittert.

Angespornt von Madam Lees Befehlen (Schnappt sie euch! Schnappt sie euch!), stürmen die Wachen aus dem Bordell und jagen hinter uns her. Etwas Fremdes hat von mir Besitz ergriffen und passt meine Schritte Samuels Tempo an, lässt meine Arme pumpen wie seine. Wir rennen – fliegen – die Straße entlang, durch die rot-gelben Lichter des Geschäftsviertels, durch laute Musik und Gelächter und das Klappern von Töpfen und Pfannen, das unaufhörliche Trommeln, und irgendwo meine ich zu hören, wie Mahjong-Steine gemischt und übereinandergeschoben werden. Unsere Körper werden von einer fast übermenschlichen Kraft angetrieben. Ich drehe mich um und sehe, wie die Wachen sich unserem Tempo anzupassen versuchen, doch sie werden langsamer, und wir werden schneller. Die Magie ist auf unserer Seite.

Die Leute ringsum springen, zu spät überrascht, aus dem Weg. Samuel kennt sich aus, er weiß, wohin er mich bringt. Wir biegen in Gassen hinein, kommen auf unbekannten Straßen heraus, umkehren, abbiegen, wenden, abbiegen. Ich war noch nie in San Francisco unterwegs und wusste nichts von den steilen Hügeln. Meine Beine brennen, fühlen sich an wie zerriebenes Fleisch, und mein Brustkorb begehrt gegen die Arme auf. Aber wir bleiben nicht stehen, rennen immer weiter, so lange, bis wir eine Wüste sind, die Lungen heißer Sand, bis sich eine Schlange durch unsere Kehle windet.

Und dann gibt es nur noch uns, wir sind allein mit unserem Atem, der nurmehr ein Keuchen ist. Mit großen Augen legt Samuel einen Finger auf seinen Mund.

Wir horchen. Auf Schritte, Geschrei, das Klatschen von Füßen auf Asphalt. Aber da ist nichts. Wir rühren uns trotzdem nicht. Wir müssen sicher sein. Eine Minute, fünf, dann zehn. Nichts. Noch eine Minute, dann fünf, dann zehn.

Wieder nichts.

Samuel sieht mich an, und er grinst, ist so glücklich, wie ich ihn noch nie gesehen habe. Erleichterung breitet sich in ihm aus, und seine erbärmliche Vergangenheit fällt von ihm ab.

Wir sind frei.

Ich grinse zurück. Und dann löse ich mein Versprechen ein. Ich gestatte mir, zu weinen.

8

SAMUEL ZIEHT EINEN LOSEN Stein aus der Mauer hinter mir. Seine Hand verschwindet und taucht mit einem Päckchen wieder auf. Er drückt es mir in die Hand.

Zieh das an, sagt er.

Dieser Teil des Plans war meine Idee. Ein chinesisches Mädchen würden sie nie mit nach Idaho nehmen. Ein chinesischer Junge hingegen wäre nur ein weiterer Arbeiter in den Minen.

Ich kann es kaum erwarten, diese elende Uniform loszuwerden, und knöpfe mein Kleid auf. Aber etwas lässt mich innehalten. Als ich aufblicke, sehe ich in der Dunkelheit die beiden hellen Punkte, das Weiße von Samuels Augen.

Dreh dich um, sage ich nicht unfreundlich.

Das Weiße gleitet weg. Zu langsam, wie ich finde. Aber jetzt ist keine Zeit. Damit kann ich mich später befassen.

Nach dem letzten Knopf schiebe ich das Kleid stückchenweise nach unten. An den Stellen, wo sich der Schweiß gesammelt und zu klebrigem Salz verhärtet hat, verfängt sich der Stoff. Die kühle Nachtluft brennt auf meiner Haut. Ich sehe nach, ob die beiden weißen Punkte nicht zurückgewandert sind – sind sie nicht.

Statt der Bordelluniform ziehe ich an, was Samuel mitgebracht hat: schwarze Hose, schwarzen Changshan, schwarze Stoffschuhe. Es fühlt sich gut an, wieder Kleider zu tragen, die meinen Körper verbergen, als würde ich im Meer schwimmen, und niemand, nicht Madam Lee und nicht Jasper, können mich je erreichen.

Du kannst dich umdrehen, sage ich zu Samuel.

Ich reiche ihm die Schere aus dem Päckchen.

Ich weiß, es ist dunkel, sage ich, knie mich hin und nehme den Kamm aus meinem Haar. Mach, so gut du kannst.

Samuel atmet tief ein. Und dann höre ich zum dritten Mal in meinem Leben das scharfe Schnippen der Schere, die irgendwo am Hals zum ersten Schnitt ansetzt. Eine weiche Strähne gleitet an mir herab. Ein weiteres Schnippen. Mein Kopf fühlt sich schon leichter an. Alles fühlt sich leichter an ohne die drückende Last des Bordells. Inzwischen zähle ich die fallenden Strähnen nicht mehr, sondern überlege, welchem Mädchen Madam Lee wohl mein Zimmer gegeben hat. Ich schätze, Pearl.

Sie wusste Bescheid, sage ich zu Samuel. Madam Lee – sie wusste, dass jemand fliehen wollte. Sie hat Swallow danach gefragt. Woher meinst du, hat sie es gewusst?

Die Wände sind nicht dick, erwidert Samuel. Er bemüht sich, die Haare gleichmäßig abzuschneiden.

Trotzdem, murmele ich. Was passiert jetzt mit ihnen? Ich denke an Swallow. Ob sie Madam Lee die Wahrheit sagen wird? Vielleicht. Sie war ehrgeiziger, als ich dachte.

Die Tong, der euer Bordell gehört, ist bestimmt wütend, sagt Samuel. Wenn sie herausfinden, dass Madam Lee sie hintergangen hat, wird sie wahrscheinlich bestraft.

Angeblich hat die Tong einen stolzen Preis für mich gezahlt.

Dann schicken sie vielleicht jemanden, um dich zurückzuholen.

Ich sage nichts. Daran hatte ich nicht gedacht. Für mich begann und endete das Bordell mit dem Gebäude. Doch als Samuel es ausspricht, bin ich sicher, dass man mich verfolgen wird. Ob sie Jasper schicken?

Wann hört das alles endlich auf?, murmele ich.

Samuel schweigt. Er bringt es nicht über sich, mir zu sagen, dass es wohl so kommen wird.

Als er fertig ist, räuspert er sich. Ich fasse in meinen Nacken. Es fühlt sich fast so an wie damals, als meine Großmutter mir die Haare zum ersten Mal schnitt, bevor sie mich nach Zhifu schickte. Die bloße Haut ist straff und voller Leben. Ich fahre über die Haarspitzen. Er hat es kürzer geschnitten, als ich wollte.

Danke, sage ich. Und jetzt?

Nicht weit von hier ist ein Gasthaus. Dort warten drei Chinesen auf ihn, um am Morgen nach Boise aufzubrechen. Sie wissen nicht, dass ich dich mitbringe, gesteht er mir mit gesenktem Blick. Sie glauben, ich komme allein. Mehr konnte ich so kurzfristig nicht erreichen. Aber wir lassen uns etwas einfallen.

Du hast dein Bestes getan, versichere ich ihm, darum bemüht, nicht besorgt zu klingen.

Fast hätte ich es vergessen, sagt er, und holt aus seiner Tasche meinen neuen Ausweis heraus. Madam Lee hatte für alle Mädchen gefälschte Papiere, aber ohne ihren Schutz würde ich nie wieder Peony sein.

Wie hast du das so schnell geschafft?, frage ich.

Ich war bei einer rivalisierenden Tong, erwidert er stolz. Ich habe gesagt, ich gebe ihnen Informationen über die Hip Yee Tong und ihre Helfer beim Geldwaschen. Als Gegenleistung wollte ich zwei Ausweispapiere. Die Entscheidung ist ihnen nicht schwergefallen.

Samuel, sage ich und stelle mir diesen dünnen Jungen vor. Die hätten dich entführen oder umbringen können.

Haben sie aber nicht, erwidert er. Und jetzt haben wir eine Möglichkeit wegzukommen. Zünde mal ein Streichholz an, ja?

Ich folge seiner Bitte und halte die Flamme über das Papier. Oben steht UNITED STATES OF AMERICA – HEIMATSCHEIN. Darunter die Details der Person, die ich werden soll, Jacob Li, mit einem Bild meiner neuen Identität. Unten links das Foto eines kleinen Jungen. Wir sehen uns überhaupt nicht ähnlich, finde ich.

Plötzlich spüre ich eine Verdichtung, als wäre alles zuvor durch denselben Nebel erzählt worden, der über der Stadt lag. Mir wird klarer denn je, dass ich nicht mehr in einem Zimmer in Zhifu bin, nicht mehr in einer Tonne zwischen Kohle hocke, nicht mehr im Bordell gefangen bin. Hier bin ich endlich frei, doch diese Freiheit wird durch ein neues Gebot eingeschränkt: Um frei zu bleiben, musst du dich verstecken. Wie schnell muss ich doch in diese neue Identität schlüpfen, denke ich. Keine Zeit, um Daiyu an die Luft zu lassen.

Ich blase das Streichholz aus und will das Papier an mich nehmen, aber Samuel faltet es zusammen und steckt es in seine Tasche. Vorläufig behalte ich die Papiere, sagt er. Für uns beide.

*

Ich weiß nicht, wo in der Stadt wir uns befinden, aber ich weiß, dass wir weit entfernt sind vom Bordell und uns noch weiter vom Meer entfernen. Wir erreichen das Gasthaus, wo der Wirt unsere Papiere verlangt, bevor wir ein Wort gesagt haben. Samuel holt sie großspurig hervor und reicht sie ihm mit wichtigtuerischer Geste, aber ich bin nervös. Der Junge auf dem Bild sieht mir nicht ähnlich, aber er ist so jung, dass er irgendwann so wie ich hätte aussehen können. Der Wirt erkennt keinen Unterschied. Er nickt und zeigt zur Treppe. Wir sind ihm nicht willkommen, das ist unübersehbar.

Wir steigen in den dritten Stock und gehen dann links zur zweiten Tür. Samuel öffnet sie und winkt mich herein.

Drei Männer, wie angekündigt. Alle Chinesen, wie angekündigt. Sie sitzen auf dem Boden, und als ich eintrete, fahren sie erschrocken zusammen. In der Ecke steht ein leeres Bett, daneben ein Tisch mit einem Krug Wasser. Auf dem Boden haben die Männer die Decken und Laken vom Bett ausgebreitet. Am Fenster liegen drei Bündel.

Du bist spät dran, sagt einer der Männer. Er sieht älter aus, hat ergrauendes Haar. Und du hast jemanden mitgebracht?

Hört mal, sagt Samuel, das ist …

Jacob, ergänze ich rasch und erinnere mich an mein Ausweispapier. Jacob Li.

Hm, sagt der Grauhaarige, offenbar der Wortführer. Wer bist du, Jacob?

Jacob, sagt Samuel leichthin, ist mein Freund. Er hat von unserer Reise nach Boise gehört und möchte mitkommen.

Ach ja?, sagt der grauhaarige Mann und kommt näher. Für einen fünften haben wir keinen Platz.

Schaut ihn an, sagt Samuel, er ist klein.

Ich kann helfen, sage ich, und bemühe mich, meine Stimme tief und schroff zu halten, wie ich es geübt habe. Ich kann tun, was ihr von mir verlangt.

Der Grauhaarige schnaubt und kommt noch näher. Ich will zurückweichen, aber hinter mir ist die Tür. Du hast da was auf dem Auge, Jacob, weißt du das?

Ich bete, dass ich keine Miene verziehe und mein Mund sich nicht in einem Anflug von Panik öffnet. Mit dem Ärmel meines Changshan reibe ich meinen Lidschatten weg und hoffe, dass sie keinen Verdacht schöpfen. Der Grauhaarige lacht wieder und kehrt an seinen Platz zurück.

Ist egal, sagt er. Auf einen mehr kommt's nicht an. Ihr zwei könnt auf dem Boden schlafen. Decken sind nicht genug da, ihr müsst euch also in euren Kleidern wärmen. Oder aber, sagt er und seine Augen leuchten auf, ihr wärmt euch gegenseitig. Das würde dir bestimmt gefallen, Junge. Hab ich recht?

Die beiden anderen Männer lachen. Der Grauhaarige hat Samuel angesprochen, und ich rechne damit, dass er irgendwie zurückschlägt, doch er nickt nur mit hochroten Wangen. Dann winkt er mich zu sich, und ich gehe in die Ecke, so weit weg von den Männern wie nur möglich, wohl wissend, dass die drei mich im Auge behalten.

*

In der Nacht kann ich nicht schlafen. Meine Angst vor dem, was kommt, ist zu groß. Das Schnarchen der drei Männer rumpelt durch den Raum. Der harte Holzboden drückt an meinen Hüftknochen. Auch Samuel kann nicht schlafen. Das weiß ich, weil er sich nicht rührt.

Ich denke an das Bordell. An Madam Lees Gesicht, als sie sah, was vor sich ging, ihre Wut und Angst, ja Angst, als Samuel mich zur Tür hinauszog. Die Panik der Mädchen, als die Halbbrüder auf ihnen landeten, und das Fluchen der beiden. Die Einzige, die ich nicht gesehen habe: Swallow. Wo war sie in diesen letzten Momenten, bevor ich verschwand?

Wenn ich je nach San Francisco zurückkehre, trägt vielleicht Swallow die Verantwortung für das Bordell, und vielleicht wird sie dann nicht mehr Swallow genannt, sondern Madam. Wenigstens weiß ich, dass Peony dann eine ferne Erinnerung sein wird. Der Gedanke gefällt mir und lässt mich in der Dunkelheit lächeln. Und ich bilde mir ein, dass irgendwo in mir auch Lin Daiyu lächelt.

*

Wir sind vor Sonnenaufgang wach. Der Raum ist noch dunkel, die drei Männer verschwommene Gestalten, als sie langsam aufstehen und sich ächzend strecken. Samuel sitzt mit den Ellbogen auf den Knien da und beobachtet mich.

Hast du geschlafen?, fragt er.

Ein bisschen, lüge ich.

Wir gehen hintereinander über die Treppe nach unten. Das Gasthaus ist still, der Wirt nirgends zu sehen. Jeder Mann trägt ein kleines Bündel, nur ich habe nichts, nur die Kleider, die ich von Samuel habe.

Ich darf nicht vergessen, gebeugt zu gehen, damit meine Schritte schwerer werden und mein Körper breiter wirkt. Meine Schultern sind Spaten, meine Arme Hämmer. Jede Bewegung ist eine Behauptung, jeder Moment der Stille ein Punkt.

Die Kalligraphie, erklärte mir Meister Wang einmal, geht zurück auf das Dao, das himmlische Wesen im Menschen. Wir kommunizieren das Dao, indem wir ordentliche Linien zeichnen. Im Grunde ist eine perfekte Linie die größte Errungenschaft.

Um eine gute Linie zu zeichnen: Bewege die Pinselspitze in der Mitte jedes Strichs. So verhinderst du, dass einzelne Pinselhaare Zacken entlang der Linie schaffen. Eine gute Linie, ob dick oder dünn, vermittelt innere Stärke. *Sie genügt sich selbst, lässt keinen Raum für einen schwachen, verwirrten Geist.*

Ich könnte so tun, als wäre ich ein solcher Mann, überlege ich, während ich mit den anderen Männern gehe. Stark, beständig und gesund. Nicht ein unbedeutendes Mädchen wie Daiyu.

Ich glaube, es funktioniert. Denn die drei anderen Männer sehen mich nicht an, als wir vor dem Gasthaus stehen. Wir warten auf etwas. Samuel schaut mich an. Er bibbert. In San Francisco sind die Morgen unabhängig von der Jahreszeit kalt, und das Wasser in der Luft könnte Eis sein.

Wenn du das Kälte nennst, kannst du in Idaho niemals überleben, sagt der Grauhaarige zu Samuel. Härte dich ab, Junge! Sei ein Mann.

Ich stupse Samuel an, um ihm zu bedeuten, den Grauhaarigen zu ignorieren. Er tritt einen Schritt von mir zurück, und ich sehe, wie er die Zähne zusammenbeißt, damit er nicht mehr zittert.

Ein Pferdewagen fährt vor. Der Fahrer, ein Weißer, springt ab, stellt sich neben den Wagen und mustert uns.

Sollten es nicht vier sein?, sagt er zum Grauhaarigen. Er meint mich.

Er ist klein, erwidert der Grauhaarige und zeigt auf Samuel. Er hat Geld.

Der Fahrer geht zu Samuel und beäugt uns beide. Einhundert, sagt er. Jeder.

Samuel lacht nervös. Hören Sie, sagt er, das ist doppelt so viel, wie die anderen zahlen.

Ich sagte einhundert, wiederholt der Fahrer. Oder hast du Probleme mit den Ohren, Kuli?

Samuel seufzt und holt aus seiner Tasche einen Beutel heraus. Der Fahrer beobachtet ihn aufmerksam. Ich komme mir sehr klein neben ihm vor.

Gut, das ist gut, Junge, sagt der Fahrer, als Samuel ihm das Geld übergibt. In Ordnung, rauf mit euch.

Wir klettern auf den Wagen. Ich setze mich und ziehe die Knie ans Kinn. Der Fahrer steigt auf den Vordersitz und ruft seinen Pferden Ja! zu. Der Wagen ächzt unter unserem Gewicht und setzt sich in Bewegung.

Das Geld war für Essen und Unterkunft gedacht, wenn wir in Boise sind, flüstert Samuel mir zu.

Ich zucke mit den Schultern, auch wenn seine Worte Panik in mir auslösen, weil ich weiß, dass der Grauhaarige uns aus schmalen Augen anstarrt. Er rechnet irgendetwas zusammen. Ich recke mein Kinn vor, in der Hoffnung, dass ich männlicher aussehe. Er behält mich weiter im Auge.

Fährt er uns bis nach Boise?, frage ich Samuel. Ich habe keine Ahnung, wie weit entfernt das ist.

Samuel lacht in seinen Hemdsärmel. Nein, er bringt uns zum Bahnhof.

*

Lange bevor du auf dieser Welt warst, erzählte mir meine Großmutter, baute ein britischer Kaufmann eine lange Eisenbahnlinie vor dem Xuanwu-Tor in Peking. Er wollte dem kaiserlichen Hof die Technik vorführen. Doch die Regierung fürchtete sich vor dem Zug. Sie fanden ihn ungewöhnlich und äußerst befremdlich. Und so ließen sie ihn auseinandernehmen.

Bisher habe ich mir immer etwas zwischen einer Schlange und einem Drachen vorgestellt, ein Wesen, das durch die Welt fliegen kann. Als wir zum Bahnhof gelangen, höre ich das Rumpeln und spüre in meinen Knochen, wie die Erde vibriert. Ich weiß, dass ich recht habe – ein Zug muss ein lebendiges, sich bewegendes Ungeheuer sein.

Der Wagen hält vor der Fahrkartenkontrolle. Der Mann bindet seine Pferde an einen Pfosten, kommt zu uns und gibt uns die Fahrkarten.

Wenn ihr nach Boise kommt, erklärt er, dann sagt ihr, ihr kommt von Jordy. Dann bringen sie euch zur richtigen Stelle.

Wir springen nacheinander vom Wagen. Es fühlt sich komisch an, wieder frei unter Menschen zu sein. Mir wird klar, dass ich zum ersten Mal seit langer Zeit niemandem verpflichtet bin. Hier wimmelt es von Weißen und Chinesen. Alle tragen Bündel und Gepäck und bahnen sich eilig ihren

Weg zum Zug. Ich fühle mich an meine ersten Tage in Zhifu erinnert, sprachlos vor Aufregung im Lärm der vielen Stimmen. Ich fühle mich wieder wie ein Kind.

Wir folgen dem Grauhaarigen zum Fahrkartenschalter, wo jemand unsere Papiere überprüft, dann unsere Fahrkarten und uns weiterwinkt. Und dann sehe ich ihn. Den Zug. Keine Schlange, kein Drache und auch nichts dazwischen, sondern eine große, hoch aufragende schwarze Maschine. Sie glänzt in der Sonne und atmet Rauch. Unter den gewaltigen Rädern sehe ich die Schienen, von denen meine Großmutter erzählte. Wie um alles in der Welt konnte jemand so ein Ding bauen?

Zug heißt im Chinesischen »Feuerwagen«. Ich glaube, dies ist das größte Feuer, das ich je gesehen habe.

*

Unser Abteil ist ganz am Ende des Zugs. Weil ich nicht eingeplant war, muss ich mir ein Bett teilen. Die drei Männer fragen gar nicht, sondern legen ihre Säcke auf drei der Kojen. Samuel und ich sehen uns an.

Wie gesagt, meint der Grauhaarige, ihr könnt euch ja gegenseitig wärmen. Er und die beiden anderen Männer kichern und steigen in ihre Kojen.

Hm, sagt Samuel und sieht mich an.

Hm, sage ich und meide seinen Blick.

Wir sitzen auf der Koje und warten. Der Zug vibriert in einer fieberhaften Frequenz, sein Schaudern kitzelt mich an den Füßen. *Tschu-tschuu-tschu-tschuu*, schnaubt er. Als würde er keuchen und alle an Bord auffordern, es ihm gleichzutun.

Als der Zug anfährt, packe ich Samuels Arm, bevor mir einfällt, dass kein Mann das tun würde. Meine ganze Welt bewegt sich wieder, so wie damals in der Kohlentonne auf dem Schiff, aber diesmal, das verspreche ich mir, diesmal lasse ich mich nicht festhalten. Diesmal mache ich es besser. Anders darf es nicht sein.

Von Daiyu zu Feng zu Peony zu Jacob Li. Wann werde ich wieder ich sein? Und wenn ich wieder ich bin, werde ich dann wissen, wer sie ist?

*

In der Nacht zwängen Samuel und ich uns in die Koje. Er möchte, dass ich innen schlafe, weil ich kleiner bin. Der Grauhaarige nimmt die Koje über uns und legt sich stöhnend hin. Unter seinem Gewicht sinkt die Matratze ein wenig ein, und am liebsten würde ich sie anstupsen, um mich zu vergewissern, ob er noch da ist. Wir haben alle einen langen Weg hinter uns. Ich habe die Männer nicht gefragt, woher sie kommen.

Ihr habt Glück, dass ihr beide klein seid, sagt er von oben zu uns herunter. Wenn ihr Männer wärt, würdet ihr nicht reinpassen.

Ich erwidere nichts.

Etwas Warmes an meiner Taille. Samuels Hand. Mit dieser Geste will er mich fragen, ob es in Ordnung ist, wenn er mir so nahe ist. Seit dem Tag, als er in mein Zimmer kam und sich auf mich legte, haben wir uns nicht mehr so berührt. Er fragt mich mit seiner Hand auf meinem Rücken, ob ich mich noch daran erinnere.

Ich greife nach hinten und drücke seine Hand. Dann lege ich sie auf seine Seite zurück und hoffe, das genügt. Jetzt schlaf ein bisschen, sage ich zu ihm. Jetzt schlaf ein bisschen, sage ich zu mir.

9

IN BOISE SUCHE ICH als Erstes das Meer.

So lange ich denken kann, gab es immer ein Meer in meinem Rücken, den Geruch von Salz in meinem Haar. Ob in China oder Amerika, wenigstens würde es immer das Wasser geben. Auf diese Weise, stelle ich mir vor, kann ich nicht allzu weit von dem Ort entfernt sein, von dem ich komme.

Doch Boise hat kein Meer. Es gibt keinen Hafen, keine Möwen am Himmel, keine Feuchtigkeit in der Luft. Die meisten Gesichter sind weiß. Nur sehr wenige, stelle ich auf dem Weg aus dem Bahnhof fest, sehen aus wie ich. Wir sind eine Absonderlichkeit. Als wir in unseren Changshan durch die Straßen schlurfen, ziehen die Zöpfe der Männer den Blick eines kleinen Jungen mit grünen Augen auf sich. Er zupft seine Mutter am Rock und zeigt in unsere Richtung. Sie drängt ihn weiter und rümpft die Nase.

Hast du nicht gesagt, es wäre leicht, von hier nach China zu kommen?, flüstere ich Samuel zu.

Ist es auch, erwidert er.

Wo sind die vielen Chinesen?, will ich wissen. Du hast gesagt, hier gebe es jede Menge.

Gibt es auch, erwidert er. Jedenfalls gab es sie.

*

In Boise gibt es viele Bäume. Der leichte Wind an diesem Nachmittag im August ist köstlich und kühl. Überall in der Stadt kündigt sich der Herbst an, die Wipfel der Pappeln und Ahornbäume leuchten in Rot, Orange und königlichem Gelb. Alles scheint geweitet zu sein. Als hätte man uns Raum geschenkt, einfach um da zu sein. Ich glaube, hier kann ich es schaffen.

Wir erreichen ein Gasthaus im Stadtzentrum, vor dem sich Gruppen von Chinesen versammeln. Manche tragen Jacken und Hosen, andere lange Changshan wie wir. Viele haben ihre peitschenartigen Zöpfe behalten. Ich bin fasziniert – die Männer unterscheiden sich von denen bei mir zu Hause und sind doch ganz ähnlich; Fleisch, Knochen, Blut, alles vertraut, alles ganz nah. Ich möchte sie am liebsten bitten, mich nach Hause zu bringen, möchte mit ihnen in einer Sprache sprechen, die nicht Englisch ist, möchte mich einfach zu ihnen stellen und kurz erleichtert sein.

Drinnen begrüßt uns der Wirt, ebenfalls Chinese. Das Gasthaus ist an einen chinesischen Tempel angeschlossen, doch während die Tempel in Zhifu majestätisch wirkten mit ihren Dächern aus gewölbten Blättern und kostbaren Ziegeln, ist dieser Tempel nur ein einstöckiges Holzgebäude.

Nicht, was du erwartet hast?, fragt Samuel scherzhaft, als er meine Verwirrung sieht. Dann erklärt er etwas ernster, dass diese Art Tempel in ganz Idaho und dem Großteil des Westens üblich ist. Er weiß das von den Geschichten, die ihm ein Chinese erzählte, der aus der Gegend zurückgekehrt war. Man kann sie Tempel nennen, sagt er, aber auch Versammlungsorte. Man könnte sie sogar Spielhäuser nennen. Hier draußen haben wir nichts anderes. Zumindest darf kein Weißer einen Fuß hineinsetzen.

Wo sind die anderen?, frage ich.

Der Wirt holt eine Karte hervor und kreist die Städte und Regionen ein, in denen es Tempel gibt. Ich nehme die Karte und stecke sie in meine Brusttasche. Samuel sagt *Hier haben wir nichts anderes,* und das heißt, ich gehöre jetzt zu diesem *wir.* Mir gefällt die Vorstellung, dass es überall im Land Tempel und selbst an einem fremden Ort wie diesem kleine Erinnerungen daran gibt, wie sich Zuhause anfühlt.

Samuel bezahlt unser Zimmer mit dem Rest seines Geldes. Ich sorge dafür, dass er um zwei Betten bittet. Es ist klein, schäbig, aber wir sind zum ersten Mal seit einer Weile allein. Die drei anderen Männer zwängen sich in das Zimmer nebenan, die Dielen knarren, als sie sich verteilen und niederlassen. Am Morgen werden wir den Mann treffen, der uns helfen will, Arbeit zu finden.

Tja, sagt Samuel und setzt sich auf sein Bett.

Tja, sage ich mit meiner normalen Stimme und nicht in dem tiefen Tonfall, den ich mir zugelegt habe.

Ich bin in Sicherheit. Endlich, endlich, nachdem ich gerannt und ruhelos umhergezogen und ausgewichen bin. Ich bin in Sicherheit. Hier gibt es keinen Jasper, keine Madam Lee, keine Halbbrüder. Ich denke an das Zeichen für fliegen 飛, das aus einem Nest von Flügeln besteht, und zeichne es auf mein Bein, fahre mit dem Finger hin und her, hin und her, jeder Strich kühner, schöner, freier, bis ich mir das Zeichen größer vorstelle als mein Bein, größer als mein Bett, größer noch als das Zimmer.

Ich kann zwar noch nicht ich sein, aber das macht nichts. Ich kann mir immerhin vorstellen, dass ich aus Flügeln bestehe.

*

Ich träume von einem Wald. Hohe Bäume, deren Äste ein Schutzdach bilden. Das Gras nur ein bisschen nass. Ich bin barfuß.

Ich bin nicht allein. Mein erster Gedanke ist, dass Lin Daiyu bei mir ist, aber ich fühle mich schwer, sie muss also noch in mir sein. Wer immer es ist, ich kann ihn nicht sehen. Aber ich spüre ihn neben mir, höre ihn. Ich drehe mich um, doch derjenige ist in einen dichten Nebel gehüllt.

Wir gehen irgendwohin, ich und dieser unsichtbare Fremde. Ringsum das Gezwitscher von Vögeln, aber ihr Lied ist nicht tröstlich, sondern unheimlich und höhnisch.

Mein Begleiter bleibt stehen. Ich gehe weiter. Er sagt etwas zu mir, schreit, aber das Schreien ist gedämpft, und ich höre nur ein Donnern in den Ohren. Wie das Meer in Zhifu, wie eine Decke, die sich über meinen Kopf legt und mich erstickt.

*

In der Nacht drückt etwas gegen meinen Rücken. Ich fahre hoch, aber etwas legt sich an meine Kehle, eine Klinge, scharf und kalt.

Sei still, flüstert jemand in mein Ohr. Oder ich erzähle allen, wer du wirklich bist.

Ich kenne die Stimme. Sie gehört dem Grauhaarigen.

Du dachtest wohl, ich kriege es nicht raus?, keucht er mit saurem Atem. Ich wusste gleich, dass mit dir was nicht stimmt.

Ein Schatten gleitet durch den Raum. Samuel ist auch hier, fällt mir ein. Samuel, mein freundlicher Retter, Samuel, der weinende Junge, der mir geholfen hat, so weit zu kommen.

Hilfe, rufe ich.

Aber er rührt sich nicht. Stattdessen sinkt er zu Boden. Und mein Herz mit ihm.

Der Grauhaarige reißt meine Hose runter. Und dann fummelt er an seiner eigenen. Und dann spüre ich, wie sich etwas Weiches, Schlaffes, Lauwarmes an meinen Hintern presst. Immer wieder stößt sein fleischiges Organ verzweifelt zu. Aber er schafft es nicht.

Der Grauhaarige flucht. Dann gleitet etwas anderes meinen Rücken hinunter: eine Hand mit kalten Fingern. Sie bewegt sich über meine Haut, drängt sich zwischen meine Beine, und dieselbe Kälte dringt dort ein, wo mich bisher noch niemand berührt hat.

Ich spüre seinen struppigen Bart an meinem geschorenen Haar und seinen feuchten Atem an meinem Ohr. Seine trockenen Finger kratzen in mir, als wollten sie etwas herausholen, das er für sich haben will. Ich denke an seine schmutzigen Fingernägel, die kantigen Knöchel, und kann alles spüren. Seine Nägel werden Narben zurücklassen. Aufhören, denke ich. Aufhören, aufhören, aufhören.

Auf der anderen Seite beginnt Samuel zu weinen.

Und davon wacht sie offenbar auf. Die Finger des Grauhaarigen stochern weiter in mir herum, der Schmerz jetzt weiß. Als würde mein Innerstes nach außen gekehrt. Bei jedem Stoß seiner Hand spüre ich, wie Lin Daiyu in mir drängelt, bis sie größer ist als wir beide, bis sie sich aufrichtet und aus mir heraustritt, um die beiden Körper unter ihr zu betrachten.

Ich warte darauf, dass sie das Messer gegen ihn richtet und ihm die Kehle durchschneidet. Oder ihm die Finger von der Hand reißt. Oder irgendetwas tut und nicht wie ich aufhören, aufhören, aufhören schreit. Da sind wir, beide mutterlose, vaterlose Mädchen, die eine ein Geist, die andere nicht weit davon entfernt, beide so vielversprechend und am Ende doch nichts. Sieh uns an, Lin Daiyu, will ich ihr zwischen unseren Schreien zurufen. Vielleicht sind wir doch gar nicht so verschieden.

Als er fertig ist, wobei ich nicht weiß, was fertig sein bedeutet, weil ich nur das Kerzenlicht auf Samuels Gestalt sehe, rollt der Grauhaarige von mir herunter und lässt einen milchigen Schlamm auf der Matratze zurück. Ich befreie mich aus seinen schlaffen Armen und ziehe mir die Hose wieder über die Hüfte. Es fühlt sich komisch an zu stehen. Etwas sickert aus meinem Körper.

Danke, mein Junge, sagt er zu Samuel und knöpft seine Hose zu. Vielleicht nenne ich dich jetzt einen Mann.

Ich sehe nur Jasper, spüre nur sein schlüpfriges Grinsen, wie er lachen würde, wenn er mich jetzt sehen könnte. Der Grauhaarige war nicht anders als Madam Lee, die nicht anders war als Jasper. Alles ist aufs Übelste miteinander verbunden. Die Stelle zwischen meinen Beinen fühlt sich leer und nutzlos an. Der Grauhaarige grinst anzüglich, als wollte er sagen: Wir sollten das noch mal machen. Und dann verschwindet er.

Die an der Wand kauernde Gestalt stößt wieder ein Schluchzen aus.

Du hast zugelassen, dass er mir das antut, sage ich. Du hast ihn nicht aufgehalten. Was würde deine Schwester sagen?

Samuel krümmt sich und stöhnt. Auch ich weine jetzt.

Du bist nicht besser als deine bösen Halbbrüder, sage ich.

Über uns schwebt Lin Daiyu. Ihre Tränen explodieren, als sie Samuels Haut berühren. Schande über dich!, schreit sie. Möge der Tod dich schnell finden!

Er wusste schon Bescheid, sagt Samuel. Angeblich wollte er nur kommen und mit dir sprechen. Er meinte, ein richtiger Mann würde das verstehen.

Er hatte recht, fauche ich. Vorher warst du gut. Jetzt bist du nichts weiter als ein Mann.

Bei diesen Worten zuckt er zusammen, und das freut mich. Der Schmerz in meinem Bauch breitet sich aus. Der Grauhaarige hat mir das Kostbarste genommen, etwas, was ich ihm nicht geben wollte. Das ich noch nicht bereit war zu geben. Es gehörte mir. Warum konnte es mir nicht für immer gehören oder zumindest so lange, wie ich wollte?

Du hast gesagt, du würdest mir dein Leben verdanken, wenn wir entkommen, wimmert Samuel.

Aber nicht so, erwidere ich.

Er sieht mich nicht an. Geh einfach, schluchzt er. Geh, wenn du mich so hasst.

Die Freude über meine neue Freiheit ist längst verschwunden. Ich kann ihm nicht mehr vertrauen, hätte nie jemandem vertrauen sollen. Ich hätte klüger sein müssen. Ich kann klüger sein.

Lin Daiyu steigt von der Decke herab und zwängt sich wieder durch meine Kehle, unser beider Tränen verschwinden mit ihr in mir. Ich schlüpfe in meine Schuhe und straffe die Schultern, werde wieder Jacob Li. Ich versuche, nicht an das Brennen zwischen meinen Beinen zu denken, daran, dass ich weinen möchte und nie wieder aufhören. Stattdessen versuche ich, Lin Daiyu in mir zu spüren. Bevor ich nach draußen gehe, greife ich in Samuels Jackentasche und nehme mein Ausweispapier. Er rührt sich nicht.

Draußen im Flur ist es still und schwarz, aber die Schwärze erstickt mich nicht. Zum ersten Mal bin ich froh darüber. Ich trete hinaus in die Dunkelheit.

Du bist nicht allein, rede ich mir zu.

Du bist nicht allein, bestätigt Lin Daiyu. Hinter uns stößt Samuel ein armseliges Wimmern aus.

Ich schließe die Tür.

TEIL III

*

PIERCE, IDAHO
FRÜHJAHR 1885

1

DIE FRAU LIEGT STILL im Bett. Sie will sich aufsetzen, doch ihr Dienstmädchen ermahnt sie, es nicht zu tun. Es würde sie zu sehr anstrengen. Sie weiß, es ist besser, auf das Mädchen zu hören, und so bleibt sie liegen und betrachtet den über ihr Bett gespannten Bildteppich. Watteweiße Wolken, ein Feld mit Schilf. Der Wind biegt alles zur Seite. Auf diesem Bildhimmel hängen schwarze Kraniche, deren dünne Körper sie an die gemalten Augenbrauen einer Tante erinnern. Sie starrt nach oben und fragt sich, wann der Schmutz in ihrer Kehle sich löst.

Was als Getuschel begann – dass der Mann, den sie liebt, eine andere heiratet –, wächst an zu einem erstickenden Urteil. Zu laut, zu laut, denkt sie. Vergangen die Tage, als sie noch glaubte, sie und der Mann könnten zusammen sein. Es gab immer eine Weissagung, immer ein Schicksal, das im Weg stand. Inzwischen ist sie klüger. Es hat nicht sein sollen.

Mit dem Rücken auf ihren seidenen Kissen spürt sie das Blut an ihre Haut trommeln. Es will heraus.

Die gnädige Frau sollte sich hinlegen, ermahnt ihr Dienstmädchen. Die Frau hört sie nicht. Sie weiß, dass ihr Gefühl wohl das ist, was man Liebeskummer nennt. Es ist das gleiche Gefühl, das sie nach dem Tod ihrer Mutter empfand, nur ist es diesmal viel schlimmer. Sie weiß nur, dass sie es aus sich herauskriegen muss.

Die Frau spürt etwas in sich anschwellen, als würde sich eine ganze Welt in ihr zusammenballen. Jetzt ist es in ihrem Bauch, ein dicker Knoten aus Trauer. Jetzt ist er in ihrer Brust und drückt gegen die Rippen. Jetzt in ihrer Kehle, ein aufplatzender Sack voll breiiger Masse.

Die Frau weiß nicht, wohin es führt, aber sie weiß, es wird ihr besser gehen, wenn sie es zulässt. Also öffnet sie den Mund, und es bricht aus ihr heraus, purpurrote Spritzer auf ihrem weißen Nachthemd, auf ihrer honiggelben Seidendecke und sogar auf den bestrumpften Zehen. Das Dienstmädchen springt zurück.

Die Frau meint, es sei das Schönste, was sie je gesehen hat. Und fühlt sich viel besser. Warum seht ihr mich so an, will sie ihre Dienstmädchen fragen. Doch als sie den Mund öffnet, kommt kein Wort heraus. Nur das Zeug namens Blut, und jetzt spritzt es heftig.

Die Frau spürt, wie sie im Bett versinkt, ihr Körper eingehüllt von Kissen, die nun ebenfalls rot sind. Sie neigt den Kopf und sieht zu, wie das Rot ihr Nachthemd durchtränkt. Es ist warm auf ihrer Brust, und dann ist es plötzlich sehr kalt.

Ihre Dienstmädchen wuseln um sie herum, rufen einander zu und wissen nicht, was sie tun sollen. Eine fragt, ob sie *ihn* holen sollen, eine andere sagt, das sei vielleicht keine gute Idee, da es sein Hochzeitstag sei. Einige weinen. Die Frau will ihnen sagen, sie sollen still sein, sollen sie diesen Augenblick genießen lassen, aber sie begreifen nicht. Sie können nicht anders, sind außer sich vor Angst.

Die Frau hat keine Angst. Sie schaut an die Decke. Wenn sie ihren Blick schweifen und alles verschwimmen lässt, bewegen sich die Flügel der Kraniche auf und ab. Das Schilf schwankt von Seite zu Seite.

Sie denkt an den Mann, der einst ein Junge war. Frisch verheiratet. Sie hatte immer vor, auf ihn zu warten. Und er hatte versprochen, auf sie zu warten. Ihr geht durch den Sinn, dass er sie die ganze Zeit belogen hat, doch sie will es hinter sich lassen. Außerdem, denkt sie, ist es ohnehin egal. Es ist vorbei, zum Glück ist es vorbei.

Ihre Dienstmädchen sind jetzt still, haben Angst, sich zu rühren. Sie beobachten die Frau mit verweinten Augen. Viele schluchzen noch. Sie erinnert sich an den Tag, als sie hier ankam, als sie nur ein mutterloses, kränkliches Kind war. Sie ist immer noch ein mutterloses, kränkliches Kind, aber zumindest weiß sie jetzt, dass sie nicht nur das ist.

Die Kraniche über ihr ziehen sich zusammen und dehnen sich aus, ihre Flügel locken sie vorwärts. Sie greift nach ihnen und spürt, wie sie entgleitet, spürt, wie ihr Körper gen Himmel getragen wird. Sie hatte nie gewusst, dass sie fliegen kann.

Später, als sie ihrem Geliebten die Nachricht überbringen (allerdings nicht in Gegenwart der frischgebackenen Ehefrau), erzählen sie ihm, sie sei friedlich gestorben. Sie erzählen ihm nicht, dass sie Blut spuckte und nicht mehr aufhören konnte. Sie erzählen ihm nicht, dass sie von innen heraus ertrank.

2

DER SCHNEESTURM KOMMT IRGENDWANN in der Nacht. Als ich aufwache, entweicht mein Atem in grauen Wolken. Es ist Morgen. Die Außenwelt ist vereist. Ich bleibe noch eine Weile im Bett und schließe die Augen. Meine Zehen sind hart vor Kälte.

An Morgen wie diesem packe ich die glühenden Erinnerungen an meine Kindheit aus und hoffe, dass sie mich wärmen. Eine geht so: Die Hitze strahlt von den Suancai ab, die meine Großmutter in den großen braunen Gläsern eingeweckt hat. Später, beim Abendessen, liegen die gekräuselten Blätter scharf und köstlich neben Schweinefleischscheiben und Kartoffeln. Eine andere: die Hitze in den Falten des Schals um den Hals meiner Mutter. Die wichtigste: Ich sehe Schnee, während ich auf den Schultern meines Vaters sitze. Mein Kopf ist dem Himmel zugewandt, meine Kniekehlen werden von den Schultern meines Vaters gewärmt. Wenn du mich nur ein bisschen höher hebst, drängte ich ihn, dann kann ich sehen, wie Schnee aussieht, bevor er Schnee wird.

Wenn der Winter in unserem kleinen Fischerdorf Einzug hielt, bewegte sich die Kälte nicht. Sie hing in der Luft. Mein Vater sagte, die Kälte verbinde sich mit all den Wassertropfen, die noch nicht ihr Zuhause im Meer gefunden hätten, deshalb würden sie an unseren Kleidern, unserem Haar und sogar unseren Knochen kleben bleiben. Ich liebte die Kälte, liebte, wie sie uns im Haus zusammenrücken ließ. Je kälter es draußen wurde, desto wärmer wurde es drinnen, wenn wir vier uns wie Wärme aufleckende Katzen umkreisten.

Als ich die Augen öffne, bin ich wieder in der Kammer im Laden. Ich sehe die rote Decke auf mir, die an der Wand hängenden Kleider, das braune Holz der Schiebetür. Die Sonne ist draußen, und das heißt, ich sollte mich sputen.

Ich presse die Hände in meine Kniekehlen und hoffe, die Wärme noch ein wenig länger einzufangen. Und stelle mir die Schultern meines Vaters vor.

*

Nam sagt, dass es heute keine Lieferung gibt. Zu viel Schnee, sagt er, da kommt niemand durch. Fegst du bitte die Treppe vorne, Jacob?

Ich ziehe Pelzstiefel an und verschwinde in meinem Mantel.

Pierce ist eine Bergarbeiterstadt, die vor einigen Jahren beliebt wurde. Jetzt genießt sie die Auswüchse dieser Beliebtheit. Nam und Lum erklären mir, dass die Bergbauzeiten vorbei sind und der Großteil des Landes von einem Boom in der Vergangenheit erschöpft ist. Viele, die während des Booms hierherkamen, sind fort, doch geblieben sind die Spuren des Geldes und der Hoffnung, die sie mitbrachten.

Früher waren viele Chinesen hier, erzählte Nam am Anfang. Sie arbeiteten in den Minen und verdienten ziemlich viel Geld. Und alle kamen in unseren Laden! Inzwischen ist fast keiner mehr da. Geblieben sind nur Chengs Friseurladen und die Wäscherei. Und wir.

Habt ihr auch dort gearbeitet, bevor ihr den Laden hattet?, fragte ich. In den Minen?

Nam antwortete nicht, sondern starrte an einen weit entfernten Ort und ließ eine Erinnerung Revue passieren, die ich nie zu sehen bekam. Ich warf es ihm nicht vor, denn ich wusste – es war vermutlich derselbe Blick, den ich aufsetzte, wenn ich mein Zuhause vor mir sah.

Der Laden, genannt Pierce Big Store, befindet sich im Zentrum in einem Gebäude. Es gehörte früher einer inzwischen bankrotten Parfümerie, eingezwängt zwischen einem Lederwarengeschäft und einem Schneider. Beim bloßen Anblick würde man nicht vermuten, dass drinnen so viel Platz ist, aber der Laden an sich ist schon überraschend. Der Verkaufsraum ist schmal, sicher, aber auch sehr lang. So lang, dass Nam und Lum Regale und Kästen für Lebensmittel, Haushaltsartikel und sogar ein paar Eisenwaren unterbringen können. Ganz hinten gibt es eine kleine Nische, wo Körbe für verschiedene Kräuter und medizinische Zutaten stehen – Lotussamen, getrocknete Datteln, chinesische Wolfsbeeren –, sodass der Laden immer einen bitteren Geruch verströmt, der mich an den Garten meiner Großmutter erinnert. Ein Perlenvorhang trennt den Ladenraum vom Rest. Zur Rechten liegt eine kleine Kammer, die früher als Wäscheschrank diente. Zur Linken, in einem größeren Raum, schlafen Nam und Lum. Am Ende des Flurs gibt es einen Vorratsraum zum Lagern der neuen Lieferungen und noch ein Stück weiter eine winzige Kochnische und einen Waschraum. Ich schlafe in der kleinen Kammer, dem ehemaligen Wäscheschrank. Sie unterscheidet sich nicht von meinem Schlafquartier in Meister Wangs Schule, und deshalb gefällt sie mir. Der Flur führt hinten hinaus auf die Gasse. Dort hängen Nam und Lum ihre Wäsche auf und schaffen so ihre eigene Version eines Zauns, durch den sie aus den benachbarten Läden nicht gesehen werden können.

Ich schaufle vorne den Schnee beiseite, bis die Sonne über mir hängt. Einer nach dem anderen streckt den Kopf aus der Tür und beklagt, was der Blizzard angerichtet hat. Das Postamt wird heute geschlossen bleiben. Nebenan sagt der Schneider zu seiner Frau, dass sie Glück haben, wenn heute auch nur ein Kunde kommt. Chen der Friseur winkt mir aus seinem leeren Laden zu. Ein paar Häuser weiter an der Straße werden die Vorhänge bei Foster's Goods zurückgezogen, und der Mann, der aus dem Fenster blickt, flucht lautlos vor sich hin. Auch er wird heute keine Lieferung erhalten. Der Schnee hat alles unterbrochen.

Nam ordnet das Geld in der Ladenkasse, als ich zurückkomme. Er sieht zu, wie ich meinen Mantel abstreife. Der Schnee fällt in Klumpen auf den Boden.

Ist es kalt draußen?, fragt er. Er stellt mir gern Fragen, auf die er die Antwort schon kennt. Es ist seine Art, mir Freundlichkeit zu erweisen.

Ich nicke, meine Ohren brennen vor Kälte. Ich kann das wegputzen, sage ich und zeige auf das Wasser am Boden.

Nam sagt, ich solle erst Lum bei der Bestandsaufnahme von gestern helfen. Und vergiss nicht, ein Glas heißes Wasser zu trinken, sagt er. Es ist nicht gut für den Körper, wenn er so kalt ist.

*

Für jeden, der den Kurs meines Lebens verfolgt, könnte es so aussehen, als wäre ein Abschnitt von früher hierher, ins Jetzt verlegt worden. Nur stimmt das nicht ganz; anstelle von Meister Wang habe ich jetzt zwei Männer aus dem Süden Chinas, beide sprechen ein ungewohntes Chinesisch mit beschwingten Vokalen und kaum wahrnehmbaren Tönen. Statt Kalligraphie und Kalligraphen gibt es hier Konserven, Trockenobst, Kleinkram und die Menschen, die sie kaufen. Und statt in Zhifu bin ich in einer Stadt namens Pierce in Idaho, in einem Land namens Amerika.

Doch die Arbeit ist die gleiche. Fegen, sauber machen und aufräumen – alles eine Wiederholung meiner Tage bei Meister Wang und in der Schule, und in dieser Hinsicht könnte ich mich fast als glücklich bezeichnen. Bevor der erste Kunde in den Laden tritt, habe ich zweimal den Boden gefegt und gemoppt, die Regale abgestaubt, die Bohnen (das am besten verkaufte Produkt) nachgefüllt und die Fenster geputzt. Makellos, lobt Nam meine Arbeit oft. Wenn er das sagt, bin ich insgeheim stolz. Sehen Sie?, möchte ich dann zu Meister Wang sagen. Ich träume, dass er eines Tages hereinkommt. Was Sie mir beigebracht haben, war nicht umsonst.

Ein unmöglicher Traum, ich weiß. Meister Wang würde die Schule nie verlassen. Aber immer mehr wünsche ich mir, dass jemand sehen könnte, was ich alles kann.

Wenn ich mit dem Saubermachen fertig bin und der Laden geöffnet ist, ziehe ich mich in den hinteren Raum zurück, wo ich die neuen Lieferungen annehme und Inventur mache. Wenn Lum sich nicht mit einem Händler trifft oder Briefe an Verbindungsmänner außerhalb von Idaho schreibt, hilft er mir dabei. Für ihn ist Organisation etwas Schönes.

Das ist ihre stille Übereinkunft: Nam pflegt den Kontakt mit den Kunden, Lum geht mit Zahlen um. Ich zähle hinten die Bestände, während Lum sie in seinem Buch notiert. Eine einfache, ruhige Arbeit. Mittags setzen wir uns auf nicht ausgepackte Kisten und essen gedämpften Reis und gesalzene Enteneier. Manchmal eine Scheibe Schinken vom Fleischer ein Stück weiter in der Straße. Nam setzt sich zu uns, aber er isst immer sehr schnell; er will bei den Kunden sein.

Der kleine, rundliche Nam ist irgendwo in den Fünfzigern und hat ein Gesicht so dick wie ein Brötchen, alle Züge sitzen genau in der Mitte, sodass es immer aussieht, als wäre da mehr Fleisch als Gesicht. Wenn er lacht, und das tut er oft, erinnert er mich an ein Neugeborenes, die Wangen schimmernd, die Augen wie winzige Käfer, der Mund in unverhohlener Freude geöffnet. Sein Zopf passt zu seinem robusten, großzügigen und heiteren Wesen. Wenn er hinter ihm herschwingt, verstehe ich, warum er den Kontakt mit den Kunden pflegt. Es scheint, als könnte er mit seinem ernsten Wesen und seiner endlosen Freude jedem alles verkaufen. Immer zugänglich, immer bemüht zu gefallen.

Lum ist anders. Einen ganzen Kopf größer als Nam, was ihn für mich zu einem Riesen macht, mit scharfen Zügen und einer runden Brille. Sein Zopf reicht bis zum Boden. Meister Wang erklärte mir mal, dass Männer mit langen Zöpfen ihren Körper und die ihrer Vorfahren respektieren, daher weiß ich, dass Lum ein anständiger Mann sein muss. Er bewegt sich schnell, spricht wenig und lächelt noch weniger. Er erinnert mich an eine Holzflöte, gerade und aufrecht und so dünn, dass der Wind durch ihn hindurchwehen könnte.

Zusammen geben die beiden ein merkwürdiges Paar ab. Aber sie arbeiten gut, sind seit Jahren Geschäftspartner und geben mir das, was ich am meisten schätze: die Möglichkeit, anonym zu bleiben, in Ruhe zu arbeiten und zu existieren, ohne hinterfragt zu werden. Im Gegenzug gebe ich ihnen dasselbe und versuche nicht, das Geheimnis ihrer Geschichte zu lüften. Je mehr ich weiß, desto leichter ist es, mich zu binden. Das habe ich von Swallow gelernt.

Seit die meisten Chinesen weg sind, geht es Pierce Big Store nicht besonders gut. Doch Nam und Lum sind optimistisch. Vor allem Nam, der immer an bessere Tage denkt. Ob durch Pech oder eigenes Verschulden, der Laden befindet sich in der Nähe des einzigen anderen Gemischtwarenladens in Pierce. Foster's Goods gibt es fast so lange wie die Stadt und hat eine loyale Kundschaft. In Pierce sind alle loyal. Doch Nam und Lum sind zuversichtlich, dass wir mehr Kunden anziehen können, und senken deshalb die Preise, bestellen in großen Mengen. Harte Arbeit lohnt sich immer, sagt Lum oft. Einer seiner Sprüche.

Die Kunden, die noch kommen, sind hauptsächlich Chinesen. Sie wurden nicht hier geboren, sondern sind aus Guangdong gekommen in der Hoffnung auf Gold und Arbeit, sie wollten Geld verdienen, um damit eines Tages zu ihren Familien zurückzukehren. Du erinnerst mich an meinen Sohn, sagt einer zu mir, und seine braunen Augen füllen sich mit Tränen. Du erinnerst mich an alles, möchte ich erwidern. Eine kindliche Wahrheit. Er erinnert mich an etwas, von dem ich nicht wusste, dass es verloren gehen kann – das

Gefühl, da zu sein, wo man hingehört. Es ist ein Unterschied, ob man ein Neuankömmling in einer Stadt ist oder in einer Welt lebt, die einem nicht ähnelt und einen ständig an die eigene Fremdheit erinnert. So ist Idaho für mich. Deshalb beobachte ich unsere chinesischen Kunden mit Zärtlichkeit und verfolge ihre Bewegungen, wenn sie kommen und nach Hirse und Frühlingszwiebeln fragen oder Lakritz und Zimt kaufen. Du fehlst mir, obwohl ich dich gar nicht kenne, will ich zu dem Minenarbeiter, dem Wäscher, dem Dienstboten sagen. Aber ich halte mich stets zurück und komme ihnen nicht näher, weil ich mich an die Nacht im Gasthaus in Boise erinnere, an den Schmerz zwischen meinen Beinen und das Wimmern.

Die wenigen weißen Kunden, die in unseren Laden kommen, sind verklemmt und still. Sie verhalten sich, als wäre es falsch, dass sie bei uns sind. Sie bleiben nie lange. Weil es so wenige sind, versehe ich sie mit eigenen Namen und Geschichten. Da ist eine Frau, immer schwarz gekleidet, die nur Ingwer kauft. Ich nenne sie die Witwe. Da ist eine Gruppe kleiner Schuljungen, die lachend und schubsend vor dem Laden stehen und sich gegenseitig herausfordern, hineinzugehen. Den, der es schließlich tut, nenne ich den Soldaten.

Diese Kunden können den Laden nicht ewig am Laufen halten, aber Nam und Lum machen sich noch keine Sorgen – sie haben vor, mehr weiße Kundschaft zu gewinnen, indem sie den Warenbestand an Foster's Goods anpassen. Auch ich mache mir keine Sorgen. Was mit dem Laden, mit den Kunden, Nam und Lum geschieht, ist für mich nicht wichtig. Die Tage vergehen, ohne mich zu tangieren, als hätte man mich ausgezupft, entfernt und verpflanzt, damit ich von der Seite zusehe. Ich bin das Zeichen für verloren 迷, ein Reiskorn, das nirgendwohin geht. Wenn ich spreche, bewegt sich mein Mund, aber ich bin weit weg. Wenn ich fege, spüren meine Hände das Meerwasser und nicht den Besenstiel. Mein Körper mag hier in Pierce sein, doch mein Herz sucht nach Zhifu.

Samuel hat gelogen. Idaho ist nicht näher an China, denn es liegt nicht am Meer. Hier gibt es keine Schiffe, die mich nach Hause tragen können. Nur Land, Berge, Täler. Wiederholung. So viel Erde, so viel Grün. Als ich, noch geschockt von der Gewalt des Grauhaarigen, die erstbeste Person fragte, ob sie mir den Weg zu den Docks zeigen könne, lachte sie mir ins Gesicht. Im selben Moment wurde mir klar, was ich vermutlich die ganze Zeit wusste.

Wenn Nam und Lum sich wegen des Ladens zanken und über das Wetter klagen, nicke ich und murmle zustimmend, mehr nicht. Ich denke an meine Mutter, meinen Vater, meine Großmutter, an Meister Wang und die Kalligraphie-Schule. Bis zu dem Moment, als ich nach Pierce kam und den Laden fand, war mein Leben in zwei Hälften gespalten: vor der Entführung und danach. Jetzt kommt eine dritte Spalte hinzu, eine neue Möglichkeit: die Rückkehr. Dort liegt mein Glück, und wenn der Schnee, die Kälte und die Albträume mich zu erdrücken drohen, denke ich an meine Zukunft, eine Zukunft, in der ich meine Familie wiedersehe, in der ich Meister Wangs Anleitung folge und selbst Kalligraphie-Meisterin werde. In dieser Zukunft bin ich unversehrt, zufrieden und gesund. In dieser Zukunft bin ich eins mit mir.

3

DIES IST DIE GESCHICHTE, wie ein schwacher Junge zu einem
Mann wurde.

*

Ich veränderte mich, als ich Samuel in jener Nacht in Boise
verließ. Als ich wieder auf der Straße stand, die gähnend
dunkle Gasthaustreppe im Rücken, erfasste mich eine neue
Realität. Ich war in einer Stadt, die ich nicht kannte, und ich
war gerade aufs Entsetzlichste vergewaltigt worden. Nichts
würde andere Männer davon abhalten, mir das Gleiche an-
zutun wie der Grauhaarige. Ich war zu klein. Vor mir ging
ein Schatten vorbei – ein Wachtmeister oder irgendein Be-
trunkener, der nach Hause torkelte –, und als er sich zu mir
umdrehte, wurde mir klar, dass ich mich nie wieder sicher
fühlen konnte – jedenfalls nicht, wenn ich so lebte.

Ich war dem Bordell entkommen, doch den üblen Männern würde ich nie entkommen. Sie waren alle gleich, ob in
China, in San Francisco oder in Idaho. Es war einfach, ein
verwundetes Tier zu entdecken, wenn man hungrig war –
und diese Männer waren immer hungrig.

In dieser Nacht schlief ich nicht. Ich schlich durch die Stadt, bis ich eine Kirche mit großen, hohen Bogentüren fand, unter deren Schatten ich mich kauerte. Es war erst August, aber schon viel windiger als in San Francisco. Ich steckte meine Finger in den Mund und saugte daran, um sie warmzuhalten. Lin Daiyu schlief unruhig in mir, zuckte und schlug von innen gegen meinen Brustkorb. Sie sah immer noch den Grauhaarigen in der Dunkelheit vor sich. Sie konnte nicht aufhören, daran zu denken.

Ich wollte die Erinnerung an die Hand des Grauhaarigen bekämpfen. Er hatte kein Recht dazu. Und dann wurde ich wütend. Ich konnte nicht länger Daiyu sein, beschloss ich auf der Stelle. Nicht bevor ich sicher war, dass ich solchen üblen Männern nicht mehr ausgeliefert sein würde. Nicht bis ich nach Hause zurückkehrte.

Was heißt es, ein Mann zu sein? Ein Junge zu sein war nicht so schwer. Ob Straßenjunge auf einem Fischmarkt oder Feng der Kalligraphie-Schüler, ich konnte mich einfach als Junge bezeichnen und einer werden. Aber ein Mann zu sein erfordert mehr. Damit es funktioniert, muss die Verwandlung unter der Haut anfangen, in allen Winkeln meiner selbst, die ich noch nicht annähernd verstanden habe.

Was heißt es, ein Mann zu sein? Aus meinen bisherigen Erfahrungen wusste ich: Es ging darum, sich für unbesiegbar und stark zu halten, zu erwarten, dass einem alles zusteht.

Für den Rest meiner Reise musste ich, Daiyu, im Verborgenen bleiben. Und an ihrer Stelle würde Jacob Li erscheinen.

Am nächsten Tag verließ ich Boise und suchte nach Städten mit chinesischen Tempeln wie dem bei unserem Gasthaus. Ich hatte die Idaho-Karte vom Wirt und keinen Plan, aber ich war überzeugt, dass ich in Städten mit chinesischen Tempeln nicht zu sehr auffiel. Ich wanderte durch Bergarbeitercamps und kleine Städte, Ortschaften wie Meridian und Middleton und Emmett. Wenn es dort tatsächlich einen Tempel gab, ging ich nicht hinein und erinnerte mich an den Grauhaarigen und seine gierigen, krallenden Finger. Wenn ich einfach immer weiterging, dachte ich, könnte ich die Gewalt überdauern und besiegen. Und so zog ich weiter, und wenn mich langsam wieder dieses Gefühl überkam, dass ich unsicher, unrein und wund war, zog ich erneut weiter, immer weiter und weiter, bis der Winter kam und ich in einer Stadt namens Idaho City war, wo mir der Schnee bis zu den Knien reichte und ich nicht mehr weiterkonnte.

In Idaho City ließ ich Jacob Li die Führung ganz übernehmen. Und das lernte ich: In Amerika war es leicht, ein Junge zu sein, aber ein Mann zu sein war wirklich wichtig. Als Mann konnte ich andere Männer ansehen, ohne befürchten zu müssen, gesehen zu werden. Doch als Mann konnte auch ich sehen. Ich sah, wie sie Frauen angafften, wenn sie sich unbeobachtet glaubten, wie ihre Blicke versuchten, ihr unter die Haut zu kriechen. In solchen Männern erkannte ich auch Jasper, den Grauhaarigen, Samuel, jeden Kunden aus dem Bordell, die beiden Halbbrüder. Ich erkannte sogar Madam Lee. Überall waren sie, diese üblen Männer. Ich konnte ihnen nur entkommen, wenn ich selbst die glaubwürdigste Version eines Mannes war.

Ich behielt die Männer in meiner Umgebung im Auge, spürte ihren Bewegungen und Eigenheiten nach. Es begann immer mit dem Körper. Die Füße, zwei fest in der Erde verankerte Wurzeln. Die Beine, fordernd, fähig, gebaut zum

Laufen, Treten, Rennen, Schreiten und Weggehen, wann man und wohin man wollte, ohne aufgehalten zu werden. Das Teil gleich unterhalb des Nabels, die Stelle, an der sich die ganze Kraft konzentrierte. Eine Stelle, über die ich nicht spreche. Die Bauchgegend, geschaffen zum lauten Lachen, gereift mit dem Wissen, dass der Tod für einen Mann weniger furchterregend war. In diesem Wissen konnte der Bauch ungehindert wachsen oder schrumpfen, wie es ihm beliebte. Die Brust, eher ein Panzerschild als Haut und Knochen. Die Arme, dazu da, zu nehmen, zu schwingen, zu stehlen, zu spielen. Die Hände, Handflächen und zugleich geballte Fäuste. Der Hals, niemals ungeschützt. Der Kopf, sicher.

Ich übte, was ich sah – verlagerte mein Gewicht, zog die Brauen zusammen, hielt Brust und Schultern aufrecht und straff. Mich auf diese Art zu bewegen war nicht einfach, denn sie gehörte zu denen, die wussten, was vollkommene Freiheit ist. Ich wusste es nicht und bewegte mich deshalb nicht allzu männlich. Aber ich bewegte mich. Ich lernte meine natürlichen Reaktionen zu verbergen, etwa den Hang, über entzückende Kleinigkeiten zu lachen; ich löste Probleme schnell und überlegt, nicht mit Weichheit.

In jenem Winter arbeitete ich in einer Metzgerei, wo mir nicht einmal erlaubt wurde, das Fleisch anzuschauen. Lin Daiyu schlief noch in mir, der unaufhörliche Idaho-Wind ließ sie in Stumpfsinn verfallen. Inzwischen waren meine Wangen ausgehöhlt, meine Zähne ungepflegt. Tagsüber war ich ein Nervenbündel, immer auf der Hut, die Augen vorn und zugleich im Hinterkopf, jede Bewegung, jede Geste und jedes Wort eine Frage, ob ich mich verraten hatte oder nicht. In verlassenen Blockhütten, die zu Unterkünften umgebaut worden waren, blieb ich nachts, zusammen mit all den chinesischen Arbeitern, zumeist Bergleuten, die an Stellen nach Gold schürften, wo die Weißen schon alles abgeräumt hatten. Andere arbeiteten in den Wäschereien, wo sie mit ihren Mündern Wasser auf die Kleider sprühten, um sie zu bügeln. Ich schlief kaum, weil ich immer daran dachte, wie ich das letzte Mal eingeschlafen und mit der Faust eines Mannes in mir aufgewacht war. Stattdessen lag ich da und lauschte auf jedes Geräusch, mein Körper verkrampft, jede Muskelfaser angespannt. Manchmal sah ich im Halbschlaf, dass Jasper oder die Tong durch die Tür stürmten und mich in die Dunkelheit zerrten. In solchen Nächten hielt ich mich wach, indem ich mich in die Innenseiten meines Arms kniff.

Der Winter war hart, aber auch lehrreich. Er zwang mich, eine Weile an Ort und Stelle zu bleiben, meine erste Pause, seit ich Samuel in Boise verlassen hatte. Aus diesem Stillstand wuchs ein Plan: Ich musste eine Möglichkeit finden, um nach China zurückzukehren. Ich war vom Meer weit entfernt und hatte wenig Geld für die Überfahrt, das war mir klar. Nach Kalifornien konnte ich nicht zurück – ich hatte Angst vor der Tong und ihren Spionen, aber noch mehr Angst vor Jasper. Es musste auch anders gehen.

In einem großen Gerichtsgebäude in Idaho City gab ich einem jungen Pagen fünf Dollar für eine Karte von Idaho und die umliegende Region. Von dieser Karte lernte ich, dass es andere Routen zum Meer gab, Häfen mit Schiffen im sogenannten Washington-Territorium. Ich konnte nach Norden reisen und mich irgendwann in Richtung Westen durchschlagen, bis ich nur noch Wasser und Himmel sah. Vielleicht würde ich dort ein Schiff finden, das zurück nach

China fuhr. Und in China meine Großmutter besuchen. Mit meiner Großmutter meine Eltern suchen. Eines Tages Meister Wang. Eines Tages meine eigene Kalligraphie-Schule eröffnen. Es war ein schwieriger Traum, aber nicht unmöglich. Wie es aussah, musste ich nur eine Weile innehalten, um genug Geld für die Reise in den Westen und zurück nach China zu verdienen.

Doch als der Frühling kam, erklärte mir der Metzger, er habe keine Arbeit mehr, obwohl der Laden besser denn je lief. Ich war nicht die Einzige – auch die anderen Arbeiter, mit denen ich zusammenwohnte, standen auf einmal mit leeren Händen da, ihre ehemaligen Arbeitgeber kamen plötzlich bestens ohne zusätzliche Hilfe zurecht. Ich musste weiterziehen und das wenige Lohngeld, das ich besaß, für die Fahrt in die nächste Stadt ausgeben, und dann wieder die nächste, wo ich jede Arbeit annahm, die ich finden konnte. Ich verdiente nie mehr als fünfzig Cent für einen Tag Arbeit. Ich hatte sehr wenig bei mir.

Ich arbeitete als Schuhputzer, Wäscher, sogar als Dolmetscher für eine weiße Familie. Ich verkaufte Blumen, die ich in zwei Körben an einer Stange über einer Schulter balancierte. Doch die Jobs waren schwer zu finden und noch schwerer zu behalten – es schien, als würde jede Stadt vertrocknen, wenn ich den Fuß in sie setzte. Ich rief mir in Erinnerung, wie man sich von fast nichts satt fühlen konnte, und hob das wenige Essen, das ich mir leisten konnte, bis zum Ende des Tages auf. Dann verzehrte ich es als eine große Mahlzeit. Ich konnte hinterher wenigstens so tun, als wäre ich satt, wenn auch nicht lange.

Während all dessen schlief Lin Daiyu weiter.

Als mein letzter Job in einer Wäscherei in Elk City endete, kletterte ich hinten auf einen Wagen, der in Richtung Nordwesten fuhr. Ich war nicht die Einzige – wir waren immer eine Gruppe, die von Ort zu Ort zog und versuchte, durchzukommen. Die meisten Männer kamen aus Guangzhou, weshalb wir nicht miteinander sprechen konnten. Wir verständigten uns stattdessen durch die gemeinsame Sprache des Schweigens. Wenn der Wagen anhielt, sprangen die Männer einer nach dem anderen ab. Manche suchten nach einem eigenen Stück Land. Andere rannten davon. Und andere versuchten wie ich, einen Weg nach Hause zu finden.

Als der Wagen zum letzten Mal hielt, war ich als Einzige übrig. Ich stand vor einem Laden und beobachtete zwei Männer, die aussahen wie ich und die Worte PIERCE BIG STORE auf einem Schild übermalten.

Im Gegensatz zu Meister Wang verlangten Nam und Lum nicht, dass ich mich erst bewies. Sie heuerten mich auf der Stelle an, boten Verpflegung, Unterkunft und ein kleines Gehalt für meine Arbeit. Und so änderte ich meinen Plan: Wenn ich nur zweihundert Dollar sparen könnte, könnte ich meine Reise gen Westen ins Washington-Territorium starten und mich weiter nach China durchschlagen. Das Geld würde für Reise, Unterkunft, Essen und die Schiffspassage reichen. Und am wichtigsten, es würde mir Schutz bieten. Ich nahm mir vor, den Winter abzuwarten, das Frühjahr durchzuarbeiten, so viel wie möglich zu sparen und am Ende des Sommers aufzubrechen. Pierce sollte meine letzte Station in Idaho sein.

Inzwischen fiel es mir leicht, mich Jacob Li zu nennen. Ich hielt mein Haar kurz, oberhalb der Ohren, aus Angst, mein

Gesicht könnte zu weich wirken, wenn ich es auf Zopflänge wachsen lassen würde. Doch es gab andere Dinge, die ich nicht erklären konnte. Eines Tages fragte sich Nam laut, wie mein Hals in meinem Alter noch so flach sein konnte. Von da an trug ich ein Tuch um den Hals.

Dann waren da noch die schwierigeren Dinge. Die beiden kleinen Hügel auf meiner Brust gehörten zu einer Frau, der Sorte Frau, die Männer sich wünschten. Doch das war ich nicht, und ich wollte nicht, dass Männer mich wollten, also schnürte ich mir ein cremefarbenes Tuch um die Brust, und mit jedem Umschlag spürte ich, wie ich mich aufrichtete, meine Kraft in der Brust hielt, straffer wurde, weniger verletzlich.

Als ich eines Morgens kurz nach meiner Ankunft in Pierce aufwachte und die kalte Schmiere zwischen meinen Beinen spürte, wusste ich, ohne nachsehen zu müssen, dass sie gekommen war. Wenn es im Bordell passierte, zwang Madam Lee die Mädchen, ein Stück Baumwolle in sich reinzuschieben und den nächsten Kunden zu bedienen. Aber die Mädchen hielten dennoch heimliche Feiern ab, wenn eine von uns zum ersten Mal blutete. Ein Zeichen, dass du endlich eine Frau bist, sagten sie. Als ich an diesem Morgen meine rostbraun verfleckte Unterhose wusch und den Stoff rieb, stieß ich einen kleinen Schluchzer aus. Früher hatte ich mich darauf gefreut, eine Frau, eine Erwachsene zu werden. Und jetzt, da ich endlich eine war, machte es es alles noch schwerer.

Die Blutung dauerte vier Tage. Mein Bauch war ein Schiff in stürmischer See, das sich zusammenkrampfte und um sich schlug. Ich zerschnitt übrig gebliebene Lappen aus dem Laden, steckte sie in meine Hose und rannte alle zwei Stunden nach draußen, um sie zu wechseln. Ich stand früh auf, um die Lappen zu waschen, und wiederholte so alles. Als die Blutung am vierten Tag endlich aufhörte, atmete ich auf.

Es war eine einsame Sache, Jacob Li zu sein.

Als letzter Akt meiner Umwandlung in Jacob Li zwang ich mich, keine Kalligraphie mehr zu schreiben. Jacob Li kannte keine Kalligraphie. Seine Hände waren grob, rau, etwas ungeschickt. Seine Hände konnten keinen Pinsel halten. Manchmal, wenn im Laden nicht viel los war und ich auf den Boden starrte und mir vorzustellen versuchte, wie sich das Meer in meinem Haar anfühlte, ertappte ich mich dabei, wie mein Finger ein Zeichen auf mein Bein schrieb. Jacob Li würde seine Hände zu einer Faust ballen und sein Verlangen unterdrücken.

Nur abends, wenn es niemand sieht, kann ich entspannen und meinen Händen freien Lauf lassen. Dann befühle ich meine Beine, um festzustellen, ob sie noch da und heil sind. Ich massiere meine Brüste, die von dem Stoff des Wickeltuchs jucken, und ich fühle, wie sie von Tag zu Tag wachsen. Vor allem aber überlasse ich meine Hände der Kalligraphie, schreibe immer wieder die Zeichen, die mich in all der Zeit begleitet haben, meine Freunde und Lehrer in Zeiten der Not. Das Gefühl, wie meine Finger die Striche, Punkte und Linien zeichnen, treibt mir fast Tränen in die Augen. Es erinnert mich daran, dass ich mich noch nicht verloren habe und noch am Leben bin.

Bevor ich einschlafe, wiederhole ich den Plan, so wie jeden Abend. Am Ende des Sommers von Pierce nach Westen aufbrechen, ins Washington-Territorium. Den Weg zurück ans Meer finden.

4

ER KOMMT HEREIN AN einem Tag, als der Schnee zu einer weißen Schale erstarrt ist und jeder Schritt wie das Knirschen von Knochen klingt. Da nicht viel los ist, bittet Nam mich, vorne im Laden zu sein, während er hinten Inventur macht.

Er kommt herein, groß wie Lum, der Rücken so gerade wie ein Brett. Schwarzes Haar, kräftige schwarze Augenbrauen, nackter Hals. Die Haut sonnengebräunt.

Er fragt nach dem Ladenbesitzer. Seine Stimme ist weich, kommt aus der Brust. Der Klang umfängt mich und lässt mir die Haare auf den Armen, Beinen und sogar hinter den Ohren zu Berge stehen. Ich sage, dass Nam hinten ist. Ob ich ihn holen soll?

Es eilt nicht, sagt er, ich kann warten. Ich versuche mich zu beschäftigen, doch mein Blick schweift ständig zu ihm. Ein junger Chinese, einer der jüngsten, die ich in Pierce gesehen habe. Etwas an ihm, das glatte Pfirsichbraun seiner Haut, ruft Erinnerungen an zu Hause in mir wach, wie ich sie lange nicht mehr hatte.

Nam hat die Tür gehört und kommt nach vorn. Warum hast du mir nicht gesagt, dass wir einen Kunden haben?, fragt er mich. Er eilt herbei, um den jungen Mann zu begrüßen, und wischt sich die Hände an der Hose ab.

Hallo, sagt der junge Mann. Verkaufen Sie Geigenharz?

Nam verneint, aber er könne eine Bestellung aufgeben und es geliefert bekommen, wenn der junge Mann das wünsche. Keiner von uns beiden versteht das Gesuch, aber die Aussicht auf einen neuen Kunden versetzt ihn in heitere Stimmung. Der junge Mann geht zu Nam an den Ladentisch und zählt Markennamen für das Geigenharz auf, das er sucht.

Jacob, ruft Nam mir zu, ich brauche dich hinten. Eine neue Lieferung Reis ist angekommen, du musst sie überprüfen.

Der junge Mann betrachtet mich und gießt meinen Namen in die Form der Person, die vor ihm steht. Sein Gesicht ist ruhig, die Augen wehmütig. Für ihn bin ich nur ein Junge.

Ich denke noch den ganzen Tag an ihn.

*

Drei Wochen vergehen. An den Straßenrändern liegt schmutziger Schnee, beiseite geschoben, um Platz für das wiedererwachende Leben nach dem Sturm zu machen. Die Straßen sind schlammig, die ausgetretene Erde wirft sich in spitz zulaufenden braunen Wellen auf. Anstelle des Schneesturms setzt ein brüllender Wind ein, der uns ins Gesicht peitscht und die kahlen Bäume schneidet. Das Holzschild von Foster's Goods schaukelt hin und her. Alle, die unterwegs sind, gehen mit schnellen Schritten – niemand mag zu lange draußen sein.

Aber im Laden ist es warm. Der Holzofen in der Ecke glüht munter, und wenn keine Kunden da sind, stehe ich davor und drehe meine Hände hin und her, bis sie hellrot sind. Auch heute ist ein ruhiger Tag. Lum trifft sich mit einem Händler am anderen Ende der Stadt. Nam hat gesagt, ich solle vorne bleiben und den Kunden helfen.

Ich höre, wie sich hinter mir die Tür öffnet, gefolgt vom heulenden Wind.

Hallo, sagt er.

Heute trägt der junge Mann einen schwarzen Mantel und eine Mütze, die ihn jungenhaft aussehen lässt, ein entwaffnender Gegensatz zu seinem breiten, selbstbewussten Kinn.

Freut mich, dich wiederzusehen, sagt er. Ich habe gehört, meine Lieferung ist angekommen.

Er geht, ohne zu zögern, auf mich zu, bewegt nur seine Beine, der Rest ist starr, als würde sein Rumpf von einem Faden gehalten. Ich recke mein Kinn und richte mich auf, versuche seine Pose nachzuahmen.

Ja, erwidere ich und trete hinter den Ladentisch. Er folgt mir. Ich rieche den Geruch von Tee und sehr altem Holz. In meinem Kopf setzt ein leises Donnern ein, als lebte der Wind jetzt in mir auf.

Das Geigenharz liegt unter der Ladentheke, ordentlich verpackt in braunem Papier und mit Hanfstrick zugebunden. Ich lege es auf den Tisch.

Was schulde ich dir dafür?, fragt der junge Mann und holt einen kleinen Beutel heraus.

Fünfzig Cent. Meine Stimme will nicht so recht gehorchen. Er nickt und fängt an, die Münzen nacheinander hinzulegen.

Eigentlich sollte ich das Geld zählen, aber ich starre lieber auf seine Hände. Schöne Hände. Lange Finger mit tief sitzenden Knöcheln, kräftig und sicher. Die Nägel breit und flach, der Daumen muskulös, die Handflächen glatt. Diese Hände gleichen eher Fächern als Händen, als könnten sie sich öffnen und die ganze Welt bedecken.

Alles in Ordnung?, fragt er.

Tut mir leid, sage ich und wende den Blick ab. Ich sammle die Münzen ein und lege sie in die Kasse. Danke, komm bald wieder.

Ist es möglich, die Bestellung monatlich zu wiederholen?, fragt er an der Tür. Er steht da, eine Hand auf dem Knauf, und das Einzige, was ihn von der Wärme im Laden und dem heftigen Wind draußen trennt, ist die Tür. Ich wünschte, er würde bleiben, bei mir in der Wärme. Er dreht den Knauf. Ich zucke zusammen und warte darauf, dass der Wind ihn fortzieht. Geh nicht, will ich zu ihm sagen, nicke aber nur.

Er öffnet die Tür. Der Wind stöhnt und weht seinen Mantel ein wenig auf. Halt dich warm, sagt er und hebt besorgt die Augenbrauen.

Ich sehe, wie er geht, verschwommen schwarz vor dem grauen Tag. Er neigt den Kopf gegen den Wind, eine Hand auf seiner Mütze, die andere mit dem Geigenharz tief in der Tasche. Ich beobachte ihn, bis er nicht mehr zu sehen ist, und fahre mit den Fingern über die Stelle, wo seine Münzen lagen.

Ich gebe Nam die Bestellung für das Geigenharz weiter. Und dann kehre ich zum Ofen zurück und drehe meine Hände. Nach fünf Drehungen bemerke ich, dass sie gar nicht gewärmt werden müssen. Und auch das Gesicht nicht oder die Glieder. Mein Körper glüht bereits.

*

Nachdem er gegangen ist, bleibe ich auf der Hut. Denn inzwischen weiß ich, wie Gefahr sich anfühlt: Die Haut bläht sich auf, das Blut in den Beinen schwillt an. Der Magen ist wie ausgehungert, obwohl er gerade gefüllt wurde. Ich weiß nicht, warum der junge Mann dieses Gefühl in mir weckt, aber ich weiß, was mein Körper mir sagen will: Er bedeutet Gefahr. Diesmal werde ich darauf hören. Ich werde mich nicht wieder fangen lassen. Es wird keine Jaspers, keine Madam Lees, keine Samuels oder Grauhaarigen mehr geben. Nur mich.

Übe immer wieder, sagte Meister Wang, übe die Striche immer wieder, bis du die Augen schließen kannst und das Zeichen in der Luft Gestalt annimmt. Bis du etwas so gut beherrschst, dass dein Körper ihm nur noch folgen muss.

Für diesen Augenblick habe ich geübt, habe mich immer wieder in Gefahr begeben und auf den Tag gewartet, an dem ich sie erkennen würde. Ich selbst zu sein hat von Anfang an zu nichts Gutem geführt. Und so übe ich, mein Ich auszulöschen, umzukrempeln und neu zu erschaffen, bis mein Körper nur noch verschwinden muss.

*

In den folgenden Wochen gelingt es mir, zu verschwinden, wenn der junge Mann im Laden auftaucht. Es ist leicht, nach hinten zu huschen und dort zu bleiben, bis ich höre, wie die Tür sich öffnet und wieder schließt. Lum stellt keine Fragen, er gibt mir nur Anweisungen, während er sich über sein Kassenbuch neigt. Nam scheint meine Abwesenheit immer erst im Nachhinein zu bemerken. Egal. Für beide bin ich nur der seltsame kleine Jacob Li.

Doch zumindest lebe ich. Zumindest habe ich genug Atem, um eine weitere Nacht zu überstehen. Ich ermahne mich, ihn zu vergessen, ganz gleich, wer er ist. Dem Gefühl, das sich in mir ausbreitet, wenn ich seine Stimme im Laden höre, gebe ich einen Namen. Und ich ermahne mich, dass nie etwas Gutes dabei herauskommt, wenn man lebendig verbrennt.

5

IM MÄRZ FÄLLT IMMER noch Schnee, manchmal als Gestöber, dann wieder legt er sich wie eine Decke auf uns, bis alles – Ecken, Kanten, Täler, Berggipfel –, wirklich alles bedeckt ist. Mir gefällt, wie sich die Welt verändert, wenn sie vom Schnee berührt wird – die Zweige verdoppeln sich mit einem weißen Schatten, spitze Steine werden rund und weich, und ich genieße das Gefühl, dass es zwischen Mensch und Tier schließlich doch einen Gleichmacher gibt, der uns auffordert, uns zu verneigen angesichts dessen, was wir nicht kontrollieren können. Wenn im Laden wenig los ist, streife ich durch die Stadt und stelle mir vor, wie die Bäume im Sommer aussehen, wie sie wohl blühen – lavendelblau, korallenrot oder weiß. Oder ob sie Beeren tragen.

Das Geschäft läuft endlich besser. Nam und Lum sind glücklich. Der Besitzer von Foster's Goods nicht. Wir sehen ihn vor unserem Laden herumlungern, still und unbeweglich. Die Kälte stört ihn nicht. Er ist ein schwerer Mann, ein Kämpfer. Der Stolz von Pierce, laut Lum, der einen kurzen Artikel über ihn im *Pierce City Miner* fand. In seiner Jugend war Foster ein Ringermeister, man erkennt es noch an seinen breiten, bulligen Schultern und missgestalteten Ohren. Bei seinem Anblick ist mir unwohl – er verkörpert eine andere Art von Bedrohung als die, denen ich bisher begegnet bin. Vielleicht liegt es daran, dass er gar nichts dazu tun muss. Allein seine Anwesenheit ist schon verstörend, und das weiß er.

Als Foster seinen Posten zum vierten Mal in der Woche vor dem Laden bezieht, frage ich Nam und Lum, ob ich ihn wegschicken soll.

Sprich nicht mit diesem Mann, blafft Lum. Er traut Foster nicht, so wie er niemandem traut, und in letzter Zeit presst er sein Kassenbuch fester an die Brust, als könnte er damit den Laden schützen.

Nam ringt die Hände, doch in solchen Angelegenheiten fügt er sich Lum. Ich zweifle nicht daran, dass Foster es gut meint, sagt er später zu mir, als Lum nicht in der Nähe ist. Er macht sich nur Sorgen um sein Geschäft, genau wie wir.

Weil die Anzahl unserer weißen Kunden allmählich zunimmt. Vor meinen Augen verschwimmen sie zu einem riesigen weißen Wesen. Hallo, wie geht es Ihnen, kann ich Ihnen helfen, sage ich zu ihnen. Ich muss ihr Hausmeister sein, wie Nam es ausdrückt, jemand, der ihnen genau das gibt, was sie auf die Schnelle brauchen. Auf diese Weise können wir Foster's Goods ausstechen.

Dein Englisch ist nicht schlecht, sagt eine Frau mit eisweißen Haaren zu mir, als würde sie mir etwas Kostbares schenken.

Ich danke ihr, auch wenn ich nicht weiß, wo hier das Kompliment ist. Insgeheim würde ich ihr gern erzählen, wie ich zu meinem Englisch kam. Ich würde ihr gern von dem Raum mit dem einen kleinen Fenster erzählen, so weit oben, dass nicht mal eine Leiter hingereicht hätte. Von der alten Frau und ihrem Stock. Wie ich über den Büchern kauerte und fremde Töne aus meinem Mund kamen. Ich würde ihr gern erzählen, wie man mich in eine Tonne mit Kohlen steckte und über das Meer brachte, nur damit ich hier lande, vor einer Frau, die mir versichert, dass mein Englisch nicht schlecht ist, als wäre das etwas Gutes.

Aber ich nicke nur und verneige mich, damit sie sieht, wie dankbar ich bin.

Andere sind nicht so nett. Ein älterer Mann sagt, ich solle aufhören ihn anzustarren, und nennt mich einen gelben Heiden. Ein kleines Mädchen zeigt auf mich und fragt seinen Vater, warum ich so aussehe. Ein Junge, nicht viel jünger als ich, kichert und macht mit den Fingern eine Geste. Eine andere Frau weicht zurück und ruft ihren Mann, der herbeieilt und mir droht, mich verhaften zu lassen, weil ich seine Frau angesprochen habe. Das Ganze erinnert mich daran, wie die Männer bei Madam Lee uns ansahen – als wären wir vollkommen anders und deshalb furchterregend. Im Bordell bezwangen sie diese Angst, indem sie uns bezwangen. Ich bin mir nicht sicher, was diese Leute tun würden, aber so langsam wird mir klar, dass man hier, in Idaho, was der Westen genannt wird, einen Chinesen wie eine Krankheit betrachtet. Fast jeden zweiten Tag, so scheint es, kommt einer der Männer des Sheriffs vorbei und will unsere Papiere sehen. Dann zeige ich das vergilbte Blatt, das ich Samuel wegnahm, inzwischen mein kostbarster Besitz. Wie der Gastwirt in San Francisco in der Nacht meiner Flucht sehen auch die Männer des Sheriffs keinen Unterschied zwischen mir und dem Jungen, dessen Bild auf meinem Ausweispapier ist. Sie sehen nur den Chinesen.

Ich bin mir bewusster denn je zuvor, was ich bin. Der Raum zwischen meinen Augen und meiner Nase, meiner Nase und meinen Lippen, meinen Lippen und meinem Kinn ist offenbar etwas, was mich anders, ja sogar minderwertig macht. Wenn meine Eltern mich sehen könnten, würden sie lachen – warum denkst du, du bist was Besonderes?, würden sie fragen. Aber hier *bin* ich etwas Besonderes. Die Weißen machen mich dazu. Warum würden sie sonst zur Seite treten, wenn ich vorbeigehe, oder meinem Blick ausweichen oder Sachen tuscheln, die ich nicht verstehe? Mein Körper ist bedeckt mit den Silben einer anderen Sprache, der Schriftrolle eines Königreichs, das lange vor ihnen existierte und noch lange weiterexistieren wird, wenn sie verschwunden sind. Für sie bin ich unergründlich. Sie haben Angst. Vor uns allen.

Aber trotz unserer Krankheit des Chinesischseins wächst die Zahl der weißen Kunden. Die Preise sind zu gut, sie können sie nicht ignorieren. Beim Einkaufen sind sie wachsam, hetzen zwischen den Regalen umher, ein Auge auf den Waren, das andere auf der Suche nach jemandem, der sie vielleicht kennt und fragt, warum sie ihre Seife in einem Kuli-Laden kaufen und nicht in dem schönen amerikanischen ein Stück weiter an der Straße. Wenn sie zahlen, knallen sie schweigend das Geld auf den Ladentisch, bevor sie mit gesenktem Kopf nach draußen eilen.

*

An einem Tag Ende März, als die Temperatur steigt und die Sonne ihr Licht auf unsere Fenster wirft, versammelt sich eine Gruppe vor dem Laden. Es ist früher Morgen, und da wir noch nicht geöffnet haben, zeige ich auf das GESCHLOS-SEN-Schild an der Tür.

Meine Geste bleibt unbeachtet.

Stattdessen rotten sie sich vor dem Laden zusammen. Ich meine einige zu erkennen: ein weißer Mann, der jeden Tag am Laden vorbeigeht, aber nie eintritt und nur hereinstarrt, als könnten allein seine Augen ein Feuer entfachen; eine weiße Frau, die ich manchmal im Feinkostgeschäft sehe; ein blonder Mann, der einmal hereinkam, um uns zu sagen, dass er nichts kaufen würde, niemals. Da sind noch viele mehr, die ich nicht kenne, doch der Blick in ihren Augen sagt mir, wenn man einen kennt, kennt man alle.

In den Händen halten sie Schilder mit schwarz aufgedruckten Buchstaben. WIDERLICHE RASSE, steht auf einem. KLEINE JUNGS, auf einem anderen. HEIDEN. KULIS. CHINESEN.

Ich versuche noch zu begreifen, was diese Schilder bedeuten, als die Gruppe anfängt zu schreien. Es beginnt mit einer Stimme, spröde und kalt. Dann setzt eine andere mit ein, scharf und nasal, dann noch eine, dröhnend und wütend, dann noch eine und noch eine, bis sie eine einzige Stimme sind. Vor meinen Augen verwandeln sie sich von menschlichen Wesen in Gestalten mit Hälsen, Armen und Beinen und einer einzigen Stimme, einer schrecklichen Stimme, die klingt wie ein Zug, der zum Stehen kommt.

Die Chinesen müssen weg, singt die Stimme. Weg, weg mit den Chinesen!

Einer der weißen Männer an der Spitze der Menge tritt vor, presst sein Gesicht ans Fenster und bleckt die Zähne. Ich sehe zwei Eckzähne von der Farbe von Schweineinnereien. Er spannt die Lippen, sodass sie über das Glas ziehen und zwischen den Zähnen schimmernde Speichelfäden aufblitzen. Seine Lider klappen nach oben und enthüllen dünne rote Muster vor dem Weiß seiner Augen. Als er merkt, dass ich ihn ansehe, tritt er zurück und spuckt in meine Richtung. Die Spucke landet auf der Scheibe und läuft daran herunter. Ich zucke zusammen. Die Menge johlt.

Im selben Moment dämmert es mir. Die Schilder gelten uns. Die Schreie richten sich gegen uns. Die Menge ist unseretwegen hier.

Nam eilt von hinten herbei, als er hört, wie sich die Sprechchöre an unseren großen Glasfenstern brechen. Wir haben geschlossen, sagt er zu mir. Dann wandert sein Blick zu der Menge und den bedruckten Schildern draußen, und seine Stimme verstummt.

Sie sind gerade gekommen, erkläre ich ihm und merke, dass ich schreie.

Nam rührt sich trotzdem nicht. Ich weiß nicht, woher er kommt, was er ertragen musste, aber ich weiß, was sich hier abspielt, hat er noch nicht erlebt. Etwas knallt gegen die Scheibe, und wir schrecken beide zurück – jemand hat einen verfaulten Apfel geworfen.

Ich beschließe zu handeln; bevor der nächste Gegenstand am Fenster landen kann, lasse ich die Jalousien herunter. Sie fallen klatschend herab, die wütenden Gesichter verschwinden. Aber ihre Stimmen dröhnen weiter. Wenn der verfaulte Apfel das Fenster nicht zerbricht, so denke ich, könnten es vielleicht ihre Stimmen schaffen.

Was sollen wir tun?, frage ich Nam, trete vom Fenster

zurück und stelle mich zu ihm. Bei dem Tumult draußen können wir den Laden nicht öffnen.

Nam reibt sich die Schläfen, schließt die Augen. Er murmelt etwas. Nam, sage ich laut und schüttle seinen Arm. Was sollen wir tun?

Ich muss nachdenken, sagt Nam mit schwacher Stimme. Zum ersten Mal klingt er wie ein alter Mann.

Wir wissen, dass ihr da drin seid, schreit die Menge. Feiglinge! Hinterhältige Bastarde! Kommt raus, kommt raus, ihr Dreckhälse!

Trotz der geschlossenen Jalousien sind wir zu verletzlich, zu exponiert. Ihre Gesichter auszuschließen hat ihre Macht vergrößert, sie in etwas Gewaltiges und Tödliches verwandelt. Es sind keine Menschen mehr, sondern Tiere.

Sie kennen uns nicht, sagt Nam und klingt verletzt. Ich muss mit ihnen sprechen. Das Ganze ist ein Missverständnis. Jawohl. Sie müssen mir zuhören.

Ich stelle mir den Mann mit den gebleckten Zähnen vor, sein an die Scheibe gepresstes Gesicht, und sage zu Nam, dass sie ihm vermutlich nicht zuhören werden.

Doch es ist zu spät. Für einen Mann seines Alters eilt er überraschend schnell zur Tür, bevor ich ihn aufhalten kann. Die Hand ausgestreckt, öffne ich den Mund, will NEIN! rufen, doch der Tumult ist bereits angeschwollen. Und dann verschwindet Nam, und hinter ihm fällt die Tür ins Schloss.

Wieder spüre ich, wie schon so oft, den plötzlichen Einbruch der Angst. Ich eile zum Fenster und schiebe einen Finger zwischen die Jalousien.

Nam steht draußen, seine rundliche Gestalt fest im Boden verankert. Bei seinem Anblick schrickt die Menge geschlossen zurück. Mit ruhiger, fester Stimme sagt er etwas zu den Leuten. Die Menge verstummt. Offenbar hört sie ihm zu.

Aber dann, je länger er spricht, geschieht etwas. Es kommt Bewegung in die Menge, sie rührt sich wieder, zunächst ist es nur ein Grummeln, es wird lauter, bis die Körper unter dem Gewicht des Zorns ächzen. Nams Stimme wird übertönt. Vermutlich hört er sich selbst nicht mehr. Der Mann mit den gebleckten Zähnen steht ganz vorn, fixiert Nam und brüllt ihn mit hochroten Ohren an.

Und dann passiert es – schnell, fast zu schnell für meine Augen. Ein Gegenstand fliegt am Ohr des Mannes vorbei und landet direkt neben Nams rechtem Fuß. Nam sieht nach unten, um es zu betrachten. An der Art seines Erstarrens erkenne ich Verwirrung und Entsetzen. Ich spreize die Jalousien weiter auseinander, und dann sehe ich den Stein.

Bevor Nam oder ich reagieren können, fliegt der nächste Stein durch die Luft und trifft die Scheibe direkt über meinem Kopf. Erschrocken ziehe ich mich zurück.

Und dann weiß ich, ohne es sehen zu müssen, dass draußen die Hölle losbricht. Es sind nicht mehr menschliche Stimmen, sondern ein barbarisches Knurren. Als ich wieder durch die Jalousien spähe, hat sich die Menge verteilt, aber nicht, um zu gehen – nein, die Leute drängen nach vorne. Nam ist nicht mehr zu sehen – die Menge hat ihn umzingelt, ihre Schilder ragen in den Himmel, und immer mehr Steine prasseln an die Fenster.

Ich muss ihn hereinholen, denke ich. Sie bringen ihn um.

Die Tür ist genau neben mir. Ich sehe sie. Ich habe sie hundertmal geöffnet und geschlossen. Ich muss nur ein paar Schritte gehen, über die Schwelle und nach draußen treten.

Doch was mich bisher am Leben gehalten hat, bannt mich auch. Mein verlässlicher Instinkt – mich zu schützen und davonzulaufen – kehrt zurück, und mein Körper gibt ihm allzu gern nach. Er erinnert sich gut.

Lauf, schreie ich. Ich stehe da, versuche aus mir auszubrechen, während die Stimmen draußen mörderisch klingen. Ich schreie meine Hände an, meine Arme, meine Beine, lauter Dinge, die ich nicht mehr erkenne, so wenig wie das Herz, das in mir schlägt.

Und wieder hört sie mich. Wieder ist sie gekommen, um mich zu retten. Ich spüre, wie mein Mund sich öffnet, spüre etwas Langes, Drängendes und Glitschiges auf den Boden fallen. Lin Daiyu kriecht aus mir heraus, und jetzt wird sie mich retten. Uns retten.

Ich sehe sie zur Tür eilen, aber nicht sie ist es, sondern ich eile zur Tür. Ich sehe ihre Hand auf dem Türknauf. Ich sehe, wie sie ihn dreht. Ich höre die Stimmen draußen, lasse mich von ihnen tragen. Ihre Wut trifft mich wie kaltes Wasser. Lin Daiyu sagt mir, ich solle die Arme vor mein Gesicht halten, und ich gehorche. Sie sagt mir, sie werde Nam suchen, und ich solle auf die Steine achten.

Er liegt auf dem Boden. Die Menge tanzt um ihn herum, tritt und bespuckt ihn. Aufhören, rufe ich weinend und hasse mich dafür, denn ich glaube nicht, dass viele Männer weinen. Lin Daiyu schiebt mich in seine Richtung.

Ich bringe jeden um, der dir wehtut, verspricht sie.

Nam rührt sich nicht. Ich knie mich neben ihn. Ich kann nicht aufhören zu weinen. Bitte, sage ich zu den Leuten. Sie sind so laut und ihre Zähne so spitz. Ich sage: Er hat nichts getan. Lasst uns in Ruhe.

Jemand hält mir das Schild mit der Aufschrift WI-DERLICHES GESICHT vor die Nase. Es ist der weiße Mann, der mit den gebleckten Zähnen. Von Nahem ist sein Gesicht voller Pockennarben, und er sieht fröhlich aus, als hätte er Gold gefunden. Seine erhobene Hand ist zur Faust geballt. Wenn dieser Mob merkt, dass ich ein Mädchen bin, wird ihn nichts davon abhalten, mich zu schänden wie der Grauhaarige. Ich stürze mich auf Nam und schütze ihn mit meinem Körper. Und ich bete, dass Lin Daiyu hält, was sie versprochen hat.

Doch was immer ich erwarte, es kommt nicht. Stattdessen zieht mich jemand an meinem Changshan hoch und zerrt mich von der Menge weg. Nein, rufe ich und denke an Nam, der noch auf dem Boden liegt.

Hör auf, dich zu wehren, schreit die Stimme, die mich wegzieht. Wir müssen ins Haus zurück.

Das Letzte, was ich sehe, bevor sich die Tür schließt, ist der Weiße mit den gebleckten Zähnen. Die Menge drängelt sich weiter um ihn, aber er steht still da. Mit einem grotesken Grinsen im Gesicht hebt er die Hand und zeigt auf mich. Dann wendet er sich der Menge zu und scheucht sie fort wie Fliegen. Die Stimmen verebben. Eine nach dem anderen werden sie wieder zu Frauen und Männern. Eine nach dem anderen spucken sie an die Tür des Pierce Big Store, bevor sie kehrtmachen und gehen.

6

ES IST VORBEI, SAGT eine weit entfernte Stimme. Du bist jetzt in Sicherheit.

Aber was ist mit Nam?, frage ich weinend. Ich sehe seinen Körper vor mir, wie einen Sack mit Abfall, und wie die Rohlinge ihn immer wieder treten.

Er ist hier, antwortet die Stimme. Sie ist näher als zuvor. Wir sind in Sicherheit. Du kannst die Augen öffnen.

Ich warte, ob Lin Daiyu mich eines Besseren belehrt. Da ich nichts höre, hebe ich den Kopf.

Nam liegt auf dem Rücken auf dem Boden, die Beine angewinkelt, die Arme schlaff auf dem Bauch. Er stöhnt, er ist nicht tot. Ich krieche zu ihm.

Ich bin nicht verletzt, sagt er, als er mich sieht. Du, Jacob?

Ich schüttle den Kopf, sage nein, mir geht es gut. Er sieht meine Tränen und lacht.

Du weinst um mich, sagt er. Wie lieb.

Hinter uns bewegt sich jemand. Ich erinnere mich, dass wir nicht allein sind. Da war jemand, der uns beide gerettet hat, der aus der Menge auftauchte und uns in Sicherheit brachte. Ich drehe mich zu unserem Retter um und will ihm danken, aber meine Stimme versagt.

Er ist es. Der junge Mann, der bei uns sein Geigenharz kauft. Nach all der Mühe, die ich mir gegeben habe, ihm aus dem Weg zu gehen, hat er mich doch gefunden.

Alles in Ordnung?, fragt er. Soll ich dir aufhelfen?

Er streckt eine behandschuhte Hand aus.

Ich ergreife sie nicht. Auch Jasper war ein Retter, aber nur, um mich von einer Gefahr in eine noch schlimmere zu sto-ßen. Genau wie Samuel. Das Wort *Retter* bedeutet nichts.

Sie?, sage ich. Warum sind Sie hier?

Nam schlägt mich auf den Arm. Bist du wahnsinnig? Der junge Mann hat uns das Leben gerettet.

Aber Nam ist alt und gutgläubig. Ich bin klüger. Die Menge war anfangs klein, aber sie wuchs schnell. Es wäre schwierig gewesen, sich einen Weg hindurchzubahnen, vor allem für einen Chinesen. Das kann nur heißen, dieser Mann gehörte zu der Menge.

Sie sind einer von denen, rufe ich. Verzweifelt sehe ich mich nach Lin Daiyu um. Sie soll ihr Versprechen einlösen, es wäre an der Zeit. Schockiert sehe ich, dass sie auf der Ladentheke sitzt und mit den Fingern ihr Haar kämmt. Sie ignoriert mich.

Ich schwöre, sagt der junge Mann, das stimmt nicht.

Lügner! Ich springe auf und will Nam von dem jungen Mann wegzerren. Er wehrt sich, schlägt meine Hände weg. Sie kamen aus der Menge, und jetzt sind Sie hier drinnen. Was wollen Sie? Warum haben diese Leute Sie geschickt? Weil Sie wie wir aussehen? Dachten die, wir würden Ihnen trauen?

Jacob, murmelt Nam. Ein Blutfaden rinnt ihm übers Kinn.

Der Anblick seines Blutes, zusammen mit dem Schrecken

des eben Geschehenen, überwältigt mich. Ich lasse Nam los und wende mich ab, als Galle aus meinem Mund schießt.

Ich will doch nur ..., sagt der junge Mann. Mein Körper verkrampft sich erneut, bevor er den Satz beenden kann, die Galle ist so dünn wie Wasser. In meinem Kopf drehen sich dunkel die Gesichter der Menge, die sich öffnenden und schließenden Münder, so rot wie das Blut auf Nams Kinn. Wenn ich mich nur ausreichend übergebe, wird bestimmt wieder alles so wie vorher: Der Protest hat nie stattgefunden, der junge Mann ist nicht hier bei uns, Nam und ich sind nicht auf dem Boden. Ich bin Jacob Li, schweigsam und zuverlässig.

Aber als ich fertig bin und nur noch trockene Geräusche von mir gebe, spüre ich nichts als eine große Leere.

Ich wische mir den Mund mit dem Handrücken ab und versuche aufzustehen.

Er braucht Hilfe, sagt der junge Mann und zeigt auf Nam. Vielleicht hat er sich eine oder zwei Rippen gebrochen. Und dir geht es auch nicht gut. Lass mich bitte helfen. Oder wenigstens warten, bis der Arzt kommt. Ich habe ihn gleich gerufen, als ich den Mob sah.

Trotz seiner freundlichen Worte traue ich ihm nicht. Ich drehe mich zu Nam und will etwas sagen, aber der nickt nur und winkt den jungen Mann zu sich heran. Der junge Mann zögert nicht. Er bückt sich zu Nam hinunter, schiebt eine Hand unter seinen Kopf und stützt mit der anderen seinen Rücken. Dann sehen sie mich beide an.

Jacob, sagt Nam. Komm und fass mit an.

*

Nur eine Prellung, sagt der Arzt. Die Rippe ist nur geprellt.

Nam darf sich nicht anstrengen, sprich, er darf nichts Schweres tragen, die Arme nicht über die Brust heben und nicht zu lange stehen. Er erzählt es Lum, der gerade von einer viertägigen Reise ins benachbarte County Murray zurückgekehrt ist, und erklärt, dass wir Glück hatten.

Der Arzt verabschiedet sich. Die Straße ist ruhig und menschenleer, als er hinausgeht. Lum sieht ihm wütend hinterher. Er versteht nicht, wie das passieren konnte. Nam und ich versuchen es ihm zu erklären, aber wir begreifen es selbst nicht ganz.

Kann man da nicht irgendwas unternehmen?, fragt Lum schließlich, doch wir wissen, dass er keine Antwort von uns erwartet.

Der junge Mann, der sich im Hintergrund gehalten hat, erscheint mit einer Kanne heißen Tees.

Und Sie, sagt Lum, Sie haben die beiden gerettet.

Nelson, sagt der junge Mann. Ich bin Nelson Wong.

Ich bin Lee Kee Nam, sagt Nam. Das sind Leslie Lum und Jacob Li.

Nelson nickt jedem von uns zu, bevor er lässig einschenkt, ohne die ausholenden Bewegungen, wie ich sie von den Männern kenne, die mit meinen Eltern Tee tranken. Die Flüssigkeit ist ein warmes Bernsteingelb, und ich würde sie am liebsten umfangen, aber eine innere Stimme hält mich davon ab.

Gift, warnt sie mich.

Zu spät – der Tee wurde bereits den Ladenbesitzern gereicht, die sich nur auf seine wohltuende Wirkung freuen. Bevor ich einschreiten kann, trinkt Lum einen gierigen

Schluck. Ich warte darauf, dass er die Tasse loslässt, dass sie auf den Boden fällt und zerbricht. Ich warte darauf, dass seine Augen hervortreten, er sich an den Hals fasst und sein Atem in Würgen übergeht. Mein Holzschemel kippt hinter mir um. Ich bin bereit, Nelson den heißen Tee ins Gesicht zu schütten.

Lum schluckt, atmet ein und nimmt noch einen Schluck. Dann stellt er die Tasse ab und reibt sich die Hände. Er sieht aus wie immer.

Was ist los mit dir?, fragt Lum und sieht mich an. Trink deinen Tee – er ist heiß.

Ich hebe den Schemel auf und setze mich. Meine Wangen brennen. Nelson würdige ich mit keinem Blick.

Woher wussten Sie, was da passiert?, fragt Lum ihn.

Nelson antwortet: Ich war in der Stadt unterwegs, als ich Leute in eine Richtung laufen sah. Ich bin ihnen gefolgt, keine Ahnung, warum. Irgendwie wusste ich, dass etwas nicht stimmt. Als ich hierherkam, wo sich die Leute versammelten, begriff ich, was vor sich ging. Und ich sah euch beide.

Während er spricht, nehme ich meine Tasse, um mich an etwas festzuhalten. Sie ist heiß, aber ich behalte sie in der Hand und wünsche mir, dass die Flüssigkeit durch das Porzellan hindurch den Schmerz in mir fortspült.

Plötzlich wendet sich Nelson an mich, und unsere Blicke begegnen sich zum ersten Mal seit jenem Morgen. Ich umklammere die Tasse fester.

Du hättest drinnen bleiben sollen, sagt er. Das war sehr gefährlich. Ihr hättet beide umkommen können.

Meine Angst vor ihm weicht einer großen Wut. Er muss mir nicht den Unterschied zwischen richtig und falsch erklären.

Ich hätte im Haus bleiben sollen? Während Nam vielleicht getötet wurde?

Ich warte vergeblich, dass Nelson antwortet. Aber er hält meinem Blick stand. Meine Frage hängt in der Luft, mein Ärger umfängt uns alle.

Tut mir leid, sagt er. Du hast nur versucht, deinem Freund zu helfen.

Macht er sich jetzt über mich lustig? Ich habe getan, was jeder getan hätte, sage ich und belasse es dabei.

Foster steckt dahinter, sagt Lum. Wir haben ihn wie einen Geist vor dem Laden stehen sehen. Er ist wütend, dass seine Kunden zu uns kommen.

Foster war nicht dabei, sagt Nam und verblüfft uns. Er hat eine ganze Weile geschwiegen, den Blick nur auf die Eingangstür gerichtet, aber jetzt sieht er Nelson eindringlich an. Wer waren diese Leute? Kennen Sie sie?

Nelson lehnt sich seufzend zurück. Er hat eine Beule unter dem Kinn.

Ich kenne sie, sagt er. Aber es werden immer mehr. Diese Leute haben nicht nur gegen euch und euren Laden protestiert. Sie protestieren gegen alle Chinesen.

Alle drei lassen wir seine Bemerkung sacken. *Gegen alle Chinesen*. Ich erinnere mich an die kleinen Bergarbeiterstädte, durch die ich im vergangenen Jahr gekommen bin, wie die Jobs ganz plötzlich und ohne Erklärung zu verschwinden schienen. Langsam ergibt das einen Sinn.

Lum bricht als Erster das Schweigen. Hat es mit dem Gesetz zu tun, das der Präsident verabschiedet hat?, fragt er.

Gesetz, wiederhole ich. Welches Gesetz?

Das Gesetz, dass du nicht mehr nach Amerika einreisen

darfst, wenn du Chinese bist, sagt Lum, und seine Augen blitzen hinter der Brille. Wir sollten uns glücklich schätzen, dass wir überhaupt hier sind, haha!

Aber niemand lacht, vor allem nicht Nelson. Hat es, ja, sagt er. Seit es verabschiedet wurde, werden in dieser Stadt immer mehr Stimmen laut, die uns hier nicht haben wollen. Und nicht nur hier. Überall. Mein Freund in Boise sagt, dass es fast jede Woche Proteste gibt, und die Menge wird mit jedem Mal größer.

Wieder herrscht Schweigen, aber jetzt könnte es auch Traurigkeit sein. Ich betrachte meine Hände, die noch so klein und mädchenhaft sind. Sie hätten nichts gegen unsere Feinde draußen ausrichten können.

Wir brauchen einen Plan, sagt Lum. Falls sie wieder …

Nein, widerspricht Nam. Wir sollten uns nicht mit ihnen einlassen. Vielleicht bleiben sie weg.

Lum schüttelt den Kopf, sein Gesicht wird rot. Du hast gehört, was dieser junge Mann sagt. In Boise versammeln sie sich jede Woche. Und es werden mehr. Wenn es hier auch so weit kommt, wie sollen wir dann überleben? Welche Kunden kaufen dann bei uns ein?

Wir können sie nicht bekämpfen, sagt Nam und sackt zusammen, als hätte sein Körper irgendwo ein Leck. Wenn wir sie ignorieren, bleiben sie vielleicht weg. Vielleicht sehen sie ein, dass wir gute, ehrliche Leute sind. Wir wollen keinen Ärger.

Lum schnaubt. Du glaubst, sie bleiben weg? Du bist dümmer, als ich dachte. Sie bleiben nicht weg. Du wirst sehen. Morgen oder übermorgen oder überübermorgen sind sie wieder da. Und dieser Foster, der kommt auch wieder.

Nam schlägt mit seiner guten Hand auf den Tisch. So habe ich ihn noch nie erlebt, diesen fröhlichen Mann, neben dem ich in den letzten Monaten gelebt habe. Aber der Vorfall am Morgen scheint etwas in ihm verändert zu haben. Zum ersten Mal wirkt er größer als Lum.

Du hast nicht das Recht, mich zu belehren, sagt er. Nicht du bist angegriffen worden, sondern ich. Und ich sage, wir ignorieren sie.

Lum senkt den Blick. Er ist anderer Meinung, aber er will sich nicht streiten. Nicht jetzt. Gut, sagt er und wendet sich ab. Aber wenn sie zurückkommen und dir eine Knarre an den Kopf halten, erwarte keine Hilfe von mir, sondern denk dran, was du gesagt hast: Ignoriere sie. Wir werden sehen, ob das funktioniert.

*

Deine Hände, sagt Nelson später zu mir, sind mir gleich aufgefallen.

Es ist fast Abend, und der langsame Rückzug der Sonne gibt mir das traurige Gefühl von Dingen, die zu Ende gehen, bevor man so weit ist. Als der Tee kalt wurde und Nam erschöpft in seinen Sessel sank, half ich ihm vorsichtig ins Bett und legte ein heißes Handtuch auf seinen Bauch. Nelson bot an, zu bleiben und Lum beim Abendessen zu helfen.

Ich stehe am Fenster und lasse die Szene vom Morgen Revue passieren, als ich ihn hinter mir sprechen hörte. Das war's, denke ich mir. Er hat meine Hände gesehen, und er weiß, dass ich nicht der bin, der ich vorgebe zu sein. Er wurde nicht von dem Mob heute Morgen geschickt, sondern von der Tong und Jasper. Er sollte mich suchen und finden. Stülpt er mir gleich einen Sack über den Kopf und schleppt mich in die Nacht? Ich sehe ihn an.

Jetzt mach schon, sage ich. Ich bin das Ganze leid.

Was denn?, fragt Nelson. Ich meinte doch nur – mir sind deine Hände aufgefallen, weil sie wie die eines Künstlers aussehen.

Nelson Wong überrascht mich heute zum dritten Mal. Ich wippe auf der Stelle, ohne etwas zu sagen.

Ich spiele Geige, sagt er und gestikuliert mit den Händen. Ich erkenne einen Künstler, wenn ich ihn vor mir habe.

Geige, wiederhole ich. Ich kann mich nicht erinnern, das Wort in meinem Englischunterricht gelernt zu haben.

Siu tai kam?, sagt er. *Xiao ti quin?* Sein Chinesisch klingt anders und fremd, er muss nach den Wörtern suchen. Es ist nicht seine Muttersprache.

Trotzdem erkenne ich das Wort. Es ruft eine Erinnerung wach, etwas Trauriges und Kehliges, das durch ein offenes Fenster schwebt. Verlust könnte so klingen, wenn man ihn in Musik umsetzen würde. Meine Mutter, die die Augen schließt und die Hände aufs Herz legt. Dieses Lied, sagte sie, erinnert mich an meine Mutter.

Tut mir leid, wenn ich dich heute verärgert habe, sagt Nelson.

Ich habe noch nie Geige gespielt, erwidere ich. Keine Ahnung, warum ich ihm Dinge erzähle, die wahr sind. Aber meine Mutter hat Musiker immer bewundert, und ich ebenso.

Sein Gesicht leuchtet auf bei diesen Worten, obwohl es inzwischen dunkel ist. Du solltest irgendwann vorbeikommen und mich spielen hören.

Eine weitere Überraschung. Die Vorstellung ist lächerlich, das Letzte, was ich erwartet hätte. Will er mich so in etwas Böses hineinlocken? Ich warte auf das Brennen in meinem Körper, auf die Warnung in meinem Bauch. Stattdessen ist da nur ein penetrantes Summen.

Das Gefühl ist mir neu, ich weiß nicht, ob es schlecht ist. Ich kann es nicht benennen, deshalb macht es mir Angst.

Vielleicht, antworte ich.

7

NACH DEM PROTEST HERRSCHT eine Weile Ruhe. Die einzige Erinnerung an den Tag ist der kleine Sprung im Fenster, nicht unähnlich einem Klecks oder Wasserfleck, und Nams geprellte Rippe. Ich fege den Laden, wische Staub zwischen Dosen, Gläsern und Beuteln und fülle die Regale auf, bis sie sich unter der neuen Ware biegen. Unser Laden ist gut bestückt, sagt Lum, als er meine Arbeit sieht. Wer würde hier nicht einkaufen wollen?

Nam und Lum sprechen unaufhörlich über Nelson, dass er vermutlich ein Wächter ist, der uns beschützen soll. Ich weiß einiges über Wächter, würde ich den beiden gern sagen, als sie seine Größe und seine freundliche Haltung loben. Wie schnell er ist. Das ist ein guter junger Mann, wiederholt Lum ständig. Von dem könntest du einiges lernen, Jacob, wenn du in dieser Welt bestehen willst.

Es ist gut, wenn man Freunde hat, sagt Nam. Du willst doch nicht alt werden, so wie ich, und beim Sterben nur Lum an deiner Seite haben. Du brauchst Familie. Hörst du, Jacob?

Etwas geschieht mit mir. Eigentlich sollte ich mich von Nelson Wong fernhalten, doch stattdessen sehe ich seine Hände vor mir, die Fingernägel, breit und flach, mit weißen

Halbmonden. Ich erinnere mich an den Augenblick, als wir Nam zu Bett brachten, und während wir auf die Ankunft des Arztes warteten, tanzten seine Finger über meinen Rücken, und er entschuldigte sich schnell dafür.

Am Abend schreibe ich seinen Namen auf mein Bein. Nelson. Ni Er Sen auf Chinesisch.

Ich zerlege die Zeichen. Wenn ich seinen Namen verstehe, kann ich auch seine Absichten durchschauen. Sein Name erschließt sich nicht sofort. Ni und Er sind nur Laute, welche die englischen Entsprechungen nachahmen. Das letzte, Sen 森, bedeutet Wald. Zwei Bäume unten, einer oben.

Drei Bäume, ein Wald. Nelson muss, wie ein Wald, viel enthalten. Wahrscheinlich ist er ein vielschichtiger Mann — aber in welcher Hinsicht, weiß ich noch nicht.

Die Zeit wird es zeigen, verspricht mir Lin Daiyu. *Die Hände eines Musikers kennen keine Lüge. Sie kennen die Antwort des Flusses auf die Rüge.*

Das eine Jahr Schlaf hat ihr gutgetan. Seit der Mob sie geweckt hat, wird sie mit jedem Tag stärker, bis sie nicht länger in mir schlafen muss. Stattdessen erscheint sie, wann sie will, und läuft umher, ohne zu fragen. Sie erinnert mich zunehmend an die Lin Daiyu in der Geschichte, die Streiche spielt, Gedichte verfasst und ihr Blumengrab besingt. Ihr Husten lässt nach, bis sie sich nur noch gelegentlich räuspern muss.

So übel kann er nicht sein, wenn er die *qin* spielt, sagt sie. Ich spiele auch, und ich bin nicht allzu übel. Oder hast du das vergessen?

Nein, sage ich, ich habe es nicht vergessen. Lin Daiyu aalt sich vor Zufriedenheit, und ich frage mich, ob sie vielleicht nicht ganz unrecht hat, was Nelson betrifft.

Das Brennen kehrt zurück, aber sanft wie die Nachmittagssonne, die sich auf meiner Haut niederlässt. Wenn ich schlafe, ist es bei mir, und wenn ich aufwache, verlässt es mich, rosig und purpurn von der Glut meiner Träume. Ich suche die Bedrohung, vor der ich Angst hatte, doch sie entschwindet, ist ersetzt durch dieses neue Gefühl, das noch keinen Namen hat.

Kannst du mir sagen, was das ist?, frage ich Lin Daiyu. Heute sitzt sie auf der Ladentheke und steckt sich vereiste Blumen in den Mund. Sie sind tot, aber noch wunderschön, überkrustet mit Eis. Wenn Lin Daiyu zubeißt, splittern sie krachend zwischen ihren Zähnen.

Ich bin wohl die Letzte, die sich mit Männern auskennt, sagt sie. Wasser quillt aus ihrem Mund und sammelt sich auf dem Boden.

Ich spreche nicht von dem, was *dir* widerfahren ist, sage ich und beeile mich, die Pfütze mit meinem Hemdärmel wegzuwischen.

Wovon sprichst du dann?

Ich will wissen, ob Nelson Wong ein schlechter Mensch ist, sage ich. Ich will wissen, ob mein Gefühl gut oder schlecht ist.

Pfirsichblüten, rosa Seide, die im Frühling explodiert. Schön ist die Maid, die ein Lied gebiert.

Sei nicht albern, sage ich. Ich stelle dir eine ernste Frage.

Woher soll ich das wissen, protestiert sie. Es ist nicht lange her, da wolltest du nichts mit mir zu tun haben. Und jetzt sieh dich an! Du willst meinen Rat. Traust du mir wirklich so sehr?

Wenn Nam, Lum oder ein Kunde jetzt hereinkämen, würden sie mich auf eine Karre werfen und mich an einem Ort für Verrückte abliefern. Doch ich habe dem Mädchen, nach dem ich benannt bin, noch einiges zu sagen.

Willst du mir vorwerfen, dass ich dich nicht ausstehen konnte, als ich jünger war?

Lin Daiyu verputzt ihre letzte Blume und leckt sich die Fingerspitzen ab. Du verletzt meine Gefühle, sagt sie. Aber jetzt kapierst du, dass ich nicht hassenswert bin. Jetzt brauchst du mich. Du hast mich immer gebraucht.

Ich sage nichts. Sie weiß ohnehin, was ich sagen will.

Lin Daiyu mustert mich. Nelson Wong ist kein übler Mensch, sagt sie schließlich. Ich mag ihn sogar ganz gern. Aber deine Frage, ob dein Gefühl gut oder schlecht ist? Die kann ich dir nicht beantworten. Ich kann nur sagen, es ist beides, gut und schlecht.

Sie verstummt, dann lacht sie und sagt: Oder vielleicht keines von beiden?

Am liebsten würde ich sie von der Theke schubsen. Du bist mir überhaupt keine Hilfe, sage ich. Ich bin ein albernes Mädchen, das mit Geistern redet.

Schon gut, erwidert sie und erhebt sich, um noch weitere Blumen zu suchen. Aber ich habe dir die Wahrheit gesagt, wie ich sie sehe. Es ist nicht meine Schuld, dass du mir partout nicht glauben willst. So warst du schon immer, weißt du das?

*

Lum hatte recht – der Mob kommt natürlich zurück. Sieben Tage nach dem Vorfall hören wir die gleichen Stimmen, spüren den gleichen Marsch in Richtung unserer Ladentür, während ihre Stiefel Schmutz, nassen Schnee und tote Dinge aufwirbeln. Außerirdische Wesen! Heuschreckenplage! Verschwindet zu euren Lotusblumen! Wir halten uns an den Plan: verriegeln die Türen, lassen die Jalousien herunter, verhalten uns still. Wir versuchen nicht zu argumentieren, zeigen uns nicht. Diesmal bleibt der Mob eine Stunde, bevor er abzieht. Ich sitze mit dem Rücken an der Tür, als könnte ich die Menge am Eindringen hindern. Aber auch Lum sitzt bei mir, und er fordert mich auf, die Schultern zu straffen und aufrecht zu sitzen.

So wirst du ein Mann, Jacob, sagt er.

8

IN WEST IDAHO SIND drei Chinesen wegen Raubes angeklagt. Man bringt sie in den Wald und fesselt jeden mit seinem Zopf an einen Baum. Dann schneidet man ihnen die Kehle durch.

In Süd Idaho wird ein Chinese an einem Tor erhängt.

In East Idaho wird ein vierzehnjähriger chinesischer Junge aus der Wohnung seiner Familie gezerrt und mit einer Wäscheleine erhängt.

In North Idaho fliegt eine Axt durch die Nacht und zerschmettert eine Laterne. Ein chinesischer Tempel brennt, drinnen glühen die Körper.

In Pierce erscheint der Mob jede Woche vor unserer Tür.

*

Mitte Mai wird der Schnee zu Wasser, das in die Erde sickert. Die warme Sonne auf meinem Kopf tut gut.

Heute erklärt der Arzt Nams Rippe für geheilt. Zur Feier seiner Genesung geben Nam und Lum mir einen Tag frei. Du bist ständig nur hier, unternimm mal etwas, sagen sie. Wir kommen gut ohne dich klar.

Seit dem Tag, als Nam verletzt wurde, habe ich mich nicht

aus dem Haus gewagt. Der Laden war für mich der einzige Ort, an dem ich mich sicher fühlte. Hier war ich bei meinen eigenen Leuten, fühlte ich mich beschützt. Es bestand keine Gefahr, dass meine wahre Identität enthüllt wurde. Aber heute ist kein Mob da, die Straße ist leer. Der Himmel strahlt in einem Blau, das in den Augen schmerzt. Die Fenster der Geschäfte in unserer Nachbarschaft sind geöffnet. Sogar Foster's Goods wirkt freundlich.

Ich kann mich nicht erinnern, wann ich das letzte Mal einen Tag für mich hatte. Ich könnte zur Bäckerei gehen, den Weg zur Kirche einschlagen, mir das Gerichtsgebäude ansehen. Ich könnte zu den schneebedeckten Bergen wandern, die die Stadt begrenzen, und weiter, bis Pierce endet und etwas anderes beginnt.

Oder, flüstert Lin Daiyu, und ihr Atem kitzelt mich am Hals, du könntest *ihn* besuchen.

Sie findet meine Verwirrung Nelson gegenüber so amüsant wie ein belangloses Spiel. Sei still, sage ich zu ihr, trete auf die Straße und ziehe mein Tuch am Hals zurecht.

Er will, dass du kommst, fährt sie fort. Schließlich hat er dich eingeladen.

Das war vor einem Monat, sage ich. Seitdem war der junge Mann namens Nelson Wong nur ein paarmal bei uns gewesen, einmal, um sein Geigenharz abzuholen, die anderen Male, um sich nach Nam zu erkundigen. Während seiner Besuche versteckte ich mich hinten, die Hände vors Gesicht gepresst, um die Hitze zu kühlen. Wahrscheinlich, sage ich zu Lin Daiyu, hat er seine Einladung inzwischen vergessen.

Ein Monat ist nichts, wenn du so lange lebst wie ich, gibt Lin Daiyu zurück.

*

Der Pfad zu den Bergen ist noch zu feucht vom Schnee, das Gerichtsgebäude ist voll, und die Kirche sieht zu düster aus für einen so schönen Tag. Ein leichter Wind zerrt an meinem Halstuch. Ich weiß, dass er mich in eine bestimmte Richtung ziehen will. Ich mache kehrt und laufe in Richtung Norden, zurück durchs Zentrum zum Twinflower Inn.

Wenn mir was passiert, sage ich zu Lin Daiyu, bist du schuld.

Sie erwidert nichts und lacht nur; es klingt, als wäre ein Vogel in ihrer Kehle gefangen.

*

Nelson Wong hat seine Einladung nicht vergessen. Als er die Tür öffnet und mich da stehen sieht, mit einem Fuß schon auf dem Sprung zur Flucht, tritt er einen Schritt zurück und bittet mich herein.

Lin Daiyus Hände schieben mich nach vorne.

Nelson hat eines der größeren Zimmer im Twinflower Inn gemietet. Als ich frage, wie er sich das leisten kann, erwähnt er einen großzügigen Freund.

Als Erstes sticht mir ein Instrument ins Auge, das auf einem Tisch vor dem Kamin liegt. Vermutlich seine Geige. Sie sieht anders aus als die Saiteninstrumente, die ich bisher gesehen habe, deren Körper Fischen ohne Fleisch auf den Gräten glichen. Dieses ähnelt vielmehr einem Frauenkörper, kurvig, geräumig und prall. Vor dem Feuer leuchtet die *xiao ti qin* in einem satten Apricot-Ton.

Nelson fragt, ob ich etwas trinken möchte, und verschwindet, um Tee einzugießen. Ich sehe mich im Raum um. Im Haus meiner Kindheit in dem Fischerdorf schmückten die Wandteppiche meiner Mutter die Wände. Bei Meister Wang hingen dort Kalligraphie-Stücke. Bei Madam Lee beobachteten glänzende rotgoldene Tapeten jede unserer Bewegungen.

Doch in Nelsons Zimmer sind die Wände kahl. Der einzige Verweis auf den Mann, der jetzt auf mich zukommt, ist ein Foto auf dem Kaminsims. Es zeigt jemanden, der aussieht wie ein Vater, zusammen mit einer Frau, die aussieht wie eine Mutter, und eine kleinere Ausgabe von Nelson. Eine runde Nase, ovale Augen und fast schräg stehende Lider. Er schaut mich an, hält etwas im Mund. Seine Eltern lächeln.

Ich sehne mich nach meinen Eltern.

Nelson fordert mich auf, Platz zu nehmen, und entschuldigt sich für die Hitze im Raum. Meine Finger sind biegsamer, wenn es warm ist, erklärt er. Zum Beweis bewegt er die Finger auf einem unsichtbaren Geigenhals auf und ab. Ich versichere ihm, dass es mich nicht stört.

Es könnte an der Wärme im Raum liegen, aber er strahlt eine Ruhe aus, eine gewisse Sanftmut, die bei einem Mann nicht selbstverständlich ist. Wie die kahlen Wände seines Zimmers – er ist genau, wie er erscheint. So ein Mann ist mir bisher nicht begegnet.

Ich bin froh, dass du gekommen bist, sagt er. Ich hatte schon Angst, dass ich dich irgendwie verletzt habe. Zum Beispiel mit der Frage nach deinen Händen.

Erzähl ihm, dass du dachtest, er wolle dich umbringen, stichelt Lin Daiyu und kneift mich in den Arm.

Ich ignoriere sie. Nams Rippe ist endlich verheilt, sage ich stattdessen.

Das ist eine gute Nachricht, erwidert Nelson.

Ich sitze da, wie Daiyu es tun würde, die Beine geschlossen, die Knie aneinandergepresst, die Hände im Schoß gefaltet. Nelson, der mir gegenübersitzt, hat die Beine gespreizt, sodass der Raum dazwischen eine Raute bildet. Sein Körper ist entspannter, offener. Ich versuche ihn nachzuahmen und verlagere meine Füße.

Ist das Feuer zu warm?, fragt er, den Blick auf mich gerichtet.

Ich verneine und sage, das sei ein schönes Zimmer in einem schönen Gasthaus. Und dass er nichts Verletzendes getan hat und dass es mir leidtut, wenn es so aussah.

Bei meiner letzten Bemerkung lächelt er. Ich hatte nur gehofft, wir könnten Freunde sein, sagt er. Es gibt nicht mehr viele von uns in Pierce.

Nam meint, früher waren viele Chinesen hier, sage ich.

Er nickt. Trinkt seinen Tee. Stimmt, sagt er. Vor allem, als die Minen offen waren, haben dort jede Menge Chinesen gearbeitet. Auch mein Vater.

Da – ein Hinweis auf seine Vergangenheit. Bevor er der wurde, der er jetzt ist. Seine Worte sind wie ein Leuchtkäfer in der Dunkelheit. Ich fange ihn mit beiden Händen und halte ihn fest, wohl wissend, dass nicht viel Zeit bleibt, bis das Licht erlischt.

Wo sind deine Eltern jetzt?, frage ich.

Mein Vater ist vor ein paar Jahren gestorben, erwidert er. Die Minen haben seine Lunge zerstört. Wenig später starb meine Mutter. Ich glaube, ihr Herz war gebrochen.

Oh, sage ich. Tut mir leid.

Du bist sehr nett, sagt Nelson. Manchmal fühle ich mich in Traurigkeit versinken. Aber dann rufe ich mir in Erinnerung, wie glücklich ich mich schätzen kann. Ich hatte meine Eltern ziemlich lange. Viele verlieren ihre Eltern viel früher.

Seine Worte klingen kühn, aber seine Augen erzählen eine andere Geschichte, eine Geschichte von Einsamkeit, vielleicht sogar Angst. Er schaut schnell weg, aber ich sehe sie noch – die gleiche Geschichte, die in mir lebendig ist.

Bevor ich es verhindern kann, platzt es aus mir heraus: Ich habe auch keine Eltern mehr.

Die Worte verlassen meinen Mund und schweben davon, sind endlich in der Welt. Lin Daiyu saugt Luft durch die Zähne ein, ihre Verspieltheit ist verschwunden. Warum sagst du ihm das?, faucht sie. Du musst dein wahres Ich für dich behalten.

Das heißt, stottere ich, ich weiß nicht, wo sie sind. Sie werden vermisst.

Nelsons Blick begegnet meinem, und diesmal verbirgt er den Schmerz in seinen Augen nicht. Ach, Jacob, sagt er. Bist du deswegen immer so traurig?

Er hat es also bemerkt. Sosehr ich mich auch bemühe, mein wahres Ich nicht nach außen zu tragen, es findet immer einen Weg – die Traurigkeit, die meine Kindheit prägte, ist mir ins Erwachsenenalter gefolgt. Und jetzt, verstärkt durch echte Tragödien, wird sie mir immer ins Gesicht geschrieben sein. Ja, möchte ich zu Nelson sagen und am liebsten weinen. Nach all den Jahren des Lügens und Versteckens bin ich dem Aussprechen der Wahrheit noch nie so nah gekommen. Lin Daiyu schüttelt den Kopf, aber ich ignoriere sie.

Eigentlich will ich nicht traurig aussehen, sage ich. Noch eine Wahrheit.

Es war das Erste, was mir an dir aufgefallen ist, erwidert Nelson.

Meine Großmutter sagte oft, ich würde immer aussehen, als wollte ich weinen. Die dritte Wahrheit geht mir jetzt leicht über die Lippen.

Er lacht. Ich trinke meinen Tee. Jasmin. Mit dem Tee breitet sich noch etwas in mir aus, angenehm und begehrlich. In Nelsons Nähe habe ich das Gefühl, eine große Schwere wäre von mir genommen worden. Ich erinnere mich an ein besonderes Papier, das Meister Wang mir mal zeigte, ein orange getöntes Papier, dessen Muster den Streifen eines Tigers ähnelte. Dieser Effekt war nur zu erreichen, indem man das Papier stark behandelte. Dadurch wurde es zwar dicht und steif, bekam aber auch die auffällige Eigenart, an der Oberfläche wie Schnee zu glänzen. Ein Hinweis dafür, dass etwas, was härter wird, auch schön sein kann.

Kommst du wieder?, fragt Nelson, bevor ich aufbreche. Ich verspreche es, auch wenn Lin Daiyu versucht, mir den Mund zuzuhalten.

Schön, sagt er. Wir werden gute Freunde sein.

9

SHERIFF BATES IST EIN breitschultriger Mann. Sein Gesicht, mittlerweile fleckig und pockennarbig, weist auf frühere Attraktivität hin, die mit der Zeit verloren gegangen ist. Übrig geblieben sind ein steifer gelber Schnurrbart und Augenbrauen, hell wie Eiweiß. Jede seiner Bewegungen wird von einem harten, stattlichen Bauch beherrscht.

Es war Lums Idee. Die Proteste vor dem Laden hatten endlich aufgehört, doch an ihre Stelle trat neuer Terror. Die Schilder, die der Mob anfangs trug, pflastern jetzt unsere Fenster. Zu meinen täglichen Aufgaben gehört es nun auch, dass ich mit einem Lappen und einem Eimer warmem Wasser nach draußen gehe, um die Plakate zu entfernen, auf denen VERJAGT DIE KULIS steht und auf denen wir als CHINESISCHE TIERE und JOHN CHINAMAN bezeichnet werden. Am nächsten Morgen sind sie wieder da.

Doch die Plakate sind nur ein kleines Ärgernis, verglichen mit den anderen Schikanen. Auf unserer Türschwelle landen in braunes Papier eingewickelte Fäkalien, Gallenflüssigkeit und Tierorgane. Nach dem dritten Mal werfe ich sie weg, ohne sie zu öffnen. Aber die Pakete landen weiter bei uns.

Eines Tages kommt jemand, den ich nicht kenne, in den

Laden, und als er geht, liegen tote Ratten in den Ecken, zwischen den Tomatendosen und auf den Reissäcken. Es dauert den ganzen Nachmittag, den Laden zu säubern und den Geruch loszuwerden. Selbst danach müssen wir nachts die Fenster offen lassen und mit unseren Decken über dem Mund schlafen.

Eines Morgens stellen wir fest, dass nachts jemand eingebrochen ist und den Tee mit Urin verunreinigt hat. Das bringt das Fass irgendwie zum Überlaufen.

Sie müssen etwas unternehmen, sagt Lum zum Sheriff.

Wir haben nichts falsch gemacht, sagt Nam und streckt die geöffneten Hände aus. Wir haben eine Lizenz, wir haben Papiere. Wir haben jedes Recht, hier zu sein.

Trotzdem will der Sheriff nicht in unseren Laden kommen. Sie wissen nicht, wer dahintersteckt?

Deswegen haben wir Sie ja hergebeten, sagt Lum. Wir haben eine Ahnung, sind uns aber nicht sicher.

Tut mir leid, Leute, erwidert Sheriff Bates. Ohne Verdächtigen kann ich niemanden verhaften.

Aber den haben wir doch, sagt Lum mit gepresster Stimme. Dieser Mob. Treiben Sie die Leute zusammen und fragen Sie jeden Einzelnen! Fragen Sie Foster, warum er sich wie ein Geist vor unseren Laden stellt!

Der Sheriff zögert. Das könnte ich tun, sagt er. Aber es macht sehr viel Arbeit und Lärm. Und ich an eurer Stelle wäre vorsichtig, Mister Foster irgendwas anzuhängen. Ich weiß nicht, ob ihr diese Art von Aufmerksamkeit auf euch ziehen wollt.

Als Kind dachte ich immer, es gäbe nichts Besseres und Aufrichtigeres als einen Hüter des Gesetzes. Vor diesem nicht mehr ganz jungen Sheriff meine ich langsam die Wahrheit über die Inhaber der Macht zu erkennen.

Sie wollen also nichts unternehmen?, fragt Nam. Auch auf diese Frage kennt er bereits die Antwort.

Besorgt mir einen Verdächtigen oder einen glaubwürdigen Zeugen, sagt der Sheriff und wendet sich zum Gehen. Bis dahin, Kopf hoch, Leute. Vielleicht ist es eine gute Gelegenheit, darüber nachzudenken, die Stadt zu verlassen. Die chinesische Wäscherei hat gerade geschlossen, wusstet ihr das? Die Leute packen ihre Sachen.

Lum verflucht die Stelle, wo der Sheriff stand. Nams Hände sind noch ausgestreckt, aber sie sind leer, halten nichts. Wir müssen in Betracht ziehen, sagt Lum schließlich, von hier wegzugehen. Nam stößt einen erstickten Laut aus und geht im Laden nach hinten.

Wir müssen das in Betracht ziehen, wiederholt Lum, nun an mich gewandt.

Der Sommer hat gerade begonnen, und bald wird er zu Ende sein. Wenn ich meine Reise ins Washington-Territorium antreten will, kann ich es mir nicht leisten, noch einmal umzuziehen und wieder nach Arbeit zu suchen. Dieser Laden muss laufen. Wir müssen es in dieser Stadt schaffen. Und auch wenn ich es nicht aussprechen will, es gibt noch einen Grund, hierzubleiben.

Einen Zeugen, murmelt Lum. Wo sollen wir einen Zeugen finden?

Es gibt einen, sage ich.

*

Du willst, dass ich mich melde?

Wieder sind wir in Nelsons Zimmer, und diesmal trinken wir Alkohol. Für mich ist es das erste Mal. Meine Mutter sagte immer, Alkohol sei etwas, was Männern und Gottheiten vorbehalten sei. Ich tu so, als wäre ich eines von beiden. Beim ersten Schluck zieht sich meine Zunge zusammen, und meine Mundwinkel werden wässrig. Ein Feuer folgt dem Alkohol hinunter in meinen Bauch. Mein Gesicht verzerrt sich unwillkürlich. Nelson lacht.

Es ist die einzige Möglichkeit, dass Sheriff Bates etwas unternimmt, sage ich.

Ich kann ihm nur erzählen, was ich gesehen habe, erwidert Nelson. Ein oder zwei Gesichter. Ich erinnere mich nicht an jeden, der dort war.

Das ist doch wenigstens etwas, sage ich.

Nelson berührt meinen Arm. Etwas in mir wird weich.

Eines solltest du wissen, Jacob. Sheriff Bates und Männer wie er sind … voreingenommen.

Was heißt das?

Ich will es so ausdrücken, antwortet Nelson. Ich glaube nicht, dass Sheriff Bates sich die Mühe machen würde, einen der Seinen ins Gefängnis zu werfen.

Er erklärt nicht, was er mit *einen der Seinen* meint.

Lass uns über anderes reden. Ich spiele dir etwas vor.

Wie schön, sagt Lin Daiyu, die mit roter Nase vorm Kamin erscheint. Mal sehen, ob er Talent hat.

Nelson stellt seinen Drink ab und steht begeistert auf. Mit der linken Hand setzt er schwungvoll die Geige unter sein Kinn, in den Raum, wo Schulter, Brust und Kinn zusammentreffen. Ich stelle mir vor, wie oft er das im Laufe seines Lebens schon getan, wie oft er die Geige ans Schlüsselbein gepresst hat, bis die Musik von diesem Knochen durch seinen ganzen Körper vibriert und in seinem Skelett widerhallt.

Als er den Bogen auf die Saiten setzt und zu spielen beginnt, fällt alles von mir ab. Ich kenne die langgezogenen traurigen Töne der Erhu, das hohle Pfeifen der Flöte, die Regentropfen der Guqin. Doch die Geige kannte ich bisher nicht.

Die erste Note ist ein Wehklagen, aber dann tanzen und hüpfen Nelsons Finger, sein Bogen schneidet die Saiten. Die Musik ist eine Infanterie und wird zu einer Armee, so groß, dass nichts, nicht dieser Raum, nicht diese Stadt und nicht einmal diese Welt sie aufhalten könnte. Die Melodie ist geschmeidig, und Nelson passt sich ihr an, sie fällt und schwingt sich in die Höhe und er mit ihr, sein Körper kein Körper mehr, sondern ebenfalls ein Instrument, der Muskel, den das Lied für seine Ausführung braucht. Das satte Vibrato durchströmt mich. Seine Finger sind jetzt am unteren Geigenhals, der Daumen eingehakt, die anderen vier klopfen und schlagen die dünnste Saite. Bei jedem Bogenstrich erhebt sich eine Geigenharzwolke, wie eine Blume, die Pollen freisetzt. Opernhaft und wunderschön.

Nelsons Anblick erfüllt mein Herz. Mir war nicht klar, dass Männer etwas so Schönes schaffen können.

Ich bin ein bisschen betrunken, sagt er, als das Lied zu Ende ist. An der Stelle, wo die Geige saß, sind rote Blüten auf seinem Hals.

Das war großartig, sage ich zu ihm. Ich bin mir nicht sicher, ob ein Mann einem anderen Mann solche Komplimente macht, doch der Alkohol ermutigt mich. Du spielst, als wärst *du* die Musik. Du erweckst sie zum Leben.

Es war ganz gut, murmelt Lin Daiyu und kriecht wieder in den Kamin.

Meine Mutter sagte mir mal, ich müsse mehr Emotion in mein Spiel legen, sagt Nelson. Ich frage mich, was sie davon halten würde, wie ich jetzt spiele.

Ich stelle mir vor, die Frau auf dem Bild wäre jetzt bei uns in diesem Raum und würde, über einen jüngeren Nelson gebeugt, seine Finger korrigieren.

Hat sie dir das Geigenspiel beigebracht?

Nelson nickt. Sie spielte seit ihrer Kindheit. Meine erste Geige gehörte ihr.

Wir verfallen in ein natürliches Schweigen. Mein Blick ist auf den Boden gerichtet, aber mein Herz rast, als wollte es mir davonlaufen. Es gab kein Zögern bei Nelson, keine Zweifel. Nicht einmal einen Gedanken. Er nahm einfach die Geige in die Hand und ließ sich von der Musik führen. Vermutlich meinte Meister Wang das, als er von einem Kalligraphen in seiner höchsten Form sprach. Ich beneide ihn.

10

IRGENDWO IN PIERCE ERWACHT ein Weißer, und vor seiner Tür steht ein kleinlauter Sheriff. Der weiße Mann wird zum Verhör gebracht und zur mutwilligen Beschädigung des chinesischen Ladens befragt. Man erklärt ihm, ein Zeuge habe ihn bei den Protesten gesehen, und andere hätten beobachtet, wie er vor dem Laden herumstand. Der Mann streitet es ab, und der Sheriff ist gewillt, ihm zu glauben, aber leider müsse etwas unternommen werden. Für seine angeblichen Verbrechen wird der Mann zwei Tage lang festgehalten.

Es scheint zu wirken. Nach der Verhaftung bessert sich die Lage im Laden. Unser Fenster ist nicht mehr jeden Morgen mit Plakaten verklebt. Es liegen keine Pakete vor der Tür. Keine toten Ratten mehr. Das Geschäft nimmt seinen normalen Gang. Vielleicht, sagt Nam, haben wir das Schlimmste überstanden.

Doch während bei uns die Belästigungen aufhören, scheint es andernorts schlimmer zu werden. Nicht lange nach der Schließung der chinesischen Wäscherei gibt Chen seinen Friseurladen auf. Hier wird's mir zu gefährlich, sagt er zu Nam. Ich geh zurück nach Guangzhou. In der Zeitung lese ich – auf Seite vier, eine Kurzmeldung oben in der Ecke –

von einem Mob, der ein chinesisches Viertel plündert und die Bewohner lyncht. Die Leichen werden getreten und verspottet, kastriert und geköpft. Der Reporter rechtfertigt das als amerikanisches *Recht auf Revolution.*

11

ZWISCHEN DEN UNTERRICHTSSTUNDEN KOMMT Nelson manchmal im Laden vorbei. Angeblich vertreibt er sich nur die Zeit, aber an der Art, wie er erstarrt, wenn weiße Kunden eintreten, erkenne ich genau, er will hier sein, falls etwas passiert. Nelson ist größer als die meisten Chinesen in Pierce, und an seinem entschlossenen Schritt und seiner ernsten Nase sieht man, dass er nicht so leicht zu erschüttern ist.

Wir befinden uns zwischen den Regalen, eine Dose mit Trockenpflaumen zu meinen Füßen muss noch eingeräumt werden. Er zeigt auf Aprikosen, Pflaumen, Pfirsiche und fragt, wie das Wort dafür in meiner chinesischen Version lautet. Er hat nur ein paar Worte Chinesisch gelernt, als er klein war. Seine Eltern, die aus derselben Region stammen wie Nam und Lum, wollten, dass ihr Sohn gutes Englisch spricht.

Xing, erkläre ich ihm geduldig. *Lizi. Tao.*

Tao, wiederholt er und formt das Wort mit den Lippen. Seine ernste Miene bringt mich zum Lachen.

Und Nam, der im Gegensatz zu Lum nicht streng sein kann, ruft mich von vorne und fragt, ob ich nicht bald fertig sei. Nelson und ich ziehen den Kopf ein, halten die Hand vor den Mund und gehen lachend zu den Arzneien und Kräutern. Nelson greift nach einer gelben Wurzel, und ich erkläre ihm, das sei *huang qi.*

Hm, sagt er und befühlt die flache Wurzel mit dem Daumen. Aber ich weiß nicht, wie wir sie auf Englisch nennen würden.

Vielleicht sollten wir das gar nicht versuchen, erwidere ich. Manches belässt man besser so, wie es ist.

Ich erzähle ihm nichts von den Vormittagen im Garten mit meiner Großmutter, deren Lieblingspflanze Huang Qi war.

Wir haben etwas gemeinsam, diese Wurzel und ich, sagt Nelson. Ob das heißt, dass ich unsterblich bin?

Ich glaube, es heißt, dass ihr beide ein bisschen gelb seid, erwidere ich. Und das ist gut.

Jetzt muss Nelson lachen. Nam fragt erneut freundlich, ob ich für heute nicht bald fertig sei. An solchen Nachmittagen sind wir oft aufgedreht wie Kinder. Ein schönes Gefühl. Denn uns kann nichts Schlimmeres passieren, als dass Nam mit uns schimpft. Die reale Welt kann eine Weile warten.

Manchmal bringt Nelson mir kleine Geschenke mit, auch wenn er sie nie so bezeichnet, zum Beispiel eine Süßigkeit oder eine Scheibe Fleisch aus dem Feinkostladen. Ich mache mir Sorgen, dass du nicht genug zu essen kriegst, sagt er ernst und drückt mir das Mitbringsel in die Hand. Für einen Mann in deinem Alter bist du zu dünn.

Dann wieder sieht er mich lange an, bevor er sagt: Ich wünschte, ich hätte einen kleinen Bruder. Vielleicht hätte ich gern einen Bruder wie dich.

Worauf ich sage, dass es nie zu spät ist. Wir können jetzt Brüder sein.

*

Es war einfach, mir eine Geschichte für Nam und Lum auszudenken. Sie wollten nur hören, dass ich gut arbeite. Es
interessierte sie nicht, woher ich kam oder wie ich dorthin
gelangte oder wer ich war.

Aber Nelson ist nicht Nam und Lum. Nelson hält inne, er
stellt Fragen, wartet darauf, dass Dinge einen Sinn ergeben
und zu Ende geführt werden. Er ist aufmerksam, nachdenklich. Schließlich ist er Musiker. Er wurde in Pierce als Sohn
der ehemaligen Geigerin einer reisenden Theatertruppe und
eines Bergarbeiters geboren. Er unterrichtet zehn Schüler,
die es nie zu Meistergeigern bringen werden.

Für mich ist das kein Problem, sagt er. Es geht nicht darum,
wie gut sie werden, sondern dass ich ihnen helfe, ihre eigene
Musik zu schaffen. Auch wenn sie nicht perfekt klingt, ist sie
schön, weil sie von ihnen kommt.

Er ist anders als Meister Wang, der überzeugt war, dass
nur richtige, nach genauen Regeln entstandene Kunst ver-
breitet werden sollte. Nelson will so viel Kunst wie möglich
verbreiten, denn für ihn ist alles Kunst.

Er findet, ich sehe zu ernst aus und sollte keine Angst
haben, mit aufrechter Haltung zu gehen. Dann legt er seine
Hände auf meine Schultern und drückt sie nach hinten. Ich
gehorche seinen Händen und werde straff wie ein gespannter
Bogen.

Hüte dich vor ihm, mahnt Lin Daiyu.

Ich weiß nicht, wovon du redest, gebe ich zurück.

Es dauert nicht lange, bis Nelson fragt. Ich weiß, was er
wissen will, und ich bin bereit, ihm zu antworten.

Zuerst: Woher kommst du? Dann: Wer bist du? Und: Wohin willst du? Bei Nelson lerne ich, dass Jacob Li nicht einfach Jacob Li sein kann. Jacob Li muss auch ein Sohn sein, ein Bewohner, jemand, der begehrt. Er muss ein vollständiger Mensch sein.

Was ich Nelson erzähle, ist eine zusammengewürfelte Version vieler Lügen und Halbwahrheiten: Ich habe in einer Nudelküche in San Francisco gearbeitet und kam nach Idaho auf der Suche nach besserer Arbeit und Bezahlung. Ich versuche Geld zu verdienen, um nach China zurückzukehren und meine Eltern zu suchen.

Vermutlich liegt es an seiner gelassenen Haltung und dem festen Blick, mit dem er jedem begegnet, dass ich ihm so bedenkenlos Nuancen der Wahrheit erzähle. Denn wenngleich ich gegen Ende des Sommers fort sein werde, möchte ich doch etwas von mir zurücklassen, das real ist. Für Nelson ist es wichtig.

Lin Daiyu findet das Ganze mittlerweile nicht mehr amüsant. Sie wirft mir vor, unvorsichtig und eigensinnig zu werden. Sie drängt mich, damit aufzuhören.

Ich weiß, du willst mich beschützen, sage ich, aber vielleicht übertreibst du ein wenig.

Meine Bemerkung ärgert sie, aber das interessiert mich nicht – inzwischen fällt es mir zunehmend leichter, ihr zu widersprechen.

12

AN EINEM SCHÖNEN TAG Ende Mai erscheint Nelson im Laden. Er strahlt. Nach einer Woche voller Wolken scheint heute wieder die Sonne und lässt alles einladender wirken.

Was hast du gemacht?, fragt er, als er meine roten Wangen sieht.

Ich sage ihm, dass ich hinten schwere Kisten gehoben habe, was nicht stimmt. Ich hatte mein erspartes Geld für die Rückreise nach China gezählt. Nach fast zwei Jahren in Idaho sind einhundertvierzig Dollar zusammengekommen. Wenn ich in drei Monaten Richtung Westen aufbreche, habe ich mein Ziel von zweihundert Dollar fast erreicht.

Zweihundert, um ins Washington-Territorium zu reisen und meine Schiffspassage zu bezahlen. Würde es reichen? Es muss, rede ich mir zu. Ich könnte etwas länger warten, sicher, ich könnte warten. Doch dann müsste ich das Meer im Winter überqueren, und ich weiß nicht, ob ich das überlebe.

Kannst du dir eine oder zwei Stunden freinehmen?, fragt Nelson. Er verströmt eine hektische Energie, wie ich sie von ihm nicht kenne.

Nein, kannst du nicht, sagt Lin Daiyu böse.

Ich glaube, Nam und Lum hätten nichts dagegen. Wir schließen ohnehin bald.

Wäre doch schade, einen so schönen Tag zu verschwenden, erwidert Nelson.

Wir brechen in Richtung Süden zum Schulgebäude auf. Lin Daiyu folgt uns nicht. Nelson geht so schnell, dass ich laufen muss, um mitzuhalten. An der Schule gehen wir links um das Gebäude herum. Nelson sieht sich um, ob wir allein sind.

Nelson, sage ich, wohin gehen wir?

Er antwortet nicht und winkt mich einfach weiter.

Hinter der Schule führt ein Weg in die Bäume. Ein Passant würde den Weg für ein beliebiges Stück Feld halten, doch im Näherkommen sehe ich das umgeknickte Gras, das die Andeutung eines Weges markiert.

Los, komm, drängt Nelson und huscht in die Bäume.

Es ist offensichtlich, dass dieser Weg nicht oft benutzt wird. Die Hemlocktannen streifen uns, ihre Nadeln verfangen sich auf meinem Hemd. Wir kommen an einem kleinen Schildkrötenteich vorbei, an einer Gruppe umgestürzter Douglaskiefern, an Wildblumenbüscheln. Immer denke ich, Nelson will mir diese Dinge zeigen, aber er geht weiter, verfolgt nur ein einziges Ziel. Als wir ein Brombeergestrüpp erreichen, bleibt er schließlich stehen. Vermutlich sind wir am Ziel, denn hinter dieser massiven Wand aus Dornen und dem Gewirr aus Zweigen kommt bestimmt nichts mehr, doch Nelson bückt sich, um sich durchzuschlängeln.

Es ist ein bisschen eng, ruft er mir zu.

Aber ich bin klein und wendig. Als ich hindurchschlüpfe, streift ein Ast meinen Nacken. Ich vergewissere mich, dass mein Halstuch noch richtig sitzt, und richte mich wieder auf. Nelson eilt schon voraus.

Und das hier, sagt er atemlos, wollte ich dir zeigen.

Er steht in der Mitte einer von Hemlocktannen gesäumten Lichtung, die Arme ausgebreitet und grinsend. Über ihm wölben sich die Bäume zu einer grünen Decke. Die Sonne bricht durch und taucht das Gras in glitzerndes Licht. Selbst durch Jacob Lis sorgsam errichtete Barriere erinnere ich mich an das Zeichen für Freude – 樂, das nicht ohne einen Baum auskommt.

Ich stelle mich zu Nelson und blicke nach oben.

Diese Stelle habe ich vor ein paar Tagen entdeckt, sagt Nelson. Ich glaube nicht, dass jemand sie kennt.

Was hast du hier gesucht?, frage ich.

Vielleicht erzähle ich dir das später, erwidert er.

Nelson hat Maisbrot, gekochte Eier und eine Kanne Eistee mitgebracht. Ich kann verstehen, warum es ihm hier draußen gefällt. Hier steht die Welt still. Oder zumindest wird sie sehr klein – nur wir, das Gras und die Bäume unter dem saphirblauen Himmel. Der Wind lässt nach, die Bäume halten ihn ab.

Ich atme tief ein und aus. In Idaho fällt mir das Atmen schwer, als könnte sich meine Lunge nicht weit genug öffnen, um die nötige Luft aufzunehmen. Manchmal denke ich an meine Zeit in der Tonne und frage mich, ob mir vom Einatmen des ganzen Kohlenstaubs ein Schaden geblieben ist. Nelson legt sich neben mich ins Gras, ein paar Schneeflecken glitzern noch auf dem Boden. Seine Augen sind geschlossen, die Hände verschränkt auf dem Bauch.

Einst wollte ich einen Fisch vom Fischmarkt. Ich wollte ihn

so sehr, dass ich nichts anderes mehr sah und nur das befriedigende Gefühl spürte, wie er in meiner Kehle hinunterglitt. Ich sehnte mich danach, satt zu sein, nach der Wärme, die sich mit dem Sattsein einstellt.

Wenn ich Nelson jetzt ansehe, wird mir klar, dass ich ihn genauso begehre wie einst den Fisch: dringend und mit Leib und Seele. Er passt perfekt in diese Lichtung, wir passen perfekt, einer schlafend, die andere sehnsuchtsvoll. Ich möchte ihn um mich wickeln, ihn als meine Rüstung tragen – ihn, der so sicher ist mit seiner Musik, dem Geigenbogen und dem endlosen Licht. Und wieder frage ich mich, wie man das Gefühl nennt, wenn man etwas so sehr begehrt, dass man es verschlingen möchte?

Woran denkst du?, fragt er. Schläft offenbar doch nicht.

Ans Wetter, antworte ich, wie gut die Sonne sich anfühlt. Dann stelle ich ihm dieselbe Frage.

Ich denke daran, sagt er und öffnet die Augen, dass du so viel über mich weißt, ich aber fast nichts über dich. Sicher, du hast mir einiges erzählt. Aber ich glaube, da ist noch viel mehr.

Lin Daiyu erscheint hinter einem Baum. Zwischen den dicken Eichen und Kiefern wirkt sie wie eine Getreidespelze. Sei vorsichtig, sagt sie und hebt ihr Kleid an, während sie zu uns kommt.

Mein Instinkt sagt mir ausnahmsweise, dass ich nicht lügen soll. Ich könnte Nelson weiter die Halbwahrheiten erzählen, die er schon kennt. Aber ich könnte das Lügengewirr auch aufdröseln und die Fasern Daiyu und Jacob Li zuordnen, bis ich wieder vollständig ich selbst werde. Es wäre so einfach hier, an diesem Ort, an dem alles gut und echt scheint.

Doch dann fällt mir Samuel ein, sein blasses, nervöses Gesicht, das verbissene Lächeln, und ich erinnere mich an den Körper des Grauhaarigen auf mir, dessen Weichheit nicht weich, sondern widerlich und brutal war. Nelson wäre nicht wie Samuel oder der Grauhaarige, das weiß ich. Aber Nelson ist und bleibt ein Mann.

Und so erzähle ich ihm eine so absonderliche Wahrheit, dass sie wie eine Lüge klingt. Ich erzähle ihm, dass ich in China entführt wurde und in einer Kohlentonne in San Francisco ankam.

Seine Brauen ziehen sich zusammen. Tut mir leid, Jacob, sagt er. Aus seiner Stimme spricht Bedauern, und ich merke, es gilt mir. Ich will die Hand ausstrecken und ihn berühren, aber ich tu es nicht.

Jeder hat eine tragische Geschichte, sage ich, in der Hoffnung, wie ein Mann zu klingen.

Das heißt aber nicht, dass er leiden sollte, sagt Nelson leise und setzt sich auf. Es muss einen Weg geben, diesen Schmerz ein wenig zu lindern. Ich habe nachgedacht. Vielleicht beginnen wir damit, deine Eltern zu suchen?

Lin Daiyu stößt ein schrilles Lachen aus. Einen Moment lang glaube ich, Nelson scherzt, und fange beinahe an, mit Lin Daiyu zu lachen. Doch dann steht Nelson auf, seine Augen wie glühende Kohlen, und ich merke, es ist ihm ernst.

Ich weiß, du vermisst sie sehr, sagt er.

Mit dieser Bemerkung hätte ich nicht gerechnet. Sie stößt ein Tor in mir auf, aus dem sich Erinnerungen ergießen. Meine Mutter, die einer Kundin – der Frau eines Generals – ihren neuen Wandteppich erklärt, auf dem ein Phönix weißen Rauch in den Himmel bläst. Mein Vater, der mit einem General Tee trinkt, ihr Lachen dröhnt durch das ganze Haus, als hätte jemand den Donner eingelassen. Und ich mit der unendlichen Sehnsucht im Herzen, nach ihnen, nach uns, nach irgendeinem Zauber, der mich zurückbringt und für immer dortbleiben lässt. Nelsons Worte zeigen mir etwas Neues – vielleicht die Erlaubnis zu trauern.

Ja, ich vermisse sie, erwidere ich.

Dann lass mich dir helfen, sagt Nelson. Ich habe einen alten Freund in Boise. Ich lernte ihn kennen, als ich jünger war und meine Mutter mich dort zu einem Geigenlehrer schickte. Seine Familie hat sehr gute Verbindungen in China. Die könnte er nutzen und herausfinden, was mit deinen Eltern passiert ist.

Der Plan klingt gefährlich, scheint schon jetzt nicht wasserdicht zu sein. Allmählich bereue ich, Bruchstücke der Wahrheit preisgegeben zu haben. Ist sein Freund vertrauenswürdig? Sollte er meine Eltern tatsächlich ausfindig machen, dann käme vermutlich auch heraus, dass ich gar nicht Jacob Li bin, sondern Daiyu, die vermisste Tochter. Was dann geschehen würde, weiß ich nicht und will es auch lieber nicht herausfinden.

Nelson, sage ich schließlich und wähle meine Worte mit Bedacht. Ich habe dir nicht die ganze Wahrheit erzählt. Meine Eltern werden nicht vermisst. Sie sind tot.

Was?

Jacob Li übernimmt die Führung und lügt wie noch nie zuvor. Ich habe nicht gelogen, sage ich zu Nelson. Sie werden vermisst, in gewisser Hinsicht. Verzeih mir, es war zu schmerzhaft, um es beim ersten Mal laut auszusprechen.

Oh, sagt Nelson und setzt sich wieder. An seinem veränderten Gesicht sehe ich, dass er Jacob Li glauben möchte. Ich hatte gehofft, sagt er, dass ich dir helfen kann. Mein Freund tut das gern. Er ist sehr nett. Wäre es nicht schön, wenn du wüsstest, was wirklich passiert ist?

Das Kind in mir, Daiyu, gibt sich nicht kampflos geschlagen. Es stellt sich vor, wie es wäre, wenn es genau wüsste, wo seine Eltern wären, wenn es ein Stück Papier mit ihrer Adresse bekäme. Wenn es zu ihnen ginge, wo immer sie jetzt waren, und sie wissen ließe, dass sie nach all der Zeit immer noch ihre Tochter ist. Sie sind dort draußen und warten auf sie.

Vielleicht gibt es eine Möglichkeit, wie du und dein Freund mir helfen könnt. Mit diesem Satz, das weiß ich, öffne ich eine Tür, die sich nicht mehr schließen lässt. Im Himmelsgewebe ist jetzt ein Loch, das sich weiter ausbreiten wird, bis ich meine Antwort habe, bis ich es reparieren kann wie die Schöpfergöttin Nüwa. Ich sehe Nelson in die Augen und spüre, wie ich stark und wahrhaftig werde.

Meine Eltern sind verschwunden, sage ich, aber es gibt zwei Menschen, die ich gern finden würde. Sie haben sich um mich gekümmert, als meine Eltern fort waren. Sie waren freundlich zu mir, als ich aufwuchs. Ich möchte wissen, was aus ihnen geworden ist, und ihnen vielleicht danken.

Natürlich spreche ich von meinen Eltern, aber das weiß Nelson nicht. Nelson glaubt, dass meine Eltern tot sind und ich bei zwei Fremden aufwuchs. Und das ist gut so. Wenn meine Eltern nicht meine Eltern sind, können Jacob Li und Daiyu zwei getrennte Personen bleiben.

Als Nelson und ich uns an diesem Tag verabschieden, haben wir einen Plan: Wir werden zusammen nach Boise gehen und seinen Freund treffen. Im Augenblick muss ich noch keine Entscheidung treffen. Wir werden gut essen gehen und uns dann ein Konzert mit einem von ihm geschätzten Geiger ansehen. Wir werden in einem Theatersaal sitzen und schöne Musik hören. Unsere Schultern werden sich zufällig berühren, und wir werden uns lächelnd ansehen.

*

Zurück im Laden, sitzt Lin Daiyu auf meinem Bett und sieht mich an. Hast du vergessen, wie meine Geschichte geendet hat?, will sie wissen.

Aber das ist nicht dasselbe, erwidere ich. Wir haben uns verändert.

Das sagst du, gibt sie zurück und wirft ihren leuchtenden Kopf zurück. Sieh uns doch an. Keine Familie, allein an einem Ort, der nicht unser Zuhause ist. Wir lieben Menschen, die uns am Ende nur Schmerz bereiten. Warte nur auf das Ende. Du wirst schon sehen.

Es ist nicht dasselbe, wiederhole ich.

13

DER FREUND IST GROSS wie Nelson. Er erscheint in einem kastanienbraunen Changshan und einer schwarzen Hose. Der schimmernde Stoff verrät mir, dass er Geld hat. Wie Nam und Lum und anders als Nelson trägt er einen Zopf, der über die Hüfte fällt, die Strähnen dick und fest wie aufgerollter Teig. Es ist Nachmittag, und die Sonne bricht sich an seiner Stirn mit einem Schimmer, der mich an frisch aufgeschnittene Melonen erinnert.

Er heißt William. Auf Chinesisch würde man ihn Weilian nennen, was Stärke und Ehrlichkeit bedeutet. Einem solchen Namen kann ich bestimmt vertrauen.

Wir treffen uns im Zentrum von Boise in einem Restaurant namens The Larch. William geht voran, dann Nelson, dann ich, gefolgt von Lin Daiyu, deren Füße kaum den Boden berühren. Drinnen ist es muffig, es riecht nach Korken, und die geschlossenen Fenster tauchen das Restaurant in erzwungene Dunkelheit. Ich sehe das Weiße in den Augen der Restaurantbesucher, noch weißer als ihre Gesichter, die uns durch den Speisesaal folgen. Aber William, unser Anführer, scheint es nicht wahrzunehmen. Mit erhobenem Kopf und gestrafften Schultern, die aussehen, als würden sie von einer unsichtbaren Nadel zusammengehalten, geht er stolz und selbstbewusst, als wollte er die Gaffer herausfordern, ihn aufzuhalten.

Ich schiebe die Hände in meine Taschen, damit sie aufhören zu zittern. Boise ist voller Erinnerungen an meinen letzten Aufenthalt hier. Das Gasthaus mit dem chinesischen Tempel. Samuels Schatten vor der Wand. Nelson dreht sich nach mir um, und ich ermahne mich, gerade zu gehen. Lin Daiyu streicht mir mit einer Hand über den Rücken.

Wir setzen uns hinten an einen Ecktisch. Ich bin zum ersten Mal als Gast in einem Restaurant, und das Gefühl des Ausgeliefertseins macht mich unruhig. Aber William und Nelson, die keinen Grund haben, sich zu verstecken, nehmen ungezwungen Platz, als gehörten sie hierher. Ich ahme William nach, setze mich auf meinen Stuhl und bin froh, dass wir eine Wand im Rücken haben.

Die Augen der Gäste kehren finster an ihre eigenen Tische zurück. Ich fühle mich an die hungrigen Füchse vor der Kalligraphie-Schule erinnert, die alles anstarrten, nur nicht uns. Sie dachten, wenn wir nicht sehen, dass sie uns im Auge haben, wüssten wir nicht, dass sie da sind. Aber wir sahen sie immer. Wir sahen sie und wussten, dass sie ein Spiel mit uns trieben, diese hungrigen Füchse, die so taten, als läsen sie die Wände. In Wirklichkeit warteten sie auf den Moment, in dem unsere Aufmerksamkeit nachließ und wir wirklich wegschauten, sodass sie alles nehmen konnten.

Es ist lange her, seit William und Nelson sich gesehen haben, aber sie unterhalten sich trotzdem ruhig und vertraut. Ihr Anblick erinnert mich an die Mädchen im Bordell. Eine Zeit lang waren sie fast wie Freundinnen für mich. Was sie wohl sagen würden, wenn sie mich jetzt sähen, einen kleinen Mann mit noch kürzerem Haar. Und ich wüsste gern, ob sie genug zu essen bekommen, ob sie gesund sind und wie sie wohl das Bordell verlassen. Aus freien Stücken werden sie es bestimmt nicht tun, aber es ist schön, es sich einen Moment lang vorzustellen.

William erkundigt sich bei Nelson nach Pierce – *diese langweilige alte Stadt –*, nach seinen Schülern – *diese undankbaren Schnösel –*, danach, wann Nelson endlich sein Versprechen einlöst und mit seinem Freund durch die Welt reist – *ich warte noch, N, ich warte noch!* Beim Sprechen bewegt sich Williams ganzer Körper. Wenn er lacht, explodiert er und stößt gegen alles, was in seiner Nähe ist – Nelson, die Tischkante, die Stuhllehne. Mehr als einmal muss Nelson bei Williams Lachanfällen den Tisch festhalten, damit die Wassergläser nicht umkippen.

Also, sagte William schließlich an mich gewandt. Der berühmte Jacob Li. Nelson hat mir viel von dir erzählt.

Ach ja?, sage ich mit einer etwas schrofferen Stimme als gewöhnlich. William könnte in Nelsons Alter sein, was auch mein Alter wäre. In Gegenwart von Männern in meinem Alter fühle ich mich noch verletzlicher, als müssten sie durch schlichte Selbstkenntnis merken, dass ich anders bin als sie.

Ich habe William erzählt, was du mir erzählt hast, sagt Nelson leise. Von dem Paar, das du suchst.

Das Paar. Meine Eltern. Die Lüge, die so untrennbar mit meinem wahren Leben verbunden ist, weitergegeben an einen völlig Fremden. Hoffentlich war's das wert, murmelt Lin Daiyu.

William neigt sich über den Tisch. Ich habe sehr gute Verbindungen nach China, sagt er zu uns, aber vor allem an mich gewandt, weil sie mein Anliegen betreffen. Ich kann fast jeden finden, den du suchst.

Ich presse die Lippen zusammen und denke daran, was meine Großmutter wohl sagen würde. Von Anfang an hatte sie mir eingeschärft, den Mund zu halten und nie die Wahrheit über mich preiszugeben. Sie würde wollen, dass ich jetzt still bin. Doch seit meiner ersten Unterhaltung mit Nelson habe ich gedacht: Ist mir das Schlimmste nicht schon widerfahren? Obwohl ich mir andere Identitäten gab, wurde ich von einem Mann, dem ich glaubte vertrauen zu können, entführt, über den Ozean gebracht und an ein Bordell verkauft.

Und ich will wissen, wo meine Eltern sind. Es gibt Dinge, die verwischt werden können, Tatsachen, die so nah an der Wahrheit sind, dass sie vielleicht zur Wahrheit werden. Übung macht die Wahrheit. Jetzt kommt es darauf an, wie die Geschichte erzählt wird.

Meine Eltern starben, als ich gerade geboren war, erzähle ich am Tisch, und die gut einstudierten Worte gehen mir leicht über die Lippen. Ich spüre, wie Nelson sich vorbeugt, denn er hat meine ganze Lebensgeschichte bisher noch nicht gehört. Selbst Lin Daiyu ist still und kneift neugierig die Augen zusammen.

Im Kopf sehe ich die Wahrheit, meine wirkliche Vergangenheit, und unter ihr gleitet ein Messer – ein heikles Manöver, das nur die geschicktesten Hände ausführen können –, um sie zu entfernen. Was bleibt, ist etwas, was wie meine Vergangenheit aussieht, nur leicht vernebelt.

Ich war ein Waisenkind in meinem Dorf, fahre ich fort, aber durch die Güte zweier Leute konnte ich überleben. Ein

Ehepaar. Sie haben mich unter ihre Fittiche genommen und dafür gesorgt, dass ich sogar dann genug zu essen hatte, wenn sie selbst hungerten. Sie hießen Lu Yijian und Liu Yun Xiang.

So lange habe ich ihre Namen nicht ausgesprochen. Wahrscheinlich habe ich sie noch nie laut gesagt. Es gab keinen Grund, sie anders zu nennen als Die und Niang.

Dieses Paar, fahre ich fort, hat mich behandelt wie ein eigenes Kind. Ganz gleich, was in ihrem Leben vor sich ging, für sie war ich immer wie ein Sohn.

Diese Lüge ist in vielerlei Hinsicht einfacher. Sie zu erzählen heißt, dass es alles einem anderen widerfährt und nicht mir.

Als ich ungefähr zwölf war, verschwanden sie. Später fand ich heraus, dass sie verhaftet wurden. Was von da an mit ihnen passierte, weiß ich nicht, aber niemand hörte mehr etwas von ihnen. Nicht lange danach wurde ich entführt und nach Amerika gebracht.

William schüttelt den Kopf und pfeift. Nelson schaut mich an, als sähe er mich zum ersten Mal.

Nun kommt der Moment für den letzten Akt. Ich will sie finden, erzähle ich ihren gebannten Gesichtern. Ich will ihnen danken, sie sollen wissen, dass ich gesund und munter bin und ihre harte Arbeit nicht vergessen ist.

Die Lüge ist komplett, die Geschichte abgeschlossen. Meister Wang wäre vermutlich stolz. Mein Üben hat sich in eine eigene Art von Kunst entwickelt. William lehnt sich mit staunender Miene zurück. Dieses selbstlose Paar verdient zu wissen, dass du noch lebst. Es war richtig, dass du zu mir gekommen bist!

William verspricht, alles Nötige zu unternehmen. Er ist ein Gefühlsmensch, sentimental. Vergesst die Geschichten, die man uns erzählt hat, sagt er und schlägt mit der Hand auf den Tisch. Deine Geschichte ist wahr, aber du bist nicht allein. Sie ist vielen wie dir widerfahren.

Unser Essen kommt. Vier Kellner sind nötig, um alles zu tragen: Pfannkuchen, Fenchelwürstchen, Bratkartoffeln, gekochter Schinken und Gemüse, Austernpastete, Koteletts. Hammelbraten und Johannisbeergelee, Rinderschmorbraten mit Gemüse. Als William meine großen Augen sieht, lacht er und sagt, er habe schon bezahlt. Das gesamte Restaurant starrt uns an, düpiert von unserer Dreistigkeit, und dann begreife ich, warum William ein Restaurant für Weiße gewählt hat und keines in Chinatown. Nelson schüttelt den Kopf auf eine Weise, die besagt, dass Nelson dies nicht zum ersten Mal macht. Und jetzt weiß ich auch, wer seine Suite im Twinflower Inn bezahlt.

Lin Daiyu stöhnt auf dem Platz neben mir und schmachtet die Austernpastete an.

Iss, so viel du willst, sagt William, der mich noch immer beobachtet.

Anfangs zögere ich und löffle ein paar Kartoffeln auf meinen Teller. Die mit Rosmarin bestreute Außenseite duftet angenehm, das Innere ist heiß, saftig, ein wenig süß. Aus einem Bissen werden zehn, und dann gibt es kein Halten mehr. Ich erinnere mich nicht, wann ich das letzte Mal so essen durfte, ohne ein Ziel im Kopf oder etwas dafür zurückzahlen zu müssen. So muss es sein, einfach nur zu leben, denke ich, während ich mit meinem Messer ein Stück Kotelett abschneide. Das Glück, sich um nichts sorgen zu müssen.

Du hast erwähnt, sagt Nelson an William gewandt, dass Amerika für dich äußerst enttäuschend geworden ist.

William antwortet, obwohl sein Mund voller Schinken ist. Sei ehrlich, Nelson, sagt er. Seit dieses Gesetz verabschiedet wurde, hat sich alles verschlechtert. Und jetzt erzählst du auch noch, dass Mobs in eurer Stadt sind? Überrascht es dich wirklich?

Ich war dabei, sage ich, darauf erpicht, an der Unterhaltung teilzunehmen. Ich arbeite in dem Laden, wo es passiert ist.

Dann kannst du sicher besser davon erzählen als unser idealistischer Nelson, sagt William, der jetzt mit einem Stück Hammelfleisch auf der Gabel herumwedelt. Jacob, wie hat sich das neue Gesetz auf dich ausgewirkt?

Wir reden von dem Gesetz, das Chinesen verbannt?, frage ich, aus Angst, etwas Falsches zu sagen.

Der Exclusion Act, ja, sagt William und mustert mich eingehend. In Gedanken schreibe ich *Exclusion* 非: eine Hand neben dem Zeichen für *falsch*.

Schrecklich, sage ich, wohl wissend, dass William das hören will. Ich hätte erwartet, dass man uns besser behandelt.

William hält mit dem Kauen inne.

Machst du Scherze?, sagt er. *Uns besser behandelt?* Hast du es vergessen? Empört wendet er sich an Nelson. Nelson, sag mir, dass er nur scherzt.

Die alte Panik kehrt zurück – die Panik, in der ich kurz davorstehe, entdeckt zu werden. Ich öffne den Mund, um zu antworten, doch Nelson kommt mir zuvor.

Vielleicht sind wir zu anmaßend, sagt er leise. Wir vergessen, dass Jacobs Reise nach Amerika nicht leicht war. Vielleicht wusstest du es nicht, weil du es nicht wissen durftest.

Ich sage nichts, in der Hoffnung, seine Worte würden durch mein Schweigen wahr.

Vor fast einem Jahrzehnt, erklärt Nelson, gab es ein Gesetz, den sogenannten Page Act, der Chinesinnen die Einreise verbot.

Und dieser neue Exclusion Act, wirft William ein, ist nur die Krönung auf ihrem grandiosen Gemälde von Amerika. Widerwärtig!

Verstehe, sage ich.

Ich habe mich immer gefragt, warum ich an jenem Tag auf dem Fischmarkt ausgesucht wurde. Warum ich so dünn und schmutzig werden musste, warum sie mir das Haar schnitten, mich zwischen Kohlestücke steckten. Warum ich Feng der Waisenjunge sein musste und nicht Daiyu sein durfte. Jaspers Wahl fiel auf mich, weil ich ein Mädchen war, das wie ein Junge aussah. Mein mürrisches Gesicht und die müden Augen, einst mein Schutz, erwiesen sich als meine größte Schwäche. Ich ging leicht als Junge durch und noch leichter als eine Tonne mit Kohle. Als Jasper mich an jenem Tag auf dem Fischmarkt sah, sah er jemanden, der umgeformt werden konnte.

Nelson ergreift jetzt das Wort. Ich hole mich aus dem Raum in Zhifu zurück und versuche seine Worte zu begreifen. Seit diesem Zeitpunkt, sagt er, hat sich die Lage für Chinesen hier verschlechtert. Das soll nicht heißen, dass es nicht schon vorher schlimm war. Aber das Gesetz gab den Leuten einen Grund, ihrem Hass freien Lauf zu lassen.

Ich verstehe das nicht, sage ich. Was haben wir ihnen getan? Warum hassen sie uns?

William lacht. Warum? Die Blicke von einem Nachbartisch wenden sich uns voller Abscheu zu. William starrt zurück, seine Lippen zittern. Sie hassen uns, weil sie uns für eine Bedrohung halten. Sie glauben, wir nehmen ihnen die Arbeit weg. Sie haben Angst, wir verführen ihre Frauen. Sie hassen uns, weil sie glauben, auch wenn sie es nie zugeben würden, dass wir besser sind als sie. Und nicht nur hier – so ist es überall.

Mein Vater war ein Bergarbeiter, ruft Nelson uns ruhig in Erinnerung. Ihn hat es am härtesten getroffen, weil sie Angst hatten, die Chinesen nehmen ihnen die Arbeit in den Minen weg.

Im Westen ist es besonders schlimm, stimmt William zu. Die Leute beschimpfen uns hier als Heiden, Kulis, Schlitzaugen. Weißt du, was diese Worte bedeuten, Jacob? Wusstest du, dass allein unsere Augen Grund genug für ihren Hass sind?

Solche Augen wie deine, sagte meine Mutter oft, hatte ich als Kind auch.

William ist erregt, bestärkt durch Essen und Wein. Die Weißen bezeichnen sich als überlegene Rasse, sagt er. Vorher haben sie ihren Hass wenigstens für sich behalten. Sie haben gebrandschatzt und getötet, ohne es an die große Glocke zu hängen. Und jetzt, nach der Verabschiedung des Exclusion Act, bilden sie sich ein, es sei ihr gottgegebenes Recht, uns zu vertreiben.

Aber das, beschwichtigt Nelson, war bestimmt nicht die Absicht von denen, die das Gesetz geschrieben haben.

Wieder lacht William. Es gleicht eher einem Bellen. Für mich sind gerade die verantwortlich, die solche Gesetze schreiben, mein Freund! Sie stecken vielleicht keine Chinatowns in Brand, aber sie entschuldigen diese Gewalt durch die von ihnen beschlossenen Gesetze. Ich würde das stillschweigende Zustimmung nennen. Oder was sollen wir glauben? Dass sie uns beschützen wollen?

Gewalt würden sie nicht gutheißen, sagt Nelson bestimmt. Vielleicht hatten sie nicht bedacht …

Du setzt immer das Gute in den Menschen voraus, sagt William. In seiner Stimme schwingt etwas Abfälliges mit. Schon immer. Manchmal frage ich mich, ob dich das Unterrichten dieser weißen Schüler, in deren Häuser du gehst, weicher gemacht hat, als ich dich in Erinnerung habe. Sie verabschieden ein Gesetz, das Chinesen ausschließt. Sie hindern unsere Frauen daran, legal einzureisen, sodass auf hundert Männer nur eine Frau kommt. Wusstest du, dass wir in Kalifornien bei unseren eigenen Gerichtsverfahren nicht als Zeugen auftreten dürfen? Wenn wir die Opfer von Plünderung waren, unsere Häuser abgebrannt, uns die Zöpfe abgeschnitten wurden! Mit jedem neuen Gesetz geben sie uns zu verstehen, dass wir keine Rechte haben, weder Sicherheit, Liebe noch Geborgenheit verdienen. Dass wir kein Leben verdienen. Das Gleiche haben sie schon mit den Schwarzen und den Indianern gemacht. Sie geben uns zu verstehen, dass keiner von uns Menschlichkeit verdient.

Nelson ist still. Wir haben schon lange aufgehört zu essen, unser anfangs so köstliches Mahl ist inzwischen kalt. Williams Zorn verwirrt mich. Er redet, als wäre das Ende der Welt nahe, aber wenn ich ihn so schnauben sehe wie einen wütenden Bullen, habe ich das Gefühl, es ist alles umsonst.

Aber wie es in dem Sprichwort heißt, sagt William: *Jede Aktion erzeugt eine gleiche und entgegengesetzte Reaktion.*

Und ich will euch beiden ein kleines Geheimnis verraten. Ich habe über die perfekte gleiche und entgegengesetzte Reaktion nachgedacht.

Auf der anderen Seite des Raums patscht ein blonder Junge mit der Hand in einen Teller mit Erbsen. In der Art, wie sein Arm durch die Luft fegt, liegt eine bösartige Gewissheit. Seine Mutter versucht ihn zurückzuhalten, während sein Vater das Chaos sauber macht. Das Gesicht des Jungen verzieht sich bei der Unterbrechung, dann läuft es rot an. Es dauert nicht lange, bis er heult und auf seinem Stuhl um sich schlägt.

Ich habe Freunde in San Francisco, sagt William, nunmehr hauptsächlich an Nelson gewandt. Sie haben mir von einer Organisation dort erzählt, den Chinese Six Companies. Verstreut gibt es sie schon seit Jahrzehnten, aber erst kürzlich haben sie sich zusammengeschlossen. In San Francisco ist es im Augenblick besonders schlimm, wusstet ihr das? Die Six Companies tun alles, um die Gewalt gegen unser Volk zu bekämpfen. Sie leisten gute Arbeit und bringen sogar Bordellmädchen, die von den Tong entführt wurden, zu ihren Familien in China zurück. Manchmal bringen sie auch Leichen zurück.

Lin Daiyu packt mich am Arm, aber das muss sie gar nicht. Ich höre aufmerksam zu.

William spürt die Veränderung. Sie sind stark, sagt er, nun an uns beide gewandt. Aber sie brauchen mehr Geld und mehr Leute. Sie brauchen Hilfsquellen. Das wollte ich dir sagen, Nelson. Ich gehe nach San Francisco und schließe mich ihnen und dem Kampf an. Und ich möchte, dass du mit mir kommst.

Nelson braucht einen Moment. Er unterstütze Williams Reise, sagt er, sei aber noch nicht bereit, Pierce zu verlassen. Er müsse noch ein paar wichtige Dinge erledigen. William fragt, was zum Teufel wichtiger sei als dieser Kampf. Das frage ich mich auch.

Das ist meine Angelegenheit, sagt Nelson, nicht unfreundlich. Für ihn ist diese Unterhaltung beendet.

William schüttelt den Kopf, enttäuscht, aber nicht überrascht. Nelson gibt ihm nicht zum ersten Mal einen Korb.

Er wendet sich an mich. Was ist mit dir, Jacob? Wir könnten im September aufbrechen.

Nelson legt mir eine Hand auf die Schulter. Unter seiner Hand fühlt sich mein Körper an, als gehörte er zu ihm, und ich wünsche mir, dass es so bleibt und wir beide langsam miteinander verschmelzen. Seine Berührung ist eine Warnung, ich weiß, aber ich spüre nur seine warme Handfläche und die ausgebreiteten Finger auf meiner Haut.

Lass ihn in Ruhe, William, sagt er. Jacob hat genug, worum er sich kümmern muss, ohne dass du ihn nach San Francisco mitnimmst. Finde heraus, was aus diesem Paar geworden bist, das ist das Beste, was du für uns tun kannst.

Dann steht Nelson auf, nimmt seine Hand von meiner Schulter. Ohne sie wird mein Körper kalt, als würde ihm etwas Wichtiges entzogen. Ich gehe zur Toilette, sagt er. Lass Jacob in Ruhe.

Wir sehen zu, wie er sich mit selbstbewusstem Gang rasch zwischen den Tischen hindurchschlängelt.

Nelson ist wunderbar, sagt William seufzend. Aber er kann auch nerven.

Ich möchte mit dir gehen, sage ich.

Ah, erwidert William lächelnd. Das ist wirklich eine Überraschung.

Seine Miene ist selbstgefällig, als hätte er irgendwie über Nelson triumphiert. Ich ignoriere seine Geste und konzentriere mich auf das Glücksgefühl, das sich langsam in mir ausbreitet. So lange hatte ich mich gefragt, wie ich einen Weg nach Hause finden könnte. Die Ideen waren vorhanden – genug Geld sparen, Reise ins Washington-Territorium, auf ein Schiff schmuggeln –, aber wenn ich ehrlich darüber nachdachte, war es fast unmöglich. Allein die Reise könnte mich das Leben kosten. Mit Williams Angebot verdichtet sich der eher fadenscheinige Plan. Ich werde mit ihm fahren – nach der Qualität seiner Kleidung zu urteilen, wird es eine bequeme Reise sein. Sein Geld wird uns beide beschützen. Und wenn ich San Francisco erreiche und die Leute der Six Companies treffe, enthülle ich meine Geschichte. Sie werden mir helfen, nach Hause zurückzukehren. Sie werden mir helfen, meine Großmutter zu finden. Mehr habe ich nie gewollt. Die Antwort ist so schlicht und einfach, dass ich sie kaum glauben kann.

Greif zu, bittet Lin Daiyu. Greif zu und bring uns nach Hause.

Wir fahren im September?, frage ich.

Am zwölften, antwortet William. Wir treffen uns hier in Boise. Dann geht es in den Westen.

Ich strecke meine Hand aus. Er nimmt sie, und seine Selbstgefälligkeit kehrt zurück. Und du erzählst Nelson nichts davon?

Lieber nicht, erwidere ich. Macht das Weggehen leichter. Du weißt, was ich meine.

Oh ja, erwidert William. Du kannst viel mehr, als du dir zutraust, Jacob Li.

Ich weiß nicht, was er meint, aber ich sage nichts. Er glaubt, dass ich meinem Volk dienen will, dass ich über Gerechtigkeit genauso denke wie er. Ich werde ihm seinen Glauben lassen. Schon nach unserer kurzen gemeinsamen Zeit ist mir klar, dass er sich für rechtschaffen und sehr weise hält. Vielleicht mag er Nelson, aber er fühlt sich ihm auch überlegen. Uns allen überlegen.

Als Nelson zurückkommt, lasse ich mir nichts anmerken.

Auf der Straße verabschieden wir uns. Ein paar Weiße machen einen Bogen um uns und drehen sich böse blickend um. Ich beobachte, wie sie sich entfernen, und muss an den blonden Jungen mit den Erbsen denken.

Hat mich gefreut, dich kennenzulernen, sagt William zu mir und schüttelt mir wieder die Hand. Dann gibt er mir ein seltsam geformtes, in braunes Papier eingewickeltes Päckchen. Ich nehme es, überrascht vom Gewicht. Ich möchte, dass du das im Laden aufbewahrst und benutzt, wenn du in Schwierigkeiten gerätst, sagt er. Nelson kann dir zeigen, wie es funktioniert.

Ich danke ihm. Ob ich ihn wirklich mag, weiß ich nicht.

*

Der Rest des Tages verläuft angenehm. Die neue Hoffnung auf meine Rückkehr nach China und Nelson an meiner Seite hellen die Erinnerungen an meinen ersten Aufenthalt in Boise ein wenig auf. Wir schlendern durchs Zentrum und lachen über die vielen Dinge, die wir uns nicht leisten können. Dann biegen wir in die Idaho Street ein. Etwas verändert sich spürbar. Die Häuser sind unscheinbar und braun, aber in der Luft ringsum vibriert eine vertraute Energie. Ich stelle fest, dass alle, die an uns vorbeigehen, aussehen wie wir.

Obwohl ich die Antwort kenne, frage ich Nelson: Wo sind wir?

Chinatown, antwortet er.

Und das ist Chinatown: ein oder zwei Straßenzüge. Wir kommen an einem Gemischtwarenladen vorbei, ein anderer Laden preist Heilkräuter und Arzneien an. Dann eine Arztpraxis für chinesische Medizin. Dort eine Spielhölle. Auf der anderen Straßenseite läuft das Waschwasser einer Wäscherei auf den Gehweg. Es gibt auch Wohnungen, in denen ich mir Menschen vorstelle, deren Haare so schwarz sind wie meine. Ich sehne mich nach meinem alten Zuhause und bin traurig über das jetzige – Chinatown endet an der Eighth Street, und der Raum zwischen Idaho und Eighth ist so klein, so geschrumpft im Vergleich zu dem Land, nach dem es sich benennt. Für viele der Bewohner ist es vermutlich das einzige Stück China, das ihnen bleibt.

Nelson beobachtet mich. Erinnert es dich an zu Hause?

Du bist nie in China gewesen, oder?

Ich denke an die moosbedeckten Berge und die Brandung des Ozeans. Ich möchte Nelson das Fischerdorf zeigen, ihn in den Fluss ziehen und mit ihm durchs Wasser waten, die Hosenbeine bis zu den Knien hochgekrempelt und die Hände voller Fische. Wir würden tagelang essen. Wir wären so satt, dass wir nur noch schlafen könnten. Und dann würde ich ihm vielleicht Daiyu zeigen.

Eines Tages gehe ich mit dir nach China, verspricht er. Ich weiß, er meint es aufrichtig.

*

Später, auf dem Weg zum Theater, hält uns ein Polizist an und will unsere Papiere sehen. Er betrachtet mein Bild, dann mein Gesicht. Der sieht nicht aus wie du, sagt er.

Er ist es, sagt Nelson und stellt sich vor mich. Wenn Sie ein Problem haben, warten wir gern, bis Ihre Vorgesetzten hier sind.

Es ist spät, und zu Hause wartet das Abendessen auf den Polizisten. Er gibt mir den Ausweis zurück, sagt, ich solle mir ein besseres Bild besorgen, und geht weiter.

Ich will den Ausweis in meine Brusttasche stecken, doch Nelson sagt Zeig mal, und hat ihn schon der Hand. Mein Herz schlägt plötzlich sehr schnell. Für weiße Augen sehen alle Chinesen gleich aus. Aber Nelson ist einer von uns. Nelson erkennt den Unterschied.

Er sagt lange Zeit nichts – so jedenfalls fühlt es sich an. Dann reicht er mir das Papier zurück. Er hat recht, weißt du, sagt er und geht weiter. Du solltest dir ein besseres Bild besorgen.

*

Vor dem Theater herrscht Unruhe, wieder ein Mob. Ich höre, was mir mittlerweile vertraut ist, Worte wie *mondäugige Heiden, schlitzäugiges Gesindel, gelbe Bestien, Dreckhälse.*

Näher am Eingang sehen wir, dass der Mob nicht wegen

des Theaters hier ist, sondern wegen einer chinesischen Wäscherei auf der anderen Straßenseite. Der Besitzer, ein kleiner, stämmiger Mann mit bebenden Nasenflügeln, steht vor der Tür. Er brüllt in die Menge zurück, hält sich trotzig aufrecht. Nelson sagt, ich solle meine Mütze tiefer ziehen und mein Gesicht mit dem Schal verbergen. Dann packt er mich am Arm, und ich wehre mich nicht. Wir ducken uns hinter einem Weißen in einem heufarbenen Mantel und seiner schlanken Frau, dann biegen wir in die Gasse neben dem Theater ein.

Tut mir leid, Nelson, sage ich. Der Abend ist ruiniert.

Er schüttelt den Kopf, als könnte er so die Enttäuschung auf seinem Gesicht verbergen. Ich wollte, dass du hörst, wie ein guter Geiger klingt, sagt er.

Einen guten Geiger kann ich immer hören, erwidere ich. Er steht direkt vor mir.

Nelson senkt den Blick, aber ich sehe sein Lächeln. Wir gehen die Gasse entlang, und mit jedem Schritt wird das Geschrei des Mobs schwächer. Er hält immer noch meinen Arm.

Dein Freund William hat nicht gelogen, was die Unruhen betrifft, sage ich.

Das tut er fast nie, erwidert Nelson.

Und warum gehst du dann nicht mit ihm nach Kalifornien?

Der Mob im Rücken macht mich kühn. Als wollte ich sagen, wir sind gerade dem möglichen Tod entkommen, also sag mir die Wahrheit.

Ach, erwidert Nelson. Unsere Schritte werden langsam, jeder einzelne schwer vor Erwartung. Ich wünschte, ich hätte eine interessantere Antwort. Aber Pierce ist immer mein Zuhause gewesen. Es gibt dort Dinge, die mir lieb und teuer sind. Ich weiß nicht, ob ich bereit bin zu gehen.

Zum Beispiel deine Geigenschüler? Oder deine Freundschaften?

Ja. So was.

Ich bin nicht so mutig zu fragen, ob auch ich dazu zähle.

Dann sieht er mich an, und wir bleiben beide stehen. Das Essen mit William, unser Rundgang am Nachmittag durch Boise, ja selbst der Zusammenstoß mit dem Mob, all das scheint zu diesem Moment zu führen, an dem wir so nah beieinanderstehen, dass wir uns in die Arme fallen könnten. Sein Atem ist nicht von meinem zu unterscheiden. Ich spüre meinen Körper nicht mehr, nur ein großes Verschmelzen, als sei ich wie ein Wassertropfen in einen Ozean gefallen, in dem ich jetzt aufgehe. Es ist schön, fast heroisch, sich von einem anderen Menschen ansehen zu lassen. In Nelsons Augen könnte ich ganze Leben retten.

Und was ist mit dir?, fragt Nelson mit leiser, nackter Stimme. Was ist wirklich der Grund, warum du nicht gehst?

Im selben Moment fällt es mir ein. Er kennt die Wahrheit nicht. Er weiß nicht, dass ich gehe.

Der Zauber, der uns zusammenhält, löst sich auf. Der September ist noch weit weg, denke ich. Ich werde Nelson jetzt anlügen und es bis zum Tag meiner Abreise tun. Ich trete einen Schritt zurück, und es fühlt sich an, als wäre ich über Berge und durch Täler und weite Ebenen gegangen und landete auf einer Erde, die für ihn unerreichbar ist. Nelson sieht die Veränderung in meinem Gesicht, die alte Vorsicht ist wieder da. Auch er tritt einen Schritt zurück und lässt den Arm sinken.

Wir blicken beide zur Seite. William ist dein Freund, sage ich und lache gezwungen. Und ich bin dankbar für seine Hilfe. Aber dieser Vergeltungsschlag, von dem er redet, dieses Zurückschlagen mit einer *gleichen und entgegengesetzten Reaktion* – das ist völliger Unsinn.

Du glaubst also, es ist besser, gar nichts zu tun?

Das meine ich nicht, sage ich. Für mich ist Williams Gerede überheblich. Wir sind so wenige und die so viele. Was kann sich wirklich ändern?

Nelson geht langsam weiter, aber er sieht mich nicht mehr an. Hör zu, Jacob, sagt er, ich habe über Nam und Lum und auch über dich nachgedacht. Der Mob hätte dich und Nam fast umgebracht, und seitdem werdet ihr ständig terrorisiert. William hat recht, es passiert im ganzen Land. Selbst wenn wir nicht nach Kalifornien gehen, sollten wir doch vielleicht *irgendetwas* unternehmen. Glaubst du nicht, es könnte sich lohnen?

Ich bin gegen meinen Willen hierhergekommen, Nelson. Amerika ist nicht mein Land. Es ist nicht mein Volk. Und es ist nicht mein Problem.

Verstehe, sagt Nelson. Ich glaube, von hier aus können wir zum Gasthaus zurückgehen.

Ich weiß, dass ich ihn enttäuscht habe, aber ich bin auch leicht verärgert. Warum sollte ich an etwas teilnehmen, worum ich nie gebeten habe?

Wir gelangen ans Ende der Gasse und biegen in eine leere Straße ein, die mir bekannt vorkommt, aber sie wirkt nicht freundlich. Nelson hat es nicht bemerkt und geht, da wir weit entfernt vom Theater sind, sehr beschwingt weiter. Ich kann kaum folgen. Irgendetwas an dieser Straße stimmt nicht.

Und dann begreife ich, was. Auf halber Höhe der Straße, versteckt zwischen der Apotheke und einem verlassenen

Haus, steht das Gasthaus mit dem Tempel, in dem ich meine erste Nacht in Boise verbrachte.

Lass uns schneller gehen, sage ich und beeile mich, Nelson einzuholen. Ich will hier weg und nie wieder zurückkehren. Als wir daran vorbeigehen, senke ich den Blick und ignoriere das gemütliche Kerzenlicht an den Fenstern, das Murmeln der Chinesen im Inneren. Ein Ort wie dieser sollte Menschen willkommen heißen, sich wie ein Zuhause anfühlen, denke ich bitter.

Ein Bettler sitzt vorne auf den Stufen und beobachtet uns. Er ruft etwas auf Chinesisch – es klingt wie ein Gedicht. Er ist betrunken, seine Worte sind kaum zu verstehen. Ich versuche zu erkennen, was er rezitiert – es ist kein Gedicht, das ich kenne. Und dann begreife ich es.

Warte kurz, sage ich zu Nelson. Ich gehe zu dem Bettler.

Ich kenne diese Stimme, habe sie einen Sommer lang jeden Abend gehört. Ich hole Streichhölzer aus meiner Tasche und zünde eines an, halte es vor das Gesicht des Bettlers.

He!, schreit er und zuckt zurück, versucht meine Hand wegzuschlagen. Wasnlos middir?

Sein Haar ist lang und verfilzt, ein paar schwarze Strähnen kleben auf Kinn und Kiefer. Selbst unter Dreck, Schmutz und Kotze erkenne ich die Augen, die hilflos dreinblicken wie die einer Kuh.

Samuel?

Hä? Er dreht sich zu mir, und der Gestank von altem Alkohol schlägt mir entgegen. Das Streichholz flackert.

Samuel, was machst du hier?

Hinter mir wartet Nelson. Du kennst diesen Mann?

Ich ignoriere ihn. Ich darf Nelson nichts von Samuel erzählen, diesem weinenden Jungen in meinem Zimmer in San Francisco, der so dringend ein Mann sein wollte.

Habt ihr Geld?, lallt Samuel. Die haben mich rausgeschmissen. Er streckt uns seine hohlen Hände entgegen. Als ich sie ansehe, muss ich mich fast übergeben.

Eine Hand ist da, ausgestreckt in unsere Richtung. Die andere ist keine Hand, sondern nur Fleisch, etwas Formloses, die Haut violett und verstümmelt. Wie matschiger Haferbrei. Seiner Hand, stelle ich fest, fehlen die Knochen. Und dann rieche ich es – die Fäule von Fleisch, von getrocknetem Eiter und rostigem Blut. Ich halte mir eine Hand vor den Mund.

Gütiger Himmel!, ruft Nelson aus.

Samuel senkt enttäuscht seine Hand. Nicht gut, murmelt er und sackt zusammen. Und dann rezitiert er weiter sein unverständliches Gedicht.

Woher kennst du ihn?, fragt Nelson. Wieder ignoriere ich ihn.

Deine Hand, sage ich zu Samuel. Was ist damit passiert?

Was?, schreit Samuel. Das da? Er hebt die Hand, die keine mehr ist, und hält sie mir vors Gesicht. Das ist mein Lohn für alles, was ich gemacht habe.

Was hast du gemacht?, fragt Nelson ihn, darum bemüht, freundlich zu klingen.

Hab was genommen, das mir nicht gehört, sagt Samuel. Wie hätte ich das wissen sollen?

Wovon redest du?, sagt Nelson. Was hast du genommen?

Hm – hm – sie, flüstert Samuel. Aber sie hatte ihren Preis. Dafür hat er gesorgt, oh ja.

Ich starre auf seine kaputte Hand. Eine Hand, an die ich

mich gut erinnere. Immer, wenn wir in dem Bordell auf meinem Bett saßen, lag diese Hand auf seinem Knie.

Und dann ergibt das, was er sagt, einen Sinn.

Hat *er*?, sage ich mit versagender Stimme, unfähig, den Namen auszusprechen. Hat er das mit deiner Hand gemacht?

Hm, antwortet Samuel und sieht mich mit schmalen Augen an. Er? Ja, *er, sie alle*! Er hat mich gefunden, hatte meine Halbbrüder dabei. Hab ihnen aber nichts von ihr gesagt. Wenigstens dafür bin ich noch gut!

Nelson stupst mich in den Rücken und sagt: Ich glaube, wir sollten gehen. Wir können diesem Mann nicht helfen. Er hat sich um den Verstand getrunken.

Vor mir sitzt Samuel, der Junge meiner Vergangenheit, und neben mir steht Nelson, ein Mann meiner Gegenwart. Er hat recht. Im Augenblick kann ich nichts tun. Ich muss nach vorne blicken.

Doch als ich gehen will, packt Samuel mich mit seiner guten Hand am Arm. Sein Griff ist überraschend fest, die Finger hart wie Klauen, er umklammert meinen Arm knapp unter dem Ellbogen. Nelson springt herbei, um mich zu befreien, doch das muss er gar nicht – Samuel lässt los, bevor Nelson ihn fassen kann, sackt wieder in sich zusammen und lacht.

Kenne ich dich?, fragt Samuel. Ich kenne jemanden, der aussieht wie du.

Wir sollten gehen, Jacob, wiederholt Nelson. Er ist sturzbetrunken.

Diesmal höre ich auf Nelson. Wir lassen Samuel auf den Stufen zurück, und sein Lachen verfolgt uns noch, als wir unser Gasthaus erreichen.

Was wird wohl aus ihm?

Nelson senkt den Blick. Du hast seine Hand gesehen, sagt er. Ohne Schutz wird er nicht lange überleben. Um ehrlich zu sein, mir ist unbegreiflich, wie er es überhaupt geschafft hat. Wahrscheinlich betäubt der Alkohol alles. Jedenfalls vorläufig.

Oben rät Nelson mir, meinen Arm dort zu waschen, wo Samuel mich angefasst hat. Wir beschließen, am nächsten Morgen nach Pierce zurückzukehren.

Erst als ich die Tür zu meinem Zimmer schließe und sicher bin, dass mich etwas von der Außenwelt trennt, fange ich an zu schluchzen.

Samuel, der Naivling, der ungeduldige Junge, der so oft von seinem Traum sprach, nach Boise zu gehen und zum Mann zu werden. Er muss es seinen Halbbrüdern mindestens einmal angedeutet haben. Und für jemanden, der wirklich suchte, wäre es dann ein Kinderspiel, die Halbbrüder ausfindig zu machen und sie zu überreden, Samuel zu folgen und ihn für sein Vergehen zu bestrafen. Und dieser Jemand wiederum könnte Samuel benutzen, um mich zu finden.

Ich zweifle nicht daran, wer *er* in Samuels Geschichte ist. Jasper ist hier. Und als sein Name Gestalt annimmt, sehe ich den ganzen Mann vor mir. Ich bin ein kleines Kind in einem Zimmer, und er ist größer als der Himmel.

Hörst du jetzt auf mich?, drängt Lin Daiyu und zieht an mir. Wir müssen weg. Hier sind wir nicht sicher.

Die Daiyu, die in der Kohlentonne gefangen war, würde der Aufforderung folgen. Sie würde die Flucht ergreifen, schnell und so weit wie möglich. Doch das bin ich nicht mehr, ermahne ich mich. Diese Daiyu hat gute Freundinnen, ein Bett, in dem nur sie schläft, und einen sicheren Nachhauseweg. Und diese Daiyu weiß Dinge, von denen Jasper noch keine Ahnung hat. Zum Beispiel meinen neuen Namen. Oder mein neues Gesicht.

Was ist mit dem Grauhaarigen?, bohrt Daiyu weiter. Er weiß, dass du kein Junge bist.

Und wieder muss ich an jene Nacht denken. Samuel weinend auf dem Boden und der Grauhaarige lüstern blickend an der Tür. Wenn Jasper dem Grauhaarigen begegnen würde, würde er alles über Jacob Li erfahren. Der Grauhaarige würde mich nicht schützen wie Samuel.

Lass uns gehen, sagt Lin Daiyu. Wir hauen ab wie schon zuvor. Wir laufen, bis wir zu Hause sind.

Wir könnten es schaffen, überlege ich. Wir könnten in der Nacht aufbrechen und uns in den Westen durchschlagen. Keine Nachricht für Nelson. Nelson. Der Gedanke, er könnte morgens an die Tür klopfen und immer weiterklopfen, macht mich traurig. Und was würden Nam und Lum sagen, wenn ich nicht zurückkomme? Es ist noch zu früh. Ich bin noch nicht so weit, mich auf den Weg zu machen.

Wir haben nicht genug Geld, um es in den Westen zu schaffen, erkläre ich Lin Daiyu, in der Hoffnung, dass sie die anderen Gründe, die in meinem Herzen schwelen, nicht sieht. Nicht ohne Williams Hilfe.

Sie schüttelt den Kopf, und ihr glänzendes schwarzes Haar schwingt trotzig mit. Ich will dich doch nur beschützen.

Vergiss nicht, sage ich zu Lin Daiyu, inzwischen ist ein Jahr vergangen.

Das glaube ich wirklich. In einem Jahr kann sich viel verändern. Das Blut, das zwischen meinen Beinen fließt, bringt neue Züge in meinem einst eiförmigen Gesicht zum Vorschein. Vorstehende Wangenknochen, eine breitere Nase. Zwar noch der gleiche mürrische Ausdruck, aber nun verbirgt sich Entschlossenheit dahinter.

Ein Jahr, und ich bin kein Kind mehr.

Schau mich an, sage ich und trete zurück, um mich Lin Daiyu in voller Größe zu zeigen. Hier bin ich länger, und da breiter. Und du musst zugeben, dass ich größer bin.

Stimmt, sagt Lin Daiyu und mustert mich.

Mit Nelson neben mir sehe ich wie ein x-beliebiger Chinese aus. Ich bin weit entfernt von dem hungrigen kleinen Mädchen-Jungen auf dem Fischmarkt in Zhifu. Weit entfernt von dem hilflosen weinenden Mädchen-Jungen auf dem Bett in dem Gasthaus.

Was hatte mir Meister Wang beigebracht? Ich muss füllig und kräftig sein, wie der schwarze Strich auf einem Blatt Papier. *Eine gute Linie vermittelt innere Stärke. Sie genügt sich selbst, lässt keinen Raum für einen schwachen, verwirrten Geist.*

Füllig und kräftig, füllig und kräftig, wiederhole ich. Nimm Fülle in dir auf und atme Kraft aus. Als ich die Augen öffne, steht auch Lin Daiyu da und spiegelt mich, atmet ein und aus. Ihr Anblick beruhigt mich.

Jasper mag hier sein, aber er kennt nicht den Menschen, der ich geworden bin. Trotzdem kommt er näher, und irgendwann findet er mich, ganz bestimmt. Die Musik unseres Tages verschwindet, und das warme Gefühl, das der Gedanke an Nelsons Gesicht in mir auslöste, scheint mir jetzt lachhaft. Wie konntest du so bequem werden, Daiyu? Und die ganze Zeit war Jasper im Anmarsch und kam immer näher. Und sieh, wie nah er schon ist.

Vergiss nicht, dass dies nicht dein Zuhause ist, ermahne ich mich in dieser Nacht. Du musst den Weg zurück finden, bevor er dich aufspürt.

Der September kommt mir unendlich weit entfernt vor.

*

Pearl weint und Swan hört nicht auf, über ihre zerfransten Säume zu jammern. Iris kichert, ihre Finger bedecken den Mund wie die Gitter vor unseren Fenstern. Auch Jade ist da, mit ihren schmutzigen bloßen Füßen. Wir stehen da und warten darauf, dass Madam Lee eintritt, die Reihe entlanggeht und uns kritisiert. Es ist Abend, die Kunden werden bald hier sein.

Nur tritt nicht Madam Lee ein, sondern eine Frau, deren Mund an einen Schnabel erinnert, orangerot und messerscharf. Die Frau breitet die Arme aus, aber es sind keine Arme – was ich für die Ärmel ihres Seidenkleids hielt, sind in Wirklichkeit Flügel. Sie steht vor uns und öffnet den Mund, in dem ich nur eine graue Zunge sehe, die im Dunkeln wühlt.

Als ich aufwache, schreibe ich einen Brief an William und frage ihn, ob er noch einer Sache für mich nachgehen könnte. Ein kleiner Gefallen. Ich wäre ihm dankbar, wenn er Nelson nichts davon erzählen würde. *Eine persönliche Angelegenheit, du verstehst schon.* Ich bringe den Brief noch vor Sonnenaufgang zur Post, weil ich fürchte, im Tageslicht könnte ich verletzlicher sein. Dann eile ich zurück, um Nelson im Gasthaus zu treffen. Das Bild von Swallows harter grauer Zunge geht mir nicht aus dem Kopf.

14

DER JUNI KOMMT, UND die Erde ist ein Teppich aus Farben. Dotterblumen, hellroter Mohn und weißer Klee, Pflanzen mit Knospen wie Wassertropfen, Gummipflanzen, Hagebutten, Blumen in Form von umgedrehten Vasen. Noch faszinierender sind die Kiefern, die die Stadt säumen, sie stehen aufrecht und voll im üppigen Sommer. Nelson sagt, für den Sommer gebe es keinen besseren Ort auf der Welt als Idaho, und als die Blumen anfangen zu blühen und die Wege zu den Hügeln und Bergen tüpfeln, wie gemalt von einem widerspenstigen Pinsel, glaube ich ihm.

Der Sommer ist schön, aber ich bin zerstreut und argwöhnisch. Jasper mag gerade in Boise angekommen sein, doch wenn er merkt, dass ich nicht mehr da bin, wird er jede Stadt in Idaho auf den Kopf stellen und nach einem Mädchen fragen, das aussieht wie ein Junge, der aussieht wie ich. Pierce ist eine große Stadt, aber es gibt größere, geschäftigere, in denen er zuerst suchen würde – Idaho City, Warren, Richmond, die Region um den Salmon River. Ich erinnere mich an die Stimme, die ich bei den Docks von San Francisco gehört habe, den schwachen Klang eines Abschiedslieds. Er wird weitersuchen, wenn der Sommer in den Herbst übergeht, dieselben

Wege wie ich bereisen und irgendwann hierhergelangen. Vor September wird er Pierce vermutlich nicht erreichen. Und dann werde ich fort sein.

Da es jetzt wieder warm ist, bemühen sich Nam und Lum noch stärker, mehr Kundschaft anzuziehen. Bei schönem Wetter, erklärt Nam, wollen die Leute Geld ausgeben. Er und Nam planen, wie sie die Gewinne im Sommer noch steigern können. Wir haben nicht vor, aufzugeben wie die chinesische Wäscherei oder Chengs Friseurladen. Lum hat nachgeforscht und festgestellt, dass Marmelade der Artikel ist, den die Menschen in einem so schönen Sommer wie diesem am meisten wollen. Mitte Juni trudeln die ersten Lieferungen im Laden ein. Schwarze Johannisbeere. Boysenbeere. Apfelkraut. Cantaloupe-Melone. Schachteln voller Gläser stapeln sich hinten bis fast an die Decke. Schon bald gibt es keinen Platz mehr zum Sitzen. Um Inventur zu machen, gehen Lum und ich abwechselnd in den Raum, und der schwache Geruch von Nektarinen- und Pflaumenmarmelade folgt uns überallhin.

Wir sind alle nicht überrascht, als sich Lums Prognose bewahrheitet. Es braucht nur eine Kundin: eine gut gelaunte Weiße, eine Kirchgängerin, die ein Glas Zitronenmus kauft. Am nächsten Morgen warten fünf Leute, bevor der Laden überhaupt öffnet. Wir sind nicht der einzige Laden in Pierce, der Marmelade verkauft, aber wir sind der einzige, der köstliche, dicke Marmelade führt. Niemand hat bisher von unserer Marke gehört. Nam erklärt mir, es sei eine besondere von einer Farm im Washington-Territorium. Bevor ich nach Amerika kam, hatte ich keine Ahnung von Marmelade, erzählt er mir händereibend. Es ist Freitag, und die Regale sind leer – unser dritter Freitag hintereinander. An solchen

Tagen, an denen die Verkäufe gut laufen, wird Nam zu einer gesteigerten Version seiner selbst, groß, überschäumend, seine Energie ist nicht zu bändigen. Würdest du mir glauben, wenn ich sage, dass die beste Marmelade von Chinesen gemacht wird?, fragt er. Würden unsere Kunden mir glauben?

Der Besitzer von Foster's Goods kommt nicht mehr, um sich vor unserem Laden zu postieren. Lum hält das für einen Triumph, ein Zeichen, dass Foster endlich seine Niederlage eingesteht. Nam schwört, er werde Foster kostenlos Marmelade vorbeibringen. Ein Friedensangebot, sagt er. Er schickt mich mit einer Auswahl unserer besten Geschmacksrichtungen los. Ich stelle den Korb vor Fosters Ladentür, und als ich am nächsten Tag vorbeikomme, sehe ich Glasscherben, die Marmelade glitzert wie Blut in der Sonne. Ich erzähle Nam nichts davon.

Pierce Big Store ist nicht das einzige blühende Geschäft in der Stadt. Der Sommer bringt einen neuen Schwung Geigenschüler für Nelson. Er hat so viel zu tun, dass Wochen vergehen, ohne dass einer von uns ihn sieht oder von ihm hört. Das ist gut, rede ich mir ein. So ist es einfacher, ihn zu belügen – indem ich gar nichts sage.

*

Du bist sehr blass, sagt Nam eines Sonntags zu mir. Du bist zu wenig an der frischen Luft.

Lum stimmt ihm ausnahmsweise zu. Du musst raus in die Sonne, sagt er. Die Sonne hilft, Bakterien und Krankheiten loszuwerden. Es schadet dir nicht, draußen zu sein, Jacob. So tötest du die schlechten Dinge in dir ab.

Ich packe Brot, ein Glas Himbeermarmelade und etwas Gurkensalat mit Knoblauch vom Abend zuvor in einen Rucksack. Es ist ein herrlicher Tag, und ich will Nelson damit überraschen. Ich habe ihn schon lange nicht mehr gesehen. Jasper vergesse ich ausnahmsweise einmal. Ich will nur diesen einen Tag genießen. Einen Tag, an dem ich mich nicht ständig umdrehen muss.

Doch als ich im Twinflower Inn ankomme und an Nelsons Tür klopfe, öffnet er nicht. Ich presse meine Wange an die dunkle Holztür und stelle mir vor, wie oft er schon hindurchgegangen ist. Die Luft hier könnte heilig sein. Im Raum auf der anderen Seite ist es still und ruhig. An Sonntagen unterrichtet er nicht, aber vielleicht, denke ich, ist er etwas essen gegangen oder macht Besorgungen.

Draußen spüre ich die beruhigende Wirkung der Sonne. Ich erinnere mich an Lums Worte, dass die Sonne alles Schlechte in einem Körper abtötet, und überlege, ob sie wohl auch die Dämonen töten könnte, die mir auf den Fersen sind, wenn ich nur lange genug dastehe. Ich schließe die Augen und drehe mich im Kreis, strecke die Arme aus, als könnte ich das Licht einfangen. Was für ein Luxus, nur Wärme zu spüren!

Dreckiges Schlitzauge, murmelt jemand hinter mir. Du solltest hängen.

Ich höre es eine Sekunde zu spät; wer immer es sagte, ist weg, als ich mich umdrehe. Ich gehe denselben Weg zum Laden zurück und denke an Williams wütende Stimme, als er über all die Gräueltaten gegen Menschen sprach, die aussehen wie wir. Ich an seiner Stelle wäre auch wütend.

Nur gut, dass wir bald zu Hause sind, sagt Lin Daiyu.

Ich stimme ihr zu.

Die Sonne scheint mir auf den Rücken. Ein heiterer, fester Druck, der mir das Gefühl gibt, ganz ich selbst und gleichzeitig schwerelos zu sein. Auf halber Strecke zum Laden beschließe ich, dass es nicht schlecht wäre, noch ein wenig länger draußen zu bleiben. Der Proviant in meinem Rucksack pocht leise mahnend an meinen Rücken. Ich erinnere mich an den Nachmittag, als Nelson und ich in der versteckten Lichtung hinter der Schule lagen. Die Erinnerung daran ist in das gleiche friedliche Licht getaucht wie die an meine Kindheit. Inzwischen müssen die Bäume auf der Lichtung in allen erdenklichen Grüntönen leuchten. Ich mache auf dem Absatz kehrt und gehe in Richtung Schule. Nam und Lum können noch ein bisschen warten. Dieser Tag gehört mir.

An der Schule folge ich dem Weg, den Nelson mir gezeigt hatte, damals kaum sichtbar, jetzt flach und ausgetreten. Offenbar kommt er oft hierher. Bei dem Gedanken, wie er sich durch die Zweige schlägt, muss ich unwillkürlich lächeln. Durch das Dickicht, um den Schildkrötenteich herum. Vier ausgetrocknete Schildkröten sonnen sich auf einem umgestürzten Baumstamm, ihre Rücken sind braun gesprenkelt und qualmen fast in der Sonne. Ich denke an meine Großmutter und wie das Wetter wohl gerade in unserem Dorf ist. Im Sommer verschmolz die Hitze mit der Feuchtigkeit vom Meer und machte das Dorf fast unbewohnbar – nur ein Schritt nach draußen, und man klebte am ganzen Körper. Aber wenigstens gediehen die Pflanzen dort gut, unser Gemüse, unser Obst, die Kräuter. Sie liebten den Boden und die Feuchtigkeit, und so dankten wir der Natur, dass sie uns das Leben ermöglichte und uns weiterhin neues Leben schenkte.

Meine Großmutter hatte gesagt, wir würden nur miteinander sprechen, wenn es regnet. In Idaho herrscht nur Trockenheit, aber das macht mich nicht mehr traurig. Bald werden wir miteinander sprechen können.

Die Lichtung liegt vor mir und öffnet sich, als ich näher komme. Doch ich bin nicht die Einzige hier. Nelson ist schon da, er steht in der Mitte, als hielte er Audienz vor den Bäumen ringsum. Sein gerader, breiter Rücken ist mir zugewandt, sein gesundes schwarzes Haar hebt sich von den üppigen Grün- und Blautönen ab. Ein starkes Glücksgefühl steigt in mir auf. Ich kann es kaum erwarten, seinen Namen zu rufen und sein Gesicht zu sehen, wenn er sich umdreht und mich entdeckt.

Doch Nelson ist nicht allein. Da ist noch jemand. Zwischen den Bäumen tritt ein Mädchen hervor, ihre Haut alabasterfarben und unberührt. Ihr feines gelbes Haar reicht ihr bis zu den Schultern. Es könnten Fäden aus dem Webstuhl meiner Mutter sein. Das Mädchen ist hinreißend schön – alles, von ihrer feinen Kleidung bis zur Haube in ihrer hellen Hand, zeigt sie als jemanden, der anmutig und begehrt ist. Bei ihrem Anblick weiß ich, dass ich Nelson nicht rufen werde, sondern hinter dem Weißdorndickicht verborgen bleiben muss.

Nelson wendet sich zu dem Mädchen und winkt es zu sich. Und sie streckt die Hände aus und kommt ihm entgegen. Sie hat ein langes Gesicht mit einem breiten Kiefer, aber ihre Züge sind zart – eine Nase wie eine Blütenknospe, geschwungene Lippen, verhangene Augen, als wäre sie gerade aus einem Traum erwacht. Als Nelson sich zu ihr umdreht, öffnen sich ihre Lippen, und ihre Augen greifen nach ihm. Ihre Zähne schimmern opalweiß im Sonnenlicht.

Ich beobachte, wie sie sich umarmen, ihr Kopf an der derselben Stelle, wo sonst seine Geige liegt. Um sie herum tanzen die Bäume mit schwingenden Blättern im leichten Wind. Die Szene ist perfekt für Nelson und dieses Mädchen – ein schöner Tag, warme Sonne, sanfter Wind. Alles ist dort, wo es sein sollte, nur ich nicht.

Plötzlich schäme ich mich. Ich bin nichts als ein Mädchen, gefangen in einem Jungen, eine Frau, die vorgibt, ein Mann zu sein. Liebe 愛, die Aufgabe des Ich für einen anderen. Doch dafür muss man ein Herz haben, das frei ist, um sich hinzugeben. Ich habe Nelson nichts zu geben, weil nichts an mir echt ist.

Nelson streichelt das Haar des Mädchens. Ich will nicht länger zusehen, denn ich bin der Fleck, der die ansonsten vollendete Leinwand verunziert. So leise wie möglich mache ich kehrt und bahne mir meinen Weg durch die Büsche und Bäume. Erst als ich sicher bin, dass sie mich nicht hören, beginne ich zu rennen und schlage mit geballten Fäusten die Erinnerung des Gesehenen beiseite, ohne mich umzudrehen.

Ich habe viele Dinge gefühlt und ihnen viele Namen gegeben. Dieses Gefühl möchte ich nicht benennen. Es ist, als hätte jemand einen großen Stein so fest um mein Herz gebunden, dass die Blutgefäße anschwellen, und den Stein in die tiefste Stelle des Ozeans geworfen.

Ich will kämpfen, aber ich weiß, dass es sinnlos ist. Ich sinke nicht wegen des Steins, sondern weil ich selbst der Stein bin.

*

Was hast du erwartet?, fragt mich Lin Daiyu später. Dass er dich liebt? Er kennt dich doch gar nicht. Du kennst dich doch nicht einmal selbst.

Sei still, sage ich. Sei endlich still.

Du bist ein Mädchen, das vorgibt, ein Mann zu sein, und trägst einen Geist mit dir herum. Jemanden wie dich würde er niemals lieben.

Ich weiß, erwidere ich. Am liebsten würde ich sie wegblasen. Ich habe ihn nie darum gebeten, mich zu lieben.

Und warum weinst du dann?

15

DER SOMMER BEWEGT SICH wie ein Lied, das sich seinem Ende nähert und um die Reprise kreist. Jeden Abend zähle ich das Geld in dem Beutel unter meinem Kissen. Die vielen Jobs und das endlose Sparen. Ich habe mein Bestes gegeben. Der Rest hängt von William ab.

Ich halte nicht mehr Ausschau nach Nelson, und er kommt nicht mehr im Laden vorbei. Vermutlich ist er mit seinen Schülern und dem goldhaarigen Mädchen beschäftigt. Schwer vorstellbar, dass sie außerhalb dieser magischen und unberührten Lichtung existiert, aber es muss wohl so sein. Warum würde ich mich sonst so fühlen?

Ni Er Sun. Sein Name steht für einen Wald aus Bäumen. Vielleicht ist er dorthin verschwunden: in einen dichten Wald, in den ich ihm nicht folgen kann.

Eines Nachts, als Nam und Lum schon schlafen, schleiche ich zur Mülltonne hinten in der Gasse. Ich suche nach einem Glas Marmelade, das schon bei der Ankunft verdorben war und weggeworfen wurde. Wie peinlich, rief Nam. Er macht sich Sorgen, ein schlechtes Glas könnte das ganze Geschäft ruinieren. Wir versteckten es ganz unten in der Mülltonne, unter fleckigen Kartons und verhärteten Reiskügelchen. Als ich es finde, schraube ich den Deckel ab. Die Marmelade darin ist pelzig weiß. Dort drinnen könnten ganze Universen sein. Ich stecke den Finger in den Matsch, der sich schmatzend daran festsaugt, kalt, aber nicht unangenehm. Nach und nach löffle ich den Inhalt heraus und schleudere ihn auf den Boden, bis das Glas leer ist und so aussieht, wie ich mich fühle. Ich flüstere Nelsons Namen in das Glas hinein, denke an seine makellosen Hände, seine zärtliche Sicherheit, den schönen Schimmer einer Violine vor dem knisternden Kamin. Es sind gute Erinnerungen. Schmerzvolle Erinnerungen. Und ich denke auch an die goldhaarige Göttin. Wenigstens haben sich die beiden. Um mich herum zirpen die Grillen in die Nacht, offenbar stimmen sie mir zu. Als ich fertig bin, schraube ich den Deckel auf das Glas. Dann stelle ich es wieder auf den Boden der Mülltonne. Das wird fürs Erste genügen, denke ich. Wenn ich all das hier zurücklassen, alles so sein lassen kann, dann werde ich einen Weg finden, um glücklich zu sein.

Du hast gesagt, du würdest jeden umbringen, der mir noch mal wehtut, sage ich später im Bett zu Lin Daiyu. Es ist kein Vorwurf, sondern eine Mahnung. Jedenfalls rede ich mir das ein.

Sie schweigt. Sie weiß, dass ich das nicht wirklich von ihr verlange. Ganz gleich, was ich sage, sie weiß, dass ich nicht die Kraft habe, Nelson Böses zu wünschen.

*

William schreibt mir zweimal, doch keiner der beiden Briefe enthält die Informationen, auf die ich warte. Stattdessen schreibt er von der Entwicklung der Chinese Six Companies und dass wir sie mit seinem Geld und meinem Kampfgeist unterstützen werden. Seine Worte.

Der Plan: Zuerst treffe ich ihn in Boise. Von dort aus fahren wir mit dem Zug nach San Francisco. Bei der Ankunft wird uns einer der Organisatoren der Six Companies, ein Freund von William, in Empfang nehmen.

Mein Plan: Irgendwann, zum richtigen Zeitpunkt, werde ich den Anführern der Six Companies meine wahre Identität offenbaren. Sie werden wissen, was zu tun ist.

Sind sie vertrauenswürdig?, frage ich William in einem Brief.

Das sollte deine letzte Sorge sein, schreibt er zurück. Er schreibt mit kühnen Strichen und schwerer Hand, als könnte nur so jeder Buchstabe gesehen und verstanden werden. *Sie bilden die älteste, mächtigste chinesische Organisation in Amerika. Wenn man ihnen nicht vertrauen kann, wem dann?*

Ich erinnere mich an die Kohlentonne, den schmutzigen Raum, in dem sich die Mädchen vom Schiff drängten, die Schreie im Bordell in der Nacht. Und dann sehe ich die Männer der Six Companies vor mir, und aus irgendeinem Grund haben sie alle Gesichter wie mein Vater. Sie sind freundlich, wohlwollend, fast heroisch. Schließlich muss es etwas Gutes in dieser Welt geben, daran möchte ich glauben.

Das ist wenigstens etwas. Hoffnung.

In meinem Herzen ist eigentlich wenig Platz für Traurigkeit darüber, dass ich Nam und Lum verlasse. Trotzdem bin ich traurig. Die beiden gehören zu den wenigen Männern, denen ich in Amerika begegnet bin, die keine böse Absichten hatten und mich ohne zu werten einfach bei sich aufnahmen.

Wenn ich beobachte, wie Nam Kunden beschwatzt oder wie Lum hinter seiner Brille die Stirn in Falten legt, denke ich an das Blut, das durch ihre Adern fließt. Das gleiche Blut, das durch meine fließt, Blut, das auf der gleichen Seite der Sonne erwärmt wurde. Wir kommen aus demselben Land, sprechen Sprachen, die miteinander verwandt sind. Aus all diesen Gründen könnte ich sie lieben. Dennoch behalte ich meine Abreise für mich. Wie bei Nelson würde die Wahrheit den Abschied nur erschweren.

Denk nicht mal dran, warnt mich Lin Daiyu.

Aber ich denke daran. Ich denke an das Glas am Boden des Mülleimers und dass es zerplatzen könnte, weil es so viel enthält. Eines Tages, in einem Moment der Schwäche und des kindlichen Kummers, suche ich danach, durchwühle mit den Händen verfaultes Obst und den feuchten Modder alter Zeitungen, obwohl ich weiß, das Glas ist lange verschwunden.

So ist es am besten, sagt Lin Daiyu. Jetzt kannst du über den Verlust hinwegkommen.

16

AM ENDE TREFFE NICHT ich die Entscheidung. Am letzten Wochenende im August kommt Nelson zu mir. Es ist Wochen her, seit ich ihn gesehen habe. Ich male gerade den Namen des Ladens in dicken Buchstaben neu, weil die Farbe von der Hitze des Sommers abblättert.

Hallo, sagt er. Warum bist du mir aus dem Weg gegangen?

Bin ich nicht, erwidere ich. Ich hatte nur viel zu tun.

Im Laden?, fragt er. Aber es hat keine Proteste mehr gegeben, oder?

Und wenn, würde es dich interessieren?

Eine Pause, begleitet von einem scharfen, überraschten Einatmen. Was soll das heißen?, fragt er. Bist du böse auf mich?

Nein, antworte ich. Warum hast du es mir nicht erzählt?

Was nicht erzählt?

Das weißt du genau. Der Pinsel hängt schlaff in meiner Hand, die gelbe Farbe tropft auf den Boden.

Ach so, sagt er. Du warst das also.

Ich sage nichts.

Caroline hätte schwören können, dass sie an dem Tag etwas gehört hat, fährt er fort. Dort in den Bäumen ist irgendetwas, sagte sie ständig zu mir. Ich habe ihr nicht geglaubt. Jetzt weiß ich, dass du es warst. Stimmt's, Jacob? Du warst an dem Tag bei der Lichtung?

Ich bin verlegen, als wäre mir etwas entgangen, das alle anderen schon wissen. Ich nicke und wünschte, er würde mich nicht ansehen.

Du ärgerst dich, weil ich es dir verheimlicht habe. Er spricht leise, fast nachgiebig. Das ist dein gutes Recht, sagt er. Wir sind Freunde, und Freunde tun das eigentlich nicht. Nimmst du meine Entschuldigung an? Wenn du willst, erzähle ich dir alles.

Er ist nicht wütend und wirft mir auch nicht vor, dass ich ihm nachspioniert habe. Ich drehe mich um und sehe ihn an. Sein Blick lässt meine Schutzwand schmelzen und legt die wunden Stellen in mir frei.

Komm schon, sagt er und streckt eine Hand aus. Ich nehme sie.

*

Das Mädchen heißt Caroline und ist die ältere Schwester eines Schülers von Nelson. Sie war bei jeder Stunde dabei und sah zu, wie Nelson Bach-Sonaten und Vivaldi-Arrangements unterrichtete. Er hatte sich nichts dabei gedacht – vielleicht war sie nur an den Fortschritten ihres Bruders interessiert. Und eines Tages, als der Schüler nicht hinsah, steckte Caroline eine Nachricht in Nelsons Geigenkasten.

Wie süß, sagt Lin Daiyu und würgt fast.

In seinem Zimmer im Twinflower Inn erzählt mir Nelson alles über sie. Sie ist klug. Ein guter Mensch. Caroline hat ihr ganzes Leben in Pierce verbracht und träumt davon, Lehrerin zu werden. Sie kann sehr gut mit Kindern umgehen.

Weiß ihre Familie Bescheid?, frage ich. Worauf Nelson nicht antwortet.

Hast du vor, sie zu heiraten?

Ich habe gar nichts vor, erwidert er. Schon gar nicht zu heiraten, solange es für uns verboten ist. Nein, ich habe nur vor, so lange wie möglich glücklich zu sein.

Ich stelle mir Nelson vor, wie er den kleinen Bruder in dessen Haus unterrichtet und Caroline zusieht. Die verstohlenen Blicke und das heimliche Lächeln zwischen den beiden, das Wissen, dass sie später, wenn sie in Nelsons Zimmer oder auf der Lichtung wären, vereint und erhitzt zusammenkämen, fern von der Außenwelt. Nelsons Hände auf ihrem zarten Hals, ein leichter Schimmer, der sich in Gesang verwandelt.

Was für eine perfekte Szene, denke ich. Ich kann die Hässlichkeit in meinem Gesicht nicht verbergen und nicht das tiefe, ziehende Verlangen in meinem Bauch.

Zieh keine hässlichen Fratzen, sagte meine Mutter oft zu mir. Sonst erstarrt dein Gesicht, und dann hast du für den Rest deines Lebens ein hässliches Gesicht. Nelson fällt es nicht auf. Nelson lächelt nur. Es ist nicht dasselbe Lächeln, das er Nam oder Lum oder auch mir schenkte. Leicht, unbeschwert, ein Lächeln, mit dem er am Abend zuvor einschlief. Es scheint, als wäre auch Nelsons Gesicht erstarrt, nur dass seine Miene verzückt ist.

Was passiert, wenn man euch erwischt?, frage ich. Ich erinnere mich an eine Geschichte, die Lum in der Zeitung las, von einem Chinesen, der für fünfzig Tage ins Gefängnis geworfen wurde, weil er eine Weiße auf der Straße umarmt hatte.

Niemand weiß von uns, sagt Nelson. Nur du, jetzt.

Ich muss an Madam Lees Bordell denken. Keiner der Weißen, die dorthin kamen und sich auf die Frauen stürzten, auf die chinesischen Mädchen, die Frauen imitierten, landete je im Gefängnis. Sie kamen und gingen unbehelligt. Wer immer sie waren, sie waren stolz auf sich.

Hältst du mich für dumm?, fragt Nelson und mustert mich.

Ich verneine und sage, dass er nur verliebt ist.

Warst du schon mal verliebt, Jacob?

Ich denke an all die Menschen in meinem Leben, die dafür infrage kämen, sage Ja und belasse es dabei.

An der Tür legt Nelson mir eine Hand auf den Arm, und diesmal empfinde ich es fast als grausam. Nam und Lum werden fragen, wie es Nelson geht, warum er sie schon so lange nicht mehr besucht hat, ob ich die Mehlsäcke hinten im Lager schon alle erfasst habe? Es kommt mir seltsam vor, in ein Leben zurückzukehren, in dem nur ich von Nelsons Geschichte weiß.

Behältst du es für dich, Jacob?

Er vertraut mir. Ich sehe ihn an und verspreche es, denn ich möchte alles tun, damit er immer glücklich ist.

17

MIT DEM SEPTEMBER KOMMT ein spürbarer Wandel in der Luft – eine neue Kälte färbt die Nächte violett, eine Kälte, die einen harten Herbst und rachsüchtigen Winter verheißt. Wenn ich am frühen Morgen im Laden die Hand auf die Glasscheibe lege, spüre ich eine Kälte, die mir aus dem Arm bis in den Nacken kriecht. In fünf Tagen breche ich nach Boise auf, um William zu treffen. Mein Zuhause ist so nah, dass ich hineinschlüpfen und mich darin wärmen könnte.

Doch in einem großen Land weiter östlich, das von Bergen gekrönt und von ständigem Wind umweht ist, passiert etwas Schreckliches.

Nelson überbringt uns die Nachricht. Massaker, nennt er es. Nam, Lum und ich sitzen beim Essen, als er hereinplatzt, und das Wort klingt eher wie eine zerbrochene Schüssel als alles, was ich bisher auf Englisch gehört habe.

Nam und Lum sind verwirrt. Sie wissen nicht, was das Wort bedeutet. Ich bin mir auch nicht ganz sicher.

Sieh mal einer an, wer den alten Nam und Lum endlich besucht, sagt Nam und spielt den Empörten. Lum steht auf, um noch einen Stuhl zu holen. Ich sehe nur Nelson an, dessen Gesicht kreidebleich ist. Es muss einen Grund geben, warum er dieses Wort benutzt. Und dann erzählt er uns etwas, was alles verändern wird.

Lum kommt mit dem Stuhl zurück und stellt ihn an den Tisch. Es gibt getrockneten Fisch und gedämpften Reis, die inzwischen abgenagten Gräten liegen gesammelt auf unseren Tellern. Nelson geht zum Stuhl, setzt sich aber nicht. Er sieht durch uns hindurch.

Nam klatscht die Hände vor Nelsons Gesicht zusammen. He! Bist du krank? Willst du einen Tee? Jacob, geh und hol den Ingwertee.

Es gab ein Massaker, sagt Nelson, bevor ich mich rühren kann. Achtundzwanzig Menschen wurden getötet, fünfzehn weitere verletzt. Nur Chinesen.

Jetzt hören wir alle drei zu. Das Licht im Raum verwandelt sich in ein kränkliches Grau. Die Fischgräten verwesen vor unseren Augen, unser gemütliches Essen ist vergessen, nur noch eine mahnende Erinnerung an Knochen und Tod.

Nam bricht als Erster das Schweigen. Das kann nicht wahr sein, sagt er. Wo hast du das gehört?

Die ganze Stadt spricht darüber. Es dürfte bald in der Zeitung stehen. In Rock Springs, Wyoming. Die weißen Bergarbeiter sind mit Gewehren nach Chinatown und haben das Feuer eröffnet. Einige sagen, es wurden Häuser in Brand gesteckt, in denen noch Menschen waren.

Vor meinem geistigen Auge blitzt unwillkürlich das Zeichen für Feuer 火 auf, orange, wütend und züngelnd. Aber man kann Feuer nicht ohne das Zeichen für Mensch 人 schreiben. Feuer ist ein Mensch, gefangen zwischen zwei Flammen.

Nein, sagt Nam. Aber wir wissen, sein Nein ist bedeutungslos, weil Nelson wahrscheinlich die Wahrheit sagt. Wir drehen uns um, blicken nach vorne zum Laden, als rechneten wir damit, den Mob dort zu sehen, diesmal bewaffnet mit Gewehren und Flinten an Stelle von Schildern.

Nelson lässt sich auf den Stuhl fallen. Mir fehlen die Worte. Uns allen. Wir können nichts tun, als uns die Chinesen vorstellen, die vermutlich schrien und zu fliehen versuchten. Aber ihre Schreie waren umsonst. Sie streckten die Arme ergeben nach oben und bettelten in den Lauf eines Gewehrs. Alles umsonst. Am anderen Ende des Gewehrs drückte ein Ungeheuer mit einem weißen Gesicht ab. Das Blut spritzte aus ihren Körpern, und sie verbrannten. Ich drehe meine Hände um und starre die dunkelblauen Adern in meinem Handgelenk an. Das gleiche Blut, gewärmt unter der gleichen Sonne.

So sitzen wir da, bis die Ladentür klingelnd geöffnet wird. Irgendein Kunde braucht etwas. So werden wir daran erinnert, dass wir noch leben.

18

ZWEI TAGE VERGEHEN, BEVOR wir etwas in der Zeitung entdecken. Eigentlich sollte ich die letzten Vorbereitungen für
meine Abreise treffen, doch die Nachricht von dem Massaker
lähmt mich, macht meine Bewegungen träge, hindert mich
am Denken. William hatte von Ungerechtigkeiten gegenüber Chinesen gesprochen, aber so etwas hätte ich mir nie
vorgestellt. Waren dem Massaker auch randalierende Men-
schenmengen vorausgegangen? Ich denke an Nam und Lum,
an Gewehrkugeln, die auf den Laden einprasseln.

Das Geld unter meinem Kopfkissen bleibt versteckt, un-
gezählt. Das ärgert Lin Daiyu, die unablässig über die Reise
spricht. Ist diese Nachricht wirklich so anders als alles, was
du schon weißt?, fragt sie ständig. Wir wissen doch, wie
Amerika ist. Deswegen müssen wir ja nach Hause.

Ich kann ihr keine gute Antwort liefern. Sie hat recht. Aber
die brennenden Körper machen mich innerlich krank. Ich
träume von Himmeln, aus denen es Blut regnet, und wenn
ich aufwache, taste ich hektisch nach meinem Herzen unter
dem Nachthemd, um mich zu vergewissern, dass es noch
schlägt, dass mein Blut noch mir gehört.

Als der *Pierce City Miner* es schließlich veröffentlicht, erscheint es auf der zweiten Seite. Die Überschrift ist klein, direkt unter einer Werbung für ein neues Schuhputzmittel:

AUFSTAND IN ROCK SPRINGS: MINENARBEITER SCHREITEN ZUR TAT

Die Überschrift verwendet nicht das Wort für das, was wirklich passiert ist. Massaker. Sie erwähnt nicht die achtundzwanzig Toten, die fünfzehn Verletzten, die Verbrannten. Beim Lesen des Artikels achte ich auf jedes Wort. *Die ungerechten Einstellungspraktiken, durch die Chinesen zunehmend auf den Arbeitsmarkt drängen, führten in Rock Springs dazu, dass Bergarbeiter die Sache selbst in die Hand nahmen und in Chinatown randalierten. Auch wenn der Ausgang des Aufstands nicht optimal war, darf nicht übersehen werden, dass es mildernde Umstände für den Gewaltausbruch gab.*

Ich wiederhole den letzten Satz, suche nach der Bedeutung von *nicht optimal*. War der Tod von achtundzwanzig Menschen nicht optimal? Die Tatsache, dass sie in ihrer eigenen Stadt gefangen waren, einem Ort, den sie für sich geschaffen hatten? Dass ihre Leichen auf den Straßen lagen, Blut vermischt mit Dreck, und die Erde verunzierten?

Ich gehe mit der Zeitung zum Twinflower Inn. Die weißen Gesichter, an denen ich vorbeikomme, starren mich an und ziehen wie Farbkleckse durch mein Blickfeld. Zum ersten Mal empfinde ich eine große Verachtung für sie, als wären sie für das Geschehene direkt verantwortlich.

Hast du das gelesen? In Nelsons Zimmer werfe ich die Zeitung auf den Tisch vor dem Kamin.

Nelson reinigt seine Geige mit einem gelben Tuch. Die Saiten ächzen und quietschen, als er sie sauber reibt. Heute Morgen habe ich es gesehen, sagt er und klingt müde. Mich überrascht das nicht. Dich etwa?

Seine Gelassenheit, die ich sonst so bewundere, bringt mich zur Weißglut, auch das etwas, was ich heute zum ersten Mal spüre. Was heißt mildernde Umstände?, frage ich. Warum schreiben sie nicht Massaker? Mord?

Sie sind nicht die Einzigen, sagt Nelson. Langsam sucht er meinen Blick, und es scheint, als ob ihm das bloße Heben der Augen alle Energie raubt, die er noch hat. In Wyoming haben mehrere Zeitungen ihre Unterstützung der weißen Minenarbeiter zum Ausdruck gebracht. Viele glauben, der Aufstand war gerechtfertigt.

Wie können sie so etwas behaupten? Es war Mord, jeder weiß das!

Setz dich, Jacob. Ich weiß, du bist wütend. Ich war auch wütend.

Ich setze mich.

Ich habe über Williams Worte nachgedacht. Ich habe es abgelehnt, mit ihm nach Kalifornien zu gehen. Aber ich glaube nicht, dass es falsch ist, wenn er helfen will. Solche Massaker werden immer wieder passieren, wenn wir nichts tun.

Ich frage ihn, ob das heißt, dass er sich William in San Francisco anschließen will.

Nein, antwortet er. Aber William hat mir erzählt, dass Leute in Idaho, Kalifornien und Oregon versucht haben, die Stadt wegen der Gräueltaten, die dort gegen Chinesen begangen wurden, zu verklagen. Ich glaube, ich sollte mich hier engagieren und etwas Ähnliches tun.

Du willst Rock Springs verklagen?

Ich will es versuchen. Aber hoffentlich nicht allein.

Sein Blick lässt mich zurückschrecken. Er vertraut auf den guten Willen anderer. Für Nelson kehrt sich Unrecht in Recht, weil das die Gerechtigkeit der Welt ist. Er hält mich für jemanden, der etwas zu diesem guten Willen und der Gerechtigkeit beitragen könnte, doch das bin ich nicht, kann ich nicht. Ich bin ein Kind, das in eine Welt geboren wurde, in der bislang das Böse überwog. Wie hätte ich sonst hier landen können, direkt vor dir?, würde ich ihn gern fragen.

Ich erkläre ihm, dass ich nicht will und nicht kann.

Das, erwidert er, ist eine Enttäuschung.

Amerika ist nicht mein Land, erinnere ich ihn.

Glaubst du, es ist das Land von irgendeinem von uns?, sagt er. Die Menschen, die heute hier leben, waren nicht immer da. Dieses Land wurde gestohlen, und das Stehlen ist zum Sport geworden. Die Menschen, die dieses Land übernommen haben, denken nur an sich und ihr eigenes Überleben.

Tut mir leid, sage ich. Ich glaube an das, was du tun willst. Aber ich kann dir dabei nicht helfen.

Weil es dir egal ist?

In diesem Moment wünschte ich, Nelson würde mich nicht so ansehen, nämlich voller Mitleid und Enttäuschung, als würde er den guten, mutigen Menschen, für den er mich hielt, jetzt mit anderen Augen sehen. Weil ich mit William nach Kalifornien gehe, höre ich mich sagen. Ich werde die Chinese Six Companies ausfindig machen und sie bitten, mich nach Hause zu bringen.

Seine Miene bleibt unverändert. Wir könnten jahrelang

in diesem Zimmer sein und würden nur spüren, dass etwas zwischen uns stirbt.

Wann gehst du?, fragt er, und seine Stimme klingt nicht, als würde es ihn wirklich interessieren.

In drei Tagen.

Verstehe.

Hältst du mich für dumm? Jetzt stelle ich ihm die Frage.

Nein, erwidert er. Ich halte dich für selbstsüchtig.

Schon komisch, dass mich nach allem, was ich erlebt habe, diese Bemerkung am schmerzlichsten trifft. Ich spüre, wie mein Gesicht vor ihm zusammenfällt. Ich bin nicht mehr als ein Grashalm. Nutzlos. Ich sollte es nicht sagen. Ich weiß, ich sollte es nicht sagen. Aber seine Worte, sein rasches Urteil über mich, haben mir etwas genommen. Und erneut ein erstes Mal: das Bedürfnis, mich zu behaupten.

Du nennst mich selbstsüchtig?, frage ich, wohl wissend, dass meine Worte uns vielleicht an einen Punkt führen, an dem es kein Zurück mehr gibt. Während du dich die ganze Zeit mit *ihr* triffst? Sie ist eine von ihnen. Woher willst du wissen, dass sie nicht auch so denkt? Wenn man euch auf die Schliche kommt, glaubst du wirklich, sie würde mit dir untergehen? Nein, sie wird behaupten, du hättest dich ihr aufgedrängt. Sie wird dich einen heidnischen Chinesen nennen. Noch ein Kuli, der seine tierischen Gelüste an einer unschuldigen Weißen ausgelassen hat!

Das folgende Schweigen könnte mein Untergang sein. Nelson steht auf und geht zur Tür.

Bitte geh, Jacob.

Ich rühre mich nicht. Wieso sieht er es nicht ein? Wenn sich die Welt so einfach in Weiße und Nicht-Weiße aufteilen ließe, dann wäre niemand davon ausgenommen. Dann gäbe es immer jene, die Macht haben, und jene, die keine haben.

Geh!, schreit er jetzt, und es ist das letzte erste Mal an diesem Tag der ersten Male, das erste Mal, dass ich ihn so sehe und weiß, auch er ist zu Wut, Niedertracht und Gewalt fähig. Ich stehe da und versuche mich aufrecht zu halten, aber ich merke, wie ich unter seinem harten, bohrenden Blick zusammenbreche.

Nach diesem Vorfall gibt es kein Zurück. Als ich draußen bin, knallt Nelson die Tür zu, und auf der anderen Seite rastet das Schloss ein.

*

Als ich zum Laden zurückkomme, ist es dunkel, und ich habe das Essen verpasst. Nam und Lum schlafen schon, haben aber Schüsseln mit inzwischen lauwarmem Reis und eingelegtem Gemüse für mich stehen lassen. Mein Herz zieht sich zusammen, als ich den gedeckten Tisch sehe, ein Zeichen, dass sich jemand um mich kümmert, eine Erinnerung daran, dass ich mal ein Kind war und eine Tochter, geliebt von Menschen, die darauf achteten, dass ich satt und zufrieden war. Aber heute Abend bin ich nicht hungrig. Ich stelle die Schüsseln nach draußen, damit irgendeine glückliche Katze sie findet.

Ich hätte das nicht zu Nelson sagen sollen. Und vielleicht lag ich falsch, was Caroline betrifft. Aber ich könnte Pierce nicht verlassen, ohne zumindest versucht zu haben, ihn zu beschützen. Wenn er mich jetzt hasst, dann soll es jedenfalls dafür sein. Mit diesem Wissen kann ich mit allem, was hier passiert ist, in Frieden leben. Mit diesem Wissen empfinde ich mein Leben in Pierce und meine Freundschaft mit Nelson nicht als Zeitverschwendung.

Ich verlange nicht, dass er mich liebt. Ich will nur, dass es ihm gut geht. Wenn er mich hassen muss, um glücklich zu sein, dann soll es so sein.

Vergiss nicht, sagt Lin Daiyu, das hier ist nicht dein Zuhause. Es ist nicht dein Problem. Sollen sie mit ihrem verkommenen Land selbst fertigwerden. Du musst nach China zurückkehren.

Der Schmerz wird nicht ewig andauern, tröste ich mich.

*

Eine Linie kann nur dann als kräftig bezeichnet werden, wenn sie auf dem Papier bleibt. Kräftige Linien sind wichtig, aber wie zeichnet man eine kräftige Linie mit einem weichen Pinsel? Antwort: Elastizität.

Ein elastischer Pinsel ist ein Pinsel, der sich, nachdem er die Tusche auf das Papier gebracht hat, wieder aufrichtet, um den nächsten Strich zu setzen. Aber Elastizität erreicht man nicht, indem man fester drückt. Nein, der Künstler muss die Kunst beherrschen, den Pinsel loszulassen, ihm den Raum und die Freiheit geben, sich selbst wiederzufinden.

Im Grunde verhält es sich mit der Elastizität ganz einfach. Man muss wissen, wann man drücken und wann man loslassen muss.

19

ZWEI ABENDE VOR MEINEM Aufbruch nach Boise zieht ein Sturm über die Stadt. Blitze spalten den Himmel, und ich glaube, so sieht es in mir aus, ich bin nicht ein Ganzes, sondern viele, geteilt durch etwas, was ich nicht kontrollieren kann.

Am Morgen drückt mir Lum einen Brief in die Hand. Ich war kurz bei der Post, und sie haben mir den gegeben, sagt er. Sie meinten, er sei schon vor Tagen angekommen, aber im Sturm irgendwie verlegt worden.

Links oben in der Ecke ein Wasserfleck. Williams Name ist eine schwarze Raupe, verschwommen von der Feuchtigkeit. Der Brief ist schwerer als üblich, und als ich ihn in der Hand halte, spüre ich, dass vieles möglich ist. Auf diesen Brief habe ich gewartet.

Lum ist neugierig. Er fragt, wer mein Freund sei. Nam bekommt es zufällig mit, und dann drängen sich beide an meiner Tür. Ihnen sei aufgefallen, dass ich Briefe bekomme, sagen sie. Und jetzt wollen sie ein Ratespiel daraus machen, in welchem Verhältnis ich zu William stehe. Ich lausche ihren Witzen und lache, erzähle ihnen aber nichts. Der Brief bleibt den ganzen Tag in meiner Brusttasche, ein schwerer Talisman. Beim Abendessen sind Nam und Lum zu dem Schluss gekommen, dass William ein verschmähter Liebhaber ist.

Später, als das Schnarchen der beiden durch den Laden hallt, hole ich den Brief hervor und öffne ihn vorsichtig. Mein Atem geht schnell. Der Brief selbst hat keinen Wasserschaden erlitten. Erleichtert entfalte ich die Seiten und sehe Williams Schrift, nur ist sie diesmal schräg, vielleicht sogar gehetzt. Meister Wang würde sagen, zerstreut.

Ich zünde ein Streichholz an und halte mir die erste Seite vors Gesicht.

Jacob,

entschuldige, dass es so lange gedauert hat, dir diese Informationen zu schicken. Wie sich herausstellte, war das Paar, nach dem du gefragt hast, schwieriger ausfindig zu machen, als ich anfangs dachte. Doch am Ende waren wir erfolgreich. Oder besser, wir haben herausgefunden, was mit dem Paar passiert ist.

Lu Yijian und Liu Yun Xiang waren Tapisserie-Händler in Zhifu, vermutlich schon, bevor du sie getroffen hast. Vor Jahren zogen sie nicht allzu weit entfernt von der Stadt in ein kleines Fischerdorf, wo sie eine Tochter hatten. Dort führten sie ihr Tapisserie-Geschäft weiter. An diesem Punkt bist du vermutlich zu ihnen gestoßen.

Und jetzt kommt, was du vielleicht nicht weißt: Lu Yijian und Liu Yun Xiang unterstützten auch die Heaven and Earth Society, eine Geheimgesellschaft, die den niedrigeren Klassen Schutz bot. Wie ihre Unterstützung im Einzelnen aussah, ist unklar, aber ich schätze, sie halfen dabei, Ming-Loyalisten vor der Qing-Dynastie zu verstecken, indem sie diese wahrscheinlich als buddhistische Mönche verkleideten. Das Gericht hatte den Verdacht, dass sie in die Sache verwickelt waren, konnte ihnen aber nichts beweisen; Lu Yijian und Liu Yun Xiang waren schlau – sie schickten keine Briefe, sondern woben sämtliche Nachrichten kunstvoll in ihre Wandteppiche. Für einen unbedarften Betrachter war ein Phönix nur ein Phönix, eine Lotusblüte eine Lotusblüte. Wer jedoch verstand, diese Wandteppiche zu lesen, erkannte darin Termine, Zeiten und Anweisungen.

Laut der Aussagen meines Kontaktes wurden sie irgendwann von einem Qing-Beamten verpfiffen, der sich als Mitglied der Geheimgesellschaft ausgab. Was immer sie dazu bewog, diesem Betrüger zu helfen, werden wir wohl nie erfahren. Nennen wir es einfach ihre Herzensgüte. Nach ihrer Enttarnung wurden sie ins Gefängnis geworfen und zum Tod verurteilt. Lu Yijian wurde zuerst hingerichtet. Liu Yun Xiang musste dabei zusehen. Dann wurde auch sie hingerichtet.

Sie hinterließen die Tochter und Lu Yijians Mutter, allerdings konnte ich nicht herausfinden, was aus den beiden geworden ist.

Deine zweite Frage war etwas einfacher zu beantworten. Das fragliche Bordell ist im Besitz der Hip Yee Tong, geführt von einer Frau namens Madam Lee. Ich sollte besser sagen, früher geführt, denn die Bordellwirtin ist von der Tong offenbar ihres Postens enthoben worden. Die neue Chefin nennt sich Madam Pearl und verfügt meinem Freund zufolge über einen ausgeprägten Geschäftssinn. Das Mädchen, nach dem du gefragt hast, Swallow, arbeitet nicht mehr in dem Bordell. Und ich konnte auch nichts über ihren Verbleib herausfinden.

Der Mann, nach dem du gefragt hast, Jasper Eng, wurde von der Hip Yee Tong getötet, nachdem einem der Mädchen, das er ihnen verkauft hat, die Flucht gelungen war.

Ich hoffe, dieser Brief gibt dir, was du brauchst. Grüße Nelson von mir. Wir sehen uns in Boise. San Francisco wartet auf uns.

Herzlich, William

20

VOR VIELEN JAHREN FAND ich beim Spielen in einem Graben in der Nähe unseres Hauses einen dicken grünen Grashüpfer, dessen Beine wie die eines komplizierten Stuhls angeordnet waren. So einen großen hatte ich noch nie gesehen. Ich hob ihn an seinem Hinterbein auf und rannte den ganzen Weg nach Hause, um ihn meinen Eltern zu zeigen. Wir könnten ihn als Haustier behalten und füttern, bis er die Größe einer kleinen Katze erreichte. Mit ausgestrecktem Arm platzte ich in unser Haus.

Aber als meine Eltern kamen und ich die Hand hochhielt, war nichts da. Der Grashüpfer war weg, ich hielt nur noch sein Hinterbein. Vor lauter Eile, ihn meinen Eltern zu zeigen, war ich zu schnell gerannt und hatte ihm das Bein vom Körper gerissen. Es könnte auch der Wind gewesen sein oder die Bewegung meiner Arme beim Laufen. Oder vielleicht hatte der Grashüpfer unterwegs entschieden, dass ein Leben ohne ein Bein besser war als jedes andere drohende Schicksal, hatte sich abgestoßen und ein Bein, nicht dicker als eine Wimper, zurückgelassen, ein Bein, das einst alle Kraft der Welt enthielt. Und jetzt, nichts.

Meine Mutter nahm mir das Bein des Grashüpfers aus der

Hand und legte es auf ein Fenstersims, wo es verschrumpelte und sich in der Sonne einrollte. Ich starrte es den ganzen restlichen Tag an und fragte mich, ob es wieder lebendig werden könne, wenn ich es nur fest genug anschaute. Nach einem unerträglichen Abendessen fragte mich mein Vater, was ich an diesem Tag gelernt hätte. Ich fing an zu weinen. Ich bin keine Mörderin oder ein schlechter Mensch, beharrte ich. Sie mussten mir einfach glauben. Ich sagte, dass ich ihnen nur etwas Schönes hatte zeigen wollen.

Meine Mutter war lieb. Deine Absichten waren gut, sagte sie, aber dein Handeln hat dich verraten. Von jetzt an, Daiyu, musst du lernen, dass du beides nie voneinander trennen darfst. Ganz gleich, welchen Plan du verfolgst, du musst auch an die Durchführung denken und aus redlichen Motiven handeln. Nur auf das eine zu setzen macht keinen guten Menschen aus dir. Verstehst du das?

Wie hättest du diesen Grashüpfer retten können?, fragte mein Vater. Wenn er wirklich so wunderschön war, wie du gesagt hast.

Ich überlegte. Ich war voller Reue. Ich hätte ihn mit beiden Händen tragen können, antwortete ich, und legte sie zusammen. Ich hätte ein bisschen langsamer laufen oder einfach nur gehen können. Ich hätte nach Hause kommen und euch zu dem Graben führen können, damit ihr ihn sehen könnt.

Oder, sagte meine Mutter, du hättest dein Leben fortsetzen können, ohne ihn überhaupt zu berühren.

Ihr Vorschlag verblüffte mich. Wie sollte jemand von dem Grashüpfer erfahren, wenn ich keinen Beweis für seine Existenz hatte? Aber ich bat sie nicht, es mir zu erklären. Inzwischen war das Bein auf dem Fenstersims braun und hart geworden, und ich war es leid, über den Grashüpfer zu reden, erschöpft von der Trauer über seinen Tod. Irgendwann würde das Bein vom Sims verschwinden, aufgefegt und mit dem Rest der toten Dinge in unserem Haus weggeworfen.

Während ich Williams Brief anstarre, bilde ich mir ein, die Antwort langsam zu begreifen. Es kam nicht auf einen Beweis für den Grashüpfer an. Wenn meine Pläne und ihre Durchführung immer zusammenpassten, brauchte ich keinen Beweis. Meine Eltern hatten versucht, mir klarzumachen, dass es in dieser Welt nur mich und mein Wort gab.

Im selben Moment überkommt mich eine überwältigende Traurigkeit um alles, was ich verloren habe. Meine Eltern waren nie nur meine Eltern. Sie waren auch Menschen, die sich für Dinge einsetzten, an die sie glaubten. Sie glaubten an mich, deshalb erzogen sie mich gut. Sie glaubten an die Familie, deshalb schufen sie ein liebevolles Zuhause für uns alle. Und sie glaubten an den menschlichen Anstand, so sehr, dass es sie das Leben kostete. Ihre Pläne und deren Durchführung stimmten stets überein. Deshalb waren sie gut, und das versuchten sie mir beizubringen.

Verschwinde von hier, meldet sich Lin Daiyus Stimme von einem Ort, an den ich mich zu erinnern meine. Beweg dich, wir müssen weiter!

Ihre Stimme ist ein Seil, das sich um meine Taille legt. Ich lasse mich davonziehen, zurück durch Zeit und Land und Meer, bis ich wieder auf der Pritsche in meiner Kammer im Laden bin.

Meine Eltern sind tot. In diesem Leben werde ich sie nicht mehr sehen. Meine Eltern sind tot.

Es beginnt im Bauch, eine tiefe Sehnsucht, die durch

meinen ganzen Körper wandert. Ein Stein, der nicht bewegt werden kann, eine Sonne, die zum letzten Mal untergeht, ein Wind, der nie aufhören wird zu heulen. Sie fehlen mir. Ich liebe sie. Ich hatte nicht genug Zeit mit ihnen. Ich schließe die Augen und versuche die Bilder ihrer letzten Minuten zu vergessen und mir stattdessen vorzustellen, sie wären neben mir, ihre Wärme, ihre gleichmäßigen Atemzüge. Ich würde alles tun, um sie wieder bei mir zu haben. Um zu hören, wie meine Mutter meinen Namen sagt, und zu wissen, dass, ganz gleich, was geschieht, ihr Aussprechen meines Namens mich vor allem beschützen würde.

In der Dunkelheit rolle ich mich ein, presse weinend den Brief an meine Brust. Lin Daiyu weint mit mir, ihr Schluchzen klingt, als würde sie nach Luft ringen. Das Gefühl ist uns beiden vertraut. Wir empfinden es beide auf dieselbe Weise.

*

Du siehst heute blass aus, sagt Nam am nächsten Morgen zu mir. Wirst du krank?

Ich erwidere, dass ich nur schlecht geschlafen habe. Er gibt mir den Tag frei. Iss ein Stück Cantaloupe-Melone, das kühlt den Körper, sagt er, während er mir den Handrücken auf die heiße Stirn legt. Danach beobachte ich, wie er die Jodtinkturen auf dem Regal hinter der Ladentheke ordnet. Eine Welle der Zuneigung für ihn durchströmt mich. Er ist ein Mann, der einfach nur versucht, sein Bestes zu geben. Wir alle versuchen nur, unser Bestes zu geben.

21

WARUM STUDIERST DU NICHT die Karte?, fragt Lin Daiyu. Warum hast du nicht für unsere Reise gepackt? Morgen fahren wir doch nach Boise, oder?

Ich weiß nicht, was ich antworten soll.

Du hast es versprochen, bettelt Lin Daiyu.

Ja, sage ich und wünschte, sie wäre still.

*

Als ich in der Kohlentonne in meinem eigenen Urin kauerte, stellte ich mir oft meine Rache an Jasper vor. Damals war ich jung, das Wort hatte also noch keinen Namen. Doch zwischen den Albträumen und den wachen Momenten, wenn meine Stirn an der Wand der Tonne lehnte und ich die Augen schloss, stellte ich mir eine Zukunft vor, in der Jasper und ich uns wiederbegegneten. Ich wäre stärker, mächtiger, selbstsicherer. Ich wäre das genaue Abbild des wahrhaftigsten und stärksten Stücks Kalligraphie, das es je gab. Selbst der Wind könnte mich nicht umwerfen. Und Jasper wäre klein, ein verschrumpelter Zwerg. Ich würde mich an ihm rächen. Seinen Körper mit toten, verfaulten Fischen füllen.

Ihn in eine Tonne stecken und einen Hügel hinunter ins Meer rollen.

In dieser Phantasie bin ich immer die Siegerin. Genau deshalb ist es vermutlich gefährlich, in Phantasien zu leben. Denn in dieser Zeit bereitete ich mich nicht auf die Wahrheit vor: dass Jasper und ich uns nie wiedersehen werden.

Er ist tot und ich nicht. Er ist tot und ich nicht. Er ist tot. Und ich bin es nicht.

Ich sollte erleichtert sein, mich frei fühlen. Zu wissen, dass Jasper das gleiche Ende ereilte, dem er so viele Mädchen unterwarf, sollte mich mit triumphierender Freude erfüllen. Ich warte darauf, bin bereit für den großen befreiten Atemzug nach all den Jahren. Doch nichts davon trifft ein. Es ist nur die Nachricht eines weiteren Todesfalls, eines weiteren ausgelöschten Lebens, das ich hinter mir lasse. Ich trauere nicht um ihn. Ich trauere um das Ich, das ich war, als ich ihm begegnet bin.

Was habe ich jetzt zu befürchten, nachdem die Bedrohung durch Jasper vorbei ist? Wer ist Daiyu ohne ihren Bösewicht? Wer bin ich jetzt, da ich alles sein kann?

*

Die letzte Antwort in Williams Brief war eine weitere, mit der ich nicht gerechnet hatte: Madam Lee arbeitet nicht mehr in dem Bordell. Pearl hat ihren Platz eingenommen.

Pearl. Das kleine Mädchen, das an dem Tag, als wir aus dem Barracoon abgeholt wurden, hinten im Wagen weinte. Sie schien mit dem Weinen nicht aufhören zu können. Dieses Mädchen – diese Frau – leitet jetzt das Bordell?

Und die Nachricht von Swallow, verbannt. Die ganze Zeit dachte ich, sie sei Madam Lees treues Mädchen, das als Nächste die Führung übernimmt. Ich erinnere mich an ihre Stimme, an etwas, was sie bei unserer letzten Unterhaltung sagte. *Hier drin, als die Madam, kann ich so viel mehr erreichen. Hier drin kann ich mehr für die Mädchen tun als draußen.* Ich war wütend auf sie gewesen. Ich hatte den Satz nicht gehört, jedenfalls nicht so wie jetzt und mit dem Wissen, das ich inzwischen habe. Von innen, als Madam, konnte sie so viel mehr erreichen. Was hatte sie vorgehabt?

Du weißt es, sagt Lin Daiyu. Du hast es immer gewusst. Du warst nur zu verletzt, um es zu verstehen. Ich werfe dir das nicht vor. Mir ging es genauso.

Ja, ich wusste es. Swallow, die uns immer vor den schlimmsten Männern beschützen wollte, die deren Körper in sich aufnahm, damit wir es nicht tun mussten. Sie wollte bleiben, um die Macht der Madam zu übernehmen. Um das Bordell von innen heraus zu zerstören. Sie nahm ihr Schicksal an, während ich die Flucht ergriff.

Aber sie wurde nicht die Madam, erinnert mich Lin Daiyu. Warum nicht?

Sie hat recht. Etwas muss Madam Lee bewogen haben, sich von Swallow abzuwenden. Was hatte sich verändert?

Ein Vogel hält eine Blume in seinem Schnabel, rezitiert Lin Daiyu. *Nie wieder wird der Vogel sprechen.*

*

Meine Freiheit muss Swallow die ihre gekostet haben. Durch meine Flucht in dieser Nacht gab ich auch Swallows Schuld zu – dass sie von meinen Plänen gewusst hatte. Alles, was ich ihr tagsüber in der Wäscherei anvertraut hatte, das kleine Lächeln, die liebevollen Blicke – wie konnte Madam Lee unsere Freundschaft an einem Ort, wo Freundschaft nicht überleben konnte, entgangen sein? Swallow, die nur selten mit anderen sprach. Sie hatte sich mir gewidmet, und ich hatte sie an Madam Lee ausgeliefert. Meine Pläne und ihre Durchführung klafften um Welten auseinander. Ich werde immer das Mädchen sein, das den Grashüpfer in Stücke riss.

Ich erinnere mich jetzt, dass ich Swallows Namen bisher zweimal geschrieben habe, im Glauben, ich hätte ihn richtig geschrieben. Doch das stimmt nicht. Egal wie ich ihn schrieb, ich hatte ihn nicht richtig verstanden. Und noch wichtiger, ich schaffte es nicht, meine Schwäche zu erkennen.

Kann ich je so vollendet sein wie sie? Kann ich je mit mir eins sein? Seit Monaten habe ich kein perfektes Zeichen mehr geschrieben. Vielleicht verdiene ich es nicht.

Auf der Liste der Dinge, die ich verloren habe, füge ich mich selbst hinzu.

22

DU HAST ES VERSPROCHEN, erinnert mich Lin Daiyu erneut. Und versprochen ist versprochen.

Stimmt, versprochen ist versprochen. Aber unterscheidet sich mein Versprechen von dem meiner Eltern, dass sie immer für mich da sein würden? Kann es genauso gebrochen werden? Oder gaben sie sich selbst das Versprechen, dass sie alles in ihrer Macht Stehende tun würden, um denen ohne Macht zu helfen? Beides waren Versprechen. Beide waren wichtig. Meine Eltern waren gute Menschen. Sie haben mich geliebt. Aber sie hatten eine höhere Berufung.

Meister Wang erzählte mir von der äußeren Schönheit, die der inneren entspricht. Von einem Herzen, das die Kunst bereits kennt, einer Hand, die einfach gehorcht. Kalligraphie und ein Leben der Güte, Schönheit, Wahrheit – alles dasselbe, wird mir langsam klar. So lange habe ich in dunklen Momenten mein Leben mit den kleinen Weisheiten erhellt, die Meister Wang mir mitgegeben hat. Aber ich wusste nie richtig, wie ich sie benutzen sollte, und habe nur immer Zeichen auf die Seite geschrieben. Meine Eltern, Swallow, sogar Nelson sehe ich jetzt als Menschen, die den Pinsel festgehalten haben und Wahrheit, Leidenschaft und Integrität durch ihn strömen ließen. Menschen, die ihrem Herz gefolgt sind.

Das ist die Absicht. Das ist die Idee.

Eine Zeit lang fragte ich mich, ob ich meinen Eltern je verzeihen könnte, dass sie mich allein ließen. Dieselbe Frage stellte ich mir zu Swallow. Aber nun ist mir klar, dass ich die einzige Person bin, der ich verzeihen muss.

Und ich hoffe, auch du wirst mir verzeihen, sage ich zu Lin Daiyu. Sie kneift die Augen zusammen, packt mit ihren spitzen Fingern meine Arme.

Tu es nicht, sagt sie. Ich habe sie noch nie so wütend gesehen. Wenn du das tust, gibt es kein Zurück.

Wir können immer noch im nächsten Sommer gehen, sage ich zu Lin Daiyu. Aber im Augenblick brauchen bestimmte Menschen Hilfe. Und ich weiß, dass ich hier helfen kann.

Dies ist nicht mal dein Zuhause, faucht sie und steht auf. Ihre Füße sind nackt, ihre Hände zu Fäusten geballt. Sie kocht vor Wut. Dies ist nicht deine Stadt, nicht dein Land, nicht deine Sprache. Hast du vergessen, wer du bist? Deine Heimat ist China. Deine Familie ist China. Alles, was du kennst, ist China. Du bist gegen deinen Willen hergekommen. Warum solltest du bei diesen Leuten bleiben?

Es sind unsere Leute, sage ich. Chinesen sterben. Chinesen sind gestorben. Wer wäre ich, wenn ich nicht helfen würde?

Früher hat dich das nie interessiert, schreit sie, aber ich habe keine Angst, dass man sie hört. Sie wird nie gehört. Warum jetzt? Warum! Ist es wegen ihm?

Sie meint Nelson. Und nein, es ist nicht wegen Nelson. Tatsächlich hat er so gut wie nichts mit dieser Entscheidung zu tun.

Was soll ich tun?, fragt sie schluchzend, ihr Kopf auf den Knien. Sie wünscht sich so sehr, nach Hause zu gehen. Ich betrachte sie und sehe nur das kleine Mädchen, verwaist, verwirrt, verloren in einer großen Stadt.

Trotz ihrer tragischen Schönheit und bewegenden Vergangenheit war Lin Daiyu als Idol nicht perfekt. Sie hat ihre traurige Kindheit und ihren schrecklichen Tod benutzt, um sich als makelloses, mutterloses, ungeliebtes Mädchen in die Geschichte einzuschreiben. Arme Lin Daiyu, würden die Leute kopfschüttelnd sagen. Eine Tragödie nach der anderen. Ein Kind kann nicht alles ertragen.

Aber im eigentlichen Wortlaut der Geschichte war Lin Daiyu kein Engel. Sie konnte engherzig und grausam sein. Sie konnte jammern, schreien und heulen, und sie konnte unbarmherzig und rücksichtslos sein. Die anderen Figuren in der Geschichte waren von ihrer Tragödie geblendet, und so ging es auch jedem in der realen Welt.

Jetzt verstehe ich das Ganze. Lin Daiyu war keine Heldin; sie konnte auch die Schurkin sein, trotz ihrer Empfindlichkeiten, ihrer ungesunden Neigungen, ihrem unnachgiebigen Verlangen nach dem Jungen, der später eine andere heiratete. Eine Heldin war sie nur, weil sie in der Geschichte zu früh starb. Ich frage mich, wer sie geworden wäre, wenn sie nicht in ihrem Bett Blut gespuckt hätte und in der roten Lache zusammengebrochen wäre. Doch es spielt keine Rolle. Ihre Geschichte endete dort. Meine nicht.

Komm zurück, sage ich versöhnlich zu ihr. Komm wieder zu mir, dann wirst du es verstehen.

Obwohl ich Lin Daiyu bisher noch nie berühren konnte, strecke ich die Hand aus und lege sie auf das Ding, das wie ihre Hand aussieht. Ich spüre kein Fleisch unter meinen Fingern. Schon komisch, wenn ich mir vorstelle, dass ich sie einst gehasst und gefürchtet habe. Jetzt spüre ich etwas anderes. Und sie spürt es auch. Sie hört auf zu weinen und schaut zu mir hoch, ihre Augen geformt wie kleine Mondsicheln.

Ich habe so gut auf dich aufgepasst, sagt sie zu mir. Ihr Husten kehrt zurück und durchströmt sie in zarten Wellen. Du und ich dürfen nie getrennt sein.

Ich weiß, sage ich. Komm wieder zu mir, ab jetzt kümmere ich mich um dich.

So sitzen wir lange da, Lin Daiyu und ich, und mit jedem Atemzug bin ich mir meiner Entscheidung sicherer, habe weniger Angst. Als die Sonne langsam über den Horizont kriecht und Licht durch die Fenster und unter den Türen hindurch in die Ecken meiner Kammer dringt, bewegt Lin Daiyu sich wieder.

Ich öffne meinen Mund für sie. Sie hebt einen Fuß und steckt ihn in meine Kehle.

Ich bin sehr müde, sagt sie kindlich, ihre Stimme heiser vom Husten. Dann verschwindet sie in meiner Kehle, und ich spüre, wie sie sich tief in mir niederlässt. Ich schließe den Mund, in der Hoffnung, dass mein Herzschlag sie in den Schlaf wiegt.

*

Lin Daiyu hatte recht: Früher war es mir egal. Dies war nicht mein Zuhause. Ich wollte immer nur zurück zu meiner Großmutter und meine Eltern wiederfinden.

Selbstsüchtig. So hat Nelson mich genannt.

Was würden meine Eltern jetzt zu mir sagen? *Deine Pläne und ihre Durchführung müssen immer übereinstimmen, Daiyu.* Ich möchte dick, kräftig und aufrecht sein, meine Linien so schwarz wie Tusche, meine Ecken spitz und sauber. Ich will jemand sein, auf den ich stolz sein kann. Nicht vom Schicksal bestimmt werden, sondern sicher, dass mein Leben das Resultat meiner Entscheidungen ist. So ein Mensch will ich sein: die perfekte Linie.

Ich bin Daiyu, will ich der Welt zurufen, und ich bin die Tochter zweier Helden. In den letzten drei Jahren habe ich mir Identitäten übergestreift wie Mäntel – Feng, Peony, Jacob Li –, dabei habe ich nur die Person gesucht, die zuerst in mir war, den Namen, den meine Eltern mir gaben.

Swallow kannte sich. Sie wusste von Anfang an, wer sie war und wie sie andere beschützen konnte. Wieder stelle ich mir ihren Namen vor, wie die anderen Zeichen auf dem Feuer sitzen, und zum dritten Mal überprüfe ich, was ihr Name bedeutet. Feuer, heller brennend als alles andere und stetig wachsend, etwas, was anderen den Weg erhellt, Krankheiten auslöscht und Dunkelheit in Gold verwandelt. So war Swallow.

Ich schreibe zwei Zeichen auf mein Bein. Erst als ich fertig bin, stelle ich fest, dass ich noch nie zuvor beide zusammen geschrieben habe.

Daiyu, 黛玉. Das *dai* heißt schwarz, das *yu* heißt Jade. Das Zeichen für schwarz hatte ich schon geschrieben, gefangen in jenem Raum in Zhifu. Damals hatte ich nicht darüber nachgedacht, dass das Zeichen für schwarz auch ein Teil meines Namens ist. Derselbe Mund und dieselbe Erde sitzen auf demselben Feuer. Dasselbe Feuer findet sich in Swallows

Namen. Dann das *yu*. Ein Kaiser mit einem Querstrich innen. Mein Name besteht aus Feuer, Erde und Kaisern. Ich bin ein kostbares Stück Jade, ein dunkler Schweif, der Größe darstellt. Die Zeichen meines Namens brennen sich in mein Bein. Ob ich meinem Namen gerecht werden kann? Nicht Lin Daiyus Namen, sondern meinem.

Die Antwort ist ganz einfach.

TEIL IV

PIERCE, IDAHO
HERBST 1885

1

ALS NELSON DIE TÜR öffnet, ist er sprachlos vor Überraschung.

Hallo, sage ich.

Es ist früh, die Sonne steht gerade über dem Horizont. Ein Gähnen schwebt über uns und will sich Bahn brechen.

Du bist noch da, sagt er, als wäre es eine Frage.

Darf ich reinkommen?

Nach unserer letzten Unterhaltung sollte er mir die Tür vor der Nase zuschlagen und mich für immer im Flur warten lassen, doch das tut er nicht, weil er Nelson ist und Nelson gut ist. Er öffnet die Tür etwas weiter, und ich schlüpfe hindurch, wobei ich den geringen Abstand zwischen seiner Brust und meiner Schulter bemerke. Auf jeder Fläche liegen Zeitungen, Rechtsbücher so dick wie mein Oberschenkel und ordentlich gestapelte Papiere mit Nelsons Notizen. Er hat seine Mission, Rock Springs zu verklagen, nicht aufgegeben.

Ich dachte, du wärst schon unterwegs, sagt er.

Mit einem dumpfen, traurigen Stich stelle ich mir William im Zug nach San Francisco vor und neben ihm den leeren Platz.

Ich habe beschlossen, zu bleiben.

Weiß William Bescheid?

Heute Morgen habe ich ihm geschrieben. Aber er wird Bescheid wissen, wenn ich nicht in Boise bin.

Im Kamin züngeln Flammen wie Tigerschwänze hin und her. Nelsons Augen sind rot gerändert. Vielleicht hat er seit Tagen nicht geschlafen. Ich will in ihn hineingreifen und anzünden, was erloschen ist, Wärme in seinen Körper atmen. Das Feuer im Zimmer genügt nicht.

Du hattest recht, sage ich heiser.

Womit?

Dass ich selbstsüchtig bin.

Ich hätte das nicht sagen sollen, erwidert er und blickt zur Seite.

Doch, du hattest recht, sage ich. Du hast nur die Wahrheit ausgesprochen. Ich war selbstsüchtig.

Und was ist mit deiner Rückkehr nach China?

Die kann warten. Ich will deinen Kampf unterstützen. Alleine schaffst du das nicht.

Mich überrascht, wie traurig er aussieht. Aber seine Trauer betrifft nicht ihn oder die Minenarbeiter von Rock Springs. Sie gilt mir und dem Wissen, was ich aufgeben musste, um jetzt hier zu sein. Ich kann seinem Blick nicht standhalten, denn die Offenheit in seinen Augen macht meine Entscheidung zu bleiben nur noch endgültiger.

Wir brauchen einen Anwalt, sagt Nelson nach einer Weile. Ich habe alle angeschrieben, die ich hier und in Wyoming finden konnte. Keiner will unseren Fall übernehmen. Er könnte erledigt sein, bevor er überhaupt beginnt.

Was ist mit den Six Companies, sage ich. Wir können ihnen schreiben und sie um Hilfe bitten. Wir schreiben auf Chinesisch, dann hören sie uns zu.

Nelson senkt beschämt den Blick. Ich kann das nicht, sagt er.

Aber ich, sage ich, ohne nachzudenken. Eine weitere jahrelang verborgene Wahrheit, die im Nu gelüftet wird. Aber aufrichtig zu sein macht mir keine Angst mehr. Meine Schrift ist schön, sage ich. Ich habe bei einem Kalligraphie-Meister gelernt.

Nelson lacht.

Was ist?, frage ich trotzig. Glaubst du mir nicht?

Wie sollte ich dir nicht glauben?, sagt er. Schon vergessen, Jacob? Noch bevor ich dich richtig kannte, habe ich schon gesagt, du hast die Hände eines Künstlers.

*

Wir machen uns sofort an die Arbeit. Nelson steht, während ich am Tisch sitze, der inzwischen freigeräumt ist von Büchern und Papieren. In meiner Hand ein Stift. Nicht so schwer wie ein Pinsel und auch ganz anders, als vor einer endlos breiten Schriftrolle zu knien, und dennoch überkommt mich ein Hochgefühl, das nur mit der Selbstheilung des Körpers einhergehen kann.

Die Stadt verspricht, ihre Bewohner zu schützen, das heißt, alle Bewohner, nicht nur einige, sagt Nelson. Er hat in der Zeit, in der wir uns nicht gesehen haben, Zeitungen und staatliche Archive nach Aufzeichnungen über Bergbaustädte in Idaho, Oregon und Wyoming mit größeren chinesischen Gemeinden durchforstet. Dabei stieß er auf Vorfälle von antichinesischer Gewalt, die zwanzig Jahre zurücklagen und von denen einige zu Gerichtsverfahren gegen die Täter führten.

Unterlassungsklage … eine gewaltsame Säuberung … Eigentum zerstört, beschädigt oder verschwunden … brutale Mobgewalt … Präzedenzfall, Präzedenzfall, Präzedenzfall …

Ich schreibe. Wasser. Pferd. Berg. Zahn. Zeichen, lange beiseitegeschoben und in Regale verfrachtet, die unerreichbar waren, fallen mir wieder ein. Holz. Auge. Gras. Vogel. Die Zeichen drängen sich ungeduldig an meiner Stiftspitze, wollen geschrieben werden. Bei einigen Worten weiß ich nicht, wie man sie auf Chinesisch schreibt, und bei den einfachen denke ich an Zeichen, die man kombinieren könnte, und lasse mich dabei, wie Meister Wang es mich gelehrt hat, von meinem Herzen leiten. Bei den komplizierteren hilft Nelson mir, sie auf Englisch zu buchstabieren. Mein Arm bewegt sich schnell, die alten Muskeln reagieren, ohne zu zögern. Ich stelle mir die Göttin Nüwa aus Lin Daiyus Geschichte vor. Jeder Strich ist eine beglückende Vervollkommnung meiner selbst.

Der Verstand mag vieles vergessen, aber der Körper erinnert sich. Und so verbringe ich den Nachmittag bei Nelson und erinnere mich. Vermutlich ist es das Vertrauteste, was ich je mit einem anderen Menschen getan habe.

Deine Schrift ist wirklich schön, sagt Nelson später, als er den fertigen Brief betrachtet. Drei Seiten, vorne und hinten beschrieben. Als er sie ans Fenster hält, scheint das Licht durch, und ich sehe alle schwarzen Zeichen gleichzeitig, wie kleine Knochen im Fleisch des Papiers. Es sieht gut aus.

Ich danke ihm für sein Lob. Abgesehen von Meister Wang, habe ich Kalligraphie nie in der Gegenwart eines anderen geschrieben, ein neues Gefühl. Einen Moment lang rechne ich damit, dass mein alter Lehrer auf die Fehler und Ungereimtheiten der Schrift hinweist. Hier hast du zu fest aufgedrückt, könnte er sagen. Dort warst du nicht ganz bei der Sache. Aber Nelson interessiert das nicht. Stattdessen bewundert er schweigend die für ihn unlesbaren Zeichen.

Du solltest stolz auf dich sein, sagt er schließlich.

Ich versichere ihm, ich bin stolz.

2

EINE WOCHE SPÄTER, AM Tag vor dem Mittherbstfest, schließen Nam und Lum den Laden früher, um zu feiern. Wir ziehen die Jalousien zu, verriegeln die Türen, hängen rote Laternen auf und verbrennen Weihrauch, um die Götter günstig zu stimmen. Nam backt mit Lotusbohnen gefüllte Mondkuchen, die mich an die meiner Großmutter erinnern, bestehend aus Sirup und Laugenwasser, mit weichen, glänzenden Krusten. Meine Eltern und ich versammelten uns um den Küchentisch und warteten darauf, dass sie den Mondkuchen in vier Stücke schnitt, eines für jeden von uns. Nam hält nicht allzu viel von Tradition und Feierlichkeiten, weshalb er sie hinstellt und uns drängt, schnell zu essen. Als ich in meinen beiße, klebt die süße Füllung an meinem Gaumen. Das Aroma ist süß, aber der Geschmack ist der von zu Hause.

Vor den Laden legen wir Orangen, Birnen, Melonen und stellen Wein dazu. Eine Opfergabe an Chang'e, die Göttin des Mondes. Die Geschichte geht so: Chang'e war die Frau des Bogenschützen Houyi. Eines Jahres gingen am Himmel zehn Sonnen auf, und ihre geballte Hitze versengte die Erde. Der überaus geschickte Houyi schoss neun der Sonnen vom

Himmel. Beeindruckt von seiner Leistung, gab ihm die Königin des Himmels das Elixier der Unsterblichkeit, das den, der es trank, in den Himmel beförderte und in einen Gott verwandelte. Da Houyi seine geliebte Chang'e nicht zurücklassen wollte, gab er ihr das Elixier zur Aufbewahrung.

Aber sie waren nicht sicher, natürlich waren sie das nicht. So ist nun mal der Lauf solcher Geschichten. Ein Schüler Houyis namens Pengmeng hörte den Plan mit. Eines Nachmittags, als Houyi auf der Jagd war, brach Pengmeng ein und zwang Chang'e, ihm das Elixier zu geben. Sie weigerte sich, schluckte es selbst und flog zum Mond, dem Ort am Himmel, welcher der Erde am nächsten ist. Schließlich wollte sie ihrem Mann nahe sein. Am Tag des Vollmonds breitete Houyi Chang'es Lieblingsfrüchte und -kuchen aus, in der Hoffnung, dass sie satt und zufrieden wäre und sähe, wie sehr er sie liebte und vermisste, auch wenn sie auf dem Mond war.

Als ich klein war, breiteten auch wir solche Opfergaben aus, damit der Vollmond auf unsere Früchte und Kuchen schien. Ich stellte mir vor, wie Chang'e, die einsame Göttin, auf dem Mond saß und ihr Bauch von all dem ihr dargebotenen Essen fast platzte. Doch tief im Inneren wusste ich auch, dass sie ohne den Menschen, den sie am meisten liebte, nie wirklich satt sein könnte.

Im Laden, dem Heim, das wir uns geschaffen haben, umhüllt uns der Geruch von Essen. Lum hat einen ganzen Fisch in Knoblauch und Frühlingszwiebeln gedünstet. Es gibt Reis, geräucherte Schweinswürste, gedämpftes Hühnchen mit Ingwer und Nams *lao huo tang*, die stundenlang geköchelt hat. Wenn der Mond erscheint, werden wir ihn anbeten und das Böse abwenden, indem wir auf der Straße Feuerwerks-körper anzünden. Nam und Lum sind in guter Stimmung, betrunken und erhitzt vom Pflaumenwein.

Auch Nelson ist da.

Nam entkorkt noch eine Flasche Pflaumenwein und kippt ihn in unsere Becher. Ohne euch zwei, sagt er, das Gesicht so rot, dass es aussieht, als könnte man sich daran verbrennen, weiß ich nicht, wie Lum und ich es geschafft hätten. Wir sind froh, dass ihr hier seid.

Ja, bestätigt Lum und hebt seinen Becher. Vom Wein ist er erregt und anhänglich, nicht mehr der ernste Mann, der mit der Nase im Kassenbuch umherläuft. Auf tausend weitere Jahre! Wohlstand und Glück in Idaho!

Nelson und ich lachen und erheben ebenfalls unsere Be-cher. Für mich sind die drei fast wie eine Familie. Ich ziehe kurz in Erwägung, Lin Daiyu zu wecken und ihr zu zeigen, wie eine Familie aussehen könnte. Sie würde es sicher gern wissen.

Doch bevor ich das tun kann, schiebt Nam seinen Stuhl vom Tisch zurück und erhebt sich. Schaut mal, ruft er aus und zeigt zum Fenster. Der Mond ist aufgegangen.

Getragen von einer Welle aus Pflaumenwein, eilen wir nach draußen und stolpern auf die stille Straße. Es ist fast Mitternacht. Die schwarzen Fenster von Foster's Goods starren uns missbilligend an. Nam zündet den ersten Feuer-werkskörper und stellt ihn ab.

Fünf, vier, zählt Lum.

Laut flüsternd wie Kinder, die hoffen, erwischt zu werden, eilen wir zurück in den Laden. Drei, sagt Lum. Nelson kneift mich in den Arm, und ich schlage scherzhaft auf seine Hand.

Zwei, sagt Lum aus voller Brust. Nam hopst auf und ab, die Hände unterm Kinn gefaltet.

Eins.

Eine Salve, dann ein Krachen. Die Feuerwerkskörper knistern und flackern, zerbersten in ohrenbetäubenden Explosionen. Winzige, platzende Sterne, die nach oben schnellen, um sich Chang'e auf dem Mond anzuschließen. Nam johlt vor Vergnügen, huscht dann nach draußen, um den nächsten Feuerwerkskörper anzuzünden, dann noch einen, bis die ganze Straße, die ganze Welt von ihrem Stakkato erfüllt sein könnte. Ich frage mich, ob wir wohl jemanden aufwecken. Aber eigentlich ist es egal.

Ich sehe Nelson an. Er lächelt wie jemand, der sich unbeobachtet fühlt, ein unbeschwertes, schwereloses Lächeln. Seine Augenlider sind schwer vom Wein. Entspann dich, Jacob, sagt er, als er meinen Blick spürt, und mir wird bewusst, dass ich selbst in diesem Moment äußersten Glücks und obwohl ich weiß, dass Jasper tot ist, noch angespannt bin, weil ich nicht anders kann, seit ich auf einem Wagen nach Zhifu geschickt wurde. Doch davon weiß Nelson nichts. Nelson kennt nur den Mann, den er jetzt sieht. Er rennt auf die Feuerwerkskörper zu, hüpft schreiend und wild um sich schlagend neben ihnen her, als wollte er den Wind fangen und davonfliegen. Lum, dem Theatralik normalerweise fremd ist, geht zu ihm, das Gesicht zum Himmel gerichtet. Nam lässt weiter Feuerwerkskörper fallen und zündet sie an. Ich stehe im Laden, beobachte die drei und lächle wie Nelson.

Los, komm, Jacob!, ruft Lum. Vor dem Licht der Feuerwerkskörper sieht er aus wie in orange Farbe getaucht. Ich gehe hinaus und stelle mich zu ihnen. Nelson nimmt meine

Hand und schüttelt meinen Arm. Ich lasse ihn grinsend gewähren. Bald wird unser Brief seinen Weg zu den Six Companies finden, heute Abend dürfen wir uns also unbesiegbar fühlen. Er legt den Kopf in den Nacken und heult in den Himmel, und ich folge seinem Beispiel, schließe die Augen und lasse meiner Stimme freien Lauf, will mich von allem befreien, von jedem Augenblick, in dem ich ängstlich, klein und am Boden zerstört war, vielleicht sogar von Lin Daiyu befreien. Ich lasse alles los, in der Hoffnung, dass etwas anderes seinen Platz einnimmt.

Als wir an diesem Abend schlafen gehen – Nam holt eine Matte für Nelson heraus, der zu betrunken ist, um nach Hause zu gehen –, sind wir so satt wie seit Monaten nicht mehr. Nam und Lum torkeln in ihr Zimmer, ohne sich vorher die Füße zu waschen. Nelson legt sich neben die getrockneten Dattelpflaumen, während ich ihn vom Flur aus beobachte. Selbst in der Dunkelheit spürt er meinen Blick.

Ich bin froh, dass du nach Pierce gekommen bist, Jacob, sagt er. Und ich bin froh, dass du noch hier bist.

Es gibt so vieles, was ich ihm sagen möchte, aber ich behalte es für mich. Stattdessen warte ich, bis er unter der Decke liegt, bevor ich ins Bett gehe. Die Feuerwerkskörper hören nicht auf zu tanzen, selbst als ich die Augen schließe.

3

ICH HÖRE DAS KLOPFEN zuerst.

Einen Moment lang meine ich, verschlafen zu haben. Wahrscheinlich ist der Laden schon geöffnet. Doch dann höre ich Nam und Lum in ihrem Zimmer hektisch miteinander reden, und ich weiß, dass sie, wie ich, eben aufgewacht sind.

Ich schlüpfe in meine Hose, ziehe mir mühsam mein Hemd über und vergewissere mich, dass meine Brust noch flach gebunden ist. Als ich in den Flur komme, sind Nam und Lum bereits dort.

Das Klopfen geht weiter, inzwischen lauter.

Nam fragt Nelson, was los sei. Nelson erwidert etwas vom Boden aus, seine Stimme schleppend vom Schlaf. Dann wird die Eingangstür entriegelt. Eine tiefere, andere Stimme mischt sich in die laute Auseinandersetzung. Ich kenne die Stimme. Nam und Lum verstummen, fangen dann sofort zu schreien an. Ich horche auf Nelsons Stimme, höre sie aber nicht. Dann trete ich aus dem Flur hinaus ins Morgenlicht.

Nelson, Nam und Lum stehen an der Tür. Die tiefe Stimme gehört Sheriff Bates, den ich seit seinem ersten Besuch nach den Protesten nicht mehr gesehen habe. Er scheint schon seit Stunden wach zu sein.

Ich versuche näher heranzukommen, stolpere und stütze mich an einem Regal ab. Der Lärm erschreckt Sheriff Bates, er bewegt seine Hand rasch zur Seite, zieht ein glänzendes schwarzes Ding heraus, eine Pistole. Ich höre ein Klicken, höre Nelson scharf einatmen.

Auf den Boden!, brüllt der Sheriff. Er richtet die Waffe auf mich.

Nam und Lum sind inzwischen verstummt, ihre Hände erhoben. Nelson legt sich als Erster bäuchlings auf den Boden. Nam und Lum tun es ihm gleich. Ich bleibe stehen. Ich verstehe nicht, was vor sich geht und warum Sheriff Bates eine Pistole auf mich richtet.

Ich sagte *auf den Boden, verdammt!*

Jacob, sagt Nelson.

Mir bleibt keine Zeit, das Ganze zu begreifen. Ich folge dem Beispiel der anderen und lege mich hin. Der Holzboden ist kalt. Betrunken und erschöpft, wie wir gestern Abend waren, haben wir vergessen, den Ofen zu heizen.

Die Tür quietscht, dann ruft Sheriff Bates draußen jemandem etwas zu. Ich wage nicht, den Kopf zu heben, um zu sehen, wem. Die Tür öffnet sich, dann das Geräusch von vielen schweren Stiefeln im Laden. Etwas klickt. Nam und Lum ächzen. Nelson bleibt still. Dann sind die Stiefel an meinem Ohr.

Wenn du dich bewegst, schieße ich, knurrt jemand.

Ich denke an das braune Päckchen, das William mir damals in Boise gab, eine kleine Pistole, die ich ganz hinten im Lagerraum in einem Sack Hirse versteckt habe. Meine

Arme werden nach hinten gerissen, dann schließen sich zwei Bügel um meine Handgelenke und quetschen den Knochen. Jemand hebt mich auf die Füße.

Ihr seid wegen des Mordes an Daniel M. Foster verhaftet, blafft uns Sheriff Bates, den ich nicht sehe, von irgendwoher an. Ihr werdet ins Pierce County Jail gebracht, wo ihr auf euren Prozess wartet.

Mir wird eiskalt. Dieser finstere Mann, der so unheilverheißend vor unserem Laden stand, ist tot? *Ein Geist*, hat Lum ihn genannt.

Nam reagiert als Erster, er spricht meine Gedanken aus. Ermordet?, ruft er. Foster?

Was?, fragt Lum dem Boden zugewandt. Wann? Warum?

Nelson ergreift als Letzter das Wort und stößt panisch aus: Weiß seine Familie Bescheid?

Werd bloß nicht pampig, Junge, sagt Sheriff Bates. Und jetzt kommt schön brav mit uns und macht kein Theater.

Wir gehen nacheinander zu einem Wagen, der vor dem Laden wartet. Auf der Straße vor Foster's Goods drängt sich bereits eine Menge. Einige Frauen weinen; andere halten sich die Hand vor den Mund. Die Gesichter der Männer sind grimmig.

Nelson, flüstere ich, als wir in den Wagen steigen. Was geht hier vor? Wovon reden die?

Nelson antwortet nicht. Ich bin nicht sicher, ob er mich hört.

Wir sind nicht allein im Wagen – im Inneren sitzt noch jemand. Er sieht aus wie wir. Der junge Mann beachtet uns nicht, als wir einsteigen. Eines seiner Augen ist lila verfärbt.

Der Wagen fährt an. Wir stoßen aneinander. Meine Hände sind hinter mir verschränkt, meine Arme taub. Mit dem Zeigefinger versuche ich etwas zu schreiben, irgendetwas, aber die Zeichen wollen nicht kommen.

4

DER GESTANK NACH FÄULNIS folgt uns durch das Gefängnis. Der Gang zu unserer Zelle ist nicht lang – das Pierce County Jail ist ein schlichter grauer, einstöckiger Block mit zehn Zellen ohne Fenster. Heim für kleine Diebe und Einbrecher und nun auch für uns. Die Luft im Gebäude ist kalt und abgestanden. Wir könnten hier im dunkelsten Winkel der Erde in einer Höhle begraben sein. Dieser Ort ist den Vergessenen vorbehalten.

Ein Wärter geht voraus, ein anderer hinter uns. Wir gehen in einer Reihe: erst Nam, dann Lum, Nelson, ich und der fünfte Mann, der noch immer nicht gesprochen hat. Nelson geht mit erhobenem Kopf vor mir her. Sein Anblick gibt mir das Gefühl, in der Erde verwurzelt zu sein. Stolpere nicht, Junge, mahnt der Wärter hinter uns, seine Worte kleben uns an den Fersen. Ich will mit Nelson reden, den Wärtern Fragen stellen und Antworten verlangen, doch das dumpfe Echo unserer Schritte sagt mir, dass jetzt nicht die Zeit ist, um frei zu sprechen. Auch Nam und Lum sind still. Wir wissen alle, ohne dass man es uns sagt, dass Schweigen unsere beste Verteidigung ist.

Habt ihr endlich diese Kuli-Schweine, grölt eine Stimme

aus einer Zelle. Ein anderer spuckt uns vor die Füße, als wir vorbeigehen. Aus einer Zelle dringt elendes Heulen. Ich wage nicht nachzusehen, wer das Geräusch von sich gibt. Die Wärter sind gleichgültig. Ich frage mich, ob sie an solche Geräusche gewöhnt sind. Ob sie die Insassen nicht als Menschen, sondern nur noch als Fleisch in einem Raum sehen.

Unsere Zelle befindet sich am Ende des Gangs im ersten Stock. Sie ist klein; wenn wir uns nebeneinanderlegten, würden wir kaum hineinpassen. Wieder ein Raum, aus dem es kein Entkommen gibt. Wieder ein Käfig.

Beim Eintreten schlägt uns der überwältigende Geruch von Pisse aus einem Eimer in der Ecke entgegen. Der vordere Wärter, der jetzt die Tür schließt, grinst schadenfroh. Jetzt kriegt ihr Schlitzaugen endlich, was ihr verdient, sagt er, steckt den Schlüssel in das Vorhängeschloss und dreht ihn um. Ein niederschmetterndes Klicken hallt durch das Gebäude. Dann entfernt er sich mit dem zweiten Wärter.

Das muss ein Irrtum sein, sage ich zu Nelson. Wie können sie glauben, dass wir Foster umgebracht haben?

Ich glaube nicht, dass er wirklich tot ist, blafft Lum. Ich will den Leichnam sehen. Wo ist der Beweis?

Er kann nicht tot sein, sagt Nam ängstlich. Wer will so einen Mann töten?

Was glaubst du?, sagt Nelson, und es dauert einen Moment, bis mir klar wird, dass er nicht mit uns, sondern dem fünften Mann spricht.

Das Licht ist schlecht, aber wir drehen uns zu ihm. Sein Haar ist struppig, die Lippen aufgesprungen und weiß. Sein Gesicht ist voller blauer Flecken. Waren die Männer, die uns festnahmen, zu so etwas fähig?

Nam tritt als Erster auf den Mann zu. Ja, sagt er aufmunternd und freundlich. Wer bist du?

Der Mann ist diese Art von Aufmerksamkeit nicht gewöhnt. Vielleicht will er sie nicht. Mit großen Augen tritt er zurück und schüttelt den Kopf.

Du kannst mit uns reden, sagt Nelson leise. Wer bist du? Warum haben sie dich hierhergebracht?

Wieder gestikuliert der Mann und zeigt auf seinen Mund. Ich beobachte seine ständig kreisenden Finger, bis ich begreife, warum er nicht spricht.

Er ist stumm, sage ich und wende mich an den Mann. Selbst wenn du wolltest, könntest du nicht sprechen, stimmt's?

Der Mann sieht uns traurig an. Dann öffnet er den Mund. Statt einer Zunge ist da ein zuckender Wurm aus fleckigem Fleisch. Kopflos. Nam tritt einen Schritt zurück und packt Lums Arm. Ich drehe mich zur Seite, um nicht zu würgen.

Nur Nelson scheint der Anblick nichts auszumachen. Er legt dem Mann eine Hand auf die Schulter.

Haben diese Männer dir das angetan?

Der Mann schüttelt den Kopf und ringt die Hände. Er zeigt auf seinen Mund, dann schüttelt er wieder den Kopf. Dann zeigt er auf sein anschwellendes Auge und anschließend auf die Stelle, wo die Wachen standen.

Offenbar war es jemand anderes, sage ich und schlucke meine Galle. Aber die Blutergüsse. Die sind frisch.

Der Mann nickt, hebt einen Finger und fängt an, etwas in die Luft zu schreiben.

Er versucht zu schreiben, sagt Nam.

Ich kann es nicht lesen, sagt Lum.

Ich gehe zu dem Mann und nehme seine Hand. Er sieht

mich an, als hätte ich ihn durchbohrt. Hier, sage ich und strecke meine offene Hand aus. Schreib darauf.

Er zögert, bevor er einen Finger mit einem scharfen, spitzen Nagel ausstreckt. Dann schreibt er ein Zeichen, das ich ziemlich schnell verstehe.

Das ist Zhou, sage ich und bemühe mich, kein Mitleid für den Mann und das Zeichen für seinen Namen 周 zu empfinden, das einen breiten Mund einschließt.

Es ist ein kleiner, aber wichtiger Sieg. Wir nehmen abwechselnd seine Hände, und als Nam sich wieder gefasst hat, schaut er sogar in Zhous Mund und zählt Kräuter auf, die wir im Laden führen, als gäbe es etwas, was eine abgetrennte Zunge nachwachsen lassen kann. Doch die Freude über das Kennenlernen währt nur kurz. Es dauert nicht lang, bis jeder sich einen Platz in der Zelle sucht, um zu stehen, zu sitzen oder mit an die Brust gezogenen Knien zu hocken und zu weinen.

5

NACHDEM ICH VOM SCHICKSAL meiner Eltern erfahren hatte, musste ich mir ständig ihre letzten Tage vorstellen. Ich sah ihr dunkles Gefängnis vor meinem geistigen Auge, versuchte ihre Angst nachzuempfinden. Wenn ich mich an ihren Ort versetzen könnte, dachte ich, wäre es fast eine Wiedervereinigung. Dann könnte ich zumindest am Ende ihres Lebens bei ihnen sein.

Jetzt benötige ich nicht viel Phantasie. Ihre Dunkelheit ist meine Dunkelheit, ihre Angst sitzt fest in meiner Brust und ist jetzt auch meine Angst. Die ganze Zeit hatte ich mich nach dieser Wiedervereinigung gesehnt, aber sie ist nicht süß. Was ist los mit dir, Daiyu?, frage ich mich. Du warst schon oft in einer schlimmen Lage. Aber so groß wie jetzt war deine Angst noch nie.

Das hier ist anders, gebe ich zurück. Du hast zu viel durchgestanden, um jetzt aufzugeben. Es ist wichtiger denn je, dass du überlebst.

Ich habe keine Angst vor dem Tod. Ich habe Angst, nicht länger zu leben.

Meine Stimme treibt ziellos durch die Dunkelheit. Wir brauchen einen Plan, sagt sie.

Die Anhörung, erfahren wir von den Wärtern, wird am nächsten Tag stattfinden. Ich frage Nelson, was eine Anhörung ist. Dürfen wir uns selbst vertreten und verteidigen? Werden unsere Stammkunden unseren guten Ruf bezeugen? Eine Anhörung bedeutet, dass jemand zuhört – wer? Und wer entscheidet über unser Schicksal?

Es ist ratsam, sich vorzubereiten, sagt Nelson. Aber wir sollten uns keine allzu großen Hoffnungen machen. Weißt du noch, was William gesagt hat? In Kalifornien durften Chinesen nicht mal bei ihren eigenen Verhandlungen als Zeugen auftreten.

Aber eine Anhörung ist keine Gerichtsverhandlung, dränge ich weiter. Und ich erinnere ihn daran, dass wir in jedem Fall üben und uns vorbereiten müssen. Wenn uns nichts in dieser Welt bleibt, dann zumindest das.

Gemeinsam gehen wir den gestrigen Tag noch einmal durch. Nam und Lum hatten den Laden wegen des Mittherbstfests früher geschlossen. Haben wir irgendetwas Ungewöhnliches bei Foster's Goods beobachtet? Der Laden und sein rätselhafter, inzwischen toter Besitzer hatte seine übliche Kundschaft gehabt. Keiner wirkte verdächtig.

Wir waren den ganzen Tag in unserem Laden, sagt Lum. Wie hätten wir ihn umbringen können? Für so etwas muss es doch Zeugen geben.

Nur ich nicht, sagt Nelson. Ich bin erst am Abend nach dem Unterricht zu euch gestoßen.

Aber du bist ein guter Mensch, sagt Nam. Niemand würde es wagen, dich zu beschuldigen!

Unsere Blicke richten sich auf Zhou, den Mann ohne Zunge. Alle vier stellen wir uns dieselbe Frage.

Ich halte ihm meine offene Hand hin. Hier, sage ich. Schreib auf, wo du warst.

Sein Finger ist hart, die Haut trocken und schwielig. Ich schließe die Augen, damit die Bewegungen seines Fingers von den Nerven in meiner Handfläche durch meinen Körper auf einem unsichtbaren schwebenden Wandteppich Gestalt annehmen. Seine Striche sind langsam. Er will sichergehen, dass ich sie nicht falsch verstehe.

Er ist gestern Abend aus Elk City in Pierce angekommen, erkläre ich dem Rest der Gruppe. Er war auf einen Drink im Saloon, dann ging er zu seiner Unterkunft bei den Hütten am Fluss. Der Vermieter kann sich für ihn verbürgen.

Na dann, sagt Nam. Wir sind alle unschuldig.

Doch Lum ist nicht zufrieden. Die werden das verdrehen, sagt er. Jeder weiß, dass Pierce Big Store in direkter Konkurrenz zu Foster's steht. Das gibt uns ein Motiv.

Unser Geschäft lief aber besser als seines, wendet Nam ein. Er stand tagelang vor unserem Laden. Er hätte ein Motiv gehabt, uns umzubringen.

Es stimmt – lange vor den Protesten ging die erste Drohung von Foster aus, der vor unserem Laden schweigend Posten bezog. Ich erinnere mich an sein unheilvolles Gesicht und stelle es mir dann im Tod verwesend vor. Der Gedanke lässt mich schaudern.

Wer würde so etwas tun?, frage ich. Und warum beschuldigen sie uns alle?

Das liegt auf der Hand, erwidert Lum. Wir sollen aus Pierce verschwinden. Das hier ist die beste Möglichkeit. Unser Geschäft läuft zu gut. Wenn sie uns den Mord anhängen, sind sie uns für immer los.

Nam sieht aus, als würde er gleich in Tränen ausbrechen. Der Gedanke, seinen Laden und das Leben, das wir uns aufgebaut haben, zurückzulassen, schmerzt ihn zu sehr. Aber das gilt nicht für dich, Nelson, sagt er. Warum werfen sie dich mit uns in einen Topf?

Ich frage mich …, sagt Nelson, beendet den Satz aber nicht.

Nam und Lum stecken die Köpfe zusammen und wechseln in ihre Sprache. Zhou lehnt sich laut seufzend an die Wand und schließt die Augen. Die Unterhaltung hat ihn erschöpft. Auch ich bin erschöpft, aber ich sehe Nelson an, um Trost zu finden. Er will etwas sagen, eine Wahrheit, die ihm nicht über die Lippen geht. Ich will ihn fragen, aber die Zelle ist zu klein. Und so lehne ich mich wie Zhou an die Wand und schließe die Augen. Ich spüre Lin Daiyu in mir atmen, ihr Schnarchen kräuselt durch mein Blut, doch selbst diese neue Gefahr weckt sie nicht. Unsere letzte Begegnung muss sie geschwächt haben. Irgendwann, denke ich, hört der Körper auf zu kämpfen und akzeptiert einfach, was passiert. Dann schäme ich mich für den Gedanken. Natürlich muss man kämpfen. Ich sehe Nelson wieder an. Er starrt mit ausdrucksloser Mine und leerem Blick auf den Boden. Ihn so zu sehen macht mir Angst.

*

Stunden später öffnet sich unsere Zellentür, und ein fremder Mann fällt herein. Ein säuerlicher Geruch erfüllt den Raum. Die Tür knallt zu.

Der Mann kriecht zu einer Wand, lässt sich dagegen sinken und schläft augenblicklich ein. Sein schwarzes Haar ist zu zwei Zöpfen geflochten, die auf seiner bloßen Brust liegen. Er trägt eng anliegende Beinlinge aus Wildleder und einen Schurz vor dem Schritt. Ein großer Teil seines Gesichts ist braun bemalt. Nelson erzählte mir, dass die allerersten chinesischen Minenarbeiter in Idaho gestorben wären, hätten ihnen nicht die Indianer Feldfrüchte verkauft und sie zu reicheren Goldquellen im südlichen Teil des Landes geführt. Ich habe unwillkürlich Mitleid mit dem Mann.

Er muss viel getrunken haben, sagt Nam und stupst ihn mit dem Finger an.

Sollen wir ihn wecken?, frage ich.

Lass ihn schlafen, erwidert Lum. Schlafen ist besser, als hier drin zu sein.

Für den Rest des Tages reden wir nicht mehr viel, die gelegentlichen Gesprächsversuche versanden schnell wieder. Am Abend holen sie den Betrunkenen und bringen uns stattdessen etwas hartes Brot. Er wacht auf und stolpert hinaus, aus seinem Mund tropft Speichel. Wir sehen ihm neidisch hinterher.

Was ist hier zu tun?, würde ich Meister Wang gern fragen. Ich gehe die Lektionen durch, die er mich lehrte, die Zeichen, die passen könnten. Es gibt keine Regel dafür, wie man mit Ungerechtigkeit umgeht, mit echter Gefahr. Es gibt keine Regel für die Ungewissheit des Daseins. Alles, was er mir beibrachte, hatte mit Kunst zu tun, und ich wendete es auf mein ganzes Leben an. Aber es gab keine Lektion für meine jetzige Lage.

Wozu war das alles gut, frage ich ihn, wenn es mich nur hierhergeführt hat? Wozu all die Zeichen, wenn ich nichts mit ihnen anfangen kann?

6

AM MORGEN SCHIEBEN UNS die Wärter in einen Wagen, der unten wartet. Wir verlassen das Gefängnis, wie wir es betreten haben – gefesselt, hintereinander, ernst. Die Sonne ist an diesem Morgen nicht einladend, sondern aufdringlich. Ich schließe die Augen und warte darauf, dass das klirrende Glas in meinem Kopf verschwindet. Unsere Körper stoßen im Wagen aneinander. Es ist lange her, seit einer von uns eine warme Mahlzeit hatte. Unsere Wangen sind eingefallen und hohl.

Vor dem Gerichtsgebäude hat sich bereits eine Menge versammelt. Eines der Gesichter erkenne ich sofort: den Weißen, der den Mob vor dem Laden anführte, den mit den gebleckten Zähnen. Er schreit etwas, aber er ist nicht allein – sie schreien alle. Nelson stößt mich sanft und bedeutungsvoll an, worauf ich mich zu ihm umdrehe. Sein Blick bedeutet mir, nur ihn anzusehen, nicht die Menge.

Aber die Leute sind wütend, wütender denn je. Die Wachen müssen sie anschreien, damit sie zurückweichen, und selbst dann schäumen sie noch vor Wut, eine rasende Bestie, die kurz davor ist, uns zu verschlingen. Ich will mich aus dem Griff meines Wärters befreien und weglaufen, durch die

Menge, in die Berge, den ganzen Weg bis nach San Francisco und auf ein Schiff, das mich wieder über den Ozean zu meiner Großmutter bringt.

Die Wärter bilden einen losen Kreis um uns, und dann werden wir, ob von ihnen oder vom Wind, in Richtung des Gerichtsgebäudes vorangetragen. Mein Wärter zieht mich hoch, bis meine Füße nicht mehr den Boden berühren. Ich bin so leicht, es ist ein Kinderspiel für ihn. Weiter, weiter, bis ich die offene Tür sehe, durch die sie Nam, Lum, Nelson und Zhou scheuchen. Ich drehe mich um. Die Augen des Mannes mit den gebleckten Zähnen sind auf mich gerichtet – sie verheißen, dass er mich finden wird, wo immer ich hingehe. Ich folge meinen Freunden durch die Tür in das Gebäude. Dann fällt die Tür ins Schloss. Sie ist das Einzige, was uns von ihnen trennt, und es scheint mir nicht genug zu sein.

Wir haben keine Zeit, uns zu erholen, denn schon öffnet sich eine weitere Tür, die Tür zum Anhörungsraum. Eine unsichtbare Kraft saugt uns nacheinander hinein. Ich spüre, wie mein Wärter mich wieder hochhebt und vorwärts trägt. Ich atme, bis sich die leere Panik in meiner Brust füllt, dann lasse ich auch mich von ihr aufsaugen.

7

ICH HABE RICHTER HASKIN nie gesehen, nur Geschichten über ihn gehört. Er ist ein Mann, dessen Ehre und Rechtschaffenheit ihm in mehreren Bezirken einen gewissen Ruf verschafft hat. Er sperrte einen Säufer weg, der seine eigene Tochter durch Vernachlässigung umbrachte, stellte Einbrecher bloß, die sich unglücklichen Ehefrauen aufdrängten, klagte einen Durchreisenden an, der eine Nacht in einem Gasthaus verbrachte und ohne zu zahlen verschwinden wollte. Unter den Einheimischen gilt er als anständig und gerecht. Als er jedoch in den Anhörungsraum tritt und zu seinem Platz schreitet, einem großen thronähnlichen Stuhl mit hoher Holzlehne, kann ich nur an einen Kaiser denken, ebenso blass und fanatisch wie die aufgebrachte Menge draußen.

Der Anhörungsraum ist bereits voll mit Bewohnern von Pierce, die auf den knarrenden Bänken sitzen. Als wir eintreten, drehen sie sich zu uns um. In ihren Gesichtern erkenne ich den festen Glauben an unsere Schuld. Keine Beweise nötig. Einige unter ihnen sind Stammkunden in unserem Laden, aber sie weichen meinem Blick aus. Andere habe ich an unserem Fenster vorbeigehen sehen. Einige waren bei dem Mob. Und alle sind bereit, uns verschwinden zu sehen.

Kuli-Schweine, faucht jemand, als wir vorbeigehen. Heiden, ruft ein anderer. Dreckhälse! Sie nennen uns Ungläubige und Teufelsgeburten. Sie nennen uns Kreaturen.

Ordnung!, ruft Richter Haskin. Ich verlange Ordnung!

Die Menge beruhigt sich. Wir werden zu fünf Stühlen gegenüber dem Richter geführt. Die Stühle sehen klapprig aus, als könnte ein falscher Gedanke das Holz zersplittern.

Sie fünf sind hier, ruft Richter Haskin, als wir Platz genommen haben, wegen des mutmaßlichen Mordes an Daniel M. Foster, dem Besitzer von Foster's Goods. Bitte nennen Sie dem Gericht Ihre Namen.

Einer nach dem anderen sagen wir unsere Namen: Lee Kee Nam. Leslie Lum. Nelson Wong. Jacob Li. Die vertrauten Silben klingen unerwünscht in diesem kalten Raum voller Fremder.

Und das ist Zhou, sage ich. Er kann nicht sprechen.

Jemand im Publikum lacht spöttisch. Der Richter bittet um Ruhe.

Diese Anhörung soll nicht über Ihr Schicksal entscheiden. Sie soll darüber befinden, ob es genug Beweise gibt, um Ihren Prozess voranzutreiben. Wenn ja, werden Sie in den benachbarten Bezirk Murray gebracht, wo Ihr Prozess Sie erwartet.

Ein Hoffnungsschimmer. Wenn es einen Prozess gibt, besteht auch die Möglichkeit, dass die Klage gegen uns abgewiesen wird. Bitte, rast es in meinem Kopf, lass sie keine Beweise finden. Wie sollten sie, wenn es keine Beweise gibt?

Ich möchte die erste Zeugin in den Zeugenstand rufen, blafft der Richter. Miss Harmony Brown.

Eine Tür öffnet sich hinter dem Richter, und eine mir unbekannte Frau tritt in den Raum. Sie geht zu einem kleinen

Podest neben dem Richter. Mit zitternden Händen presst sie ihren Hut an die Brust.

Miss Brown, sagt der Richter, Sie haben die Leiche des armen Mister Foster gefunden?

Ja, antwortet die Frau. Sie klingt schon jetzt, als müsste sie gleich weinen.

Können Sie beschreiben, was Sie vorgefunden haben? Lassen Sie sich Zeit – ich weiß, der Anblick war erschütternd.

Die Augen der Frau werden groß – sie sieht aus, als würde sie alles lieber tun, nur das nicht. Sie starrt hilfesuchend in die Menge. Hinter mir hustet jemand ermutigend.

Ich ging zu Foster's Goods, um ein paar Sachen zu besorgen, setzt sie an. Aber als ich hinkam, sah ich, dass die Ladentür aufgebrochen war.

Der Richter lenkt sie weiter. Was passierte dann?

Miss Harmony Brown stößt ein klägliches Schluchzen aus, bevor sie fortfährt. Als ich hineinging, fiel mir ein widerlicher Geruch auf. Ein Geruch, bei dem sich mir der Magen umdrehte.

Können Sie den Geruch beschreiben?

Sie schaudert. Wie Fleisch, das man zu lange in der Hitze hat liegen lassen. Viel zu lange.

Und dann?, fragt der Richter.

Ich war entsetzt, fährt Harmony Brown fort. Am liebsten wäre ich auf der Stelle weggelaufen. Aber bevor ich konnte, sah ich eine Hand, ohne Arm. Die ersten Maden machten sich an den Fingern zu schaffen. Ich ging ein Stück weiter, und da sah ich …

An dieser Stelle zögert sie und hebt eine Hand, um ihr Schluchzen zu verbergen.

Sahen Sie was?, ermutigt sie der Richter.

Da lag er, sagt sie, und bei der Erinnerung zittert ihr Körper. Mister Foster, auf dem Boden, in Stücke gehackt.

War noch jemand im Laden, Miss Brown? War irgendetwas anders als sonst?

Nein, erwidert sie, nur dass Mister Foster auf dem Boden lag. Ich warf einen Blick auf ihn und rannte aus dem Laden, direkt zu Sheriff Bates.

Nach der Zeugenaussage bricht sie zusammen. Ein Wachmann fängt sie auf, bevor sie fällt. Das Publikum schreit mitfühlend auf. Richter Haskin klatscht in die Hände.

Miss Brown, sagt er, Sie waren sehr tapfer. Wir danken Ihnen für Ihre heutige Aussage.

Der Wachmann hilft ihr aus dem Raum.

Ich sehe Nelson an, der zu meiner Rechten sitzt. Miss Harmony hat nicht gesehen, was passiert ist. Wenn das der Beweis war, gibt es Grund zur Hoffnung. Aber Nelson erwidert meinen Blick nicht. Mit angespannter Miene starrt er geradeaus.

Richter Haskins Stimme wendet sich wieder dem Raum zu, das Flüstern verstummt. Ich möchte den nächsten Zeugen in den Zeugenstand rufen, sagt er. Mister Lon Sears.

Die Tür hinter dem Richter öffnet sich. Ich erkenne diesen Lon Sears, den betrunkenen Gefangenen, der mitten in der Nacht in unsere Zelle geworfen wurde. Nur dass er jetzt hellwach wirkt, als hätte er in seinem Leben nie einen Tropfen Alkohol angerührt. Sein langes schwarzes Haar ist ordentlich zurückgebunden, die Farbe auf seinem Gesicht verschwunden. Im Tageslicht schimmert seine Haut angenehm rosig. Ich spüre, wie sich Nelson neben mir aufrichtet.

Können Sie dem Gericht Ihren Namen nennen, Sir?, fragt der Richter.

Sears, erwidert der Mann. Lon Sears.

Aus dem Augenwinkel sehe ich, dass Nam und Lum sich im Saal umsehen wie nervöse Vögel. Ich wünschte, sie würden stillsitzen – das Licht fällt auf ihr Haar und lässt ihr Unbehagen erkennen. Ob einige im Saal sie vielleicht beobachten und es als Zeichen für ihre Schuld sehen?

Können Sie uns alles erzählen, was Sie wissen, Mister Sears?

Der Mann blickt zu uns herüber und grinst, als sollten wir über den Scherz Bescheid wissen. Ich begreife noch nichts.

Vor Kurzem, setzt er an, bekam ich ein Telegramm von Sheriff Bates. Er fragte, ob ich nach Pierce kommen könnte, um an einem kleinen Projekt teilzunehmen. Er hätte fünf verdächtige Mörder, und mich bräuchte er, um ein bisschen zu übersetzen. Sie müssen wissen, Richter, in den Bergarbeiterlagern von Warren hab ich Chinesisch gelernt. Musste man, bei den vielen quasselnden Kulis. Sheriff Bates sagte, ich solle mich als betrunkene Rothaut verkleiden. Der Plan war, dass ich einfach dasitze und zuhöre, wie sie gestehen.

Ich gehe rasch die Abfolge der Ereignisse durch. Dieser Lon Sears war ein paar Stunden bei uns. Worüber hatten wir gesprochen? Ich habe Mühe, mich zu erinnern, weil meine Zeit in der Zelle verschwommen und schwer greifbar ist. Keiner von uns hätte etwas gesagt, weil keiner von uns etwas Verfängliches zu sagen hatte. Ich starre Lon Sears an, den ich jetzt hasse, und hoffe inständig, dass er nichts erfindet.

Das haben Sie getan, sagt Richter Haskin, als lobte er den Mann. Und was haben Sie erfahren?

Ich konnte es nicht so gut hören, erwidert Sears, aber sie haben darüber geredet, dass sie Feuerwerkskörper gezündet haben.

Feuerwerkskörper?

Ja, sagt Sears. Und das gab mir zu denken. Was, wenn die Chinesen Feuerwerkskörper gezündet haben, um den Mord zu übertönen? Was, wenn das bloß eine Ablenkung war, damit keiner hören konnte, was da abläuft?

Interessant, sagt der Richter.

Ich balle meine Hände zu Fäusten. So war das nicht, würde ich am liebsten rufen. Wir waren alle da, wir haben alle bis in die frühen Morgenstunden um die Feuerwerkskörper getanzt! Du lügst!

Doch ich muss den Mund halten, und nichts, was ich sagen würde, könnte etwas ändern. Das wird mir langsam klar.

Was haben Sie noch gehört, Mister Sears?, fragt der Richter.

Eines noch, antwortet Sears. Ich weiß nur, dass sie vorhaben, sich irgendeinen Gegenbeweis auszudenken. Irgendwann haben sie davon geredet. Lassen Sie sich von dem hinterlistigen Pack nichts vormachen. Sie haben es getan und werden es wieder tun, egal ob es Sie trifft oder einen Bekannten von Ihnen. Ich habe in den Minen gearbeitet und gesehen, wie sie tüchtige Männer, die eigentlich dorthin gehörten, ersetzt haben.

Mit weit ausgebreiteten Armen wendet er sich der Menge zu. Als sie anfangs hierherkamen, ließen wir sie gewähren, weil sie ja nicht lange bleiben sollten. Sie haben Geschäfte eröffnet und gute, tüchtige Männer und Frauen verdrängt. Und jetzt seht euch an, was passiert ist. Einer von uns wurde ermordet. Von wem? Was glaubt ihr wohl? Die Schlitzaugen haben das gemacht. Schuldig, schuldig, die ganze Bande!

Sears' leidenschaftliche Rede hat das Publikum erzürnt. Eine Anhörung braucht gar keine Zeugen, stelle ich fest. Sie muss nur an die Angst in den Herzen der Menschen appellieren.

Ruhe!, brüllt der Richter. Ich will Ordnung in meinem Haus!

Der Raum ist heiß vor aufgestauter Wut. Ich habe das Gefühl, ich halte es nicht mehr lange aus, und wünschte, alles wäre vorbei.

Nachdem Sears weg ist, erklärt der Richter, es gebe noch einen Zeugen. Aber dies ist ein besonderer Fall, sagt er. Es ist sehr mutig von der Zeugin, sich zu melden, denn ihre Aussage stellt eine große Gefahr für ihren Ruf und ihr Wohlergehen dar.

Er ruft den Namen der Zeugin. Die Tür hinter ihm öffnet sich, und diesmal sind nicht nur wir fünf überrascht. Der ganze Gerichtssaal verstummt und sieht zu, wie die letzte Zeugin in den Zeugenstand tritt.

Richter Haskin schlägt einen sanfteren Ton an als zuvor. Können Sie, sagt er, dem Gericht Ihren Namen nennen?

Caroline, antwortet die Zeugin. Caroline Foster.

Das Mädchen von der Lichtung. Ich bemühe mich nach Kräften, das Ganze zusammenzustückeln. Das Mädchen, mit dem ich Nelson auf der Lichtung gesehen habe, ist mit Foster verwandt? Im selben Moment hätte ich Nelson fast gepackt, wie um zu sagen: Schau, sie ist es! Aber er weiß es selbst. Er hat es immer gewusst. Er erstarrt neben mir, der beruhigende Rhythmus seines Atems ist plötzlich verschwunden.

Können Sie uns sagen, was Sie wissen, Miss Foster?, fragt Richter Haskin in demselben sanften Tonfall.

Caroline schließt die Augen und nickt. Heute ist ihr gelbes Haar zurückgesteckt, ihr Gesicht schlicht und ungeschminkt. Es ist unschwer zu erkennen, dass sie geweint hat.

Ich hatte eine Beziehung mit einem der beschuldigten Männer, sagt sie. Ihre Stimme klingt tiefer, als ich erwartet hatte. Er sitzt dort drüben.

Sie öffnet die Augen und zeigt auf Nelson. Im selben Moment dreht das Publikum durch. SCHWEIN!, SCHWEIN!, SCHWEIN!, skandieren sie. Widerliche Bestie!, schreit eine Frau. Ich will aufstehen und Nelson vor den Beschimpfungen beschützen, aber ich sitze da wie angewurzelt. Nam und Lum sehen Nelson schockiert an. Selbst Zhou scheint diese neue Information zu entsetzen.

Diesmal ruft Richter Haskin nicht augenblicklich zur Ordnung. Er lässt das Publikum seine Arbeit tun, während er Nelson mit einer fiesen Miene zum Wegsehen zwingt. Als sich das Geschrei schließlich legt, neigt er sich vor und wendet sich wieder an Caroline.

Würde es Ihnen etwas ausmachen, uns zu erzählen, wie diese … Beziehung … zustande kam?

Ihre Geschichte unterscheidet sich gar nicht so sehr von der, die Nelson mir erzählt hat. Am Anfang des Sommers nahm ihr kleiner Bruder Geigenunterricht bei Nelson. Sie selbst war immer an Musik interessiert, hatte aber kein Talent, und wollte Nelson beobachten und von ihm lernen.

Den Rest ergänzt Richter Haskin. Er hat Sie verführt? Und eine unschuldige Beziehung hat sich in etwas Schlimmeres verwandelt?

Unter Tränen schüttelt Caroline den Kopf. So war es nicht, sagt sie. Ich habe mich sehr wohl in ihn verliebt, Sir. Aber ich war jung. Ich war naiv. Ich war einfach in die Musik verliebt. Das ist mir jetzt klar.

Das sehe ich, sagt Richter Haskin mitfühlend. Miss Foster, können Sie uns sagen, was Sie über Nelson Wongs Vergeltungspläne wissen?

Ich sehe zu Nelson, der Caroline konzentriert anstarrt. Alle Zeugen haben uns bisher als mächtig und hinterhältig dargestellt. Wenn sie nur wissen und begreifen könnten, dass alles, was wir tun, nur dem Wunsch zu überleben entspringt.

Vater mochte die Chinesen nie, sagt Caroline, den Blick direkt auf Nam und Lum gerichtet. Er glaubte, dass sie ihm nachspionierten und ihm seine Kunden klauten.

Und wusste Mister Wong davon?

Ich habe es ein- oder zweimal erwähnt, antwortet Caroline. Ich wusste, dass er mit den Ladenbesitzern gut befreundet ist, aber ich habe mir nichts dabei gedacht.

Hat Mister Wong mit Ihnen über Ihren Vater gesprochen?

Ganz selten, erwidert Caroline. Ich wollte unsere Beziehung geheim halten, aber er wollte mit mir zusammen zu Vater gehen und sie offenlegen. Das machte mir Angst. Die Vorstellung war mir unerträglich, deshalb sagte ich ihm, wir könnten uns nicht mehr sehen.

Gutes Mädchen, sagt Richter Haskin. Die Menge murmelt zustimmend.

Danach kam er ein paarmal vorbei, als Vater nicht zu Hause war, fährt Caroline fort. Er erzählte mir, er würde an etwas Großem arbeiten. Etwas, was alles verändern könnte und uns vielleicht sogar ermöglichen würde, irgendwann zusammen zu sein. Dann kam er plötzlich nicht mehr vorbei. Und ein paar Tage später war Vater …

Ihre Haltung, bis zu diesem Punkt aufrecht, fällt zusammen, ihre Schultern heben und senken sich mit jedem Schluchzer. Das Publikum ist voll des Zuspruchs für dieses hübsche, unschuldige Mädchen, das in die Fänge eines abartigen Chinesen geraten war.

Ich glaube, den Rest kann ich mir zusammenreimen, sagt Richter Haskin an das Publikum gewandt. Miss Foster, gehe ich recht in der Annahme, dass Sie glauben, Nelson Wong und diese vier anderen waren an der Ermordung Ihres Vaters beteiligt? Weil er wusste, dass Ihr Vater sich zwischen Sie und ihn stellen würde, ließ er ihn auf die brutalste Art und Weise umbringen.

Carolines Antwort ist durch ihr Schluchzen nicht zu verstehen, doch sie genügt Richter Haskin und dem Publikum. Ich wage nicht, mich umzusehen – nicht zu Nelson und schon gar nicht zu den tollwütigen Tieren hinter uns. Es ist vorbei. Es gibt kein Zurück mehr.

Sie führen Caroline hinaus. Sie verbirgt ihr Gesicht mit den Händen. Als die Tür für sie geöffnet wird, sehe ich den Rest ihrer Familie – die Mutter mit einem unversöhnlichen Gesicht, der kleine Bruder, der nie wieder eine Geige anfassen wird –, bevor die Tür zuschnappt. Und dann sind es nur noch wir fünf gegen Richter Haskin und die wütende Menge, die Blut und Bestrafung verlangt.

Richter Haskins Stimme übertönt den Lärm. Nachdem heute alle drei Zeugen angehört wurden, ruft er, bleibt mir keine Wahl, als den Fortgang des Gerichtsverfahrens in Murray anzuordnen. Die Zeugen erbrachten eindeutige Beweise, dass an diesem schrecklichen Abend etwas im Gange war und vielleicht schon lange vorher.

Das ist falsch, absolut falsch. Ich will protestieren, bis meine Stimme die Fensterscheiben erschüttert. Als könnte er meine Gedanken lesen, stupst Nelson mich mit dem Fuß an, eine Warnung.

Der Prozess wird in zwei Tagen stattfinden, fährt der Richter fort. Sie werden am Morgen nach Murray aufbrechen. Möge Gott Ihren Seelen gnädig sein.

Die Anhörung ist vorbei. Ich beobachte, wie der Richter sich erhebt und den Wachen das Zeichen gibt, uns abzuführen. Das Publikum jubelt.

8

ZURÜCK IN DER GEFÄNGNISZELLE, reibt Nam sich mit der Handfläche ständig die Stirn, eine nervöse Angewohnheit, die er nach den Protesten vor dem Laden entwickelt hat. Er fragt Nelson, ob es stimme.

Alle Blicke richten sich auf Nelson, meinen Freund, der, wie mir klar wird, genauso viele Geheimnisse hat wie ich. Sein Rücken ist ungewohnt gebeugt, die Arme hängen schlaff herunter. Er kann uns nicht in die Augen sehen.

Es stimmt, sagt er schließlich.

Nam sinkt auf den Boden. Lum hingegen tritt vor, sein kluges Gesicht ist wütend.

Was hast du dir dabei gedacht?, faucht er. Du bringst uns noch alle um!

Vorbei die Zeiten, da Nam und Lum Nelson als aufrechten jungen Mann lobten, der Nams Leben vor dem Mob rettete. Geboren ist die Realität: Nelson ist nur ein Junge.

Ich wollte nicht, dass es so kommt, erklärt er uns. Sie war einfach ein verliebtes Mädchen, das wusste ich. Aber ich dachte ... ich dachte, wenn wir Foster unsere Beziehung gestehen, wenn er sehen könnte, dass sein eigenes Fleisch und Blut jemanden wie mich sehr liebt, dann würde er seine

Meinung ändern. Er war doch nur ein Mann. Ich wollte mir weismachen, ich könnte die Meinung eines einzigen Mannes ändern.

Williams abfällige Bemerkung über Nelson kommt mir in den Sinn: *Du setzt immer nur das Gute in den Menschen voraus. Schon immer.*

Nelson betrachtet seine Hände. Ohne Geige und Bogen wirken sie verloren. Ich habe es euch nicht erzählt, weil ich euch nicht beunruhigen wollte, sagt er zu Nam und Lum. Ich dachte wirklich, ich könnte etwas Bedeutsames tun, eine kleine Veränderung bewirken. Ich habe mich geirrt.

Nelson, sagt Nam und schüttelt den Kopf. Ach, mein Junge.

Und die Rache?, will Lum wissen. Die *großen Pläne*, an denen du laut dem Mädchen arbeitest?

Jetzt muss ich das Wort ergreifen. Ich erzähle ihnen von den Chinese Six Companies und unseren Plänen, Rock Springs zu verklagen. Mit Foster hatte das nichts zu tun, versichere ich ihnen. Wir wollten nur für das Richtige eintreten.

Es ist jetzt unwichtig, sagt Nelson. Der Schaden ist angerichtet. Alle glauben, ich hatte Grund, Foster zu töten, und dass ihr mir dabei geholfen habt.

Nach diesen Worten legt sich Schweigen über uns in der Zelle. Zhou, der den Wortwechsel verfolgt hat, steht auf und nimmt Nelsons Hände, als wollte er sagen, dass alles in Ordnung ist. Als er jedoch zu seinem Platz auf dem Boden zurückkehrt, sehe ich eine neue Art von Verzweiflung in seinem Gesicht, eine Verzweiflung, die ahnt, dass alle Türen im Begriff sind, sich zu schließen.

*

Die nächsten Stunden vergehen langsam. Unsere Gedanken kreisen um den Mord an Foster, und uns bleibt nichts anderes übrig, als zu warten. Nam hat die Hände vor der Brust verschränkt und stützt sein Kinn darauf. Lum lehnt an der Wand, seine Haltung wie immer kerzengerade. Ich bewundere ihn dafür. Zhou schläft immer wieder ein, und gelegentlich zuckt er mit den Beinen oder stöhnt kurz auf. Ich frage mich, welche Schrecken er durchlebt hat. Ich frage mich, welche Schrecken uns erwarten.

Ich drehe mich zu Nelson und sehe, dass er mich betrachtet.

Worüber denkst du nach?, fragt er.

Sie haben uns nicht mal sprechen lassen, antworte ich. Bei unserer eigenen Anhörung. Wie in Kalifornien.

Nelson holt tief Luft. Vor Kurzem, sagt er, entschied ein hoher Richter in Kalifornien, dass alle *Asiaten* über die Beringstraße nach Amerika einwandern würden. Er sagte, wir seien Nachkommen von Indianern. Und weil Indianer in diesem Land wenige bis gar keine Rechte haben, sollte es bei den Chinesen nicht anders sein. Was heute passiert ist, schockiert mich nicht.

William, sage ich und kann nicht fassen, dass mir die Lösung nicht früher einfiel. Wir schreiben ihm. Inzwischen ist er vermutlich bei den Six Companies. Er wird wissen, was zu tun ist. Sag ihnen, dass du vor unserer Abfahrt einen Brief schreiben möchtest. Das werden sie uns ja wohl zugestehen.

Nelson senkt den Blick und seufzt. Ich glaube nicht, dass er uns da helfen kann, wo wir jetzt sind, Jacob.

Diese Antwort will ich nicht hören. Das ist nicht der Nelson, den ich kenne. Wo ist deine Hoffnung geblieben?, rufe ich. Lum wacht erschrocken auf, sagt aber nichts, sondern beobachtet uns in besorgtem Schweigen. Noch sind wir nicht tot, wir sind noch nicht mal überführt! Aber du tust so, als wäre es schon so weit.

Nelson spielt nervös mit den Händen, ohne mich anzusehen.

Dann warten wir also, sage ich. Wir warten und nehmen hin, was immer passiert. Wir könnten uns auch die Zunge abschneiden lassen.

Sieh ihn dir an, sagt Nelson wütend und zeigt auf Zhou. Glaubst du wirklich, wir unterscheiden uns von ihm? Vielleicht haben wir noch unsere Zungen, aber in den Augen des Gerichts und der Leute sind wir gleich. Daran ändert auch unsere Sprache nichts. Selbst wenn wir Englisch sprechen, sieht das Gericht nur den Mund, aus dem die Worte kommen. Für die sind wir immer Fremde.

Es muss eine Möglichkeit geben, sage ich. Die Worte sind bedeutungslos und dumm, aber trotzdem will ich an etwas glauben. Nelson wendet sich von mir ab.

Zum ersten Mal sagt Lum etwas: Vielleicht ist es gut, jetzt ein bisschen zu ruhen, Jacob.

*

Zhou ist der Einzige, der den stillen Ankömmling hört, der das Parfüm durch den Gestank hindurch riecht. Sie bittet die Wachen nicht, uns zu wecken, und sie klopft auch nicht an die Tür. Sie steht einfach da, bis Zhou uns nacheinander weckt, und als ich die Augen öffne, sehe ich eine bekannte, eine beneidenswerte Gestalt, die draußen wartet.

Caroline?

Nelson richtet sich neben mir auf und eilt in drei kurzen Schritten zur Zellentür. Das Mädchen tritt zurück.

Was tust du hier?, flüstert er. Nam und Lum sind inzwischen ebenfalls wach und betrachten das Mädchen, das alles verändert hat.

Caroline hebt den Kopf. Ihre Lippen sind als Erstes zu sehen. Dann ihre Knospennase und schließlich ihre strahlenden, feuchten Augen. Sie hat geweint. Aber da ist noch etwas anderes in ihren Augen, ein Sturm, der kurz vor dem Ausbruch ist.

Ich wollte es mit eigenen Augen sehen, sagt sie.

Caroline, sagt Nelson ruhig. Du glaubst doch nicht, dass ich deinem Vater schaden würde. Lass es mich erklären.

Vater ist tot, sagt Caroline. Und sie sagen, du warst es.

Nelson tritt einen Schritt zurück. Du darfst nicht glauben, was andere sagen. Du musst dich an mich erinnern. An uns.

Vielleicht ist da ein Zögern, eine Unsicherheit in ihrem Blick, der ihm glauben will. Vielleicht erinnert sie sich an schönere Zeiten im Haus ihres Vaters, an ihren kleinen, herumhüpfenden Bruder, den lachenden Nelson, und sie, völlig berauscht von dem gut aussehenden jungen Mann, der so viel weiß. Doch dann nimmt sie die Szene vor ihr wahr, die fünf schmutzigen Chinesen in der Zelle, die Tür, die sie von uns trennt, und Nelson, der keine Geige mehr hält und ihr nichts mehr über Musik beibringen kann. Ihr Gesicht verändert sich, die Unsicherheit verschwindet. Im selben Moment weiß ich, ihr Entschluss steht fest.

Wie dumm du bist, sagt sie. Nicht mal das Gesetz würde uns erlauben, zusammen zu sein.

Gesetze können geändert werden, erwidert Nelson.

Hast du ihm das gesagt, bevor du ihn umgebracht hast?, fragt sie empört. Ich kann nicht fassen, dass ich mich von dir habe anfassen lassen, dreckiger Ch...

Doch eine andere, eine seltsame, starke Stimme bringt sie zum Schweigen.

Ich glaube, du solltest gehen, sagt sie.

Es dauert einen Augenblick, bis ich merke, es ist meine Stimme.

Sie sieht mich zum ersten Mal an. Ich bin beeindruckt von ihrer Schönheit, in die sich eine schreckliche Wut mischt, von dem Hochmut, mit dem sie meine kleine Statur und meine ernsten Augen aufnimmt. Ich halte ihrem Blick stand, so wie damals dem Blick der Fischfrau auf dem Markt. Caroline betrachtet mich, aber sie nimmt mich nicht wahr.

Mögen sie euch hängen, sagt sie.

Verschwinde, wiederhole ich, und meine Stimme wird noch lauter, größer, bis ich das Gefühl habe, sie könnte die Tür durchbrechen. Geh!

Sie dreht sich um. Diesmal hören wir das Klicken ihrer Absätze auf dem Stein. Als sie fort ist, bleibt nur der Geruch ihres Parfüms. Magnolien.

9

DIE WÄRTER BEGRÜSSEN UNS am nächsten Morgen auf eine Art, als würden sie uns zu einer großen Feier begleiten.

Nelson fragt, ob er einen Brief schreiben dürfe.

Natürlich darfst du einen Brief schreiben, antworten sie.

Sie reichen ihm einen Stift und Papier. Nelson schreibt etwas darauf und reicht es ihnen durch die Tür. Der Wärter, der es entgegennimmt, wirft einen kurzen Blick darauf und steckt es dann in seine Jackentasche.

Schicken Sie ihn noch heute ab?, fragt Nelson.

Natürlich, sagt der Wärter und grinst seinen Kollegen an.

Unten wartet Sheriff Bates mit einem anderen Wagen. Sheriff, sagt Nam flehentlich. Doch der Sheriff sieht ihn nicht an, und Nam verstummt. Er weiß, der Sheriff wird ihm nie wieder ins Gesicht sehen.

Das Ganze ist lächerlich, sagt Lum an Nams Stelle. Auch er wird ignoriert.

Sie verladen uns nacheinander in den Wagen. Die Fesseln an meinen Füßen sind eng, sodass ich beim Einsteigen über die Fußstütze stolpere und auf Nelsons Füßen lande.

Komm schon, Jacob, sagt er und hilft mir mit seinen gefesselten Händen auf. Setz dich aufrecht hin.

Vermutlich war ich in den letzten Tagen kein besonders vorbildlicher Mann.

Glaubst du, sie wird ihre Meinung noch ändern?, frage ich ihn, obwohl ich die Antwort kenne. Seit Carolines Erscheinen am Abend zuvor ist das unser erster Wortwechsel.

Nelson senkt den Kopf. Ich wollte an das Beste im Menschen glauben, sagt er. Ich habe mich getäuscht. Es ist schwer, ihn zu verstehen; seiner Stimme ist anzuhören, wie sehr er sich schämt.

Ich erinnere mich daran, was ich in seinem Zimmer zu ihm gesagt hatte, wie sein Gesicht zusammenfiel, als ich ihm prophezeite, dass Caroline ihn am Ende verraten würde. Ein Mann wie William würde ihm das alles jetzt unter die Nase reiben und sich freuen, dass er recht hatte. Aber so bin ich nicht.

Alles in Ordnung?, frage ich stattdessen.

Nelson weiß, was ich meine. Im Augenblick kann ich noch nicht darüber sprechen, sagt er. Dann sieht er mich mit einem gequälten Lächeln an. Tut mir leid, wenn ich schroff klinge. Aber mein Herz ist nur angeschlagen.

Sie hat dich nicht verdient, stoße ich hervor. Mir ist bewusst, wie seltsam und kindisch das aus Jacob Lis Mund klingt, aber das ist mir egal. Nelson muss wissen, dass er mehr verdient.

Murray ist eineinhalb Tage entfernt. Wir werden also auch nachts fahren. Der Wind reißt an der Plane, die den Wagen bedeckt, und erzeugt ein unzusammenhängendes Klagelied. Das Wenige, was ich über Murray weiß, klingt nicht sehr vielversprechend. Eine Bergarbeiterstadt. Das heißt, dass die Bewohner allen Chinesen gegenüber, die ihnen vermeintlich ihre Arbeit weggenommen haben, feindselig gesinnt sind. Schon Richter Haskin hat uns keine Chance gegeben.

Ich bin so in meine Gedanken vertieft, dass ich nicht merke, als der Wagen anhält.

Wieder nimmt Zhou es zuerst wahr. Er packt Lum am Ärmel und zieht mit beiden Händen daran. Lum öffnet die Augen, hält kurz inne und stößt Nam an. Nam horcht einen Moment, dann ruft er uns. Nelson, Jacob, sagt er. Irgendwas geht hier vor.

Die Stimmen draußen sind nicht die, die uns aus dem Gefängnis begleitet haben. Sie sind wilder. Eine sagt etwas zu Sheriff Bates, der ruhig antwortet. Durch den Wind ist es schwer zu verstehen. Dann wird die Plane zurückgeschlagen, und ein Gesicht mit einer weißen Kapuzenmaske erscheint.

Macht, was ich euch sage, befiehlt es. Steigt aus!

Nam und Lum springen hinaus, gefolgt von Zhou.

Machen wir hier eine Pause?, frage ich Nelson. Er schüttelt den Kopf, hält mich mit beiden Händen zurück.

Du hältst dich wohl für einen Helden, Kleiner?, sagt der Fremde. Seine Hand verschwindet kurz und kehrt zurück. Ich erkenne den schwarzen, metallenen Schimmer einer Waffe. Er richtet sie auf Nelsons Kopf. Mal sehen, ob du jetzt noch so hartgesotten bist.

Schon gut, sagt Nelson und streckt die Hände vor sich aus. Jacob, ich gehe zuerst.

Er springt hinaus. Der Mann beobachtet ihn genau und richtet dann die Waffe auf mich. Ich weiß, dass ich Nelson folgen soll. Langsam nähere ich mich dem maskierten Gesicht. Der Wind rüttelt an den Seiten des Wagens, das kehlige Heulen eine einzige Warnung: Wenn du diesen Wagen verlässt, kommst du nie wieder zurück.

Ich springe nach draußen.

Das Erste, was ich sehe, als ich mich aufrichte, sind nicht der Sheriff und seine Männer, nicht meine Freunde mit ihren eingefallenen Gesichtern, nicht die neue Gruppe maskierter Männer, die sich, ebenfalls bewaffnet, um uns versammelt, sondern der Weiße mit den gebleckten Zähnen, den Anführer des Mobs vor unserem Laden. Er hat sein Versprechen gehalten: Er hat mich gefunden, sogar hier.

Ich vergesse, dass ich ein Mann bin. Ich vergesse, dass ich Jacob Li bin. Ich hebe einen Fuß, um in den Wagen zurückzusteigen, habe aber die Fesseln an meinen Knöcheln vergessen. Ich lande mit der Nase auf der Fußstütze.

Ein Knacken, dann ein Brennen. Meine Augen füllen sich mit Tränen.

Der Mann fängt an zu lachen. Ich weiß, dass er es ist. Holt ihn her, sagt er. Holt ihn mit dem Rest hierher.

Jemand packt mich, zerrt mich fort vom Wagen. Ich kann die Augen nicht öffnen. Der Schmerz ist wie ein Holzklotz, der mich nach unten drückt und unter dessen Gewicht ich mich nicht rühren kann.

Sheriff, bitte, höre ich Nam sagen.

Ich kann nichts machen, sagt der Sheriff. Teddy und die Jungs haben unsere Waffen. Stimmt's, Teddy?

Der Sheriff hat recht, sagt der Mann namens Teddy. Er klingt schadenfroh, wie ein Kind, das eine neue Art von Missetat entdeckt hat, für die es nicht bestraft wird. Bates kann euch jetzt nicht retten. Ihr fünf gehört uns. Uns, die wir die Sucher nach Gerechtigkeit sind, die wir das Werk des Herrn tun! Wir werden euch zeigen, was wahre Gerechtigkeit für die abscheulichen Taten bedeutet, die ihr begangen habt. Ihr habt unsere Stadt zu lange vergiftet. Aber damit ist jetzt Schluss.

Bitte, sagt Lum. Wir sind doch nur die Besitzer eines kleinen Ladens. Wir verkaufen Marmelade und gute Lebensmittel. Wir wollen nichts damit zu tun haben. Lassen Sie uns zu unserem Prozess fahren.

Teddy ignoriert ihn. Überlassen Sie uns die Gefangenen, Sheriff, sagt er. Fahren Sie mit Ihren Männern zurück in die Stadt. Wenn jemand fragt, was mit den Chinesen passiert ist, sagen Sie, Sie haben sie unterwegs verloren.

Sheriff, meldet sich Nelson zu Wort.

Es liegt nicht in meinen Händen, erwidert der Sheriff ungerührt.

Ein Pfiff, dann hektisches Gewusel. Die Pferde wenden auf dem Gras, die Wagenräder knirschen auf Stein. Eine Gruppe verzieht sich, die andere bleibt. Wir bleiben. Warum bleiben wir?

Nein!, rufe ich. Lassen Sie uns nicht allein!

Ein Schlag trifft mich ins Gesicht. Wieder knackt es, als meine Nase bricht, und diesmal lastet kein Holzklotz auf mir, kein großes Gewicht, das Schmerz genannt werden könnte. Da ist nur Weiß, und das Weiß hat keinen Namen.

Blödes Schlitzauge, knurrt der, der mich geschlagen hat. Du wirst lernen, auf mich zu hören.

Das Ganze ist zu viel für mich. Ich schließe den Mund, versuche das Brennen zu schlucken. Meine Tränen vermischen sich mit Rotz und Blut, alles läuft warm und langsam über mein Kinn.

Teddys Stimme meldet sich wieder. Ihr andern, rührt euch. Sofort.

10

SIE STELLEN UNS AUF, Nam und Lum vorne nebeneinander, zusammengebunden an ihren schönen Zöpfen, jetzt schlaff und zerfranst. Die maskierten Männer flankieren uns, ihre Gewehre auf unsere Schläfen gerichtet. Zhou bildet das Schlusslicht. Bei jedem zweiten Schritt treten ihm die Männer hinten in die Hacken und lachen, als er schließlich mit dem Gesicht im Dreck landet. Sie ziehen ihn hoch und bringen ihn erneut zu Fall.

Wir marschieren schweigend, haben es aufgegeben, an die Männer zu appellieren.

Ich betrachte die Bäume und Büsche, an denen wir vorbeikommen und versuche etwas Bekanntes zu entdecken. Wir laufen schon eine Weile auf die Berge zu, der Wind wird mit jedem Schritt stärker. Pierce ist ein ganzes Leben entfernt, und ich glaube nicht mehr, dass Murray unser Ziel ist. Meine gebrochene Nase brennt, das Blut ist zu einer roten Kruste auf meinen Lippen vertrocknet. Ich erinnere mich an Abende in Madam Lees Bordell, an denen meine Lippen nicht viel anders aussahen.

Wir gehen einen Hügel hoch, der kein Ende nehmen will. Über uns pulsiert die Sonne und wirft lange Schatten hinter

uns. Wir gehen aufrecht und gleichzeitig schräg zur Erdober-
fläche geneigt. Ich starre auf meinen Schatten und wünschte,
er würde sich von mir losreißen und in die andere Richtung
rennen. Aber er bleibt mir treu.

Teddy erreicht den Gipfel als Erster. Er springt von seinem
Pferd und steht da, eingehüllt in Hitze und Sonnenlicht. Wir
essen hier zu Mittag, ruft er den Männern zu, die sich noch
den Hügel hinaufschleppen. Der Rest der Gruppe bewegt
sich vorwärts, angelockt von der Aussicht auf etwas zu essen.
Ein paar Männer bleiben hinter uns und halten uns fest.

Bindet sie fest, befiehlt Teddy ihnen.

Sie zerren uns wieder ein Stück den Hügel hinunter zu ein
paar Kiefern. Nelson, Zhou und ich werden einzeln an einen
Baum gefesselt. Nam und Lum werden von den Männern
an ihrem grotesken Zopfband weitergezerrt und aneinander-
gefesselt. Vermutlich brennt ihre Kopfhaut. Trotzdem schreit
keiner der beiden auf, dafür bin ich stolz auf sie.

Das Seil ist so dick wie mein Handgelenk. Die maskierten Männer wickeln es immer wieder um meine Arme und
meinen Rumpf, bis der Baum und ich eins sind. Als sie von
mir ablassen, könnte ich den ganzen Baum auf dem Rücken
tragen.

Zu atmen ist schwer. Meine gebrochene Nase pocht.

Zufrieden mit ihrer Arbeit, lassen uns die Männer zurück
und erklimmen den Hügel, um zum Rest der Gruppe zu stoßen. Sie machen sich keine Sorgen. Ihre Arbeit war gut. Wir
werden nicht fliehen.

Nelson ist an einen Baum zu meiner Rechten gefesselt. Ich
drehe meinen Kopf zu ihm – das Einzige, was ich bewegen
kann – und rufe ihn. Was sollen wir tun?

Wir können nichts tun, sagt er. Sie haben Gewehre, Jacob.

Nein, sage ich. Ich drücke meinen Körper gegen das Seil, Wenn ich mich kraftvoll genug bewege, kann ich das Seil lockern und hindurchschlüpfen. Ich erinnere mich: Ich bin klein. Gut für enge Räume. Irgendwer sagte mir das mal, und er hatte recht. Mach dich klein, rufe ich mir zu und stemme mich in das Seil. Mach dich kleiner, als du je warst. So klein, wie du kannst.

Es funktioniert. Das Seil gibt allmählich nach. Ich befreie meine Arme, und die Luft füllt mich aus, köstlich und weit. Mit den Händen schiebe ich das Seil von mir und winde mich immer höher, bis mein Oberkörper frei ist und ich auf Händen und Knien lande. Jetzt muss ich das Seil nur noch von meinen Füßen treten.

Ich blicke zum Hügel hoch. Teddy und seine Männer sind mit dem Essen beschäftigt und reißen mit den Zähnen an Dörrfleisch. Nam und Lum links von mir feiern stumm meine Befreiung, indem sie ihre Köpfe von Seite zu Seite schwingen. Ich renne zu Nelson. Er könnte mir helfen, die anderen zu befreien.

Doch Carolines Verrat hat ihn gedämpft. Nein, Jacob, sagt er. Selbst wenn uns die Flucht gelingt, sie finden uns.

Teddy und seine Männer lachen ausgelassen. Bald werden sie mit dem Essen fertig sein, und dann haben wir keine Chance mehr. Es fühlt sich an, als würde ich den Baum noch immer auf dem Rücken tragen. Bäume erinnern sich über Jahre hinweg. Lange nachdem wir alle tot sind, gibt es sie noch, geprägt von den Erinnerungen an alles, was ihnen je widerfahren ist.

Nelson, sage ich. Da ist etwas, was ich dir nie erzählt habe.

Ich teile meinen Namen, meinen chinesischen Namen, mit einer Figur aus einer Geschichte. Seit meiner Kindheit habe ich meinen Namen gehasst und mich gefragt, ob er mich an ein bestimmtes Schicksal bindet – das gleiche tragische Schicksal, das diese Figur ihr Leben kostete. Mein Leben lang habe ich dagegen angekämpft, aber irgendwie gerate ich immer wieder in schlimme Situationen.

Dann hattest du die ganze Zeit recht, sagt er und wirkt noch mutloser. Vielleicht gehört das zu deinem Schicksal.

Vielleicht, erwidere ich. Aber in unserer Gefängniszelle ist mir etwas klar geworden. Alles könnte mich zu demselben tragischen Ende führen. Aber vielleicht auch nicht. Vielleicht war ich die ganze Zeit dumm, romantisch und misstrauisch. Aber ich bin trotzdem für mein Leben verantwortlich.

Ich verstehe dich nicht, sagt Nelson. Er sieht mich immer noch nicht an.

Nein, tust du nicht, dränge ich weiter. Ich will nur sagen, ich muss es versuchen. Selbst wenn mir ein tragisches Schicksal vorbestimmt ist, es ist mir egal. Im Augenblick weigere ich mich zu glauben, dass das alles gewesen sein soll. Das darf nicht so sein. Ich muss es einfach versuchen.

Er sieht mich an, und einen Moment lang glaube ich, es hat funktioniert. Aber dann dämmert mir der Grund für seinen Blick – ich hatte vergessen, wie Jacob Li zu klingen und stattdessen den sanften Ton von Daiyu angeschlagen. Nelson bemerkt es und sieht mich mit großen Augen an, aber ich weiche seinem Blick nicht aus. Ich will es ihm sagen. Er soll es wissen. Doch bevor ich dazu komme, ertönt wieder lautes Gelächter von Teddy und seinen Männern auf dem Hügel und holt mich in unsere gefährliche Lage zurück. Jetzt ist nicht der richtige Moment für die Wahrheit, aber in der Zukunft wird es noch viele Momente geben. Das schwöre ich mir und Nelson.

Das mit Caroline tut mir leid, sage ich, nunmehr wieder mit schroffer Stimme. Aber das darf nicht das Ende bedeuten. Nicht unser Ende.

Das genügt ihm. Seine braunen Augen fokussieren sich. Für dich, sagt er. Für dich will ich es versuchen. Und dann bewegt auch er seinen Körper.

Ich behalte Teddy und seine Männer im Auge. Ihre Zähne schimmern in der Sonne und schneiden durch das gefiederte Grün des Hügels. Bis jetzt hat uns niemand entdeckt, aber lange kann es nicht mehr dauern.

Nelson stemmt sich gegen das Seil und schiebt mit der Brust. Sein Hals wird rot vor Anstrengung. Ich bohre meine Füße in den Boden und ziehe. Gib nicht auf, dränge ich ihn. Das Seil scheint etwas nachzugeben. Aber Nelson ist nicht klein wie ich. Er hält keuchend inne und lehnt seinen Kopf an den Baum.

Jacob, sagt er. Ich höre ihn nicht. Ich zerre verzweifelt an dem Seil. Jacob, wiederholt er.

Ich falle ins Gras zurück. Keine Ahnung, wann ich angefangen habe zu weinen.

Geh, sagt Nelson. Zum ersten Mal lächelt er wieder aufrichtig. Du solltest nach Hause gehen.

Doch ich höre nicht auf ihn. Ich blicke zum Hügel hoch, wo, nur wenige Schritte von den Männern entfernt, Gewehre verstreut und unbewacht im Gras liegen. Ich erinnere mich an die Fischfrau auf dem Markt, an die vielen silbrigen Fische. Damals hatte ich nicht genug Zeit zum Weglaufen.

Diesmal begehe ich nicht denselben Fehler, diesmal zögere ich nicht.

Was hast du …, setzt Nelson an, aber ich laufe schon los, entferne mich von ihm, von Nam und Lum und Zhou, laufe den Hügel hinauf in die Richtung von Teddy und seinen Männern. Der Baum ist nicht mehr auf meinem Rücken, wurde durch Flügel ersetzt, die so groß wie das Meer sein könnten. Ich kenne Geschichten von Unsterblichen, die vom Himmel herabsteigen, von Drachen, die sich in Wärter verwandeln und menschliche Gestalt annehmen. Von jenen, die Leute wie mich, wie uns alle beschützen. So jemand will ich jetzt sein.

Wie viele Atemzüge – hundert, zweihundert? Niemand sieht mich kommen. Niemand sieht mich, bis ich vor einem Gewehr stehe, dessen polierter Lauf im Gras schimmert. Und nur auf mich wartet. Das Gewehr ist schwer und lang, ganz anders als die kleine Pistole, die William mir in Boise gab, aber ich hebe es auf, angetrieben von derselben Energie, die mich den Hügel hinauf beflügelt hat. Ich lege das Gewehr an mein Schlüsselbein, wie ich es bei den maskierten Männern gesehen habe. Es ist fast ein wenig wie das Ansetzen einer Geige unter das Kinn.

Ich suche Teddy und richte den Gewehrlauf auf ihn.

Und jetzt entdecken mich die maskierten Männer. Sie schreien und weichen mit den Händen fuchtelnd aus, schwerfällig vom Essen.

Stehen bleiben, sage ich. Stehen bleiben, oder ich erschieße ihn.

Sie sehen mich an, dann Teddy. Er hält meinem Blick stand, ein Grinsen macht sich auf seinen Lippen breit. Dann nickt er.

Die Männer schweigen.

Ein Messer, rufe ich. Wer hat ein Messer?

Keiner antwortet. Ich richte den Gewehrlauf neben Teddys Kopf und drücke den Abzug, wie Nelson es mir beigebracht hat. Das Gewehr knallt gegen meine Brust, und ein Schuss explodiert, der mich fast den Hügel hinunterschickt. Die maskierten Männer ducken sich fluchend. Teddy wirkt ungerührt.

Ich schieße wieder, sage ich warnend.

Ich hab eins, sagt einer der Maskierten in meiner Nähe. Hier.

Wirf es zu mir, sage ich. Vor die Füße. Und zwar langsam.

Er greift ins Gras und bringt ein Jagdmesser von der Größe meines Unterarms zum Vorschein. Ich richte das Gewehr weiter auf Teddys Kopf. Ich bringe ihn um, wenn du was Falsches machst, sage ich.

Das Messer landet vor meinen Füßen. Ich stelle einen Fuß auf den Griff. Ich habe das Messer und außerdem das Gewehr. Doch die Entfernung zwischen mir und meinen Freunden ist unendlich groß. Ich wünschte, ich hätte das vorher bedacht.

Es ist eine verlorene Schlacht, sagt eine traurige Stimme in mir.

Ich bringe sie zum Schweigen. Ich muss es versuchen.

Bleibt, wo ihr seid, sage ich zu den maskierten Männern und bücke mich, um das Messer aufzuheben. Wenn einer von euch sich rührt, schieße ich.

Ich trete zurück. Das ist mein erster Fehler. Sobald mein rechter Fuß das Gras berührt, fällt der Bann der Waffe und die Maskierten entspannen sich. Ich sehe, wie sich ihre Brust auf und ab bewegt. Mir bleibt nicht die Zeit, länger zu warten.

Ich hebe den linken Fuß, setze ihn hinter mich. Wieder verändert sich die Szene. Die Männer werden größer, kompakter, ich sehe ihre Augen hin und her flitzen. Sie sehen sich an und planen den nächsten Schritt.

Es sind fünfzehn, vielleicht zwanzig. Ich müsste schneller laufen als alle, um meine Freunde zu erreichen, bevor sie mich einholen. Könnte ich zwei oder drei im Laufen erschießen? Könnte ich überhaupt jemanden töten? Plötzlich ist das Gewehr in meiner Hand schwer, das Gewicht zieht mich zur Erde. Wäre es nicht besser, es wegzuwerfen und ungehindert zu laufen?

Nelson ruft mich von unten und durchbricht meine Trance. Ich trete noch einen Schritt zurück. Dann noch einen, bis ich den Hügel hinunterstolpere. Mit jedem Schritt zurück schrumpfen die Männer, aber sie werden auch größer, ihre Brust bläht sich in Vorfreude auf die bevorstehende Verfolgungsjagd. Wer wird zuerst handeln, sie oder ich? Es kann nicht mehr lange dauern.

Am Ende sind sie's. Der erste Mann bewegt sich, als ich fast am Fuß des Hügels bin. Eine kleine Bewegung, kaum wahrnehmbar, aber ich sehe, wie der Wind sich um ihn kräuselt, wie der Stoff seines Hemds an seinem Ellbogen flattert. Er bewegt sich, und ich weiß, dass ich rennen muss. Weil auch die anderen sich bewegen. Sie machen einen Schritt, dann zwei. Sie knacken mit ihren Knöcheln, sehen sich nach ihren Gewehren um. Hinter ihnen steht Teddy, die Hände in die Seiten gestützt, und betrachtet das Ganze amüsiert.

Ich lege das Gewehr an, meine Hände sind taub. Mir bleibt keine Zeit, ein Ziel anzuvisieren – ich kann nur auf eine weiße Maske zielen und den Abzug drücken. Doch sie sind jetzt zu weit entfernt, und ich ziele nicht gut. Der Schuss verschwindet im Wind. Ich feuere einen zweiten ab, in der Hoffnung, der Krach möge sie zurückhalten.

Beim vierten Schuss fangen sie an zu laufen. Sie sind schneller, als ich dachte – oder so schnell, wie ich befürchtet hatte. Wie viele Patronen sind noch übrig? Ich lege das Gewehr erneut an, aber ich zittere, und noch während ich den letzten Schuss abfeuere, weiß ich, dass er nichts bewirkt.

Wieder ruft Nelson nach mir. Es reicht. Ich drehe mich um und renne.

Mein Weg nach unten war nicht umsonst – meine Freunde sind näher, als ich dachte. Doch noch während ich ihnen entgegeneile, überkommt mich eine große Hoffnungslosigkeit. Zhou ist es gelungen, sich zu befreien, aber Nam, Lum und Nelson sind noch gefesselt. Für einen neuen Plan bleibt keine Zeit. Die Männer hinter uns brüllen und jaulen wie losgelassene Wölfe, die den Hügel hinunterjagen.

Mit ausgestrecktem Messer eile ich zu Nam und Lum. *Zusammen*, keuche ich, und dann säge ich am Seil, während sie es mit aller Macht anspannen und wir zu dritt wie wild arbeiten, bis das Seil nachgibt, jede Faser zerreißt und die beiden nach Luft ringend ins Gras stürzen.

Als Nächstes eile ich zu Nelson und drehe mich noch mal um. Einer der Männer ist inzwischen fast am Fuß des Hügels. Bald wird er bei uns sein. Der Wind weht die Maske an sein Gesicht, sodass ich fast seine Züge erkennen kann, den Mann hinter der Maske. Vor der Maske. Wessen Vater bist du?, würde ich ihn fragen. Wessen Bruder?

Meine Hände sind nicht kräftig. Sie zittern wie Espenlaub bei Wind. Ich habe kein Recht, ein Messer zu halten, kein

Recht zu versuchen, dieses Seil durchzuschneiden, kein Recht, noch immer so zu tun, als sei ich jemand, der fähig, entschlossen und stark ist. Ich bin bloß ein Mädchen ohne Eltern. Dies ist kein Ort für mich.

Ich höre Nelson meinen Namen sagen. Hör zu. Hörst du mir zu? Du musst mich losschneiden. Sofort.

Seine Stimme ist drängend, aber gedämpft, verborgen hinter einer Wand. Ich könnte von all dem weit entfernt sein, denke ich. Es war so hart, immer nur zu laufen, immer nur zu kämpfen. Wenn ich mich von ihnen ergreifen lasse, müsste ich nicht mehr leiden.

Schneid das Seil durch, Jacob, sagt Nam irgendwo neben mir.

Was ist los mit ihm? Lums Stimme.

Es wäre so einfach aufzugeben, denke ich. Als würde man nach einem langen Tag endlich den Kopf auf das Kissen legen oder sich hinsetzen, nachdem man Stunden, Nächte, Tage gerannt ist. Da wäre Schmerz, sicher. Aber da wäre auch Erleichterung. Nicht mal Lin Daiyu eilt jetzt zu meiner Rettung herbei. Sie weiß, dass Schlaf Frieden birgt.

Wir sind erledigt, jammert Lum. Jacob ist verrückt.

Doch da ist noch Nelsons Stimme, wenn auch leise und weit entfernt. Und sie spricht zu mir. Hör zu, sagt sie. Du musst das Seil durchschneiden, damit wir weglaufen können. Wenn du es nicht durchschneidest, bringen sie uns um.

Verdienen wir denn nicht zu leben?, ruft Nam wehklagend in den Wind.

Wieder sagt Nelson meinen Namen. Und noch etwas. Aber ich höre nur meinen Namen.

Mein Name.

Ich öffne die Augen.

Ich sehe das Messer in meiner Hand. Und ich sehe Nelson, der noch an den Baum gefesselt ist. Aus den Augenwinkeln sehe ich Nam und Lum und Zhou in der Luft schweben. Ja, es wäre viel einfacher, wenn meine Reise hier enden würde. Doch dann würde auch ihre Reise enden.

Ich hebe die Hand, meine schwere, müde Hand und fange an zu schneiden.

Ja!, ruft Lum. Er dreht sich zu den Männern um, die sich jetzt am Fuß des Hügels sammeln. Aus irgendeinem Grund sind sie langsamer geworden. Du hast noch Zeit, sagt er. Du schaffst es.

Lauft, so schnell ihr könnt, sagt Nelson zu den dreien. Lauft zu den Bäumen, sofort. Vertraut darauf, dass wir alle an denselben Ort gehen, denn das tun wir. Lauft nicht in gerader Linie – das macht es ihnen leichter, uns zu erschießen.

Das Seil ist halb durchgeschnitten. Die Männer haben aufgehört zu rennen, aber ihre Geräusche sind lauter denn je, spöttisches Geschrei, das sich mit dem Blut vermischt, das durch meinen Körper rast. Meinen Körper, meinen sehr lebendigen Körper. Wieder stemmt Nelson sich gegen das Seil. Nam, Lum und Zhou gehen mir zur Hand und reißen am Seil. Nur noch ein bisschen, denke ich.

Die erste Kugel fliegt an meinem Ohr vorbei, landet in einem Baum und durchbohrt das Holz mit einem lauten Knall. Das Messer entgleitet mir beinahe, aber meine Hand ist stärker, als ich dachte. Die nächste Kugel landet über Nelsons Kopf. Die Männer kreischen vor Vergnügen. Mir wird klar, dass sie nicht auf uns schießen, um uns zu töten. Sie jagen uns wie Tiere.

Als die dritte Kugel durch die Luft fliegt, durchtrennt das Messer die letzte Faser. Und dann ist Nelson frei. Wir wissen, was zu tun ist. Sorgt dafür, dass wir uns nicht zum letzten Mal sehen, bitte ich sie. Und dann zerstreuen wir uns in Richtung der Bäume. Ich denke an den Baum, an den Nelson gefesselt war. Jetzt ist er von Schusslöchern verunziert. Er wird sich an Nelsons Körper erinnern und für den Rest seines langen Lebens aus diesen Einschusslöchern bluten.

Nelson rennt direkt zurück, den Hügel hinunter. Nam und Lum wenden sich nach rechts. Zhou geht nach links, und ich bin irgendwo zwischen allen. Wir rennen über den Waldboden zwischen den Kiefern hindurch, weichen Wurzeln, abgestorbenen Zweigen und Kaninchenlöchern aus, alle fünf angespornt von unserer Verzweiflung und, ja, unserer Hoffnung, halten uns an nichts oder an allem fest, halten uns aneinander fest und haben den Willen, es gemeinsam zu schaffen.

Lauf, Junge!, rufen meine Verfolger und eröffnen erneut die Jagd. Auf diesen Moment haben sie gewartet. Sie hatten nie vor, uns entkommen zu lassen. Sie feuern zwei weitere Schüsse ab, beide verfehlen mich um einiges. Doch das Geräusch genügt, um mich abzulenken, sodass ich stolpere und stürze. Ich raffe mich auf und renne weiter, auf meiner Handfläche ist frisches Blut. Die Maskierten hinter mir jubeln.

Wieder ertönt ein Schuss, diesmal irgendwo zu meiner Linken. Ein anderes Geräusch mischt sich in das Getümmel, ein Heulen, das über die Baumkronen dringt und uns alle in seinem Schmerz einschließt.

Zhou.

Ich könnte weiterrennen. Ich könnte immer weiterrennen,

bis meine Beine nachgeben, bis ich irgendwie den Rand des Ozeans erreiche. Das könnte ich. Doch Zhous erstickte Schreie schnüren mir die Brust zu und halten mich zurück. Mein Körper will weiter, doch mein Herz lässt es nicht zu.

Ich mache kehrt und renne zu der Geräuschquelle zurück. Die Maskierten, die mich verfolgt haben, sind nirgends zu sehen – vielleicht haben sie mich verloren, oder sie haben einen anderen erwischt. Vielleicht kann ich Zhou erreichen und ihn forttragen. Wenn er still ist, könnten wir überleben.

Als ich bei ihm bin, liegt er ausgestreckt im Gras und seine Fäuste hämmern auf die Erde. Aus seiner linken Wade sickert Blut. Zhou, sage ich. Stöhnend sieht er mich an. Sein Gesicht ist kreidebleich.

Das Blut fließt jetzt schneller, heiß und sprudelnd. Ich reiße den Ärmel von meinem Hemd und wickle ihn um die Wunde, wie meine Mutter es bei meinem Vater gemacht hat. Zhou zuckt zusammen. Der Stoff färbt sich scharlachrot.

Wir müssen weiter, sage ich. Ich knie mich hin und lege seinen Arm um meinen Hals. Er ist größer als ich, aber leicht. Ich kann uns beide tragen, denke ich. Ich muss uns beide tragen.

Er lehnt sich an mich. Nur ein Schritt, sage ich. Ein Schritt, und wir bewegen uns vorwärts. Mein Kopf ist voll von seinem Atem, dem Flüstern in den Bäumen und dem Blut, das überall ist und gegen meine Schläfen schwappt. Mein Kopf ist voll von allem, nur dem nicht, worauf ich horchen sollte, und als ich es höre, ist es schon zu spät.

Klick.

Klick.

Klick.

Einer nach dem anderen erscheinen die maskierten Männer aus den Bäumen, die Gewehre auf uns gerichtet. Zwei von ihnen zerren Nam und Lum an ihren Zöpfen hinter sich her. Ihre Körper liegen zerlumpt im Gras. Ich sehe mich nach Nelson um, entdecke ihn aber nicht. Wenigstens einer von uns ist entkommen, denke ich.

Ich irre mich. Natürlich. Denn Teddy taucht als Letzter auf, und er hat etwas bei sich, das aussieht wie Nelson. Suchst du ihn?, fragt er. Die blonden Haare über seiner Lippe sind nass und verfilzt in Vorfreude auf das Kommende. Er schiebt Nelson vor sich her. Nelson stolpert und fällt auf die Knie. Seine Augen sind geschlossen, als könnte er den Anblick nicht ertragen.

Wir fünf zusammen, fürwahr.

11

DER PREIS, DEN WIR für unseren Fluchtversuch zahlen müssen, sind Nam und Lum. Sie werden an einer alten Eiche aufgehängt. Nicht um sie zu töten, sondern um uns zu zeigen, wozu die Männer fähig sind. Nam steigt als Erster in den Himmel auf, sein Gesicht verfärbt sich von weiß zu rot zu lila, seine Augen schwellen an und treten vor. Er greift nach dem Seil um seinen Hals. Ein schrecklicher Krächzer dringt aus seinem Körper. Und gerade als es aussieht, als täte er seinen letzten Atemzug, lockert sich das Seil, und er stürzt ins Gras. Es dauert einen Moment. Ich fürchte schon, dass der Sturz ihn umgebracht hat. Doch er kommt zurück, hustend und keuchend.

Dann ist Lum an der Reihe. Im Gegensatz zu Nam macht er nicht viel Lärm. Stoisch, gelangweilt schwebt er gen Himmel, den Blick auf Teddy gerichtet, der ihn mit einem freudlosen Lächeln betrachtet. Als sie Lum, kurz bevor seine Lippen bleich werden, auf den Boden fallen lassen, landet er auf allen vieren und richtet sich auf, als hätte er etwas so Banales gemacht wie sein Kassenbuch aus dem Regal zu holen.

Dann greifen sie sich wieder Nam und zerren ihn zum Seil. Als sie ihm die Schlaufe um den Hals legen und das

Seil hochziehen, fängt er an zu weinen. Dieses Spiel wird nie enden, wird mir klar. Sie werden so lange mit uns spielen, bis etwas – jemand – zerbricht.

Als hätte er meine Gedanken gelesen, ergreift Teddy das Wort. Leute, sagt er, ich kann das ewig machen. Aber eigentlich will ich nur, dass jemand zugibt, dass er den armen Foster getötet hat. Wessen Idee war das? Sagt es mir, und ich beende das Ganze.

Wir protestieren, unsere Stimmen verschaffen sich Gehör. Wir waren das nicht! Wir sind unschuldig! Teddy nickt seinen maskierten Männern zu, die Lum zum Seil bringen. Sie ziehen ihn hoch und vom Boden weg, ein grotesk in der Luft baumelndes Ornament. Als er nach unten fällt, sehe ich violette Striemen an seinem Hals.

Immer wieder werden Nam und Lum abwechselnd hochgezogen, und jedes Mal scheint es, als hingen sie länger, die Flecken an ihrem Hals verwandeln sich in schwarze Krägen, ihre Stirn wird so rot vom Blut, dass ich fürchte, sie könnte explodieren. Immer wieder folgen unsere Blicke ihnen hinauf, die untergehende Sonne in ihrem Rücken, das Einzige, was sie am Himmel festhält.

Wie oft noch? Wie viele Atemzüge bleiben noch? Wie viele Knochen müssen brechen, bis ein Mann stirbt? Selbst Lum, der Unbezwingbare, der Herablassende, sieht aus, als würde er nicht mehr lange durchhalten.

Wieder nickt Teddy, und die Maskierten greifen sich Nam für die nächste Runde. Als ich ihn ansehe, wird mir klar, dass er das nächste Hängen nicht überlebt. Nam, der fröhliche Ladenbesitzer, der mir ans Herz gewachsen ist, der Mann, der unverwüstlich war, solange er ein gutes Essen mit gedämpften Mantou bekam, der der Welt stets freundlich und großzügig begegnete.

Doch das ist Teddy egal. Teddy sieht nur einen Chinesen, der in seine Schranken verwiesen werden muss. Teddy sagt: Zieht ihn hoch.

Die Maskierten gehen ohne zu zögern ans Werk. Auch sie wissen, dass Nam diesmal sterben wird, und können es kaum erwarten. Sie haben sich satt gegessen, und jetzt gärt ein anderer Hunger in ihnen. Einer hebt das Seil auf. Ein anderer schiebt Nam darauf zu.

Plötzlich meldet sich eine Stimme, schiebt sich sanft und fest in den Raum zwischen Nams Hals und der Schlinge. Nein, sagt die Stimme. Ich war's. Ich habe den Mann getötet.

Anfangs befürchte ich, es könnte Nelsons Stimme sein. Blitzschnell drehe ich mich zu ihm um, aber er steht mit gesenktem Kopf da.

Du?, sagt Teddy an Lum gewandt.

Ich, sagt Lum.

Nein!

Ich weiß nicht, von wem das kommt – vielleicht von Nelson oder mir oder vielleicht sogar von Zhou. Vielleicht von uns allen. Lums Geständnis lässt uns alle wieder aufleben, weil uns der Ernst der Tat erschreckend bewusst ist.

Teddy strahlt. War doch gar nicht so schwer, oder? Er schlendert zu Lum und spuckt ihm ins Gesicht. Du hast es also geplant. Und die anderen Schweine haben dir geholfen?

Nein, antwortet Lum. Ich allein. Sie hatten nichts damit zu tun.

Nein!

Wieder ertönt der Chor unserer Stimmen. Doch es spielt

keine Rolle mehr. Lum hat mit seinem Geständnis den letzten Akt des Geschehens eingeleitet.

Er war es nicht, sagt Nam mit rauer Stimme. Ich war es. Ich hab den Mann getötet.

Ich blicke wieder zu Nelson. Wie können wir das Ganze aufhalten? Sie lügen beide, versuchen beide, den anderen zu retten. Nelsons noch immer gesenkter Kopf ist ein Zeichen der Niederlage und sagt mir, dass auch er keinen Rat weiß.

Ihr habt es getan?, fragt Teddy. Ihr beide zusammen?

Nein, erwidert Nam, nunmehr deutlicher. Ich allein.

Er lügt, sagt Lum. Ich habe es allein getan. Ihr könnt ihn gehen lassen.

Teddy betrachtet sie beide. Dann dreht er sich um, begutachtet uns andere – mich, mit großen Augen, Nelson, mit hängenden Schultern, Zhou, der zum Himmel betet – und kräuselt die Lippe.

Egal, sagt er. Morgen früh werdet ihr für eure Tat geradestehen.

12

DAS VERLANGEN ZU SCHREIEN. So laut zu schreien, wie ich kann, bis sich mein Inneres nach außen kehrt und ich mich in meinem eigenen Blut begraben kann. Ich will meine Fesseln sprengen, den Baum fällen, an den ich gebunden bin, den Wald auslöschen. Ich will jedem die Augen ausbohren, der mir Schmerz zugefügt hat. Es fühlt sich gut an, zu toben, und noch besser, zu hassen. Ich könnte mich hier verlieren und will es auch, ich will im Schmerz baden, bis ich ihn aufnehme und eins mit ihm werde.

Swallows Frage fällt mir ein, die sie mir so zärtlich und offen an jenem Abend stellte, an dem ich meinen ersten Kunden im Bordell bedienen sollte: *Hast du einen Ort, an den du dich flüchten kannst?*

Für mich gibt es nur einen Ort. Ich folge Swallows Frage, bis ich wieder fliege, so ekstatisch und fiebrig wie bei der Überquerung des Ozeans in der Kohlentonne, bis ich an den staubigen Stufen vor einem roten Haus mit erdnussfarbenem Dach stehe.

Aber die Schule ist leer. Nur Meister Wang ist da, der vorne im Klassenzimmer wartet, als wäre es ein Abend wie jeder andere und er hätte gerade den Unterricht beendet. Der

Anblick seines gütigen Gesichts, das ein paar mehr Falten aufweist, als ich in Erinnerung habe, lässt mich auf die Knie sinken.

Ich habe mich schon gefragt, wann du wohl nach Hause kommst, sagt er.

Ich habe mich bemüht, erwidere ich. Wirklich.

Meister Wang beobachtet, wie ich zusammensinke, aber er verurteilt mich nicht. Eines Tages findet er einen Straßenjungen auf seiner Treppe. Ein einziger Blick sagt ihm, dass es sich um ein mutterloses Kind handelt, vielleicht sogar ein vaterloses Kind. Es hat ein mürrisches Gesicht und hohle Wangen, dazu einen Körper, der alles in seiner Macht Liegende zu tun verspricht, um sicher, gewollt und satt zu sein. Für ihn ist es ganz einfach, nur Ja zu sagen. Ganz einfach, sein Herz einem anderen Menschen zu schenken.

Du bist böse auf mich, sagt er. Vielleicht schon immer.

Ja, erwidere ich. Zum ersten Mal erlaube ich mir, es laut auszusprechen. Obwohl mir dieser Mann so viel beigebracht hat, frage ich mich, ob er mir überhaupt etwas beigebracht hat. Ich wünschte, ich könnte wieder Feng sein, der Junge vom Wind. Ich wünschte, ich könnte die Welt abstreifen und nur ein Schüler sein, mit einem Pinsel in der Hand und Tusche in den Adern. Feng hätte ein friedliches Leben führen können. Ein glückliches Leben.

Warum haben Sie nicht nach mir gesucht? War es Ihnen gleichgültig, dass ich verschwunden war?

Nein, antwortet er. Du warst mein bester Schüler.

Es schmerzt, das zu hören, weil es mich wieder einmal daran erinnert, was ich verloren habe. Warum war es dann so einfach, mich gehen zu lassen?

Du glaubst, es war einfach, sagt Meister Wang. Das stimmt nicht. Ich habe mich gefragt, ob ich etwas getan habe, was dich verärgert hat, ob ich dir zu wenig zu essen gab, ob dich ein Verwandter fand, ob du deine Meinung über die Kalligraphie geändert hast. Ich habe mich gefragt, ob ich ein schlechter Lehrer war. Erst Monate später kam ich auf die Idee, dass man dich womöglich entführt hat. Aber es spielte keine Rolle. Weißt du noch, was ich dir beibrachte? In der Kalligraphie wie im Leben setzen wir jeden Strich nur einmal. Was getan ist, ist getan, das müssen wir akzeptieren.

Ich schüttle den Kopf, empört, wie leicht ihm das über die Lippen geht. Sie haben mich gehen lassen, sage ich. Sie haben mich für Ihren Glauben an die Kunst geopfert.

Meister Wang kehrt mir den Rücken zu und schreitet zum Podest. Dem Podest, das in meiner Erinnerung so stattlich war wie Meister Wang, jetzt unscheinbar und stumpf vom Nichtgebrauch. Es gab nie ein Opfer, sagt er. Ein Kalligraph tut, was das Papier verlangt. In diesem Leben werde ich immer nur der Pinsel sein. Aber du? Du bist nicht der Pinsel. Nein, du bist der Reibstein, schon immer gewesen.

Sprechen Sie verständlich!, schreie ich. Ihre Worte ergeben keinen Sinn! Ich habe alles getan, was Sie mich gelehrt haben. Und wo bin ich jetzt? Weit davon entfernt, eins mit mir zu sein. Ich bin es leid, mich zu bemühen.

Dann hast du nicht zugehört, sagt Meister Wang gelassen. Ich habe dir die Zeichen, die Technik, die Striche beigebracht. Ich habe dich gelehrt, wie ein Kalligraph durchs Leben gehen sollte. Aber solange du nicht lernst, alleine, ohne meine Hilfe zu schreiben, wirst du nie eins mit dir sein.

Im Klassenzimmer ist es sicher, aber ich kann nicht ewig

hierbleiben. Ich werfe einen letzten Blick auf die Schriftrollen an den Wänden ringsum. Gedichte und Zeichen und siegreiche Weisheiten, der Inbegriff der Kunst von Kalligraphen wie Meister Wang. Die Schule könnte einstürzen und verschwinden, aber für mich wären diese Zeichen noch genauso großartig wie an dem Tag, als ich zum ersten Mal einen Fuß hineinsetzte.

Du hast die Hände eines Künstlers, hatte Nelson mal gesagt. Damals misstraute ich ihm und dachte, er lüge, um mir zu schmeicheln. Aber eigentlich misstraute ich nur mir selbst. Die Hände sagten, ich sei ein Künstler. Das Herz weniger. All das Üben und all diese Zeichen. Was am Ende aus ihnen wird, hängt von mir ab.

*

Der letzte der vier Schätze des Gelehrtenzimmers, der Reibstein, ist der wichtigste, weil er dem Kalligraphen ermöglicht, mit seiner Arbeit zu beginnen – damit die Tusche zu Tusche wird, muss sie erst am Reibstein gerieben werden.

Der Reibstein gilt als Schatz und sollte als solcher behandelt werden. Es gibt ein Sprichwort: *Ein Künstler liebt sein Werkzeug so sehr wie eine Mutter ihren Sohn.* Es ist gut zu wissen, dass ein Stein nie nur ein Stein ist, sondern etwas Unverzichtbares, ja sogar Mächtiges. Der Reibstein verlangt Zerstörung, bevor etwas entsteht – erst muss man sich zerstören und zu einer Paste zermahlen, bevor man ein Kunstwerk wird.

13

SIE WECKEN UNS AM frühen Morgen, als die Sonne über die Baumkronen spitzt. An jedem anderen Tag würde man die rosa Wolkenfetzen am Himmel als schön empfinden. An einem Tag wie heute sehe ich alles nur als eine Ankündigung von Blut am Horizont.

Sie fesseln unsere Hände, leinen uns an einem Seil an. Nelson ist schräg hinter mir, aber außerhalb meiner Sichtlinie, sodass ich nur höre, wie er die Füße durchs Gras zieht.

Ein Wurm rührt sich in meinem Magen und kämpft mit der dünnen Suppe, die sie uns gestern vor Einbruch der Nacht gaben. Wenn ich mich jetzt übergebe, was können sie mir schon antun? Die Zunge abschneiden? Mich ins Gesicht treten und meine gebrochene Nase noch einmal brechen? Der Mann, der mich führt, zerrt am Seil und zieht mich weiter, aber ich kann es nicht länger in mir behalten. Ich öffne den Mund und warte darauf, dass die Galle kommt.

Doch die Galle kommt nicht. Stattdessen kommt Lin Daiyu.

Ich bin froh, sie zu sehen. Es ist lange her. Während ihrer Zeit in meinem Körper ist sie friedlich und noch schöner geworden als in meiner Erinnerung. Haut und Haare glänzen, sie wirkt gesund und erholt. Ihre Augen sind schlaftrunken, aber klar. Auch sie freut sich, mich zu sehen, doch dann schweift ihr Blick zu dem Mann mit dem Seil.

Was ist das?, fragt sie mich. Zum ersten Mal wirkt sie ängstlich. Sie schmiegt sich an mich, streicht mit den Händen an meinen Armen auf und ab. Was geht hier vor?

Du hast eine Weile geschlafen, bringe ich mühsam hervor. Ich wollte dich nicht wecken.

Aber das hättest du tun sollen, erwidert sie. Du hast das absichtlich gemacht.

Ich versichere ihr, dass es nicht so war, obwohl ich mir nicht mehr sicher bin.

Sie verlässt mich und umkreist die ganze Gruppe. Sie mustert Nam, Lum, Nelson und sogar Zhou, bevor sie zu mir zurückkehrt.

Was geht hier vor?, fragt sie. Was ist passiert?

Ich erzähle es dir, sage ich. Es dauert nicht lang.

*

Gib dich zu erkennen, sagt sie. Offenbare deine wahre Identität. Eine Frau würden sie nie hängen.

Ach ja?, sage ich. Du weißt, was sie mit meiner Mutter gemacht haben.

Das war etwas anderes, erwidert sie. Das war in China. In Amerika läuft das anders. Du wirst sehen.

Als ich nicht reagiere, wird sie still und setzt sich auf meinen Rücken, nervös und wachsam. Ihr Vorschlag klingt in mir nach. Natürlich könnte ich meine wahre Identität offenbaren, doch was dann? Vielleicht lassen sie mich gehen, aber nicht meine Freunde. Oder sie reichen mich herum, bis ich nichts als ein Gefäß für die hässlichen Dinger zwischen ihren Beinen bin. Ich kenne genug solche Männer.

Oder. Oder ich halte den Mund und gehe dorthin, wo die anderen hingehen.

So darf unsere Geschichte nicht enden, wimmert Lin Daiyu.

Ich glaube, unsere Geschichte endete schon vor langer Zeit, sage ich zu ihr. Ich will nicht gemein zu ihr sein. Ich will ihr nur die Wahrheit sagen.

14

DIE LICHTUNG, ZU DER sie uns bringen, unterscheidet sich nicht so sehr von der, auf der Nelson und ich damals in Pierce lagen. Inzwischen steht die Sonne hoch am Himmel, es ist ein schöner, warmer Morgen. Ich fühle mich an die Sommer meiner Kindheit erinnert, als ich Kaninchen durchs hohe Gras jagte und später im Meer schwamm. Vom Wasser blieb immer eine Salzschicht auf meinen Armen und Beinen zurück. So sehr meine Mutter auch schrubbte, das Salz ging irgendwie nie ganz ab. Noch jetzt könnten Reste in meinen Ellbeugen und Kniekehlen sein. Geh vorsichtig mit mir um, will ich dem Mann sagen, der mich ans Ende der Reihe schleppt, wo Nam, Lum, Zhou und Nelson knien. Ich trage einen Ozean.

Nam knöpfen sie sich als Ersten vor, weil es mit ihm am einfachsten ist. Geschwächt von der Reise und dem Hängen am Tag zuvor, fügt sich sein Körper von allein, und als sie ihn auf die Füße ziehen, sehe ich, wie locker seine Kleidung an ihm herunterhängt. Sie legen eine Stange zwischen zwei Schwarzkiefern und werfen ein Seil darüber, mit einer Schlaufe an einem Ende, groß genug für einen Kopf. Diesmal ist es kein Spiel.

Sie legen Nam die Schlinge um den Hals. Sein Kiefer ist größer als die Öffnung, und so müssen sie das Seil grob über sein Gesicht streifen. Während sie das tun, fleht Nam jeden Mann an, ihn gehen zu lassen. Ihr habt den Falschen, sagt er immer wieder. Ich weiß, für euch sehen wir alle gleich aus, ich weiß! Aber ihr habt den Falschen. Warum hätten wir Foster töten sollen? Er war nur ein freundlicher Konkurrent!

Natürlich ignorieren sie ihn, wie immer. Stattdessen tritt Teddy vor und ergreift das Wort.

Du bist hier, um dich für das abscheuliche Verbrechen zu verantworten, das du begangen hast, sagt er. Das Gericht, das vor dir steht, hat dich für schuldig befunden. Du wirst heute gehängt.

Bitte, wirft Nam ein und sieht sich um. Keiner der Maskierten rührt sich.

Hast du noch etwas zu sagen?, ruft Teddy.

Nam öffnet den Mund und sieht uns nacheinander an. Als sein Blick mich erreicht, weiß ich, dass ich seine Augen zum letzten Mal offen sehe.

Wir trinken einen, sagt er, wenn wir uns wiedersehen.

Drei Männer sind notwendig, um das Seil zu ziehen. Drei Männer, dann beginnt das Seil über die Stange zu gleiten, auf der es ruht. Drei Männer, und Nams Füße heben sich langsam vom Boden. Sie treten wild um sich, könnten ebenso gut tanzen. Ich erinnere mich, wie er am Abend des Mittherbstfestes vor den Feuerwerkskörpern tanzte und seinen Körper dem Himmel darbot. Nun ist keine Erde mehr unter ihm, die ihn halten kann.

Drei Männer, und Nams Gesicht wird rot und röter. Drei

Männer, und Nams Gesicht verfärbt sich in ein stumpfes Violett.

Der letzte Atemzug, dann ein Knacken. Drei Männer, und Lum verbirgt sein Gesicht im Gras.

Nam fällt nach unten.

Ihr Dreckskerle, schreit Lum immer wieder. Was habt ihr getan?

Doch ihm bleibt keine Zeit, viel zu sagen. Denn er ist als Nächster dran. Mühelos packen sie ihn, den großen, schlanken Lum. Lum, durch dessen Hemd sich die Höcker seiner Wirbelsäule wie Stacheln abzeichnen, dessen Hose um die Oberschenkel schlottert, die breiteste Stelle an ihm. Wir müssen zusehen, wie sie die Schlinge von Nams Kopf abziehen. Ich ertrage den Anblick seiner Leiche nicht und schaue Nelson an. Auch er wendet den Blick ab.

Willst du nichts sagen?, fragt mich Lin Daiyu.

Lums Kopf passt problemlos durch die Schlinge. Ein Gesicht, spitz wie das eines Vogels, ein Hals, an dem jede Sehne und jeder Muskel zu sehen sind. Teddy wiederholt das Urteil. Lum ist außer sich. Er denkt nicht daran, Teddy sprechen zu lassen, ohne nach jedem Wort einen Schrei loszulassen. Die Maskierten fummeln nervös an ihren Gewehren. Ich weiß, dass Lum nichts tun kann, aber es freut mich, dass er diesen Männern selbst jetzt noch ein bisschen Angst einjagt.

Hast du noch etwas zu sagen?, ruft Teddy schließlich.

Möget ihr leiden, brüllt Lum. Jeder Einzelne von euch.

Und dann schließt er die Augen. Seine Füße verlassen die Erde. Aufrecht und gerade lässt er das Seil sein Werk vollenden.

Der Nächste, sagt Teddy.

Zhou. Sie machen sich schnell an die Arbeit. Wieder fragt Teddy: Hast du noch etwas zu sagen? Die Männer sehen lachend zu, warten gespannt darauf, was kommt. Zhou öffnet keuchend den Mund, seine stumpfe Zunge zuckt von Backenzahn zu Backenzahn.

Nelson, sage ich zu dem Mann neben mir. Ich denke daran, wie er mir das Leben vor dem Mob gerettet hat und ich ihm danach misstraute, dabei wollte ich immer nur, dass er mich kennt, richtig kennt, so wie ich mich kenne. Mehr kann ich ihm nicht geben, und ich wünsche es mir so sehr. Ich muss dir etwas sagen, sage ich.

Schon gut, erwidert er. Schon gut.

Zhou hängt. Es geht schnell. Weil der Kerl keine Zunge hat, sagt der Mann, der mich bewacht, an niemanden gerichtet. Das Seil hat weniger Fleisch durchzuschneiden. Ich drehe mich um und fauche ihn an, aber er stößt mit dem Handballen einfach meinen Kopf nach hinten.

Der Nächste, brüllt Teddy. Der Geigenspieler.

Nelson, sage ich. Sie zerren ihn hoch. Nelson, wiederhole ich. Seine braunen Augen sind fest auf mich gerichtet. Die Leichen von Nam, Lum und Zhou liegen auf der Seite, drei kleine Berge, die irgendwann in der Erde verschwinden. Nelson, rufe ich wieder. Er neigt den Kopf zur Seite, eine Entschuldigung. Nein, sage ich. Du warst perfekt.

Selbst mit der Schlinge um den Hals sieht er gut aus. Er steht so gerade, wie er kann, Rücken gestreckt, Beine zusammen. Die Hände, die ich so bewundert habe, vor sich gefaltet. Ich liebe ihn mehr denn je.

Du bist hier, um dich für das abscheuliche Verbrechen zu verantworten, das du begangen hast, sagt Teddy. Inzwischen sind die Worte vertraut, nicht mehr beängstigend, sondern nur noch dumpf. Nicht nur für deine Verwicklung in den Mord an Daniel M. Foster, sondern auch für den Verstoß gegen das heiligste Gesetz: Du warst mit einer Frau zusammen, die nicht zu deiner Rasse gehört.

Widerlicher Chinese, blafft der Mann, der mich bewacht.

Schlitzäugiger Hundesohn, fügt ein anderer hinzu.

Sie hat bestimmt um einen guten weißen Schwanz gebettelt, ruft ein Dritter. Die Maskierten stimmen ihm grölend zu, bis der Wald ringsum von ihrem Lärm erfüllt ist.

Das Gericht, das vor dir steht, hat dich für schuldig befunden. Und heute wirst du gehängt.

Nelson schaut nach vorne, sein Blick ist bereits jenseits des Ortes, an dem wir uns jetzt befinden. Er scheint keine Angst zu haben. Soll ich zu ihm gehen?, fragt Lin Daiyu. Damit er nicht so allein ist?

Sie wartet meine Antwort nicht ab. Sie kennt mich gut. Als Teddy Nelson fragt, ob er noch etwas zu sagen hat, gleitet Lin Daiyu neben ihn. Sie steht so aufrecht da wie er. Mir ist nie aufgefallen, wie groß sie sein kann.

Nur eines, sagt Nelson. Sein Blick trifft meinen. Wenn eure Frauen, Töchter und Enkeltöchter euch fragen, wer wen getötet hat, erinnert ihr euch hoffentlich daran, dass ihr es wart.

Aufhängen!, schreien die Maskierten.

Nelson, sage ich.

Ich bin da, sagt Lin Daiyu.

Als er hängt, denke ich unwillkürlich, wie wunderschön er aussieht. Er tritt nicht um sich, wehrt sich nicht. Stattdessen schaukelt sein Körper in der Luft, fast wie ein Pinsel, kurz bevor er das Papier berührt, wenn er noch in der Hand des Kalligraphen liegt, heilig und warm, ein geliebtes Werkzeug, etwas, dem man vertraut, das man liebt und hält. Und ich könnte schwören, auch wenn es nur ein Wunsch in meinem Kopf ist, dass er meinen Namen ruft, bevor alles still wird.

Nehmen wir uns den Letzten vor, sagt Teddy.

Der Mann bei mir zerrt mich hoch. Ich bin überrascht, wie schnell ich das Gleichgewicht finde. All die Jahre, die ich am Meer entlangging, erweisen sich offenbar als nützlich. Später das Rennen. Immerzu rennen. Irgendwann haben meine Füße gelernt, mehr als nur mein Gewicht zu tragen.

Tu irgendwas, fleht mich Lin Daiyu an. Sie ist bei mir, ihre Hände wie Segel in meinem Gesicht. Lass mich etwas tun.

Welche Wahl soll ich treffen? Nichts sagen und hängen oder mich als Frau zu erkennen geben und am Leben bleiben, wenn auch auf schreckliche Weise. Beides scheint mir keine gute Wahl zu sein. Meine Freunde sind tot.

Mein ganzes Leben lang habe ich mich von den Umständen getrieben gefühlt. In Zhifu war ich nur, weil meine Großmutter mich dorthin schickte; Meister Wang fand ich nur, weil mich die Besitzerin einer Nudelküche an ihn verwies; in Amerika bin ich nur wegen Jasper; und hier bin ich nur wegen eines Mordes, den ein anderer begangen hat. Und immer wieder die nagende Frage: Gehört mein Leben mir? Oder war mir wegen meines Namens schon immer ein tragisches Schicksal bestimmt?

Mein Name. Die Zeichen, die mich von Anfang an verfolgt und gequält haben, erscheinen vor mir, kostbar, schwer und vertraut. Dieses Ding, das ich versteckt habe, das ich verändert und hinzugefügt habe, dieses Ding, nach dem ich mich immer gesehnt habe. Ich bin die Verkörperung all dieser Namen, jedes Namens, mit dem ich gelebt habe. Und zum ersten Mal erkenne ich diese Wahrheit: Nur wegen meines Namens konnte ich überleben.

Wieder frage ich mich: Bin ich diejenige, die den Pinsel hält, oder bin ich die, die geschrieben wird?

Die Antwort ist einfach. Ich kann schön schreiben. Nimm den Pinsel in die Hand, Daiyu. Betrachte den leeren Raum vor dir genau. Er ist so groß. Tauche den Pinsel in den Brunnen der Welt, lass dein Herz durch deinen Arm sprechen. Bewege ihn, wie du willst. Nicht wie man es dir befohlen hat, nicht wie die Gelehrten es am besten befinden und auch nicht wie Meister Wang es dir beibrachte. Mach aus deiner Kunst, was du willst. Schließlich gehört sie dir und niemandem sonst. Das ist die Schönheit. Das ist die Absicht.

Das ist mit sich eins sein.

Lin Daiyu versteht, was das bedeutet. Vielleicht hat sie es die ganze Zeit verstanden. Weißt du, dass ich dich liebe?, sagt sie.

Ich liebe dich auch, erwidere ich. Wir waren schon zusammen, lange bevor ich geboren wurde.

Und es stimmt. Ich liebe sie. Aber als sie selbst, nicht als Teil von mir.

Die eine ein Mädchen, die andere ein Geist. Trotzdem weiß ich nicht, zu wem meine Liebe weist.

*

Ein Maskierter legt mir die Schlinge um den Hals. Ich blicke zum Himmel. Die Wolken ziehen nach rechts, und bald werden sie weit entfernt sein, in einem anderen Land, über einem Ozean schwebend, und wer weiß, wo sie landen oder ob sie überhaupt landen. Ich habe nie darüber nachgedacht, aber jede Wolke, die ich je sah, war vermutlich irgendwohin unterwegs. Wenn wir Wolken sehen, dann sehen wir immer nur einen Moment ihrer Reise. So gesehen, könnte ich mich eine Wolke nennen.

Du bist hier, setzt Teddy an, aber ich höre nicht mehr zu. Lin Daiyu zieht an der Schlinge um meinen Hals. Ich will dich losschneiden, sagt sie, aber es geht nicht. Ich hab nichts Scharfes bei mir.

Schon gut, sage ich zu ihr. Tränen laufen ihr übers Gesicht, gläserne, dicke Tropfen, die den ganzen Wald überfluten könnten. Bist du nicht müde?

Doch, antwortet sie, beinahe schuldbewusst.

Ich weiß, sage ich. Vielleicht ist es gut, ein wenig auszuruhen.

Teddys Stimme kehrt zurück. Er will wissen, ob ich noch etwas zu sagen habe. Ich senke den Blick und starre die weißen Masken vor mir an, es könnten ebenso gut Geister sein.

Ich weiß, wer ihr seid, sage ich, meine Stimme fest und entschlossen wie die kühnsten Striche. Aber ihr wisst nicht, wer ich bin. Ich will es euch sagen. Ich bin Daiyu.

Noch während ich es ausspreche, staune ich über meinen Namen, diesen Namen, den meine Eltern mir gegeben haben, der mir gehört, ganz allein mir, das Letzte, das mir niemand nehmen kann, nicht Teddy und nicht die maskierten Männer. Namen existieren vor den Menschen, denen sie gehören, sie sind unser Ältestes. Meinen Namen gab es lange bevor ich geboren wurde, also habe ich wohl schon sehr lange gelebt.

Ihre Augen sind auf mich fixiert, allerdings nicht vor Verachtung, sondern vor Angst. Sie wissen nicht, ob sie mir glauben sollen, aber noch während sie versuchen, meine Worte zu überhören, erkennen sie es. Der Mann vor ihnen sieht überhaupt nicht aus wie ein Jacob Li. Der Mann, den sie sehen, verwandelt sich in etwas anderes, eine Frau vielleicht, deren Augen in der Sonne leuchten, deren Körper brennt vor Hitze, die nicht von diesem Herbsttag stammt. Das Seil um ihren Hals ist nur eine Formsache. Wenn sie wollte, könnte sie sich befreien. Könnte sogar davonfliegen.

Ihr werdet mich nie vergessen, sage ich zu den Männern.

Das Seil schnürt mir den Hals zu. Meine Füße verlassen die Erde, ich werde in den Himmel gehoben. Eine andere Art von Fliegen. Unten rollt einer der Maskierten Nelsons Leichnam neben Nam, Lum und Zhou. Lin Daiyu kehrt an meine Seite zurück, aber sie weint nicht mehr.

In der Kalligraphie gibt es eine fortgeschrittene Technik des gespreizten Pinsels, sie nennt sich *split brush*. Der Kalligraph dreht den Pinsel, sodass sich die Borstenhaare teilen. Aus dem einen Pinsel werden viele kleinere. Meister Wang hat es als das Meisterstück der Pinselführung bezeichnet. Wer das fertige Werk betrachtet, meint, viele Striche des Kalligraphen zu sehen, dabei ist es nur ein schlichter Zaubertrick. Ein einziger Strich.

Als Kind wurde ich nie gefragt, was mein Name bedeutete, weil jeder davon ausging, dass ich nach Lin Daiyu benannt wurde. Deswegen hasste ich meinen Namen. Aber wenn man mich jetzt bitten würde, meinen Namen zu schreiben, würde ich es sehr sorgfältig und mit großer Aufmerksamkeit tun. Ich würde ihn mit Liebe schreiben. Und wenn mich jemand, wie schon so viele andere zuvor, fragen würde, wie es sich anfühlt, ein Mädchen zu sein, das nach einem anderen Mädchen benannt ist, eine Frau, die in die Fußstapfen einer anderen Frau tritt, ein Leben, das auf dem Schicksal eines anderen aufbaut, würde ich antworten, dass es im Grunde nichts bedeutet. Oder alles bedeutet. Von dem Moment an, als man mir den Namen gab, war mein Leben vorgezeichnet. Oder auch nicht. Das ist die wahre Schönheit. Das ist die Absicht. Wir können üben, so viel wir wollen, und immer wieder dieselbe Geschichte erzählen, doch die Geschichte, die aus deinem Mund, aus deinem Pinsel kommt, ist die einzige, die du erzählen kannst. Also erzähle sie. Lass deine Geschichte die deine sein und meine Geschichte die meine.

EPILOG

*

ZHIFU, CHINA
FRÜHJAHR 1896

HEUTE IST DIE STRÖMUNG stark. Das einlaufende Schiff war eine Weile unterwegs, die ganze Strecke von der Küste Kaliforniens. Doch es wird nicht lang bleiben; bald wird es für die nächste Reise über den Pazifik vorbereitet. Vorläufig jedoch darf die Besatzung von Bord gehen und freut sich, den Fuß wieder auf Land zu setzen.

Am Dock entlädt die Besatzung ihre Fracht. Sie schleppen Kisten und Kästen, Pakete, Fässer, Tonnen. Alle Waren, die sie aus Kalifornien und von weiter her mitgebracht haben. Sie tragen schwere Sachen, persönliche Sachen, Dinge, die gehandelt, verkauft und weiterverkauft werden sollen. Manchmal tragen sie sogar tote Dinge.

In einem großen Kasten befinden sich: fünf lange Holzkisten. Es ist nicht der einzige Kasten – sie stapeln sich.

Manche haben keine Adressen, sagt ein Matrose zu seinem Maat.

Ja, sagt der Maat. Der Chef meint, wir sollen sie ins Wasser schmeißen, wenn keiner sie abholt.

Was ist da eigentlich drin?

Weißt du das nicht?, sagt der Maat. Da sind die Gebeine der vielen Chinesen drin, die im Ausland gestorben sind.

Der Matrose schreckt vor der Kiste zurück, als könnte sie lebendig werden. Sie haben sich die Mühe gemacht, ihre Toten zurückzuschicken?

Ist angeblich was Religiöses, knurrt der Maat. Sie graben die Knochen aus, waschen sie und schicken sie zurück. Irgendwie schön. So haben sie die Chance auf ein ordentliches Begräbnis.

Dort drüben zu sterben muss ziemlich einsam sein, sagt der Matrose. So weit weg von zu Hause und allem.

*

Nicht weit entfernt von der Küste wandert eine alte Frau durch die Straßen von Zhifus Beach Road. Niemand hat sie je zuvor gesehen, und alle sind sicher, dass sie gerade angekommen ist, denn ihr weißes Haar ist schmutzig, die Schuhe schlammbespritzt. Ihr Mund ist offen, und sie ruft einen Namen. Niemand hat je von einer Person mit diesem Namen gehört, auch wenn sich alle fragen, ob die alte Frau den Namen mit einem Namen aus einer berühmten Geschichte verwechselt. Sie fragen die alte Frau, ob alles in Ordnung sei. Sie fragen, ob sie ein Zuhause habe, wo jemand sich um sie kümmere. Wo sind Ihre Kinder?, wird sie gefragt. Wo ist Ihr Mann?

Die alte Frau antwortet nicht. Sie ruft weiter den Namen. Sie kommt an einem roten Gebäude mit erdnussfarbenem Dach vorbei, schäbig und zerfallend, das Haus sieht aus, als wäre es schon viele Jahre verschlossen. Sie überlegt, ob die Person, nach der sie sucht, darin sein könnte. Vielleicht wird sie den Besitzer des Hauses fragen. Sie entscheidet sich dagegen und geht wieder zum Meer.

Aber ist sie allein? Irgendwo an der Küstenlinie beobachtet eine Gestalt – einst ein Mädchen, dann eine Frau und nun etwas gänzlich anderes – die alte Frau, die diesen Namen ruft. Und dann mischt sich das Rufen der Gestalt mit dem der alten Frau, bis beide den Namen rufen, lange nachdem die Welt eingeschlafen ist, und nur die Sturmwolken bleiben, brauen sich am Horizont zusammen und tragen ihr Wehklagen bis hinauf zum Mond.

Am Morgen, Frühlingsregen.

ANMERKUNG DER AUTORIN

IM JAHR 2014 KAM mein Vater von einer Geschäftsreise durch den Nordwesten der Vereinigten Staaten mit einer interessanten Anekdote zurück: Er fuhr durch Pierce, Idaho, und sah ein Schild, das auf ein »Chinese Hanging« hinwies. Das Schild erwähnte, dass dort fünf Chinesen wegen des angeblichen Mordes an einem weißen Ladenbesitzer gehängt worden waren. Mein Vater bat mich allen Ernstes, die Geschichte für ihn auszuarbeiten, um das rätselhafte Geschehen zu erhellen.

Fünf Jahre später kam ich im letzten Semester meines Masterstudiums in Wyoming auf seine Bitte zurück. Bei meiner anfänglichen Recherche war ich überrascht darüber, wie wenig hilfreiche Online-Quellen es gab, die das Geschehen dokumentierten – tatsächlich nur drei Treffer auf Google. Die einzige sichere Spur zu dem Vorfall war das historische Schild in Pierce, doch selbst das, las ich, war oft mutwillig zerstört und gestohlen worden. Noch beunruhigender fand ich zu entdecken, dass es sich keineswegs um einen Einzelfall handelte – Mitte bis Ende des neunzehnten Jahrhunderts hatte es im ganzen Land antichinesische Übergriffe gegeben, darunter das Massaker von Rock Springs,

Wyoming, das Massaker am Snake River im Bezirk Wallowa, Oregon, sowie zahllose andere (Jean Pfaelzers *Driven Out: The Forgotten War Against Chinese Americans* dokumentiert Hunderte solcher Vorfälle).

Es ist mir wichtig zu erwähnen, dass die Geschichte anti-chinesischer Gewalt zwar nicht von Gelehrten und Histori-kern »vergessen« wurde, der Mehrheit der Amerikaner aber weitgehend unbekannt ist. Selbst ich als chinesisch-amerika-nische Immigrantin hörte erst vom Chinese Exclusion Act, als ich in meinem letzten Collegejahr einen Einführungskurs über asiatische Amerikaner belegte. Als ich aufwuchs, hörte ich hin und wieder: »Geh dahin zurück, wo du herkommst!«, aber ich hatte keine Ahnung, dass diese Aufforderung auf jahrzehntelange rassistische Initiativen der Vereinigten Staaten gegenüber chinesischen Einwanderern zurückging. Die Chinesen hatten geholfen, die Eisenbahn zu bauen, das wusste ich, aber was war mit allem anderen? Damit, dass wir hier nicht erwünscht waren, dass man uns umbrachte, weil wir hier waren?

Im Frühjahr 2020 beendete ich die erste Fassung des Ro-mans, gerade als sich COVID-19 im ganzen Land ausbreitete und der ehemalige Präsident es mit rassistischen Begriffen wie »Kung Flu« und »chinesisches Virus« als gefährlich be-zeichnete. Ich las Artikel über ältere Chinesen, die bespuckt, körperlich und verbal angegriffen und erniedrigt wurden. Ich dachte an meine Eltern, beide Ende fünfzig, und hatte Angst, ihnen könnte Ähnliches widerfahren. So wenig hatte sich verändert, dachte ich, als ich mir Daiyu, Nelson und ihre Freunde vorstellte. In der Trump-Ära und dann später in der Post-Trump-Welt fand ich es noch wichtiger, die Leute – nicht Historiker und Gelehrte, sondern meine Freunde und Freundinnen, meine Kollegen und Kolleginnen, meine Friseurin – daran zu erinnern, wozu die Vereinigten Staaten imstande waren und immer noch sind.

Die Stadt Pierce ist eine fiktionalisierte Version des echten Pierce in Idaho. Des Weiteren sind die Geschichte und ihre Umstände ausgedacht. Größere Abschnitte – der Mord an dem Ladenbesitzer, die Beteiligung der Bürgerwehr und das Erhängen – sind wahr, geändert habe ich nur die Namen einiger Protagonisten. Auch die Gräueltaten, die Gewaltakte und von den Figuren erlebten Mikroaggressionen entsprechen der Wahrheit. Wenn historische Tatsachen zu den wenigen Markierungen gehören, die akute Fälle antichinesischer Gewalt für die allgemeine Öffentlichkeit dokumentieren, und diese Markierungen sind in Gefahr, umgeschrieben und zerstört zu werden, woran sollen wir uns dann erinnern? Ich wollte nicht nur die Geschichte der fünf gehängten Chinesen erzählen, sondern *alles*, die ganze Geschichte – auch die Gesetze, Taktiken und Mitschuld, die diesen Vorfall und viele andere ermöglichten. Ich hoffe, dass dieses Buch die Geschichte der antichinesischen Gewalt in den Vereinigten Staaten aus Forschung und Wissenschaft in unser kollektives Gedächtnis zurückbringt.

Ohne Recherche hätte ich dieses Buch nicht schreiben können, und dafür danke ich den Historikern und Wissenschaftlern, auf deren Werke ich zurückgreifen durfte. Im Folgenden dokumentiere ich die wissenschaftlichen Werke, die dieses Buch maßgeblich beeinflusst haben:

Die Geschichte von Nüwa und Lin Daiyu stammt aus

David Hawkes Übersetzung von Cao Xueqins *Dream of the Red Chamber* (dt.: *Der Traum der roten Kammer*. Aus dem Chinesischen von Franz Kuhn).

Die Bezeichnung *Vier Schätze des Gelehrtenzimmers*, die sich auf Pinsel, Tuschestab, Papier und Reibstein bezieht (文房四宝), stammt aus der Zeit der Südlichen und Nördlichen Dynastien (420–589).

Beim Verfassen der Kalligraphie-Teile dieses Buches habe ich mehrere Quellen konsultiert und aus ihnen zitiert, die ich nachfolgend nenne. Entscheidend für die Entwicklung von Meister Wangs Philosophie über Kalligraphie war die Forschungsarbeit von Peimin Ni, und viele Äußerungen von Meister Wang über Kalligraphie sind Nis Artikel »Moral and Philosophical Implications of Chinese Calligraphy« entnommen. Gleichermaßen wichtig war Xiongbo Shis Artikel »The Aesthetic Concept of Yi (意) in Chinese Calligraphic Creation«.

»Übung macht dich gelassen (…), entfaltet deine Energie und vervollkommnet deinen Geist« beruht auf einem Gedanken von Wu Yuru.

Das Dao als »das himmlische Wesen im Menschen« kommt von Fuguan Xu.

Die Idee von der Kalligraphie als Kultivierung des persönlichen Charakters geht auf Shodo zurück, wie belegt im *Dictionary of Chinese Calligraphy* von Lian Piyun.

Die Beschreibung des Reibsteins stammt aus *Chinese Brushwork in Calligraphy and Painting* von Kwo Da-Wei. Die Beschreibungen der Vier Schätze des Gelehrtenzimmers und der Split-Brush-Technik sind ebenfalls diesem Buch entnommen.

Schließlich habe ich noch *Chinese Calligraphy (The Culture & Civilization of China)* von Zhongshi Ouyang und Wen C. Fong zurate gezogen.

Um zu verstehen, wie chinesische Mädchen und Frauen nach Amerika geschmuggelt wurden, griff ich auf Lucie Chengs Forschungsarbeiten zurück, insbesondere ihren Artikel »Free, Indentured, Enslaved: Chinese Prostitutes in Nineteenth-Century America«.

Über die innere Funktionsweise der chinesischen Bordelle in San Francisco ist wenig bekannt und noch weniger über ihre Innenausstattung. Die Arbeiten von Lucie Cheng, Jing-woan Chang, Gary Kamiya, Sucheng Chan und Lynne Yuan sowie Judy Yungs Buch *Unbound Voices: A Documentary History of Chinese Women in San Francisco* halfen mir bei der Gestaltung meiner Interpretation, wie das Leben für Frauen in diesen Bordellen gewesen sein könnte.

Die Figur von Madam Lee ist angelehnt an Ah Toy, angeblich die erste chinesische Prostituierte in San Francisco.

Die Beschreibung von Daiyus Großmutter über die erste in China gebaute Eisenbahn ((MS 175)) stammt aus einem Artikel von Yong Wang, entdeckt auf Sina Online.

Sehr wichtig waren John R. Wonders *Gold Mountain Turned to Dust: Essays on the Legal History of the Chinese in the Nineteenth-Century American West*, Gordon H. Changs *Ghosts of Gold Mountain: The Epic Story of the Chinese Who Built the Transcontinental Railroad*, M. Alfreda Elsensohns *Idaho Chinese Lore*, den Archiven der Idaho State Historical Society sowie den Forschungsarbeiten von Ellen Baumler, Randall E. Rohe, Liping Zhu, Priscilla Wegars, Sarah Christine Heffner und vielen anderen.

Die von Samuel beschriebenen chinesischen Tempel waren im Englischen als »Joss Houses« bekannt.

Jean Pfaelzers Buch *Driven Out: The Forgotten War Against Chinese Americans* und Beth Lew-Williams' *The Chinese Must Go: Violence, Exclusion, and the Making of the Alien in America* waren wesentlich für das Verständnis der zahllosen Gräueltaten, die im neunzehnten Jahrhundert gegen Chinesen begangen wurden und von denen viele in diesen Büchern reflektiert werden.

Für Informationen über die Chinese Six Companies habe ich die wissenschaftliche Arbeit von Lawrence Douglas Taylor Hansen herangezogen, für Informationen über die Tongs Keven J. Mullens *Chinatown Squad*. Meinen Beschreibungen der Heaven and Earth Society (Tiandihui) liegen wissenschaftliche Arbeiten von Cai Shaoqing, Helen Wang, Tai Hsuan-Chih, Roland Suleski und Austin Ramzy zugrunde.

Über den Mord und die Hinrichtung im letzten Teil dieses Buches gibt es nur wenige schriftlich dokumentierte Zeugnisse. Glück hatte ich bei der Lektüre von zeitgenössischen Zeitungen sowie durch den Kontakt zum No Place Project und indem ich mir die Schilder im realen Pierce ansah. Die historische Markierung befindet sich am State Highway 11, Meilenstein 27.5, südlich von Pierce. Sie ist als Idaho State Historical Site #307 kategorisiert.

Für Informationen über Bestattungsrituale habe ich wissenschaftliche Arbeiten von Terry Abraham und Priscilla Wegars konsultiert.

Wie in jedem fiktiven Werk habe ich mir an einigen Stellen literarische Freiheiten erlaubt, wie etwa Jaspers Neigung, Daiyu zuzuzwinkern. Ich glaube nicht, dass Zwinkern im

China des neunzehnten Jahrhunderts üblich war, aber in der chinesischen Kultur gilt es als eine anzügliche, zweideutige Geste. Und was wir heute als den Chinese Exclusion Act von 1882 kennen, wurde seinerzeit als Chinese Restriction Act bezeichnet.

Abschließend möchte ich noch auf einen Anachronismus bei der Abfassung dieses Buches hinweisen – der Text verwendet Hanyu Pinyin, um chinesische Zeichen zu romanisieren. Die in diesem Buch verwendete Version des Pinyin wurde jedoch erst 1950 standardisiert. Mein idealistisches Ich ist überzeugt, dass Lin Daiyu aufgrund ihrer Kenntnisse des Englischen und Mandarin ein ähnliches Umschriftsystem hätte entwickeln können.

DANK

ES HEISST, SCHREIBEN SEI eine einsame Angelegenheit, aber ich habe festgestellt, dass man den physischen Akt des Schreibens zwar allein vollzieht, den emotionalen und spirituellen Akt einer schreibenden Existenz jedoch mit einer Gemeinschaft teilt. Deshalb fühle ich mich zu Dank verpflichtet – auch wenn Dank allein niemals ausreicht:

Mein Dank gilt dem ganzen Team bei Flatiron und MacMillan, das an mein Buch geglaubt hat, besonders Megan Lynch, Bob Miller und Malati Chavali. Ihr wart unverzichtbar in eurer frühen Befürwortung.

Meiner Lektorin Caroline Bleeke, die sich für das Buch eingesetzt und es auf den Weg gebracht hat und die aus der schwierigen Aufgabe, mein erstes Buch zu veröffentlichen, eine reibungslose, angenehme Angelegenheit machte. Ich hatte nicht damit gerechnet und bin so froh, dass ich dich gefunden habe.

Meiner wunderbaren Agentin Stephanie Delman. Danke, dass du an mich und an Daiyu geglaubt hast. Ohne dich wäre das Buch nicht geworden, was es ist, und dafür bin ich zutiefst dankbar.

Meiner britischen Lektorin Jillian Taylor – für deine Begeisterung, die netten Kommentare und dafür, dass du das Buch und meine Vision von Anfang an verstanden hast. Das gilt für alle bei Penguin Michael Joseph.

Dank an Stefanie Diaz, Sydney Jeon, Katherine Turro, Claire McLaughlin, Keith Hayes, Kelly Gatesman, Erin Gordon, Eva Diaz, Molly Bloom, Donna Noetzel, Kathleen Cook, Muriel Jorgenson, Steve Wagner, Emily Dyer, Drew Kilman, Vi-An Nguyen und Iwalani Kim für eure außergewöhnliche Arbeit für das Buch.

An Einrichtungen wie das Kenyon Review Young Writers Program, VONA und Tin House Writing Workshop – ihr gabt mir einen Platz zum Schreiben und zum Austausch mit anderen Autoren. Vor allem aber konnte ich zur Besinnung kommen. An die Zeitschrift *Catapult* und im Besonderen meinen Redakteur Matt Ortile, der mich zu der Kolumne ermutigt hat, mit der alles begann.

An meine Englisch- und Schreiblehrer und Lehrerinnen in all den Jahren: Mrs. Kriese, Mrs. Dupre, Reyna Grande, Oscar Cásares, Brad Watson, Alyson Hagy, Andy Fitch, Rattawut Lapcharoensap, Danielle Evans, Courtney Maum und T. Kira Madden. Ihr gebt mir immer wieder Energie.

An das MFA Program der University of Wyoming, vor allem aber an Alyson und Brad. Alyson, die dieses Buch zum Leben erweckt hat. Brad, mit dem ich jetzt gern einen Whiskey trinken würde. An meine Freunde und Kommilitonen, uns bleibt immer das Ruffed-Up Duck. Und an meine Kohorte: Tayo, Francesca und Lindsay, ihr habt dafür gesorgt, dass unsere Zeit in Laramie zauberhaft und bizarr war.

Dank an alle, die die ersten Entwürfe dieses Buchs gelesen, mir wertvolle Zeit geschenkt und Feedback gegeben haben:

Garrett Biggs, Laura Chow Reeve, Lindsay Lynch, Rachel Zarrow, Sue Chen und Cuihua Zhang. Ohne euch wäre das Buch nicht so gut gelungen.

An alle meine Freunde für ihre Liebe und Unterstützung. An Jennifer Choi und Mala Kumar, meine coolen Babes und meine Gang. An Sue, die mir immer die Meinung geigt und dafür sorgt, dass mir warm genug ist. An Bangtan, die für die Lacher und vor allem für den Soundtrack sorgt.

An Joe Van, meinen Abenteuerpartner, für das Tanzen, das Karaoke und die Suppe mit Teigtaschen. Und an Maebe, den schönsten wackelnden Hintern.

An meine Familie in China. (我想你们)

An Lao Ye, der die beste Kalligraphie schreibt und den wunderschönsten Garten hat.

An Zhang Cuihua und Zhang Yang, meine Mutter und meinen Vater, die unermüdlich, selbstlos und bewundernswert sind und die ich mehr als alles in der Welt liebe.